泉州文庫

遷中題

（清）官獻瑤等 著
黄明珍等 點校

石豀集（外三種）

泉州文庫整理出版委員會 編

商務印書館
The Commercial Press

前　　言

　　泉州建制一千三百多年，爲中國歷史文化名城和古代海外交通的重要港口。"比屋弦誦，人文爲閩最"，素稱海濱鄒魯、文獻之邦。代有經邦緯國、出類拔萃之才，歐陽詹、曾公亮、蘇頌、蔡清、王慎中、俞大猷、李贄、鄭成功、李光地等一大批傑出人物留下了大量具有歷史、文學、藝術、哲學、軍事、經濟價值的文化遺産。據不完全統計，見載於史籍的著作家有一千四百二十六人，著作多達三千七百三十九種，其中唐五代二十九人三十二種，宋代二百人三百九十一種，元代二十一人四十種，明代五百三十六人一千五百八十五種，清代六百四十人一千六百九十一種；收入《四庫全書》一百一十五家一百六十四種，《四庫全書存目叢書》五十六家七十四種，《續修四庫全書》十四家十七種。二〇〇八年國務院頒布第一批國家珍貴古籍名録，屬泉人著述、出版者十三種。

　　遺憾的是，雖然泉州典籍贍富，每一時代都有一批重要著作相繼問世，但歷經歲月淘汰、劫難摧殘，加上庋藏環境不良，遺存至今十無二三，多成珍籍孤本。這些文化遺産，是歷史的見證，是泉州人民同時也是中華民族的寶貴文化財富，亟待搶救保護，古爲今用。

　　對泉州地方文獻的搜集與整理，最早有南宋嘉定年間的《清源文集》十卷，明萬曆二十五年《清源文獻》十八卷繼出，入清則有《清源文獻纂續合編》三十六卷問世。這些文獻彙編，或已佚失，或存本極少。二十世紀四十年代，泉州成立"晋江文獻整理委員會"，準備整理出版歷代泉人著作，因經費短缺未果。八十年代，地方文史界發起研究"泉州學"，再次計劃編輯地方文獻叢書，可惜後來也因爲各種條件的限制，其事遂寝。但是這兩次努力，爲地方文獻叢書的整理出版做了準備，留下了珍貴的文獻資料和書目彙編。

　　二〇〇五年三月，中共泉州市委、泉州市政府決定將地方文獻叢書出版工作列爲國民經濟和社會發展第十一個五年規劃的一項文化工程。翌年,正式成立"泉州地方典籍《泉州文庫》整理出版委員會",着手對分散庋藏於全國各大圖書館及民間的古籍進行調查搜集,整理出《泉州文庫備考書目》二百六十七家六百一十四種,以後又陸續檢索出遺漏書目近百家一百八十餘種。經過省内外專家學者多次論證,最後篩選出一百五十部二百五十餘種著作,組成一套有一定規模、自成體系、比較完整,可以概括泉人著作風貌、反映泉州千餘年文化發展脈絡的地方文獻叢書,取名《泉州文庫》,二〇一一年起陸續出版發行。

整理出版《泉州文庫》的宗旨是:遵循國家的文化方針政策,保護和利用珍貴文獻典籍,以期繼承發揚中華民族優秀文化傳統,增進民族團結,維護國家統一,提高民族自信心和凝聚力,加強社會主義核心價值體系建設,增強文化軟實力,爲泉州的物質文明和精神文明建設服務。

《泉州文庫》始唐迄清,原著點校,收録標準着眼於學術性、科學性、文學性、地域性、原創性、權威性,具有全國重要影響和著名歷史人物的代表作優先。所録著作涵蓋泉州各縣(市、區),包括金門縣及歷史上泉州府屬同安縣,曾在泉州任職、寄寓、活動過的非泉籍人氏的作品,則取其内容與泉州密切相關的專門著作。文庫採用繁體字横排印刷,内容涉及政治、經濟、歷史、地理、哲學、宗教、軍事、語言文字、文化教育、文學藝術、科學技術等領域,其中不乏孤稀珍罕舊槧秘笈,堪稱温陵文獻之幟志。

值此《泉州文庫》出版之際,謹向各支持單位、個人和參加點校的專家學者表示誠摯的感謝!由於涉及的學科和内容至爲廣泛,工作底本每有蛀蝕脱漏,加之書成衆手,雖經反復校勘,但限於水平,不足或錯誤之處還是難免,敬請讀者批評指教。

泉州地方典籍《泉州文庫》整理出版委員會
二〇一一年三月

整理凡例

一、《泉州文庫》（以下簡稱"文庫"）收録對象爲有關泉州的專門著作和泉州籍人士（包括長期寓居泉州的著名人物）著作，地域範圍爲泉州一府七縣，即晋江（包括現在的晋江市、石獅市、鯉城區、豐澤區、洛江區）、南安、惠安（包括泉港區）、同安（包括金門縣）、安溪、永春、德化。成書下限爲一九四九年九月以前（個别選題酌情下延）。選題内容以文學藝術、歷史、地理、哲學、政治、軍事、科技、語言教育等文化典籍爲主，以發掘珍本、孤本爲重點，有全國性影響、學術價值高、富有原創性著作優先，兼及零散資料匯總。

二、每種著作盡量收集不同版本進行比較，選擇其中年代較早、内容完整、校刻最精的版本爲工作底本，并與有關史籍、筆記、文集、叢書參校，文字擇善而從。

三、尊重原著，作者原有注釋與説明文字概予保留。後來增加者，則視其價值取捨。

四、凡底本訛誤衍漏，增字以[ ]表示，正字以( )表示，難辨或無法補正的缺脱文字以□表示，明顯錯字徑直改正，均不作校記。

五、凡底本與其他版本文字差異，各有所長，取捨兩難，或原文脱訛嚴重致點讀困難，或史實明顯錯誤者，正文仍從底本，而於篇末校勘記中説明。

六、凡人名、地名、官名脱誤者，均予改正，訛誤而又查不到出處之人名、地名、官名及少數民族部落名同異譯者，依原文不予改動。

七、少數民族名稱凡帶有侮辱性的字樣，除舊史中習見的泛稱以外，均加引號以示區别，并於校記中説明。

八、標點符號執行一九九六年實施的國家《標點符號用法》。文庫點校循新版二十四史及《清史稿》例，一般不使用破折號和省略號。

九、原文不分段者,按文意自然分段。

十、凡異體字、俗體字、通假字,如非人名、地名,改動又無關文旨者,一般改爲通用字;異體字已經約定俗成、容易辨認者不改。個別著作爲保持原本文字語言風貌,其通假字則不校改。

十一、避諱字、缺筆字盡量改正。早期因避諱所產生的詞彙成爲習慣者不改正。

十二、古籍行文中涉及國家、朝廷、皇帝、上司、宗族等所用抬頭格式均予取消。

十三、文庫一般一册收錄一種著作,篇幅小的著作由兩種或若干種組成一册,篇幅大的著作則分成兩册或若干册。

十四、文庫採用橫排、繁體字印刷出版。每册前置前言、凡例。每種著作仿《四庫全書》提要之例,由編者撰寫《校點後記》,簡略介紹作者生平、著作内容及評價、版本情况,說明其他需要說明的問題。

泉州地方典籍《泉州文庫》整理出版委員會辦公室
二〇〇七年二月五日

目　　錄

石谿集 …………………………………………………… 1
秋聲詩自序 ……………………………………………… 293
荔枝話 …………………………………………………… 301
西海紀遊草 ……………………………………………… 309

石　谿　集

目　　録

石谿詩集 ……………………………………………… 5

石谿文集 ……………………………………………… 57

石谿讀周官 …………………………………………… 121

附録 …………………………………………………… 279

　傳 …………………………………………………… 279

校點後記 ……………………………………………… 291

石谿詩集

不解治染

目　　録

石谿詩集卷一 ………………………………………… 15
　雜吟 ………………………………………………… 15
　　耐園即景四首丙午。 …………………………… 15
　　王尚卿訪余補陀不遇去，翼日小飲芍藥花前，寄尚卿己酉。 … 15
　伴縴草有引。 ……………………………………… 15
　　己酉仲冬藍溪別諸友、舍弟北上 …………… 16
　　漁溪道中臘初 ………………………………… 16
　　十七舟發榕城 ………………………………… 16
　　次竹崎 ………………………………………… 16
　　水口同宋兼三 ………………………………… 16
　　鵝洋遇雨，曉復泝流上六十里，泊尤溪口 … 17
　　吉溪石 ………………………………………… 17
　　延平 …………………………………………… 17
　　避風葫山離建安十里。 ………………………… 17
　　泊建寧 ………………………………………… 17
　　萬石灘 ………………………………………… 18
　　守歲葉坊，與兼三宋年兄登古寺 …………… 18
　　不寐 …………………………………………… 18
　　元日移舟雙溪庚戌。 …………………………… 18
　　宿浦城 ………………………………………… 18
　　過仙霞關 ……………………………………… 18

7

三片石	18
釣臺	19
錢塘懷古三首	19
曉渡揚子	19
夜泊泗水閘	19
十四夜泊濟寧	19
東平州城外所見	20
夜渡黃河	20
西山別苑謁梁邨先生	20
賀李有老先生春捷	20
都門送同年陳豈江回閩	20

入越吟 … 21

李穆亭先生使院種梅有詩敬和元韻辛亥。	21
遊會稽山懷李根侯戶部,時根侯官奉天	21
甬上有懷	21
陪李穆亭學使遊烟雨樓次韻	21
聞宋兼三訃	22
吳興舟中即事	22
舟中遇雨,次方雲夢韻	22
陪李穆亭前輩舟發處州,便途遊石門,看瀑布水,漫興作歌	22
陪穆亭先生遊鴈蕩次韻	23
剡溪	23
送徐讓先前輩回宿遷	24
寄壽黃培山尊人六十壬子。	24
吉水舟中同佘畏齋聯句	24
建溪南岸石聯句	24

目　錄

雜吟 ··· 25
　斗山八景 ··· 25
　穆亭先生肅裝還闕,戒行有日,獻瑤承誨既久,受知獨深,悵念睽攜,
　　無從考德,輒成數韻,略序鄙懷,錄呈削定,兼冼贈言乙卯。········· 25
　萬爾言前輩以詩稿屬定,賦贈用元韻 ································ 26
　舟中與佘畏齋話舊,因呈畏齋丙辰。································· 26
　登漁梁 ·· 26
　清湖小寺分韻得陽字。··· 26
　蘭溪慰佘畏齋 ··· 27
　又過釣臺 ··· 27
　夜宿桐鄉,蔡公子過訪 ··· 27
　泊虎丘和佘畏齋 ·· 27
　淮安城口占 ·· 27
　答根侯 ·· 28
　壽魯南先生八十 ·· 28
　江陰楊文定公靈匶歸里,送至白河丁巳。·························· 28
　惜別佘畏齋 ·· 28
　頌李母節孝吳太夫人 ·· 28
　先嚴諱日寄諸弟 ··· 29
　壽雷翠庭先生太夫人六十 ··· 29
　送蔡次老回閩覲親 ·· 29
　閩山高送穆老給假回閩 ··· 29
　承王篔谷先生贈言,即用元韻和政,兼訂誠心堂同學 ············ 30
　送王尚卿之大名幕 ·· 30
　前韻再寄尚卿 ·· 30
　題盆梅戊午。·· 30

9

盆梅和金以寧 ······ 31
遜齋李使君得長男寄賀 時遜齋守大名。 ······ 31
壽王箕齋七十 ······ 31
喜雨 ······ 31
陪文山先生夜話蒙發唱，因次元韻求郢 ······ 32
初一六堂師會講 ······ 32
海淀口占 ······ 32
箕齋寅老先生邀集芙蓉樓發唱，敬步元韻 ······ 32
玉蝀橋口占 ······ 32
題南陽志圖 ······ 33
梅花三首 ······ 33

石谿詩集卷二 ······ 34

雜吟 ······ 34

題姜上均東窗睡覺圖 己未。 ······ 34
祝潘封母八十 ······ 34
祝方節母五十 ······ 34
贈旌表康節母謝太君 ······ 34
題陳母歐陽太君旌節錄後 ······ 34
寄祝穆亭先生五十 ······ 35
壽朱岸亭尊人 ······ 35
壽方年伯 ······ 35
徐年伯暨孺人雙壽 ······ 35
送姜上均先生南歸，即用留別韻 ······ 35
紅葉 館課。 ······ 36
賦得秋澄萬景清 館課。 ······ 36
賦得復其見天地之心 ······ 36

南苑大閱恭紀	36
將出都庚申。	37
出西安門	37
過趙北口二首	37
楊花	37
題晚香堂	37
再題次安溪相國韻二首	38
奉別遜齋太守	38
天雄署中偶成	38
渡衛河至臺莊，寄李根侯太守三首	38
臺莊有懷	39
訪宿遷徐讓先，口占留別	39
宿七里瀧	39
西安見烏鴉口占	39
登霞嶺	39
霞嶺聞鷓鴣聲	39
過浦城華山寺銕笛巖，因訪秋水禪師留題	40
次歇園元韻	40
朝亭為穆亭前輩詠。	40
旬下佈往東坂拜蔡文勤公神道，感成四首	40
苦旱辛酉。	41
村居旱甚，偕妙上人步禱龍潭，歸而雨至，口占誌謝	41
祝芸軒邑令壽	41
李姗母黃太宜人壽長公子是秋中鄉科。	41
十一月初八日發泉城	42
二十日下建舟	42

11

舟中遇雨 ⋯⋯⋯⋯⋯⋯⋯⋯⋯⋯⋯⋯⋯⋯⋯⋯⋯⋯⋯ 42
蓮花石同佘畏齋聯吟處,辛酉冬北上,再泊舟石邊,因成十二韻寄
　　畏齋 ⋯⋯⋯⋯⋯⋯⋯⋯⋯⋯⋯⋯⋯⋯⋯⋯⋯⋯⋯⋯⋯ 43
木蘭陂舟行至涵江 ⋯⋯⋯⋯⋯⋯⋯⋯⋯⋯⋯⋯⋯⋯ 43
渡螺江 ⋯⋯⋯⋯⋯⋯⋯⋯⋯⋯⋯⋯⋯⋯⋯⋯⋯⋯⋯ 43
冬至日 ⋯⋯⋯⋯⋯⋯⋯⋯⋯⋯⋯⋯⋯⋯⋯⋯⋯⋯⋯ 43
建水舟中夜聞溪聲 ⋯⋯⋯⋯⋯⋯⋯⋯⋯⋯⋯⋯⋯⋯ 43
除夕前一日,丹陽待潮,次陳一侯 ⋯⋯⋯⋯⋯⋯⋯ 44
除日渡揚子 ⋯⋯⋯⋯⋯⋯⋯⋯⋯⋯⋯⋯⋯⋯⋯⋯⋯ 44
除夕同人遊蘇園 ⋯⋯⋯⋯⋯⋯⋯⋯⋯⋯⋯⋯⋯⋯⋯ 44
遊漂母祠步韻壬戌。⋯⋯⋯⋯⋯⋯⋯⋯⋯⋯⋯⋯⋯ 44
過鍾吾哭徐讓先先生 ⋯⋯⋯⋯⋯⋯⋯⋯⋯⋯⋯⋯⋯ 44
東阿早行,賦得雞聲茅店月 ⋯⋯⋯⋯⋯⋯⋯⋯⋯⋯ 44
喜南陽先生被命分修三禮 ⋯⋯⋯⋯⋯⋯⋯⋯⋯⋯⋯ 45
散館賦得春蠶作繭五言排律得咸字。⋯⋯⋯⋯⋯⋯ 45
閱吳覲揚封章口占三首 ⋯⋯⋯⋯⋯⋯⋯⋯⋯⋯⋯⋯ 45
泰山老夫子命題小照 ⋯⋯⋯⋯⋯⋯⋯⋯⋯⋯⋯⋯⋯ 45
讀杜 ⋯⋯⋯⋯⋯⋯⋯⋯⋯⋯⋯⋯⋯⋯⋯⋯⋯⋯⋯⋯ 45
讀曲江傳 ⋯⋯⋯⋯⋯⋯⋯⋯⋯⋯⋯⋯⋯⋯⋯⋯⋯⋯ 46
讀宋四家詩二首 ⋯⋯⋯⋯⋯⋯⋯⋯⋯⋯⋯⋯⋯⋯⋯ 46
讀劉長卿集 ⋯⋯⋯⋯⋯⋯⋯⋯⋯⋯⋯⋯⋯⋯⋯⋯⋯ 46
讀王李詩集 ⋯⋯⋯⋯⋯⋯⋯⋯⋯⋯⋯⋯⋯⋯⋯⋯⋯ 46

西清存稿 ⋯⋯⋯⋯⋯⋯⋯⋯⋯⋯⋯⋯⋯⋯⋯⋯⋯⋯⋯⋯ 46

恭和御製消夏十詠原韻 ⋯⋯⋯⋯⋯⋯⋯⋯⋯⋯⋯⋯ 46
得四弟書 ⋯⋯⋯⋯⋯⋯⋯⋯⋯⋯⋯⋯⋯⋯⋯⋯⋯⋯ 48
十六夜太常寺有事,歸路口占 ⋯⋯⋯⋯⋯⋯⋯⋯⋯ 48

恭和御製食荔支有感	48
題廣西陳年伯壽詩一	48
螢	48
白秋海棠	48
恭和御製新秋試筆	49
初秋早朝	49
祝林年伯壽	49
站班歸口占	49
恭和御製秋日郊行	49
將到索園	49
祝少宗伯夫人	49
中秋讌集同穆亭前輩限韻	50
恭和御製落葉六首	50
駕幸盤山擬和得山字	51
送秀卿回閩二首	51
讀陽明先生集	51
水始冰	51
霜降	51
菊	51
九日詠菊花擬唐。	52
四十歲生辰	52
十一月初七得秀卿閩門信	52
初八夜見月口占,學溫飛卿	52
杜集再題	52
得家書	52
對月用義山韻。	52

13

伊年伯壽	53
雪晴入紅城口號	53
擬唐	53
殘雪在樹	53
郁卿寄入泮書并試草至，適冬至朝退，喜題寄賀，兼示諸弟	53
到禮館感題二首	53
初五坐班	54
大朝新定樂章	54
看鈔靳文襄治河奏疏	54
堆雪成山	54
京邸雪後	54
雪夜見月	54
苦寒	55
雪水烹茶用東坡韻	55
雪水烹茶再疊前韻	55
冬青拈韻	55
憶阿酉	55
除日得家書用東坡韻。	55
步廖伯亮守歲	56
穆亭前輩見示守歲次韻之作，再和	56
疊前韻	56
得靜夫守歲和韻詩，再次韻	56

石谿詩集卷一

雜　　吟

耐園即景四首丙午。

海棠分秋

輕綃褪落自重重，嫁與西風觶半胸。高燭宜燒春後面，好花猶帶舊時容。曾傳蜀地霞千點，只欠杜陵詩一封。珍重異香君莫恨，撩人秋夜露華濃。

素荷宜夜

捲罷湘簾趁晚臨，花如解語值千金。臙脂不染天然相，冰雪持看君子心。在水可能香隱隱，當秋尚爾玉森森。多情最愛陸郎賦，月曉風輕夜半沉。

雙峰入畫

家近雙峰坐翠微，天然圖畫是耶非。青隨明月來侵筆，秀落寒溪欲染衣。向晚雲霞工點綴，臨春煙雨望依稀。幾回認作屏風看，靜對柴荊不掩扉。

一水當琴

冷冷淙淙彈出誰，君聽逝者已如斯。調成流水偏無字，譜入平沙似有詩。夜永魚龍潛起舞，月明鸞鳳說相思。人間多少知音侶，得意何勞指下絲。

王尚卿訪余補陀不遇去，翼日小飲芍藥花前，寄尚卿已西。

名花纔可比傾城，臭味安能及友生？采采山中詩一夜，離離燈下月三更。淮南不獨思芳草，湘水無端怨杜蘅。乘興藥欄還再過，林間深處好聞鶯。

伴緱草有引。

短劍長節，一肩雲水。青輜白幰，滿路溪山。江襟河帶，天下中央。楚尾吳頭,寰間最勝。記自閩徂燕,歷多水國,捨舟而陸,不少花鄉,序涉冬春,物經雪柳,感極興往,悲生情來。巴童越女,皆有騷聲;茅店板橋,飽供詩料。京邸無事,聊葺遺忘。北雁南歸,寄示仲弟。題曰"伴綖",自誚征行肅肅,非復衆馬翮翩云爾。

己酉仲冬藍溪別諸友、舍弟北上

古渡風廻棹勢邪,分携咫尺樹周遮。何堪寒雁霜前聽,宛爾連錢雪内斜。脊令,一名連錢。望遠應憐天一角,臨岐畏見路三叉。澄潭如許深還淺,送我情多未有涯。

漁溪道中臘初

梅白楓丹兩兩新,山橋野意半成春。歲今赴壑尋歸夢,星已回天問別津。礐水從無礎喚客,隆冬也有雁來賓。閨中應拜初生月,兒女情痴暗損神。

十七舟發榕城

已認榕臺作并州,恐成遲暮更催遊。地通延浦思雙劍,春入菰蘆買一舟。烏白塔因花隱現,鼓旗山與岸沉浮。殷勤多有參差想,未解忘機愧海鷗。

次竹崎

木蘭雙宿更雙行,一夜相撼欸乃聲。溪瀑直趨太武國,早潮橫溯越王城。土風音好忻通問,水竹村佳擬註名。堪笑僕童知我意,自傍書劍記郵程。

水口同宋兼三

共折寒蘆驗水痕,水寒山勢露雲根。手邊樓架虛無地,小曲嶺通何處村。孤石倒灘鸚啄峽,舞帆逆浪鷸翻盆。暝煙漸起又依□,賴有春燈仔細論。

建水至竹箬爲匯,舟上水□則石皆稜稜。灘齧其巔,石益厲。臘月十九過此，計自榕至浦，水程縴十之二耳。岸勢回互，犬牙相錯，未窮也。

鵝洋遇雨，曉復泝流上六十里，泊尤溪口

舊峰新橘詩將畫，暗谷丹楓畫裏詩。頻走沙聲驚急纜，乍來雨意點流澌。山城驀地多篷蓋，小艇避風倚石炊。曾說尤溪酒價好，奈無片月可相思。

吉溪石

飛濤狎摜漸尋常，淼石經過托興長。峭壁空青廻兩岸，小城正黑在中央。自開生面迎奇客，亂點峰頭拜谷王。分得磨金灘底水，高吟孤揖未周詳。

上尤溪口石益奇，遠看如麋鹿狀。夜泊吉溪攝衣上，特其角凸凹曲蠢，水蝕之故也。方春水漲，應有窾坎鏜鎝之聲，好事者或將過而記焉。

延平

斷續人煙忽比閭，孤城天險過無諸。秀開帶水分丁字，雄動龍泉射斗墟。<small>丁字水流，滙爲劍津。</small>漸少榕花迷揹抑，《閩志》：榕不過劍。每多荻樹點蕭疎。今宵不復尋鄉夢，爲展南來載道書。

其二

鄉心久已發春前，臘暮依原守一川。南浦水流劍浦水，吉溪船泛建溪船。關情驛路遷延出，過眼梅花次第傳。漸有綠波催作賦，恐添別恨轉凄然。

避風葫山<small>離建安十里。</small>

十里寒塘路，維舟忽水坳。凍魚吹小浪，沙鳥逐輕泡。改岸仍青竹，人家半白茅。建安山咫尺，風引若相嘲。

泊建寧

南水入甌地，背山屬建封。水明流帶草，山淨隱芙蓉。臥碣仙人字，遺巖君子踪。武夷大半是，遥把瓣香供。

萬石灘

建城昨日郡，不雨落殘虹。爲有三春漲，更誇萬石雄。白魚登祭獺，紅蓼宛書蟲。每發歸與嘆，花梢問信風。

守歲葉坊，與兼三宋年兄登古寺

扁舟遲不發，應惜年華歸。客路行人絶，長空旅雁稀。江湖鄰廢寺，村曲逐漁磯。豈有登臨興，憑高戀夕暉。

不寐

不寐知無益，其如除夜何？老親應屈指，舊地昔經過。雨雪今冬少，梅花異域多。臨行憐此夕，容易嘆蹉跎。家慈曾隨外祖之任餘杭。

元日移舟雙溪庚戌。

仍是舊年水，何須停客橈。雙溪分艇尾，前寺失山腰。愛瀑頻燒竹，空樽難買椒。客中無甲子，珍重註元朝。

宿浦城

交□乘黿過彼都，美人騁望在天隅。綠波未改別時水，碧草能供永夜芻。千里情多耽故艇，十句春淺買屠蘇。東風入暮吹花發，可繞南州客夢無。

過仙霞關

八陵詳爾雅，何不載仙山。叠嶂趨閩嶺，廻溪界浙關。赤城來斗次，紫氣現眉間。候吏無勞問，棄繻寄意間。

三片石

東海何年叱石回，三神山豈能飛來？戴鰲自蹴空中柱，承露寧須掌上杯。

18

絶頂彌尊還伯仲，隱屛如畫綴條枚。玲瓏飽看袖間物，羨爾憑虛未許推。

釣　臺

龍飛鴻舉總非凡，九里灘終異傅巖。鳳尾頻傳天子詔，羊裘不著美人衫。一絲端豈爲君繫，短啓何曾對使緘。憨愧西風纔憶鱠，蓴鱸應恐怪歸帆。

錢塘懷古三首

宋　都
地是會稽忘解讐，宋家不讀越春秋。自從做得吳山屋，早認杭州勝汴州。

宋　陵
雪窟久悲龍髯升，玉魚猶且累諸陵。黃楊何似冬青樹，半護遺碑翠不勝。

胥　口
馬革裹屍心已降，鴟夷肯恨舊家邦。潮頭一避錢王去，省說怒濤到浙江。

曉渡揚子

瓊宮將近鬱巉巖，翠隱金蕉鏡裏探。海氣壓濤迷楚尾，梅花滿路隔江南。疎鐘纔送中泠寺，殘靄半凝北固菴。烏榜紅檣清浪穩，虛無閒夢落春潭。

夜泊泗水閘

東路無芳懶細尋，幾廻見月泊湖心。屢聞新水春開壩，不搗寒衣夜斷砧。魚子纔成難數尾，柳絲初浪易如林。青青齊魯幾時了，消受河梁片席陰。

十四夜泊濟寧

圓魄如春夜夜添，柳絲漏隙賽湘簾。廿番花序風生暈，半抹眉峰黛露尖。野馬光疑浮素簟，飛蟲影欲鬧青縑。灩泓沁我洙沂水，何莫言詩信口占。

東平州城外所見

競艷如莜不績麻，錦團金簇鬥紛奢。朱門半掩能行晝，駿馬馱將解語花。麥路遺簪香滾浪，楊園倚袖午當衙。踟躕怕有羅敷在，爲報使君莫立車。

夜渡黃河

怒痕恍惚見秋濤，臘杪淮黃岸未高。平滿星光槎入漢，爛浮貝闕月橫濠。雪崖不夜輝文馬，大艑如山汎巨鰲。漸覺楚揚風景□，浮洲淺嶼遍漁舠。

西山別苑謁梁邨先生

約束青山落小池，客來公子正拋絲。玉泉煮鯉兼佳醴，黃鳥變笙勝鼓吹。入午流風披坐滿，近天芳車拾歸遲。美人贈我青蔥佩，顧盼何堪桃李姿。

賀李有老先生春捷

椿樹巷如碎錦坊，相逢君已賦長楊。紅雲舊第聯庚戌，金馬新踪起五瑯。日暖袍花融柳汁，春濃筆蘂惹爐香。共言庭內好衣鉢，甲乙星羅翡翠床。

都門送同年陳豈江回閩

楚越分肝膽，龍劍合以神。長安居咫尺，各自愛其真。一見必前席，一別即連句。契闊非兒女，何用苦悲辛？我有空桑瑟，尋師遇子春。名門無頓悟，曰習與心均。如遊者入泊，如輿者斷輪。當其破宵渺，氣屏不敢眴。倏爾驚浩蕩，大川未涉津。豈不願同歸，將以成吾身。憶昨相見初，日月會于辰。文章交有道，戛戛去惟陳。嗣後不聞久，恃德亦比鄰。鳳翎雖屢鎩，龍性終難馴。五岳起筆下，萬象爲崩奔。嚕呔非凡調，風水相吐吞。廻波豈無絡，氣盛總難言。讀書愛伊洛，超然會無垠。太極假面貌，道義爲之根。湖海收橫鶩，究竟在閑存。以茲悟交理，意氣安足論。

入越吟

李穆亭先生使院種梅有詩敬和元韻辛亥。

廨署亦憐此，常收天下春。鳴條辭朔雪，托類近稽筠。南國尊佳樹，騷壇興媺人。清聲隨玉笛，先已動青蘋。

遊會稽山懷李根侯戶部，時根侯官奉天

稽山有竹箭，奇銳匹湛盧。良工加栝羽，致遠若斯須。今晨逢讌樂，悒欝起長吁。有美一人者，宛在燕之隅。其水曰鴨綠，其山曰醫無。山高不可越，水深不可踰。想亦應憐我，栖栖枉泥塗。時愒慣媮懶，業荒誰破愚。豈不以文會，終然嘆德孤。去年五六月，聚首在天衢。翩翩千里驥，局局轅下駒。皎皎雲間鶴，泛泛水中鳧。物候分涼燠，生態驗榮枯。惟君不少棄，眷我如同趨。出其古秘笈，濂溪太極圖。佳言與遺矩，連絡若編珠。諸子亦薈萃，川流源不殊。鉤元繩祖武，入室聞道樞。有本者如是，辭章誠偽儒。從此披肝膽，不許談皮膚。時或陪君坐，從容曉到晡。時或為君御，攬轡噱笑呼。轉盼西風起，征車指遼都。別緒悲秋燕，鄉心畏井梧。子月北書至，慷慨念微軀。慎哉魚在沼，勿憂狼跋胡。回雁過樂浪，客星又江湖。澤畔生春草，萋萋暗平蕪。

甬上有懷

四明江水綠生漪，憶昨初來未滿陂。異地春聲聞布穀，故園花事到荼蘼。浙潮不負橫塘信，越鳥終憐向暖枝。畏上郵亭西畔望，鄉心半似草參差。

陪李穆亭學使遊烟雨樓次韻

繞幕蓮花恰繫舟，不煩簫管自風流。金塘舊接鴛鴦港，仲夏宜登烟雨樓。斷續荇菱隨水路，微茫草樹出沙洲。催詩休管行雲黑，早有新題在上頭。

聞宋兼三訃

燕臺留滯纔分岐，馬首江干尚有詩。南月虛疑歸李夢，北書忽寄唁歐詞。君歿梁邨，先生爲作哀詞。交情猶見收君日，都中諸友皆視斂。古道難忘贈我時。青草白波身後路，傷心無地哭靈輀。用半山句。

吳興舟中即事

蓮塘芰巷兩娟娟，樓榭幾灣到野田。纖綠行來皆匝樹，尺波將竟亦遙天。狎風畫舫窗三面，夾岸飛甍寺半邊。見說碑亭餘墨妙，暫辭鷗鷺聽栖蟬。

其二

孤峰物外自蕭然，林幕誰知瞰百川。久客看山聊永日，秋容入望又經年。江城縹緲雲低市，野岫蒼黃雨過船。還向蘆中聽鼓枻，筆牀茶竈倩詩傳。

舟中遇雨，次方雲夢韻

斷雲含雨入葭蘆，岸意山容俄頃殊。織女機頭傾漢水，鮫人海外拾明珠。時七夕後一日，從學使吳興試歸。菱花葉密聞鳴蜩，蓮子罌深見隱鳧。不怪玄真多逸興，綠蓑青笠老江湖。

陪李穆亭前輩舟發處州，便途遊石門，看瀑布水，漫興作歌

括蒼山水最瓌奇，秀拔渾如謝客詩。我來正值悲秋日，日夕但從屋裏窺。雨後閒雲霄前樹，人家一半出疎籬。明浮聯娟更撑抑，百雉橫岡山蔽虧。清水白石無雕餝，澄渡應與行舟宜。是日關陰天漠漠，布帆穩便風北吹。攢岫升雰半犖确，卷趼纖細浮脩眉。前帆儵怳過山脚，後帆宛轉穿林碕。隴首亭皋拖峻阪，丹楓綠橘間棠梨。村墟正好灘忽轉，劃崖崩豁露邊陲。背指林巒皆滅沒，樹每拳生石倒垂。縈途紆望續綖縷，如雲如人行者誰。蝸房偪仄矮容膝，繚以薔

蘿蓋以茨。上捫青冥下無底,猵猱升水燕在楣。人煙漸少溪逾窄,林合舟人天一規。薄暮暝晦睨且怡,舟人云此恒見之。行行前去更嵌巇,巨石不鑿自根闚,鷟翔虎躍儼相持。温谷玄門深積秀,草樹常春冬不衰。飛泉炎夏無晴日,相傳摩漠冽天地。過者皆願留姓字,弗信但看壁上詞。詰朝長年以篙指,神仙窟宅不在兹。岈崟纔通變寬坦,岸少雜花路盤蛇。青霞不閉鎖葳蕤,冰綃簾幕玉罘罳。騰空汗漫堆琉璃,纁黄揺翟需經緯。欲倩天孫正凍絲,又如七襄初上機,龍文梭掠無參差。工人袖手鮫人泣,地柚天杼不可師。又如帝子憑虚鼓綠綺,四聲如抗衆絫絫,失勢一落强千丈。壯哉髪上肝膽墮,散入清商叶笙管,崇丘革黍古無辭。又如太行之山石髓裂,芳于齊醴甘于飴。百斛瓊漿難爲携,低蒸成菌高成芝。峭削枯柟老無枝,龍頭縮蠹柱支頤。藤繙其脊草麗龜,風來淹冉揚導麾。石嘴菖蒲抽暗節,若范有冠蟬綴緌。憶昔永嘉理郡時,伐木梯山走魅魍。巨靈上訴夸娥怒,帝令六丁藩四厓。閑來曾檢圖經語,誕謾俱云山有夔。果然幽邃寒神骨,其境太清難久居。長者詫予何言而?悔君不早遊武彝。大王山頭玉女腰,暘烏未没兔東追。仰揭斗柄籛南箕,鴻濛獨闢狹二儀。三十六峰環九曲,咳唾皆生雲與霾。石之下者爲牛馬,上者爲熊羆。背者爲奔象,顧者爲伏麋。峻者爲鷟雛,媚者爲文狸。或爲贔屭負鉅碑,或爲大圭琢終葵。或爲小城起中坻,或爲崇坫傍丹墀。大都通透開洞壑,神工慘淡費鑪錘。吞若石門七八九,驪龍頷下摘一髭。幔亭張宴露華滋,靈珊珊兮翩來遲。蘸户蕙旌薜荔帷,瑶粀玉糈赤麟犧。鐵笛數聲衆仙下,只今石帆篙如榱。聞言悵怳憖余迷,几前所見皆測蠡。天脱罿絡不可覊,令鷦先戒鳳後隨,搴秀尋幽無窮期。

陪穆亭先生遊鴈蕩次韻

陽鳥來時早紀遊,更逢霜净走寒流。犬牙岸互潛玄豹,翟尾旌高映玉虬。百道懸泉分澗落,兩峰暮靄一村收。清冰忽化神靈雨,是處曾經空翠浮。_{出山遇雨。}

剡　　溪

臘杪猶隨使者車,每臨蹊路暗躊躇。溯東山好鄰甌郡,剡曲村佳似故廬。

23

木葉成堆霜落後，水雲不動雪晴初。陵陂又長青青麥，客道三番見歲除。

送徐讓先前輩回宿遷

共乘白黿駿綠螭，浙江歷遍總相隨。文先見草忘踰等，書重千金亦不私。正喜鳴皋聞子和，世兄是冬入泮。行廣團藿叶壎吹，令兄魯南統生有書邀歸。河冰未下今交手，無計繫駒指後期。

寄壽黃培山尊人六十壬子。

仰止崧高天一涯，因聯車笠得通家。學弓有子聲方大，授杖如翁德不瑕。翁諱文汸，西江名宿。二漢迴西川注酒，五雲染夔佩飛霞。岡陵賦就勞青鳥，遥望極南斗蔚華。

吉水舟中同佘畏齋聯句

雲深山帶雨畏，天勢忽低垂。夾岸人家出瑜，荒村野渡遲。呼童尋酒肆畏，訪友過疎離。握手皆親串瑜，傾心有舊知。澄潭枕石好畏，淺瀬泊舟宜。坐久涼生袂瑜，更闌露濕衣。蟾光浮水面畏，螢火度林碕。草樹蒼茫闊瑜，魚龍寂寞隨。甌人彈楚曲畏，粤客趁吳兒。皆實事。張翰宜游日瑜，終軍獻策時。興酣頻起舞畏，夜静輒聯詩。咫尺長安路瑜，何須賦別離畏。

建溪南岸石聯句

建溪饒水石瑜，峭壁斷空流。此地客舠好畏，孤峰倚岸幽。玲瓏天小有瑜，窈窕月當頭。風入鳴河鼓畏，雲生結海樓。支機銀漢落瑜，噴薄玉鯨浮。五嶺騎羊過畏，三江舞燕收。菱花輝石鏡瑜，鼇背覆金甌。穴穿蟲鼠嚙畏，徑仄鹿麋留。灩澦春波漲瑜，瀟湘夜雨柔。水晶宮外影畏，承露掌中漚。靈鷲飛來早瑜，仙槎繫處秋。赤城霞彩煥畏，玄圃露華稠。驅去須神力瑜，橋成豈鵲謀。書從孺子授畏，璞向知音投。想像幔亭宴瑜，相將剡曲遊。洛京神女賦畏，巫峽楚人謳。騷客憑臨眺瑜,他山應可求。詩成同嘯傲畟,逸興滿滄洲瑜。

雜　　吟

斗　山　八　景

前　山　樹　陰
盤阿曲徑地幽玄,樹竹叢修蔽石泉。炎暑乘涼多寄跡,賢豪濃興□□□。

寶　峰　雲　釋
梵刹端嚴踞寶巓,群山環繞兩川纏。東隅陽照彩雲徹,喜盼朝天在眼前。

東　塔　臨　流
道邊樹塔忽溪邊,幹制特來襯佛前。雨漲不驚成砥柱,惱人湍水且清漣。

西　橋　卧　陌
何事延橋仆陌阡,只因滄海變桑田。了然世事盡如許,敢不乘時願勉旃。

守　溪　雙　魚
群石驅來壅水流,水不順行復回頭。浪騰洶湧分三道,宛爾双魚任泳遊。

環　潭　七　石
曲水瀠洄静無聲,淆不濁兮澄不清。怪問伏潛何七石,天將毓秀地鍾名。

磜　霧　千　尋
飛霧上騰戾彼倉,無風無雨似蛟叢。忽聞鼙鼓喧天響,旋見碧紗映日紅。

仙　臺　百　尺
層層危石仰天高,嘯月吟風佳趣遭。群道仙人頻到此,誰知此內產英豪。

　　穆亭先生肅裝還闕,戒行有日,獻瑶承誨既久,
　　受知獨深,悵念睽攜,無從考德,輒成數韵,
　　略序鄙懷,錄呈削定,兼浼贈言乙卯

離文忻繼作,乾德喜方亨。四海慶昌運,中朝況舊盟。伊巫推世胄,申吕

實邦楨。賜假因元祀,趨班肯後程。百年光俎豆,奕葉盛簪纓。憶昨星瞻斗,其時歲在庚。通家陳夙昔,一顧若平生。臭味蘭薰蕙,音徽瑟比笙。開之以道義,勉使重科名。校士隨南下,利賓想北征。栽培桃與李,投贈玖兼瓊。豈獨斧資裕,更多僮僕貞。江山無政涉,衣馬有肥輕。說劍雖逢趙,獻琛尚阻荊。深秋悲宋玉,羈旅困虞卿。荼毒憐集蓼,幽憂賦采薖。人都譏落拓,公不改聲評。孺子時懸榻,樓君兼設鯖。嗟予石磊磊,羨彼我菁菁。促膝袪蒙蔽,披襟解宿酲。譚元遲燭至,論史到參橫。析理同抽繭,辨疑直抉閟。執經固所願,殊分輒如驚。知己嗟難遇,感恩惜未傾。況當臨別日,能不瀉微誠。雨雪驅皇路,鶯花上玉京。公其繩祖武,可以答王明。側耳風雲會,熙康復載賡。

萬爾言前輩以詩稿屬定,賦贈用元韻

清時華冑晉機雲,君父兄俱以武功開閫。儒雅風流今罕聞。古道何妨自我作,新詩端不隨人云。鄴侯書卷若干軸,荀令衣冠終日薰。慙愧未能窺半豹,摳衣猶許識玄文。

舟中與佘畏齋話舊,因呈畏齋丙辰。

薊門一見早關情,多病含愁未許傾。樽酒開時人五載,扁舟話罷月三更。盛年不合悲身事,良會何因答聖明。同濟巨川知有意,臨流便可濯長纓。

登漁梁

遠看罨曖近看無,照日雲煙澹澹鋪。山到越王臺上盡,水從江令邑中趨。野花滿路開蝴蝶,溪鳥對人唱鷓鴣。十里平岡登陟好,那堪瞻望起嗟予。

清湖小寺分韻得陽字。

清湖石上寺,人號小江郎。獨樹疑無暑,微風帶早涼。澄潭五六畝,斷岫兩

三行。古渡蟬聲午，維舟未夕陽。

蘭溪慰佘畏齋

扁舟向晚泊蘭溪，回首鄉關入望迷。孤鶩落霞江上下，夕陽秋水涮東西。幾多山色嚴陵好，無限星光婺女低。夜夜木蘭相對宿，客心何事悵暌携。

又過釣臺

青山綠樹晒緇絲，想見當年自把持。雲路若多超世者，龍門應少黨人碑。飛飛白鷺如相識，浩浩長江可樂饑。六百水程都過眼，先生隱處獨幽奇。

夜宿桐鄉，蔡公子過訪

溪月娟娟又照人，溪邊雲樹更精神。蓴絲鱸鱠他年憶，玉露金風此夕親。城郭虛疑浮水面，村墟強半在江濱。扁舟孤棹來相訪，猶幸天涯是比鄰。

泊虎丘和佘畏齋

三度春光憶舊遊，三上虎丘，皆值春日。兹來偏值蓼花秋。綠蓑不怕前溪雨，趁着斜風泊虎丘。

其　二

雨退雲收枕簟涼，木蘭個個出吳閶。問儂何處繫舟好，新水池邊有綠楊。

其　三

虎跡墳空夜月明，隔船簫鼓鬧深更。如今不唱竹枝曲，玉管新翻賀太平。

其　四

吟過長橋復短橋，新詩最可滌煩囂。知君筆勢凌雙塔，秀奪吳山並玉霄。

淮安城口占

澤陂千頃足鮫魚，織柳編蒲夾水居。隔岸何因聞瀑布，河防放閘入新渠。

其　二

暫止岸鳥飛復栖，淮流高與女牆齊。長風怕有蘆花水，一夜河工盡護堤。

答根侯

致身何幸及明時，節操承家應在茲。尚友每存千載想，獨行常恐衆人知。頻年多病長相憶，此日升堂慰所思。風月滿簾宵漏永，不妨公暇一言詩。

壽魯南先生八十

一再摳衣謁後塵，茲來猶勝舊精神。方知柱下成書者，時先生被命修《三禮》。即是磻溪未老身。授杖中朝瞻北斗，稱觴此夕近王春。何時不頌公多福，況值鍾吾嶽降辰。

江陰楊文定公靈匶歸里，送至白河丁巳。

去歲賜環回薊北，今年諭葬出都門。風雲誰不悲千載，泉路料應戀九閽。沙鳥飛飛疑弔客，河流隱隱護歸魂。典型日遠吾焉倣，慟哭非關感舊恩。

惜別佘畏齋

落第不言戚，何爲轉徬徨。故人別我去，感事激中腸。念昔同舟時，爲我話行藏。飢寒何足念，貧窶累高堂。我時聞子言，爲子進一觴。方今天子聖，鳴鳳托高岡。罷官非其罪，應得覲清光。斯言猶在耳，子今復踉蹡。平生所知交，多近日月旁。皆勸子安命，豈知貧者傷。白華與華黍，自古意難忘。

頌李母節孝吴太夫人

周詩稱孝子，廼由女士賢。侍講邦之彥，固宜有母傳。延陵徵吉卜，于飛叶鳳鸞。夫子苦遭病，精誠禱蒼旻。傷哉泣疢血，冀以代所天。從此憂心痗，思伯固願言。力疾事皇姑，往往得其歡。臨終有遺願，貺爾福如川。維時食口多，家政繁以殷。酒漿并鹽米,縷析在指端。方知九章學,早已涉離藩。奈何遂奄忽,含笑從九原。我皇錫嘉命,曰母婦道全。溫惠若春暉,幽貞比寒泉。不獨婦德茂,婦功古所難。同時兩伯仲,稠叠賁恩綸。共識彼蒼意,將大其後昆。走也實不才,忝辱分誼親。通家稱猶子,此意昔所敦。況逢明盛世,幽光發名門。臨風再三拜,彤管有遺編。

先嚴諱日寄諸弟

離居少慰意,況值終身憂。十年九于役,未得奉醪羞。望空展跪拜,淚下不能收。乃知志四海,何如不遠遊。萱堂素强健,良食依然不？微禄春日寄,深夏尚淹留。豈不願迎養,燕閩道路悠。賴有同枝樹,能舒倚門愁。仲也天性篤,色勞兩綢繆。叔兮勤力穑,剥棗勝椎牛。母氏嗟予季,季兮諒無訧。以我思親意,勉子及前修。人生在家樂,承歡更何求？

壽雷翠庭先生太夫人六十

志士重立名,立名豈爲身？鳴鳩懷不寐,常恐辱二人。先生有道者,立名喜逮親。朱華被南薄,靈萱映大椿。婉娩宜高壽,稱觴及良辰。何以祝遐福,環珮紆長紳。何以頌令德,自天賁恩綸。惟母有賢子,爲王侍從臣。教胄已三載,趨公總惟寅。芰荷以爲衣,蘭茝以爲紉。懸知靖共日,敢負劬勞晨。以兹仰閫範,應是仉侯倫。自昔推胎教,不徒侈降申。即今堦前樹,皆爲玉與璘。菲菲寸草心,良可答三春。持此長將母,至誠能感神。願言錫純嘏,庶以式吾閩。

送蔡次老回閩覲親

晝錦清時事,如君今日稀。絲綸親手捧,棣萼比肩歸。白雁隨征馬,黄花帶客衣。令名兼色養,可以答春暉。

閩山高送穆老給假回閩

閩山高兮無極,中有深潭兮不測。含靈孕秀兮,扶輿之氣,磅礴而欝積。有美人兮信芳,抉雲漢兮分天章。朝遊兮石渠,暮宿兮玉堂。胡爲兮歸來,製荷衣而集芙裳。

其　二

閭山之高兮,下有平疇。良田如掌兮,泉鳴呦呦。秭歸鳴兮土膏流。鄰家之人,青笠綠簑兮,驅越犢而此吳牛。伊人生兮三樂,春課耕兮秋課讀。出其餘徽兮,猶足以振頹風而嘉末學。

其　三

閭山高兮出雲,爛昭昭兮繽紛。班布太虛兮,潤物無垠。卷而懷之,聊以娛悅兮,庶幾乎持以贈君。

承王簀谷先生贈言,即用元韻和政,兼訂誠心堂同學

闉橋自昔重鴻儒,不道疏頑容末驅。愧我無能時講業,多君有意善噓枯。絳帷喜接春風座,好句新收夜月珠。最是典型兼大雅,時時歌咏歠皇謨。

其　二

東箭南金豈下乘,深欣京國聚良朋。韓公弟子非章句,安定門墻自準繩。八載德薰都響動,此時文會漸淵澄。聖明即日諮更老,人範經師首一燈。

送王尚卿之大名幕

幾陣雁聲橫塞北,幾番月色照牆東。談來欵欵皆心曲,別去栖栖豈意中。湖海未曾逢眼白,星霜終怕損顏紅。元瑜暫入征西幕,竚待明秋萬里風。

前韻再寄尚卿

別君正臥病,馬首幾時東。心事塵埃外,交親氣概中。雪花終日白,燈火夜深紅。應共悲蕭瑟,寒窗撲面風。

題盆梅戊午。

如子甘心者,孤山淺水邊。爲何饒前削,轉覺減天然。隙月來簾外,寒燈落

鏡前。猶餘依約態，未肯受人憐。

又

惆悵家園隔，梅花負素期。可憐辭朔雪，忽地見南枝。照眼分明發，春深爛熳垂。從來官閣興，多半是鄉思。

盆梅和金以寧

尺幹休嫌小，能將春意傳。盤桓工遠勢，彷彿落斜川。疎影疑侵帙，飛英故拂絃。憑君歌古調，比類近蘭荃。

其　二

霜根連夜長，端不畏春遲。石小成孤契，泉甘且注玆。玉簫三闋後，清夢五更時。驟覺芳馨發，東風到處吹。

遜齋李使君得長男寄賀_{時遜齋守大名。}

舊是旬宣處，承家即樹基。人皆稱豈弟，公合有佳兒。棠樹還留蔭，_{大名隸順天，文貞相國舊治。}槐花又吐枝。晚香亭子畔，春色上雙眉。_{魏國公晚香亭在大名署內。}

其　二

積善餘家慶，安溪況國勳。相門宜踵武，宗子屬斯文。_{遜齋爲相國嫡孫。}伊昔熊羆夢，欣瞻鸞鳳群。果然初降日，斗正孟陬分。_{公子以正月降。}

壽王箕齋七十

冠蓋京華滿，稀齡自古傳。如公真國老，輯杖近行仙。健筆能扛鼎，雄文似湧泉。看花明歲事，未便賦歸田。

喜　雨

春旱既太甚，愆陽亢不調。豈惟禾稼損，常恐金石流。終風從西來，不令密雲稠。寒戶見嘒星，我心慘以愁。農人占穀雨，而今已麥秋。不識蒼旻意，未能免怨尤。我皇誠仁聖，堯祝而舜謳。謂宜釀太和，況廼精神求。縈雩走百辟，牲玉靡不周。果然澤氣升，雲冪東南遊。秉燭窺天井，披簾望檐頭。夢寐沐餘清，欹枕聞颼飀。曉起琴書潤，萬象和且柔。生意溶太虛，人樂可不謀。解温（慍）兼流惡，神功一時收。攤卷成獨笑，沉坐恣冥搜。主聖復年豐，俯仰吾何憂。

陪文山先生夜話蒙發唱，因次元韻求郢

攬衣無寐步空階，清夜披襟笑語諧。明月屋梁長似許，美人天上邈難儕。日來講學尊安定，應有流徽近魯齋。朗詠知君情不淺，宮牆結夢自今偕。

初一六堂師會講

諸君卓犖復崢嶸，談吐皆成白雪聲。說到同心真似面，看來衝口却忘情。一樽綠酒清言下，四壁奇書古意生。擬讀萬過鈔萬遍，長燈檠對短燈檠。

其二

華予歲晏念崢嶸，佳會願聽好友聲。說理平心纔有味，譚經聚訟即無情。懸河方喜雄辨起，翻水旋驚異論生。自嘆真愚無一語，且須靜會守燈檠。

海淀口占

碌碌風塵眼，今朝暫豁然。荷翻新雨後，葭亂早秋前。白鳥兼黃鳥，高田繞下田。應須學杜老，終日曲江邊。

簣齋寅老先生邀集芙蓉樓發唱，敬步元韻

芙蓉花外夕陽樓，神武門西鹵陌頭。我懶同為不速客，君閒喜作無心遊。平添碧水通深泚，斜拂涼風下白鷗。更有景山晴色好，蕭然草樹欲矜秋。

玉蝀橋口占

獨立橋邊久，低徊念昔遊。景山連佛塔，水殿接書樓。倦去尋青草，閑來對

白鷗。凉風天末起,又是隔年秋。

題南陽志圖

萬叠青山一畝居,繞簷佳木半扶疎。灌園豈是忘機者,笑倚南窗好著書。

其　　二
披圖吾亦愛吾廬,心事相知十載餘。猿鶴不寒他日約,耦耕正好學長沮。

梅花三首

暖日和風最好,清沙淺水相宜。我來不是無句,和靖當年有詩。

其　　二
籬外樓頭色相,雪前月後精神。世上許多煙火,不湌便是仙人。

其　　三
驛使一枝不少,孤山百樹未多。吟來花緣人重,儂亦將奈花何。

石谿詩集卷二

雜　　吟

題姜上均東窗睡覺圖己未。

昔日彭澤翁，低徊臥北窗。亦有程伯子，東窗睡初起。二公千載人，高山恒仰止。一者坐春風，一者對秋水。秋水蕭然清，春風藹而美。元氣流四時，觸目皆天理。睡覺互循環，陰陽相終始。迴視跂羲皇，獨善其身耳。所以圖中人，為此不為彼。

祝潘封母八十

北堂故事羨潘輿，現有青鸞來帝書。此日承恩榮八表，當年課子惜三餘。金閨達後誇蘆筆，白髮閑來愛紡車。莫道綺霞輝晚景，瑤池春旭正舒徐。

祝方節母五十

循陔誰不念親闈，名節雙成事更稀。茹雪多年嗟弔影，和丸一旦羨高飛。部曹列象環台宿，婺女輝星暎紫薇。願得長斟霜落酒，小春時節祝春暉。

贈旌表康節母謝太君

五世風猶嶄嶄新，天書巍煥照千春。先為弱絮詩中女，後作棲鸞鏡裏人。不信飲冰非易事，想來截髮是前身。慇懃叠唱將雛曲，代有生絲紴玉麟。

題陳母歐陽太君旌節錄後

頮手為題旌節詞，母儀婦道兩兼之。養姑堂上無三宿，鞠子巢邊少一枝。

憔悴能完經毀室,艱難屢作絕煙炊。祇今椊楔烏頭煥,應是人間墮淚碑。

寄祝穆亭先生五十

雅望清聲誰得如,巖廊名輩每相於。三年洛下頻開社,五十昌黎擬著書。遠膝鳳孫應似祖,學文驥子最憐渠。未能歸去登堂祝,遙指台星煥斗墟。

其 二

別後霜華兩度新,知公不負百年身。障川東去韓偕李,載道南歸洛接閩。競說雲霄能步武,果然松鶴比精神。因風早寄尊前約,擬醉平津閣裏春。

壽朱岸亭尊人

考亭本是新安派,課子明經舊德傳。況有黃山誇福地,裹來玉露駐修年。杯浮蟻綠秋方永,曲寫霓裳月正圓。預卜仙香雲外發,桂枝今種在天邊。

壽方年伯

紫鳳青鸞恰赴期,雙銜書信降瑤池。仙郎此地看花日,國老山中晉酒時。藕大如船千歲菓,榴紅於火萬年枝。算來名壽相兼少,莫比尋常說介眉。

徐年伯暨孺人雙壽

庚申秋日祝生申,遙想靈萱暎大椿。天老流輝占漢渚,黃姑散彩認河津。聞聲客至方誇鳳,摩頂人來更說麟。為報玉臺詩思好,綵衣叠見錦衣新。

送姜上均先生南歸,即用留別韻

寰海何人讀九丘,那知大業足千秋。石渠虎觀因君重,孔思姬情鎮日搜。好古可能追柱史,校書差喜傍瀛洲。無端忽起尊鱸興,紫艷紅衣動別愁。

其 二

幾時鶴駕發南州,海上靈槎肯再浮。忘分自知非汎愛,譚經端擬近清流。

名山豈爲人青眼，吾道何勞石點頭。無以贈君君處我，追歡歲月已三週。

紅葉館課

萬花千蕋艷朱顏，未審經霜葉更殷。拂地初成文繭色，燉空微帶鷓鴣班。芳菲綠橘黃橙裏，燦爛明霞落照間。何似金臺秋景好，上林無樹不堪攀。

其二

覓句停車托興同，不煩雕飾見天工。莫嫌秋色輸春色，可愛深紅賽淺紅。金井徐飄流暗水，玉樓斜度下西風。欲知爽氣浮襟處，總在丹楓紫柏中。

賦得秋澄萬景清館課

極目長空靜，圓輝一鑑收。虛疑銀漢水，遍洗玉堂秋。湛湛金波爽，娟娟素影幽。遠山青屋角，零露白樓頭。潭徹絲毫見，消煙纖芥浮。清思楊柳岸，古意蓼花洲。逸舉瞻鴻雁，高標望斗牛。幸依冰鏡朗，萬象恣羅搜。

賦得復其見天地之心

化源藏在靜，以動乃窺之。不遇天根見，誰知卦策奇。氣將呈長子，數已兆陽奇。琯觸灰飛際，聲希味淡時。果仁方點薏，穀種又生栀。七日通先復，三才統共維。就中參性命，于此識微危。講易皇心粹，苞符即孔羲。

南苑大閱恭紀

律應初陽轉，時逢泰運隆。思文光世德，纘武茂前功。天策威儀盛，神皋氣象雄。來遊周舊鎬，望幸漢新豐。雪色轅門上，寒花輦路東。波澄南海子，日麗梵王宮。翠葆森分列，黃輿儼正中。瑂鞍珠的皪，錦轡玉玲瓏。赤羽流星箭，金弦滿月弓。太常旂九就，司馬鼓三通。有令軍聲壯，無譁士氣充。虎賁皆赳赳，驃騎更熊熊。上將千人敵，康侯五等崇。鳴鞭凌紫電，倚劍亘長虹。地迥宜遐矚，壇高闢四聰。形如環斗極，勢欲壓華嵩。豹略欽神武，龍韜運聖衷。六奇先訓旅，七札乃脩戎。始肅行時令，推恩體灝穹。深仁涵化育，厚澤茁葭蓬。寰宇烽塵静，敷天福禄同。泱泱歌狩洛，濟濟慶朝鄷。睿藻追宵雅，鴻圖繼大風。長楊何足侈，竊願詠車攻。

將出都庚申。

塞鴻北向燕南飛，終日思歸今始歸。葵藿有心春杲杲，松楸無樹夢依依。禄雖逮養千山隔，仕本爲親五載違。寄語蓴鱸休戀我，此行未暇理漁磯。

出西安門

玉蝀橋邊回首頻，景山山色欲留人。桃花片片風光早，柳葉絲絲雨露匀。虎觀門通西苑水，鴻都地接上林春。鴛鴦翡翠如相識，小別何能不損神。

過趙北口二首

迢遞都城起曙煙，燕南趙北兩蒼然。浮雲盡處連滄海，沙岸低時灌百川。憶別猶憐芳草渡，還家最愛杏花天。停驂驛路因回首，留滯長安已五年。

其二

恍同晚飯越中行，隔斷紅塵心眼清。三月水深南海淀，昨宵雨過易州城。黃鶯睍睆如愁濕，紫燕呢喃似説晴。遶遍長堤將十里，緑楊橋畔鬨車聲。

楊花

燕南三月後，垂柳更無楊。柳葉纔生碧，楊花早變黄。依依隨路遠，冉冉共春長。暗浪何時雪，輕泥到處香。縱然饒體態，一半是清狂。擺蕩因風力，低徊逐水光。遮桃千萬樹，映杏兩三行。抱去鷰蜂巧，銜來覺燕忙。點衣真娬媚，撲面太倉皇。爛熳今如此，芳菲且寄將。可憐太漏洩，欲與細商量。却憶靈和殿，風流盡屬張。

題晚香堂

誰人不誦秋容句，可惜難登晝錦堂。沙麓到來巡舊圃，漳濱且喜近仙鄉。

緩尋芳草憐春暮,獨坐黃昏愛晚香。猶有亭亭前代柏,銅柯鐵幹拂穹蒼。

再題次安溪相國韻二首

宴客堂開此勞軍,龍山佳會擬平分。菊栽陶令潯江秀,詩製杜陵蜀錦文。紫艷何人憐晚節,黃花從此沐遺芬。升堂疑有英靈在,隱隱簷端三素雲。

其　　二

閒遊喜過武康軍,讀遍殘碑屆夜分。好句何曾輸永叔,高風真不減希文。天雄舊治亭臺古,鄴下新詩翰墨芬。最愛榕村題壁處,紅雲人到說紅雲。榕村先生詩云:"嘆息超然望五雲。"

奉別遜齋太守

詩宗韋柳情非淺,文學韓蘇政亦如。興誦已孚三載後,離愁積有四年餘。漳南草色晴侵酒,河北楊花暗襲裾。正好傾尊仍判袂,望雲無那賦歸歟。

天雄暑中偶成

落盡梨花滿院陰,間關漸欲變鳴禽。意中流水深何許,愁外遙山翠幾尋。假寐易成當午夢,閒吟強駐欲歸心。故人留客慇懃甚,朝夕開樽願永今。

渡衛河至臺莊,寄李根侯太守三首

非是別無淚,相看各黯然。迷蒙經雨地,罨靄欲風天。綠酒空樽底,春波已眼前。河梁無限意,惜別近中年。

其　　二

有懷當倦夜,光霽信難攀。舉世皆趨薄,君情欲訂頑。黃堂留艷月,白屋忽青山。魯衛今宵隔,無聊自閉關。

其　　三

忽忽來城武,悠悠渡濟河。病因歸里減,情為故人多。行色看班馬,離聲聽玉珂。不堪回首望,天際麥搖波。

臺莊有懷

芊芊河畔草，似欲送人行。鵲噪歸家喜，鶯歌好友聲。嶧山皆北向，汶水半南征。相好梁園客，天涯應計程。

訪宿遷徐讓先，口占留別

握手懽從何處陳，匆匆却怨別離頻。音書寄去皆無誤，消息傳來半未真。寂靜門庭偏灑落，凄涼情事共酸辛。偉長中論遺編在，校理如君幸有人。時方校訂魯南先生遺文。

宿七里瀧

朝發桐廬舟，暮宿嚴溪月。兩山高對起，長江流活活。炊煙出林間，人家真奇絕。我遊七里瀧，于今凡六閱。每慕嚴陵人，藏身善用拙。其實風物佳，扁舟足散髮。夜半山鳥鳴，夢魂都肅括。因悟性情恬，山川同閩越。忽聞欸乃聲，披衣待明發。

西安見烏鴉口占

疋馬方春別帝畿，行行五月近鄉闈。排空忽見烏鴉陣，猶似乾清殿裏飛。

登霞嶺

往我歷茲山，霧深山隱見。但苦林壑迷，未覿山背面。茲來值晴明，連峰亘絕巘。最高曰仙霞，仰望垂一線。人語落空中，迺知有宮殿。憑欄縱眼觀，恰在山之半。側身出林端，諸奇靡不獻。列戟攢脩巒，駛流若飛電。南登牛牯嶺，山勢始廻轉。鳥道偪前肩，肩隨相攀援。縱然上下艱，終喜耳目變。況是長夏時，草木都葱倩。赤帝正司權，萬物皆相見。一片大地青，閩陬聯浙甸。

霞嶺聞鷓鴣聲

花落雨昏鄭谷詩，一聲征客淚漣洏。我來北地三千里，正值南天五月時。

工部每愁聞杜宇,柳州偏喜聽黄鸝。便應歸譜鈎輈曲,唱去何須低翠眉。

過浦城華山寺銕笛巖,因訪秋水禪師留題

蓮峰高處俯江城,竹院幽尋眼界清。南浦雲來如罨曖,西巖雨過轉分明。賦中春水經時緑,笛裏梅花五月生。不謂能詩逢惠遠,石壇燔影更關情。

次欹園元韻

庾信園偏小,欹斜屋數椽。子山《小園賦》：欹側八九丈。欽君同此意,入室乃寬然。座密留香久,窗虛得月先。橫窺橋宛轉,側看石鮮妍。茶鼎星星火,丹鑪裊裊烟。耽奇應是癖,好古未爲顛。重碧傾春酒,深紅寫剡箋。追吟饒逸興,喜近桂花天。

朝　亭　爲穆亭前輩詠。

方大瀛洲亭裏客,曰歸選勝作朝亭。向陽只爲春芳早,迎旭常邀日馭停。傾去葵心思絳闕,移來槐景念彤廷。閬風岫列仙人掌,東甲峰開翡翠屏。萬紫千紅占氣象,五光十色驗儀形。銀塘廻照環清泚,碧水流香發遠馨。尋到真源皆混混,羨君平旦每惺惺。當軒更窺初更月,玉宇低垂帶列星。

旬下佈往東坂拜蔡文勤公神道,感成四首

宿草茫茫處,古人觀九原。由來今視昔,況我義兼恩。木落迷行跡,山空度石根。心知蒿里近,淒惻自傷魂。

其　二

黯澹雲垂空,淒凉松柏風。名高千古上,氣肅萬山中。漬酒他年憶,摳衣此日同。寢門無限淚,一灑向幽宮。

其　三

自古感知己,欷歔別有情。窮年嗟白首,無福嘆蒼生。蘭蕙經時歇,梧鳳肯

再鳴。猶餘書帶草,長憶鄭康成。

其　四

蕭瑟海門秋,行行且少留。思韓瞻北斗,弔謝戀西州。人事驚千變,浮生擬再遊。爭如潮汐水,朝暮兩廻流。

苦　旱辛酉。

澤國原多稼,驕陽屬偶愆。已過梅子候,正值荻花天。九扈瞻雲切,三農望雨懸。燕飛翻訝石,龜曝乃成田。柱礎何時潤,燈花空自然。彩霞烘日起,黃暈繞屋圓。秸稛聲初喚,蠨蛸網復牽。驚聞風瑟栗,畏見月嬋娟。兀兀疑爲醉,昏昏只欲眠。是仁皆慮遠,無智不憂先。況我忝朝籍,來歸值旱年。朝臨求米帖,暮誦暵乾篇。涸鮒江邊泣,豆萁釜底煎。維桑同所念,哀雁總堪憐。民亦既勞止,天乎何意焉。恒暘卿士省,三嘆撫商弦。

村居旱甚,偕妙上人步禱龍潭,歸而雨至,口占誌謝

禜雩原不是荒唐,川嶽由來鎮一方。纔見雲頭驅列缺,俄看雨腳舞商羊。生逢盛世宜神相,里有嘉師羨德香。多謝高僧懃意禱,好將昭事勸維桑。

祝芸軒邑令壽

碩望摽山左,仁風扇海疆。三升周豈悌,四考漢循良。庶席行徵賈,攀轅願借黃。金沙仙吏蹟,雞舌侍臣香。勝事逢來泰,嘉辰愛日長。台星輝井宿,南極耀文昌。自古岳鍾秀,群忻天降康。雅賡君子壽,頌美魯侯臧。景仰推前董,謳吟樂故鄉。藍溪千萬戶,拜手共躋堂。

李姻母黃太宜人壽長公子是秋中鄉科

文星輝斗極,瑞鳥度西池。介壽逢家慶,成名仰母儀。音徽齊仉湛,閨閫伴姜姬。夙稟河洲範,來承京室規。珩璜原嫻禮,蘊藻更明詩。紫鳳翔丹闕,朱華

41

傍玉墀。繡裳看補袞,篝火佐燃藜。鸞誥膺天錫,龍箋綴睿詞。春風生帟幕,和氣滿門楣。北寑靈萱茂,南山樛木垂。離離干祿降,棣棣室家宜。況復如賓肅,真成有穀詒。和丸勤訓子,設醴久尊師。昔我遊王國,親曾領絳帷。九苞何燦爛,三秀總葳蕤。屋指籌添屋,周星歲一蓍。欣當燕喜日,恰值鹿鳴時。金樽傾琥珀,瑤琈倒琉璃。願唱將雛曲,同聽鼓瑟吹。寶婺長絢彩,百歲永齊眉。

十一月初八日發泉城

黯淡欲沾巾,高堂鬢已銀。心驚如有繫,道阻況無垠。藍水方尋渡,源山復問津。虹橋浮水際,鷲寺壓江濱。地比鄒兼魯,家誇洛接閩。紫陽曾過化,韓國侘生申。景仰瞻星斗,低徊愛藻蘋。翱翱初發興,觸緒又酸辛。獨鶴鳴夜半,群雞啾早晨。張燈照不寐,看月及初旬。攬緒如抽繭,廻腸似轉輪。愁聞風簌簌,怕聽馬鄰鄰。已是他鄉夢,真成客子身。年華何偪仄,人事忒逡巡。六十度郵舍,七千里羈人。計程須僕數,憶事暗傷神。昨者牽衣拜,跪聞誨語諄。皇華稱見義,四牡乃當仁。況爾承恩渥,何曾仕路屯。鳳池方擂笏,虎觀復垂紳。盛世翔駕鷺,清時炳鳳麟。奉公當式敬,任職在惟寅。勉之筋力弛,自昔國家均。收淚就長路,精誠祝旻旻。願將北寑樹,永比南溟椿。庶幾離愁遣,聊將別緒匀。王孫終念趙,公子永思秦。北客猶憐蠍,南人尚愛蕁。陟岡回首數,采杞望雲頻。得句雖容易,含情總未伸。從來遊子恨,多半是冬春。

二十日下建舟

江峰如熟識,好處總相關。終日錦衣巷,遥瞻烏石山。買舟追舊約,出郭蚤開顏。百匝南溪水,今宵始一灣。

舟中遇雨

陽生春意早,入夜雨斑斑。白漫灘頭水,青遥對面山。舟輕忘地窄,帆遠羨人閒。隱几隨鷗鳥,離情漸覺刪。

蓮花石同佘畏齋聯吟處，辛酉冬北上，再泊舟石邊，因成十二韻寄畏齋

昔年石畔賦蓮花，玉應金春發興奢。我愧昌黎吟艷影，君同東野吐火葩。高疑一柱凌雲漢，秀擬三峰落暮霞。照夜真成傍趙璧，支機便欲借張槎。依依帝子來相渚，隱隱神仙護絳紗。至寶由來無斲削，真資自昔謝鉛華。看如石鼓非今玩，未得桐魚且漫摣。秋水依然涵菡萏，伊人無那隔蒹葭。批風想不輸三影，垂露也應同八叉。問道下惟追董氏，懸知入室有侯芭。畏齋時掌教潮陽。雙魚隔嶺何迢遞，獨夜望風頻怨嗟。惟有青楓江上夢，可憐冠蓋滿京華。

木蘭陂舟行至涵江

一水盈盈繞巷門，風吹巷仄浪花翻。幾多黃葉鳴高樹，無數青峰出短垣。小艇偏依新渡口，長篷如繫古城根。兩灣流水三灣路，半頃人家一頃園。喜橘團團隨日爛，清柑个个似星繁。咿啞露索机下上，欸乃棹聲响吐吞。貯火熱腸偏慣冷，生花睯眼爲眩瞰。詩人自昔推鷗靜，客子由來畏市喧。敲韻聊將消永日，騷心賦手獨慚潘。

渡螺江

問渡螺江便，船輕竹一竿。怒潮生海口，溪水擁高攤。岸勢雙龍踞，山形五虎盤。風帆片刻渡，詩興覺闌珊。

冬至日

客中佳節總銷魂，眼底梅花孋到門。惟有遠山看不厭，高樓獨倚到黃昏。

建水舟中夜聞溪聲

萬籟中宵息，溪聲永夜傳。大如涵石轉，高欲與雲連。嬴女彈清瑟，湘娥鼓離弦。攪人終不寐，欹枕數殘年。

除夕前一日，丹陽待潮，次陳一侯

楚尾吳頭久擅名，早潮初退晚潮生。繫舟楊柳樽前綠，起舞寒雞夜半鳴。春去春來遊客恨，江南江北旅人情。高歌一曲春山暮，愛子波瀾獨老成。

除日渡揚子

喜得東風便，中流擊楫閑。騷聲來澤國，鄉思動江關。臘送南徐水，春生北固山。舊年逢客路，詩句憶王灣。

除夕同人遊蘇園

河橋好處暫維舟，惆悵年華不少留。喜有名園隨綠水，且邀仙侶上高樓。鏡中山色來瓜步，檻外鐘聲起潤州。莫怪黃昏頻徙倚，明朝便是隔年遊。

遊漂母祠步韻壬戌。

一飯千金事已非，荒祠憑眺竟忘歸。小山何處尋叢桂，大澤多人問釣磯。解道酬恩須富貴，可憐遇急出寒微。平生每怪乾坤窄，國士無雙尚嘆饑。

過鍾吾哭徐讓先先生

忘年知己那能多，猛地傷心喚奈何。只道松顏長矍鑠，誰知霜鬢易蹉跎。墓門我擬踏青草，春水君曾賦綠波。回首訂交庚戌歲，十三年月去如梭。

其二

俗情絕不掛胸中，猶見南州高士風。楊柳岸邊信宿別，芙蓉幕裏一年同。那堪白馬山陽過，欲問黃公徐泗空。此後吞聲惟有夢，屋梁搖月燭花紅。

東阿早行，賦得雞聲茅店月

寒雞啾四野，茅舍月淒清。澹澹和霜白，離離照客行。金波空外轉，素練馬前橫。黯淡疑將夕，朦朧漸向明。遙塘分浦樹，近水寫江城。銀礫星三點，銅龍漏五更。膠蕭啼轉急,瀲灧魄終盈。本是無心照,翻如有恨鳴。奔波縈旅緒,寂寞動鄉情。周道露華密,板橋人跡輕。鱗鱗違假寐,肅肅且宵征。所喜長安近,清輝接鳳城。

喜南陽先生被命分修三禮

多年經袖索微茫,兩度擔簦遊帝鄉。撲碎胡琴非自薦,鑽穿鐵硯實難忘。碧霄無路君飛到,藜火攤詩我意長。記取鴻都鄴秘府,預占搖筆中書堂。

散館賦得春蠶作繭五言排律得咸字。

聖世蠶功重,冰絲捧彩函。聯綿紋自細,組織巧非凡。玉屑霏微吐,珠光宛轉銜。忻看繅縷縷,猶待手摻摻。潔白雲三朵,鮮明錦一緘。最宜成繡袞,恰好耀春衫。上巳風光麗,公桑禮數嚴。時和頻感瑞,卦叶澤山咸。

閱吳覲揚封章口占三首

江河日下説潁川,縱有昌詞見一邊。如此千言傳寓內,直教萬仞擎高天。昌黎何意偏讎惡,閱道虛懷只好賢。慚愧懦夫無寸補,君謨紙貴憶當年。

其　　二

信有良材可濟川,一聲岡鳳五雲邊。封章傳誦千秋日,士論謳歌咫尺天。草秀堯階能指佞,菁菁周代合多賢。馬陽應許推同調,臺閣風生緬昔年。

其　　三

皇家天佑福如川,濟濟日邊更海邊。喜有驊騮開道路,行看鸞鳳滿雲天。烈聲自古羞千諾,讜論猶堪紹四賢。臣直今朝逢主聖,樹人共祝萬斯年。

泰山老夫子命題小照

寫出光風霽月姿,吟風弄月是吾師。孔顏意思超然得,申呂勳名固有之。蕉葉拈來清夢後,黃花靜對晚香時。乞身只為青箱在,麟角振振欲課詩。

讀　　杜

兀兀幽探似子雲,長年憂國鬢如銀。文章能事真千古,騷雅諸家萃一身。

江漢倒傾原有本，嵩華挺秀總無鄰。邇來頗識多師意，不薄今人愛古人。

讀曲江傳

塵外置身百尺樓，逢時便作濟川舟。姚張獎賞非同氣，伊呂平生第一流。只道端凝推遠識，可憐吟嘯爲消愁。翩翩朱鳥凌空影，萬古雲霄仰故州。

讀宋四家詩二首

生香口頰彌難厭，只爲偷新字句尖。壇坫何人推大雅，風流餘幾愛清纖。空聞描繪冰和雪，誰道光精兔與蟾。千古寸心争得失，青燈無寐映疎簾。

其二

長吟反覆夜厭厭，疑有江花到筆尖。比似西崑丰骨俊，居然天寶調頭纖。春苞熳爛猩紅蘂，秋露風涼碧玉蟾。算作名家聊學步，敲推每每月窺簾。

讀劉長卿集

不用金支并翠旗，堂堂正正冠當時。杜韓入坐推先輩，溫李同稱似小兒。雅麗春風瑶樹長，解新秋夜露華滋。五言真覺詩城壯，秦系偏師那許知。

讀王李詩集

傳來佳句難躋攀，疑有英靈筆下還。領秀天台森八桂，標奇海上現三山。騷聲漸入黃初境，格調如聞顯慶間。堪笑後生勞指摘，風流終古動江關。

西清存稿

恭和御製消夏十詠原韻

愛此香清遠，爲開四面窗。迎風低綠水，照日爛晴江。葉暗青千个，鷗飛白一雙。畫船簫鼓起，玉應更金摐。荷

其二

嘒嘒饒清響,因風送更長。能生塵外賞,翻喜靜中忙。緩吹含朝露,繁聲報夕陽。萬年枝上宿,安穩謝螳螂。蟬

其三

倩誰祛熱暑,湘竹幾多叢。裁作班姬扇,能招宋玉風。涼飈來袖底,爽籟發遙空。善解千人慍,虞琴調許同。扇

其四

不剪庭荷秀,池蛙奏鼓齊。眤疑驚水馬,鬧欲賽莎雞。雨過沙侵路,煙生浪滿隄。催人深夜起,殘月遠山低。蛙

其五

瓊膚开玉質,入夜遠光徵。花蕊輝輝影,琴書點點燈。流風飛正急,濕雨焰還增。喜有文星降,吹藜佐爾能。螢

其六

小暑初過後,宮中早進冰。氣蒸金椀潤,色映玉壺凝。抱潔心堪比,含虛態若憑。清風何肅肅,素履勵吾曾。冰

其七

虛白傳靜夜,奚須秉燭遊。金波輝皎皎,銀漢影悠悠。迥見澄江凈,經時大火流。桂花窺鏡發,涼意欲先秋。月

其八

閔雨旋欣雨,空青遍遠村。生機真不息,樂趣在無言。綸閣飛絲密,龍渠激溜繁。槐陰兼柳暗,高閣易黃昏。雨

其九

涼州詫異產,綠玉帶芬香。熨齒三冬雪,清心九夏霜。寧輸朱李好,不羨荔支良。拜手榮君賜,瓊漿此日嘗。瓜

其十

候蟲如有意,振羽待秋歸。露重聲偏切,更闌聽漸微。牽連環四野,一半入

47

疎幃。預想宵衣起，清心理萬幾。蚕

得四弟書

由來家信萬金比，到手如披五朵雲。母健含飴萱永秀，兒馴就傅豹呈文。森森玉樹向榮勢，鬱鬱高岡露錦紋。空外雁聲何嘹嘵，雙飛鳴和正堪聞。

十六夜太常寺有事，歸路口占

路轉高頭委曲尋，輕車流水走花陰。碧天綠幕低仙宇，紺斗連珠綴禁林。漏下三更聞殿角，月明千步滿街心。退之若效玉川體，且喜重華彩暈深。

恭和御製食荔支有感

丹果無雙記荔支，色香味絕擅三奇。自從名動天家玩，翻羨根困海國移。孺慕已欣天下養，驚秋旋起寢門思。曲江詞賦流傳久，爭似乾文念歲時。

題廣西陳年伯壽詩一

菖蒲九節秀巖扉，海石榴花麗寢闈。桂嶺人占星斗聚，鑾坡曲度鳳凰飛。宮壺此日斟春酒，綵袖誰家舞錦衣。自是昇平皇錫福，仙郎新捧紫書歸。

螢

熠熠憐丹鳥，中宵到處飛。抱明能耀影，向晦若知幾。最愛侵書幌，偏宜坐客衣。穿花增晃朗，映水尚依稀。吹熠因風急，生光覺月微。井欄添個個，簾角弄揮揮。宵燭看疑似，珠光望却非。離文方炳煜，腐草也生輝。

白秋海棠

冷香幽艷賽春花，雅愛紅英忽白華。我道伊人秋水闊，人言仙客玉堂賒。湘梅絳雪開茲夕，月兔元霜鴰甚家。應是金天西氣肅，蒲空蟾魄落雲車。

恭和御製新秋試筆

梧桐摵摵玉階鳴,爲報新秋第一聲。迥覺堯天隨眼闊,高懸舜日向空明。推窗頓有登山興,隱几應多覽物情。聖主乾行勤勸學,石渠何幸厠儒生。

初秋早朝

釘釘銅漏報殘更,千步街頭見啓明。宮樹朦朧分夜色,城烏嘎啞帶秋聲。燈光正對月華麗,詩思偏宜朝氣清。却憶唐人朝省句,玉珂珠履聽雞鳴。

祝林年伯壽

九牧簪纓舊,三山甲第高。大年稱國老,小隱勝仙曹。逸興傳金谷,休祥驗寶刀。芬芳丹桂樹,婉娩鳳凰毛。共祝徽聲遠,還看睿語褒。通家欽碩德,惇史重英豪。擬剪天孫錦,兼投曼倩(倩)桃。年年逢此日,開宴醉香醪。

站班歸口占

認識花磚趁立班,屏開孔雀仰天顔。協共有象明初日,拜手無聲肅衮山。珠履聯翩皆北上,黃封不動只中間。一聲清漏分朝刻,緩步相隨出殿闗。

恭和御製秋日郊行

喜有空郊玉露滋,濃陰四面柳低垂。已聽蟬急因秋響,偏愛風涼向午吹。水樹雲峰摩詰畫,淡河疎雨浩然詩。宸遊不獨耽光景,物阜年豐覽眺遲。

將到索園

行吟愁未穩,已近索家園。密樹疑無路,青山恰對門。摳衣防石角,印履認苔痕。猶憶前遊夕,銀釭覆酒樽。

祝少宗伯夫人

女宗推世婦,自昔羨春卿。翟茀中朝貴,鸞封累世榮。皇娥來鼓瑟,嬴女佐吹笙。茲夕鳴珂里，雙雙紺斗明。

中秋讌集同穆亭前輩限韻

秋分憐漢迥，夜靜覺天低。酒檻邀佳侶，詩囊喚小奚。花香飄桂子，樹好種菩提。玉斗皆環北，金波未墜西。何須銀度燭，差勝杖燃藜。潔白瑤華比，晶明蚌彩齊。依稀看月斧，彷彿辨牛犁。故國蒼葭遠，長安露菊萋。歡隨漸逵雁，如對辟塵犀。吐氣成丹鳳，蓄精類木雞。泛槎聞有客，奔月豈無妻。不醉虛今夕，相將倒巨蠡。

恭和御製落葉六首

落花細數已無由，落葉翩翩且少留。郢曲何須悲歲晏，汾歌自解擅風流。染成文錦溥清露，恰伴黃金布好秋。爭奈山空人迹少，滿題詩句慰離愁。

其　　二
未改青青歲暮心，淮南湘渚總情深。到頭自發三春蕾，轉眼便生六月陰。玉樹秋時森幾尺，江楓落後秀千尋。空階更愛梧桐老，玾若琅玕貽好音。

其　　三
滿眼深紅帶淺紅，半飄衣袂半遙空。如花布地還依草，似雁橫天學卷蓬。金井年年流暗水，玉欄處處度西風。停車小杜清狂甚，覓遍丹楓紫柏中。

其　　四
比似前春未覺殊，楊花榆莢幻斯須。蟲書認去依稀有，蟬影飄來倏忽無。細雨低空疑燕燕，疎星匝樹訝烏烏。樓頭忽覺青山現，瘦籜寥梢八九株。

其　　五
遠望登高愛晚秋，偶因籤籤起騷愁。繪聲手擬秋聲賦，題壁人思赤壁艘。隴首清詩勞憶柳，大風勝事恰追劉。須知睿藻爲觀物，無始魚端興水漚。

其　　六
旋掃旋生奈爾何，披華啓秀嘆才多。詩家只道吳江冷，樂府爭傳楚水波。

爽氣原來浮北闕，朝陽依舊向南柯。帝城風□秋堪繪，絳淺紅深繞玉河。

駕幸盤山擬和得山字

豫遊樂趣每相關，迤轉溪廻岫幾灣。雲扈六龍浮爽氣，峰盤三輔拱畿寰。鳴珂泉響清堪和，列錦楓丹秀可攀。問道橫汾秋作賦，何如睿藻動名山。

送秀卿回閩二首

凉風瑟瑟動疎林，送弟南歸百慮侵。母不遑將懷喜懼，兒能就傅恐浮沉。蓮檠假寐多驚夢，鴻雁無情久斷音。子去我留同養志，悲秋無奈起愁吟。

其　二

同胞叔季總關情，予仲追依似友生。土屋秋燈吟洛下，連床夜雨話彭城。頻年黽勉家兼族，一旦聯翩弟侶兄。又欲分飛歌小宛，溫恭兩字莫拋輕。

讀陽明先生集

莫説成功全用奇，多憂多懼善持危。出師不憚臣心瘁，調發還憐物力疲。坐鎮桓桓赳赳陣，新開正正堂堂旗。試看擒濠初番戰，即是春秋城濮師。

水　始　冰

稜稜肅氣礪臣能，履薄誰人不自懲。蟬翼微痕看髣髴，魚鱗少浪怕奔崩。漫堆金井供消渴，待貯玉壺占得朋。寄語南池風始厲，少年莫認作山氷。

霜　降

葭葉露寒一夜霜，美人纖手剪騙騮。豐山有信鐘鳴呂，朔雁傳聲律換商。遍染黃花無近遠，高凝仙掌豈尋常。銅盤更愛瓊花落，雀舌閑烹對月嘗。

菊

籬肉牆腰本色花，插頭未許近瑤珈。醒携陶令三盃酒，醉試盧仝七碗茶。

香遠寧輸蓮出水,影疏欲共竹籠沙。新吟舊詠都撏遍,鄴下秋容句好誇。

九日詠菊花 擬唐。

插茱逢舊節,采菊愛新花。試問黃金苑,何如處士家。白雲垂到地,秋水澹無涯。應是琪園産,秋星落海槎。

四十歲生辰

四十年非只霎然,自慚無力向高堅。風車心放安何地,繭緒愁來落底天。調古幾人彈寶瑟,匣空我亦廢朱絃。頹波從此益東注,莫對人前説障川。

十一月初七得秀卿闈門信

京華訛語苦淮陽,喜子書來穩度黃。東道滿途皆世譜,南歸從此少風浪。征車客易星霜過,故里懸望日月長。屈指白雲將到眼,高堂早暮問行藏。

初八夜見月口占,學溫飛卿

蘭省焚香惜離群,舉頭見月夜初分。閨中兒女鄜州夕,笛裏關山塞上軍。工部吟來添白髮,龍標隱處有孤雲。那堪落葉翻疎影,驚起啼烏斷續聞。

杜集再題

新詞麗句劍關西,不數空梁落燕泥。萬象驚心紛變化,百靈愜意每提携。興來伸紙飄然得,愁去長吟爛熳題。試問三唐誰繼起,昌黎差許斗山齊。

得家書

獨坐無聊頻擀卷,暖香半炷裊爐烟。每嗔烏鵲鴿音斷,忽喜燈花雁信傳。兩字如金翻覆看,百篇摛藻從頭編。人生信有天倫樂,但苦歸無南畝田。

對月 用義山韻。

殘菊蕭騷喚可憐,衰荷那有葉田田。屋梁夜落青蓮影,馬首寒高賈島肩。

露白金莖懸趙璧，風清玉柱起湘絃。思家不寐尋常事，對此凄凉更少眠。

伊年伯壽

共占建節歲華長，攬鏡何曾鬢有霜。此日生風傳白簡，當年起草入明光。郎君搖筆賡鸚鵡，上客徵歌看鳳凰。恰與眉山同月降，鶴南飛曲且相將。

雪晴入紅城口號

初過西城更北城，萬家瑞雪樂新晴。紅塵化水將襟洗，粉壁凝華倍眼明。天上無如金闕迥，人間信有玉堂清。瑣闥應奏詩千首，總爲先春賀歲成。

擬唐

年芳欣霽色，鳳輦出都城。乘氣行時令，觀風驗物情。塵消初雨過，陌潤覺天清。麥秀連塍起，荷新逐沼生。團團花露湛，毿毿稼雲平。順動原師古，施膏豈爲名。萬家軒外見，雙闕日邊明。垂象堯文煥，謳歌滿王京。

殘雪在樹

照眼寥梢寒影生，枝枝葉葉愛雙清。疎麻如折堪貽佩，玉樹當前擬報瓊。似絮撲衣添嫵媚，先楳綴蕚兆芳馨。猶疑皓魄空中現，斜拂南窗澈夜明。

郁卿寄入泮書并試草至，適冬至朝退，喜題寄賀，兼示諸弟

香煙滿袖出明光，驛使傳書來遠方。夢草汝今稱俊秀，折梅知我愛文章。共推祖德占三捷，已見天心復一陽。爲報弟昆須蔚起，較量宮線覺情長。

到禮館感題二首

下馬摳衣問宓申，驚時話舊暗傷神。藏書室已經三徙，譚禮朋來剩四人。

山色依然宫殿古,年光倏覺鬢毛新。瓊花蕉葉皆堪賦,相對無詩懶是真。

其 二

又到西華蹋軟塵,暄和天氣愛芳晨。未飛薊北三冬雪,頗似江南二月春。片片丹楓垂鶴頂,微微青浪蹴魚鱗。空中白塔燈期近,屈指浮生訝昔因。十月廿旬,京師白塔燃燈。

初 五 坐 班

車轉雷聲紫禁開,軟塵飛不到蓬萊。黃金葉下仍拖柳,白雪華殘訝落梅。赴壑流光驚似水,吹葭暖律驗浮灰。閑吟欲把詩供史,五色雲邊春漸回。

大朝新定樂章

促漏殘更叠鼓吹,玉珂珠履一時來。光添白雪蓮花炬,律動黃鐘緹室灰。正喜和聲新絫黍,預知仙饌早調梅。先春從此祥風轉,內殿高呼獻壽杯。

看鈔靳文襄治河奏疏

奠川誰繼古司空,競艷文襄果不同。語可回天經事久,河真行地見才雄。千株楊柳淇園竹,一抹金堤瓠子宮。火速傳觀當水鑑,桃源安穩度春風。

堆雪成山

雪花堆粉署,吟賞連宵閑。漸滿輝金馬,微高對玉山。玲瓏纔咫尺,窈窕好躋攀。即此是姑射,何須出世間。

京邸雪後

馬首西山現,雲霄萬里亭。篷根連地白,雁背一天青。壁曙避燒燭,窗虛愛讀經。更憐寒月上,流彩散空庭。

雪夜見月

心清轉不怕幽涼,朗朗玉山照我傍。此夜天纔三尺許,未圓月色十分光。

攤書有味疑窗曙，集句耽奇覺興長。解道澄江凈如練，虛無只少對瀟湘。

苦　　寒

凜冽霜威驚晚歲，淒凉月色度深宵。詩纔起草毫先凍，眼欲成花影暗搖。何處哀鳴來鶴鸛，可憐瑣尾趁漁樵。普將長被通城盖，此意人間苦寂寥。

雪水烹茶用東坡韻

雪水勝如活水烹，未須着口已心清。湯看蟹眼初開鼎，葉煮蓮鬚細入瓶。滿頰生香知臘味，一時高唱起春聲。思家不瘝尋常慣，共對瑤華聽鶴更。

雪水烹茶再叠前韻

雨前茶向雪中烹，雪碧茶香澈底清。疑有春風生獸炭，勝邀明月倒銀瓶。黑甜遲入梅花夢，白戰交霏玉屑聲。猛省年華真逝水，地爐夜夜煮三更。

冬青拈韻

禁省傳佳樹，經冬自古青。爐煙飄藹藹，環珮拂玎玎。影落松千蔭，陰連竹數莛。最憐春院靜，覆水對香萍。

憶阿西

書報平安懷抱開，隔年不見我思哉。頗憐秀色眉間現，敢道異香天上來。觸眼寧馨愁只睡，誰家啼笑夢初廻。人生莫大青箱業，驥子通兒才不才。

除日得家書用東坡韻

朝來佳氣動簪紳，雙鯉銜書過劍津。三百旬中歡喜信，七千里外太平人。即今柏葉尊前好，明旦椒花屋裏新。海國燕山均雨露，長垂鸞鳳拱楓宸。

步廖伯亮守歲

故鄉萬里今宵會，猶勝寒燈照不眠。竹葉敲詩宜永夜，椒花奏頌羨當年。星回斗轉物華好，主聖時豐愁思蠲。正喜傾盃嫌漏促，珂聲催我早朝天。

穆亭前輩見示守歲次韻之作，再和

猶記初元當此夕，論文直待五更眠。壎吹篪和真雙美，雲散風流便七年。坐對後生催我老，非無俗累到君蠲。燈花又向椒花爛，合有綸恩下九天。

疊前韻

擁衾無寐由來慣，此夕何能穩枕眠。華髮驚看非壯歲，初心日負惜流年。友因文會愁頻減，事逐春生累未蠲。且喜條風雲外轉，屢豐佳兆卜堯天。

得靜夫守歲和韻詩，再次韻

閉門猶未息群動，今夕長安誰早眠？喜子青雲知愛日，嗟予華髮願加年。人無再壯書難補，才豈長貧債易蠲。詩有客中無債之語，故云。轉眼韶華新甲子，佇看鵾鶚掞高天。

石谿文集

目　　録

石谿文集卷一 ·· 63
　方望溪先生讀經史偶鈔序 ································ 63
　許生體元易解序 ·· 63
　送姜上均先生南歸序 ······································ 65
　送李遜齋出守大名序 ······································ 65
　送佘畏齋南歸序 ·· 66
　送晉江干明府太夫人旋里序 ····························· 67
　西湖蔡氏家譜序 ·· 68
　畿輔見聞録序 ··· 69
　五涼考治六德集全志序 ··································· 70
　黄巽亭文集序 ··· 71
　陳鶴山遺集序 ··· 72
　戴耕農紀行詩序 ·· 73
　浙江鄉試録後序 ·· 73
　粵西試牘序 ·· 75
　陝西試牘初集序 ·· 75
　陝西試牘續集序 ·· 76
　李封翁恭人壽序 ·· 77
　壽潘母林孺人序 ·· 77

石谿文集卷二 ·· 79
　上方望溪先生書 ·· 79

59

上祁陽陳師書 ································ 80
與託富察撫軍書 ···························· 81
上尹制軍師書 ································ 81
上尹制軍師書 ································ 82
與莊復齋先生書 ···························· 82
上阿少宰館師書 ···························· 83
與楊松閣觀察書 ···························· 84
與劉蘭谷先生書 ···························· 84
與雷翠亭先生書 ···························· 84
與翠亭先生書 ································ 85
與翠亭先生書 ································ 86
與莊撫軍同年書 ···························· 86
與蔡葛山先生書 ···························· 87
與陳榕門撫軍書 ···························· 87
復陳榕門撫軍書 ···························· 88
復鎮安令聶君書 ···························· 89
答牛木齋書 ···································· 89
與黃培山書 ···································· 90
與李遜齋書 ···································· 91
復李基侯書 ···································· 93
與朱梅崖書 ···································· 93
與戈生鉁書 ···································· 94
淅水寄仲弟秀卿書 ························ 95

石谿文集卷三
求放心說 ······································ 101
追紀江陰楊文定公語 ·················· 102

記所見雀	102
遊華圃記	103
滌樓粘公祠業記	104
清源書院記	105
重建蔡虛齋先生理學名臣坊記	106
河間縣孔子廟記	107
說離騷一	108
說離騷二	109
書松裔先生省身錄後	110
書黃誠齋府君傳後	110
書陳松齋先生點案後	111
書原性後	112
書老泉上歐公書後	113
跋文山先生紀聞	113

附錄 114
  官獻瑤傳 .... 陳壽祺 114

石谿文集卷一

方望溪先生讀經史偶鈔序

望溪先生篤好周秦以上書，而唐宋諸家，必卓然能立者，始涉目焉。余自雍正庚戌遊於先生之門，初請業古文，先生不許也。命讀《周官》。又請觀先生《周官》注，先生不與也。舉《周官》盤互難通之處，命思之。退發篋而茫然莫得其緒，復請於先生，先生固拒之。怃然，乃返。掩關連日夕，比物觸類，心殫力困，略有覩也，而後敢見。予始歎先生好學深思，研精抉微，因是以啓余矇也。先生曰："古人志得行則無所爲，書生欲力學，此其時矣。"顧予荒忽玩愒，不能壹志覃心，而自乾隆丙辰通籍以來，人事馳逐，年歲侵尋，欲如向者質疑問難，邈不可追，於先生之業，未能卒其一二，可慨也。

先生穉歲好太史公書，弱冠後乃邃於經。其爲古文，主於扶道樹教，而明質簡鋭，氣體亦於周秦之書爲近，獨不輕出示人；晚歲歸卧金陵，淮南程比部，請以私錄者鋟諸木，既成，先生寄二册示予。予適銜命視三秦學，仰惟聖天子以經術造士，而學使職在校文，因重刻授學者，由此而窮經稽古，其先路也。既乃述先生讀書教人之方，俾多士知所用心焉。嗟夫！昌黎韓子有言："非三代之書，不敢觀；非聖人之志，不敢存。"學者能立己之志，以深探古人之意，斯道明，而修辭之本立矣！始也，茫乎若迷，而久乃沛然有餘，古今文雖欲不工，其可得乎？

許生體元易解序

自聖祖仁皇帝詔故相國安溪李公折中《周易》，次纂諸經，以屬學者。世宗今皇帝繼之，海內人士彬彬向風矣。諸經《易》爲難治，予自有知聞士大夫學《易》而能成書者不乏人。戊辰奉使視學關中，摘經義之疑，令諸生作答。答畢，或進其所業，以《易》成書者，凡三人。於鄠曰布衣姚海，於張掖曰高生元振，於靈武曰許生體元。體元之書，因象以求聖人之意而不鑿，因孔子贊經之傳以證經而不誣，蓋習《折中》而有明者也。予甚喜，貢之太學。使事畢，體元負所著書從來都。先是，有詔內外大臣舉通經耆儒集闕下，於是天子命有司，簡尤知名者四人，以二人爲司成，貳則予向所聞海內以《易》名者也。體元自賀得師，太學師亦樂體元可與共學也，時摘經以問諸生，體元對上，太學諸生咸屈焉。予微觀體元，則閟然如有闕。從予借觀文貞相國私注《周易》以成已所著書，方進未已也。予有暇亦稍稍治《易》，一日方憑几有思，而體元至。詔之曰：孔子晚而好《易》。余今年五十，生且過之。吾與若迴視五十年中吉凶悔吝、得失憂虞，皆嘗之矣。君子之道，或出或處，或默或語，皆試之矣，莫非《易》也。而吾與若且日用而不知。夫《易》何爲者也？吾以《易》觀天地盛德大業，如斯而已矣。以《易》觀聖人崇德廣業，如斯而已矣。以《易》觀君子進德修業，如斯而已矣。夫《易》何爲者也？懼以終始，其要无咎。咎且日滋，業修德進之謂。何故學《易》？自寡過始，今吾與若內外知懼，而過日補，業日修，德日進，雖不言《易》可也。吾與若終日言《易》，而過之不補，業之不修，德之不進，《易》何有於我哉？體元聞言屏息，不能對。未數月，手一冊進予，曰："此體元近以自繩，而不暇繩吾書也。"發而視之，其言危若陷於坎窞而求出，若困於幽谷而求通。蓋陽明爲主出震而戰乎乾也。戰果勝，濁陰退矣。又數日，復出所見，彌濯去其舊，予益喜往者拔之經生稠人中，初不意其遽進於是也。

體元屢丐予序其書，至是乃爲之言曰：生而知吉、知凶、知悔、知吝、知得、知失、知憂、知患，斯知《易》矣。生而知出、知處、知默、知語，可以解《易》矣。自今以往，釋回增美，德以爲經，業以爲紀，有間則游乎四聖人之藏，虛心易氣，率辭而揆其方，四聖人之情見矣。四聖人之情見，益修吾辭，以明吾道，則吾著書之意亦見矣。聖天子、賢宰相累朝造士之深衷，將於是乎在。子歸而遊河渭之濱，爲我語姚、高二生，且以是淑斯人，《易》道將從子而西，勉之，他日能不虛吾關中之行者，果生也耶？

送姜上均先生南歸序

　　爲學而蘄至於古之立言通經，尚矣。蓋言之扶樹道教者，必曰古文詞。古文詞之高者，至可以佐佑六經。然聰明卓傑之士，出其才之所優，與其性之所嗜，往往爲之終身而不厭，其甘苦疾徐，迎距消息，常足以潛其巧智，而杳渺鏗鏘，奇呈怪發，如聲音采色之可以炫外而娛中也。故振振不已，則亦自進於道。而由知道之君子觀之，其擇術不過視世之溺於時文家者差勝焉，亦歸於藝而已矣。自漢以後，稱古文詞者，莫善於唐之韓愈，宋之王安石、曾鞏、歐陽修。今其書具在，謂非取道於經不可也。而究其立言之旨歸，則於精微之道，或涉其藩而止焉。一見真儒，顏變愧生，雖其辭之謙云爾，亦自知之明，不可誣也。然彼數子者，具絕世之資，皆可以卒業於經，而終於此而已者，則以其所優，與其所嗜者在是，中間仕宦升沈，疾病憂患，皆足以奪之。逮乎經事漸多，見理亦漸明，益知經之可貴，而天或不假以年，又其年已耆艾而學之無及也，悲夫！予嘗默存此意以自省，出見並世通經君子，皆愛且敬，其尤專且精而至老不倦者，則加愛加敬焉，匪獨信道之篤，非聰明卓傑之士，所能及也。造物者，畀以專慤之心思，而復予以寬閒之歲月，使之偃仰嘯歌以窺見聖人之用心，而附於聖人之徒，非天將興之，而終成之，而能如是乎？

　　同館丹陽姜上均先生，其余所謂專且精而至老不倦者歟？先生以康熙庚午舉於鄉，杜門手輯九經五十餘年。今上元年應詔來都，相國鄂公亟稱之，請於朝命，纂修《三禮》。越二年己未，書成，其冬給假歸里。又二年辛酉，相國以書招之，先生不得已，爲強起至邸。踰歲，即告歸。都人士皆惜其去，予尤欲繫維之而不得也。先生將行，別予以詩，且曰子宜以古文詞贈予，故發明學者擇術之先後，以見先生之業之卓然可貴於後，而自今伊始，予將因是以承學，庶非古訓無所用其心焉！

送李遜齋出守大名序

　　余性畏慎，見人之壯往者多懼之，而不知己之蹈於怯也。居鄉時有所措注，

65

進退不果，家人咸笑之。予初不服，已而訊諸相知，則人人皆以爲良然。遜齋李君予交故中最厚者也，往歲同車，求所以規予病者。遜齋徐曰："子之病在需。"予自是遇事輒强勉自力，以爲過之矣，而人尚以爲不及，蓋氣質之難變也如此。

　　遜齋自部郞出守大名，過予曰：願有言。予觀遜齋之資甚粹，學甚篤，無以補其不及也。雖然，有說於此。越之人有病瘯者，或告以已瘯之方而病減。自後見人之有病者，必以其方告之，人群詫其愚。予以爲病不必同，而苟其病適與之相類，則其言固未始不售也。今遜齋之資甚粹，學甚篤，而予仍以遜齋之告予者報之，蓋亦越人之意也。大名畿輔要區，守所治爲州一縣七，而其上有監司，有御史臺。公移復逆，日且數至，一有不斷，則事之積也彌多，事之積也彌多，則日亦不足，內而閽庖臺隸，外而府史吏胥，因之叢奸滋弊，而一切僚屬狃於委靡姑息，雖令之不行，禁之不止，於是民間頑梗奸黠之豪，疑誤兩可之案，皆循生迭起，而爲吾病。此時且救過之不暇矣，何暇出一謀發一慮乎？故曰：需者，事之賊。昔人深以爲戒者此也。雖然，徒知其病，而不知其所以病，無益也。夫進退不果，由於見理不明；見理不明，由於經事不多。而亦有其事易知，其理瞭然，無可疑者，而惶惑恫懼，則身家之念中其內，利害之形怵其外也。學而後變化氣質，此豈一日之故哉！知其病而深以爲戒，雖未能盡去，猶愈於不知而允蹈之，且自以爲是，如余向者之所爲也。古稱良二千石，在於課農桑，興庠序，俾民阜風淳。如漢召、杜、黃、龔，懋能殊績，史冊彰彰。遜齋循而行之，皆方之善者也。而苟非先去吾病，則雖有良方，無所用之。故予之所以告遜齋者，在此而不在彼也。

送佘畏齋南歸序

　　佘君畏齋別予歸粵東，予作爲詩歌惜其去，而推本於《白華》詩人之志，傷其親老家貧，不得如古孝子循陔就養，左右無違也。畏齋素多病，今又坎懍不得志，僕僕走七千里間，予懼其聞予言而重其悲也，復正告之曰：古君子之事親也，竭力焉耳矣。然猶必曰愛其身，二者豈相爲悖哉？蓋愛其身將以有待，而所以善事吾親者，終無不至焉，正竭力之甚者也。能愛其身矣，猶必能敬其身。能敬其身，則吾之於親固無憾矣！自是而富貴貧賤吾之所遇，皆可與吾親共之。今人一得志，則曰吾可以娛吾親。一失志，則曰吾無以娛吾親。是謂己與親其事有二也，不亦異乎？

畏齋舉進士，出吾鄉漳浦蔡文勤公之門。先皇帝命觀政宗人府，三年登上考，既擢用矣。以不合於上官罷職歸，歸而抵國門者再，都中諸公莫能為畏齋理其誣，嗟歎如一口，畏齋之貧賤，固可與父母共之者也。自今以往，畏齋之事父母，惟竭其力所能至者，而於吾身益敬且愛焉。若幽憂怫鬱，以傷長者意，毋論畏齋貧也，即日奉三牲以養父母，父母其甘之乎？《禮》：父母在，不稱老；閨門之內，戲而不歎。畏齋念之，此《白華》詩人意也。

送晉江干明府太夫人旋里序

干侯自閩邑移晉江，御母太夫人，以莅任甫數月，民懷吏畏，皆曰吾侯之淑也，相與蒲伏堂下，諏侯設弧之辰以為壽，侯固辭，民憮然曰："甚哉！吾侯之孝也。善必歸親，有以夫！"復相與躋堂，諏母設帨之辰，以為壽。侯傳太夫人之命，辭如初。若是者三年，民怒焉如有所負。今歲之秋，太夫人將由官邸言歸於里，有日矣，民皇皇請之，鄉搢紳先生曰："脂車秣馬，吾民職也。且飲餞之禮，古有之而弗舉，若之何？"鄉先生曰："然！"同辭固以請。既得命則退，退則具書遣使者，走三百里，問序於余。以侯余夙所心儀，而孝子之志，都人士之情，或能道其實，為賢母歡也。

夫致孝莫先於繼志，繼志無取乎近名，《小雅·南山》之篇，《魯頌》壽母之句，昔之民所以致忠愛於其上者，維今則以為縟文。古修辭之家，於宋則有廬陵歐陽氏、南豐曾氏二君子，侯之鄉先進也。有母逮養，未聞一言以壽人之親，亦未聞乞他人之言以壽其親。孝子之愛敬其親，必盡其道而不苟焉耳。侯之皇考而上三世，皆以明經植德起其家。自江以西，既讀其書而稟其教矣，立身行道，侯之紹志也。吾邦人不知，則以為太夫人之謙，與侯之讓，而孰識其宅心之淵，先意承志，相諭於道乎？至於治洽而政乎，政乎而民和，其君子知禮，而發乎天理之安；其小人慕義，而本於人情之實，心乎愛矣，遐不謂矣。遠則適館授餐，近則承筐薦藻。又安能却彼媚玆之忱，而闋其樂胥之願哉？昔者蔡忠惠公之蒞吾泉也，實迎太夫人於官舍。蓋公莆人也，莆去泉兩舍，當日魚軒命輿，輝煌周道，閭里聳觀，咨嗟太息。爲母者，必以公教其子；爲子者，必以夫人祝其親。以今揆古，是母是子，殆如一轍。又況三載劬勞，譬之草木，勿踐勿履。太夫人既覆庇吾民矣，我民若之何而忘耶？由前之說，侯之謝吾邦人也，致誠於親，而愛邦人也以德。由後之說，侯之諾吾邦人也，廣孝於親，而勸邦人也以忠。上下交乎，尊親並戴，觀於此，而泉之民不益興於仁而歸於厚，吾不信也。遂書以謐。鄉搢紳先生及都人士皆抃而祝曰："吾得此而弗克壽吾賢母，猶勝於壽吾賢母也。"

西湖蔡氏家譜序

吾閩自昔多世族，入國朝稱尤盛者，泉郡推閬山藍溪李氏，漳郡推梁山西湖蔡氏。閬山雄秀端麗，彷彿太室。梁山則突兀崢嶸，九十九峰連天際海，與二華爭勝。惟嶽降神，生甫及申，用光邦家，非偶然也。三代而下，著姓如漢之金、張，唐之韋、杜，史黲其貂冠象笏，高牙大纛，聲華門望，照耀寰區，而兩家之興，則皆以儒術顯。文貞理學，追步程朱，光輔太平，贊經體元。文勤爲其高弟，以經書入侍講幄，代有令德，師保疑丞，後先相紹，編簡之業，鼎蕭之勳，保世滋大，昌熾繁阜。凡過泉、漳海邦，矯首閬、梁二山，閭閻撲地，烟火千家，未有不入里而式，望廬而趨者也。夫其根盤大而枝葉蕃，理而分之，比而合之，匪譜曷稽？而欲成二家之譜，光前啓後，豈不待乎其人哉？

閬山之譜，權輿翠巖，而卒成之者，文貞相國之伯父漁仲先生也。源委詩書，瀰漫嬴劉，而得其肖。余尤愛其義例之精有數善焉。祖其始遷斯土者，以昭信也。世次有疑，證之丘墓，而後安，以誌慎也。高門名閥，隨行雁行，相呼以齒，而載筆則不敢援焉，懼亂真也。濟溢爲榮，不類而類，則聯之；涇以渭濁，類而不類，則離之，恩明而義盡也。備茲數美，後有作者，弗可及已。

梁山之譜，權輿蓮峰，而卒成之者，今大司馬葛山公也。公請假侍奉太夫人，以養親之餘閒，修率祖之盛舉，其譜例之謹嚴，與李氏如合一契。初祖始直翁卜居斯土，馬鬣巋然，猶李譜之祖君達也。不攀金龜鉅族，猶李譜之不援小溪仙店也。嚴於爲人後者，或闕之，或存之，或疑之，猶李譜之本仁而衷以義也。文貞相國稱漁仲手定三百載，親賢事蹟，詳贍有體。今觀公所撰，正體支出，本傳凡五十有奇，皆裁自一手。文必稱情，辭無溢美，不蔓不枯，有典有則，古稱三長，兩家之譜，實相伯仲。豈非祖功宗德積數百年，待其人而後傳者耶？且事之始也簡，其爲後也必鉅，歐、蘇之創，爲世繫圖也，卓矣。然繼長增高，必備書祠廟丘封，以及夫祀田祭器，而衆著乎尊祖之義矣。大書封典制辭，以及夫科録仕版，而衆著乎尊王之義矣。特書祖訓家箴，實之以懿行芳徽，而衆著乎尊賢之義矣。夫是三者，與世系相因而起，正所以維持世系於不敝者，兩家之譜，不謀而同符，歐、蘇復起，莫之能易矣。

余與李氏同邑里，每覽漁仲之書，未嘗不憪然而歎也。公之書，則自去春應漳郡太守修志之請，乃得見之。閩郡譜牒雖多，莫與儔。循環披閱，生愛生敬，是程是經。公自都下貽書曰："吾心力嘗殫於是，子爲我識之。"余觀公之自序高矣！美矣！何能贊一辭？顧嘗稽蔡氏之顯，在明中葉，肇於有元，入皇清而大盛。李氏亦然。文貞、文勤師弟相繼爲朝宗臣，吾閩之有二家也，幾於古之所稱伊巫、尹姞，天將興之，以勷相我國家者。而譜乘之精嚴，禮達義昭，余老矣，先後見之，何其幸也！余因西湖以溯藍溪，蓋不勝故國喬木之思，古昔先民之感焉。忝爲史官，辨世奠系，其所有事。辱公遠道敦委，遂不敢多讓云。

畿輔見聞録序

書以道政，其爲教疏通而知遠。夫疏通知遠，所以爲知也。記又曰文理密察，何哉？莊生有言：指馬之一體非馬也。自其一體，而積之肩胳尾鬣罔弗備，斯全馬出矣。諺曰：舍尺無丈。離婁之明，可以睇千里，其過人乃在千里內，塵漠秒忽,罔弗辨焉。故言智而曰:文理密察者,疏通知遠之至也。能如是,於爲政也何有?

吾友黄君壺溪少爲諸生,急知當世務。成進士,游京師,諸公有疑難,輒諮之。其天性惇厚,人望而愛之。而通才遠識,能於巨細事無不用心。向固意其出而當官必有以異於人也,已而作令直隸無極,轉大城,俱卓卓著聲,以憂歸。出書一册示予,曰:是六七年來手所見聞,以俟質之君子者也。畿輔輦轂地,自農田水利、漕運河渠,以暨城郭倉廩、涂巷井樹,翠華所涖,百度帷貞。君於于役驅馳時,從守土大吏後,仰見聖天子廑念民依,益靖共夙夜,不敢自逸,耳謀目擊,必熟籌而周諏之。循其窾郤,而得所以批導之方。洞其癥結,而知所以鍼砭之術。其爲書也,縷析肌分,不遺毫髮,而國體官方,源委瞭如,所謂疏通知遠,其庶矣乎?《國風》曰:"職思其居。"又云:"職思其外。"夫思其居者,職也。所居之外猶思之,君子之任天下,無在而不用吾心焉。而吾益莫能量君之所至也。世之齷齪者多闇於大體。卓犖之英,高瞻遐矚,而未必深切事情。以君之智而知所用心如此,雖欲不達於政,胡可得哉?既以書還之君,因悉向所聞於記禮者之言異而實同,還以相質焉。

五涼考治六德集全志序

誌者,志也。例起於班史,後之誌郡國者沿而加詳焉耳。前乎此者,有誌乎?曰:有。《周官》小史氏掌邦國之志,記其境土遐邇,山川險易,與其民物之豐耗,賦役之下上,以及國典官方、土宜人情爲一書,以詔王施邦國而出治焉。故曰:民之所欲,因而予之;俗之所惡,順而棄之。自鄉遂暨郊畿,百千里外,上之人若入其家而代爲理也,若隱知其疾痛疴癢爲之撫摩搔抑而去之也。政行而不拂乎俗,功成而不愆於素。由是觀之,誌之體雖古史之支流餘裔,精其義彷彿《周官》六典之遺意焉,可易言也哉。

涼州河西要區,土衍而俗茂,金臺張治齋先生觀察是邦,凡所以課吏訓士若民者,旬有會,月有要,歲有成,一以身先之,歷五寒暑如一日,治其境如奧阼。

然先生之學本於敬,明恕而行之,故其爲政也,委曲詳密,而序次犁然,可層累以稽。其爲言也,不憚丁寧反覆,而懇惻具有條理。余觀先生《天山學道編》,根心以修辭,因辭以覈事,吏斯土者,師而行之有餘矣。先生猶懼舊乘缺略,無以考治。爰率其僚輯郡志凡七篇,因以己《學道》之編殿焉。嗟夫!道與治,豈有二耶?守先生之道以治涼,雖五涼誌無作可也。而誌以考治,治以行道,斯地而有斯誌也,實始於先生。何則?順時以立功而不易其宜,因地以播政而不易其俗,道與治惟先生爲能一之矣。又況涼郡介祁連、瀚海之間,控引乎酒泉、朔方,天所以招徠西北也。羌狄洧居,亭障相望,其於大荒窮漠,深阻阨塞,尤當披圖而後知,按籍而後理,後之有地治之官,與夫觀風奉使來過是都者,非五涼志之考焉考哉!故於先生之屬也,敬諾而爲之序。書六册,以六德稱者,私有請於先生。斯集也,不惟古史之法,殆詔來者以地官司徒保民之遺也耶?

黄巽亭文集序

余梓里交好中有弟昆,以學行相師如友朋者,同安則黄巨川、文川,龍溪則黄壺溪、巽亭其人也,顧其性質不能强同。就壺溪與巽亭論之,壺溪近於和,巽亭近於介。壺溪達於政事,而喜爲文章,有求鮮不應者。巽亭治家能使内外長幼無間言,非短於才也,而不樂以才見。出宰江西,未滿考,以疾告歸。下筆爲文,超然出倫等,而不肯多作。居鄴山二十年,余勸之著書,唯唯遜謝而已。有以文字求者,必其人卓卓可傳,意氣相愛重,乃一爲之。或遇佳山水,雕鐫物態,陶寫性靈,往往追逼古人深處。今集中謁《王文成公祠詩》、九君詠《王琩山傳》鄴山諸小記,邃於文者,可得其概矣。余嘗謂文苟可傳,不係乎多寡。唐宋文家如韓、柳、歐、曾、王、蘇,其集博矣。然元結、李翱、孫樵、李覯諸人,寥寥數篇,讀其文惟恐其盡。以是知文之難能而可貴,在其言之立。果立矣,如韓、歐諸賢之文不爲多,元、李諸賢之文不爲少也。巽亭於詩文不苟作,性又疏散,不自收拾。余嘗恐其遺失。憶丁亥冬重遊鄴山,從巽亭訪文川於華圃。時巨川已歿,壺溪亦化去,追泝往事,相對泫然。余曰:"亡者已矣,校訂遺文,非二君責耶?"文川然余言，哀集付梓，巽亭寂如也。又數年，巽亭亦歿。

去年丙申，余應漳有司修志之請，將歸，索巽亭遺稿於其令子學霖，攜以歸。巽亭文字，視壺溪僅十之二，而部分整然，凡平生所作俱在焉，雖不多，益可寶貴。余喜學霖之能讀父書也，爲序而歸之。嗚呼！素交零落盡，白首淚雙垂。余序巽亭文，而及壺溪暨巨川昆仲，蓋不勝雲散風流之感云。

陳鶴山遺集序

昔屈平作《騷》以求女況求賢，讀《九歌》湘君、夫人狀其思慕，展轉至於登高騁望，築室水中，終不我即，已乃捐玦解珮，婉託下女，寫心輸誠，何其殷也。蓋賢者生而有益於人，出爲邦楨，處爲家彥，其志潔，其行芳，韻流葩發，溢爲辭章。如于邁之鴻，毛羽鮮美，可用爲儀，宜乎有心者，眷戀流連，不能自已也如此。余自假歸以來，罕與海内賢士大夫接，或遇鄉邦後進，有祈向端學殖懋敦行不怠者，輒愛之慕之。騷人所謂九畹之蘭，百畮之蕙，未嘗不冀其枝葉之竣茂也。

陳君鶴山，吾友葉學海之内兄弟也。志行文學耳熟焉，嗜義如欲積而能施其施，自戚而疎，由近而遠，務以厭其悲憫悱惻之生於心者，而非以望報徽譽。世人多艷稱其豪，擬以東漢八廚，抑知其志端學篤，力爲孝友睦婣任恤之行，藹乎有周官三物之遺者也。好古籍，手自校訂至四萬餘卷。汎濫演迤，下筆超然。癸酉副鄉舉時，榕門陳相國爲撫軍，監書榜目，聞唱君名，對主司惋歎。相國蓋稔其學行，以爲可無愧鄉夫夫賓興賢能之上選也。古文辭簡峭淳潔，其於戚屬之言，尤絶去町畦。君既歿，余門人何生暉屬其令子鳴珂録出寄余，余得而觀焉。使天假之年，得盡其才，升唐宋八家之堂，而嚌其胾不難也。去年春，余與學海同修漳郡志，追憶親故，每及君，相對悼歎。令子鳴珂等將梓君遺集，介學海請余爲序。余既諾之矣。屬思摘辭輒黯然久之，君志行文學，余雖藏之中心，而終未嘗一執手通情愫。戊子余掌教清源書院，君訪余，余適他出，歸而使人跡之，已不及。彼此交相愛而將合忽離，與屈子望湘而不得見光景相似。余序君集，因有感於騷人，勞心太息，長言詠歎之旨，微君志行文學之媺，何爲使予眷戀流連而不能已也。

戴耕農紀行詩序

　　由浙水泝三衢，逾豫章，以汎乎瀟湘桂海，盡蒼梧之南境，多古詩人唫嘯遺區，地幽而氣肅，慮壹而巧專，於以雕鎪萬象，牢籠百家，心摹手追，不造乎古不止也。其引物連類，辭若水涌而山出。吾於戴子耕農之紀行，怖其才鶩氣盛，方進而未已也。於時戴子尊人卯君先生，守粵之潯江。而予校士斯郡，適來自吳興，言詩於邸。又明年于役，復見焉。戴子手是篇屬予言，予既諾之矣。其年初冬，戴子計偕北上，予雅不工詩，於戴子之行有愴焉，又烏可以默？

　　戴子挾其所有以試春官，博上第，猶掇之也。方將翱翔乎金馬之門，舂容乎石渠之署。入則垂紳紆佩，司喉舌、筦樞機，出則擁旌旄、建牙纛，令行而勢張聲施，而實舉翕翕乎，赫赫乎，其得志於時者之所爲乎，然欲澡雪神明，疏瀹臟胲，如今日之山林皋壤，欣然而樂，罙然而思，不可得矣！戴子之才甚鶩，氣甚盛。不難躋古作者之堂，而探其突奧。而吾竊懼其巧分於物博，而力絀於多能也。夫詩者，言之精也。物怵於外而殆於中，且汲汲然不遺餘能以應之，相刃相摩則精焉者亦日消爍，以趨於盡而不自知。其偶而及於詩、古文辭者，皆其巧力之餘也。自吾之游於都也，同時儔儕才高氣盛者，固有其人。今雖多如余之瓠落而不振矣。戴子而不謬予言也，則請質之先生，自今以始，專而心，壹而智，無怵於外，無殆於中，行乎九衢，如逃乎空虛。如此而詩不逮乎古人而止，吾不信也。

浙江鄉試錄後序

　　乾隆九年，歲在甲子，實惟大比賓興之期。皇上特命大臣遴舉在廷能掄才之任者以聞，御試親定甲乙，臣官獻瑤獲厠名焉。六月中旬，上命內閣學士兼禮部侍郎臣王會汾典浙江鄉試，而以臣官獻瑤貳其事。臣瀕海末儒，材質迂下，學殖空疎，幸沐恩光，擢置清班，叨陪禁近，茲復畀以鑒衡重任，被命兢惶，矢心自勵。既抵浙，扃闈偕臣王會汾率同考諸臣，夙夜披閲，得士凡百有四人，以禮禮賓之。有司將登賢書，職當颺言於其後。

臣謹按：自古英豪挺生，每在興國之初，而賢才輩出，多在重熙之世。考諸經若《菁莪》之君子，《卷阿》之吉士、吉人可徵已。三代以下，科舉得人，莫過於唐、宋、有明。而唐至元和而後韓、李之徒出，宋至天聖、嘉祐而後歐、王、曾、蘇之徒出，明至治、化之間其文在三百年中，號爲最醇，其人才亦最著。所以然者，休嘉祥洽之氣，薰蒸涵濡，至於百年，鬱而大發。而其人人皆生長太平，漸磨仁義，沐浴膏澤，抒爲心聲，自然中正和平，以鳴國家之盛。傳曰美成在久，不其然乎？不其然乎？

恭惟我國家設科登俊於今正當百年，含和發英，濟濟詵詵，有造有德，意必如成周《菁莪》、《卷阿》盛時，遠過乎三代以下。而臣以葑菲之資，適遭其隆，抑何幸也。顧自念知人知言，自古爲難。惟敬聆我皇上論文要旨，冠於古人集端者一曰言有序，一曰言有物。是二言者，周公、孔子之言也，惟我皇上深知而信好之。煌煌天語，闡明發揮，已無餘蘊。臣嘗繹思之矣。竊謂能是者，有本有源。蓋所謂有序者，豈非順理成章之謂哉？而文如雲行波委，非有定體也。必於民義物則，講明切究，若絲之繅，若髮之櫛，故其言雖千變萬化，而脈絡分明，不可亂也。所謂有物者，豈非聖人之言皆自然，賢人之言皆實事之謂哉！而欲言之造於是，又未易言也。夫其上焉者，與道爲體，有不得已而後言，非言也，是天理之發見於口也，斯自然也。其次焉者，窮理而理明，養氣而氣充。理明氣充，則於理之本然與事之當然者，了然於心，與口與手之間，雖聖人有作，不能易之，故曰實事也。審如是也，聞聲而知心，即末以窺本，豈獨其言必有立於後哉？將異時之爲上爲德，爲下爲民者昭昭乎若合符契矣。今兩浙雖稱多才士，而臣等自顧學識短淺，安敢謂所取之文，遽進於古。雖然，譬之射焉，不可不知其鵠也。譬之工焉，不可不知其矩也。正而毋詭，静而毋囂。若亂雜而無章，蕩軼以傷理，臣等不敢取也。

諸生幸正學昌明之時，其質端，其取道審。自今伊始，願益砥礪濯磨，以通經學古爲高，以窮理養氣爲要。他日學成，出而爲國家用，當不徒以言也。藉以言進而有序、有物，使後之論世者，謂我朝文章超越近今，追踪三古，蓋太和元氣漸而積之者，匪伊朝夕，而文運與治運方日進而彌上，是則臣區區報國之心，所厚望也夫。

粵西試牘序

刻歲試粵西生童四書文篇四十三、賦四、歌五、雜著五，郡州邑學官月課四書文七，分爲二卷，督學使者敘曰：

唐李習之論文有創意，有造言。意不能鑿空而搆，必依於理；言不能離象而立，必依於文。六經子史集傳，理之藪，文之囿也。取道於是而有得，則其意深，其辭雅。詩古今文殊者，體制耳。若其創意造言之本，未始有殊也。使者下車，首頒學規，風厲多士。逮校試，各郡有能應口誦五經、《性理》及作詩歌、古文者，立拔冠其曹。蓋望諸生企至於古之立言，而不願其弊於俗學也。然歷數輶車所至，竟不乏儁傑辯博之英。伸紙下筆，嶢然自異，使者亦不憚再試、三試以發其智，觀其渺慮澄思，選聲布色，夜闌燈燼，冰結手龜，不遺餘力。偶問其齒，則未也。所居又非盡通都大邑，有名人巨公爲之先路，而樹立卓卓如此，豈非國家教育百年，挾景從風動於不能已耶？爰擇其尤醇者，著於編，俾承學之士可以觀焉。若夫創意造言之本，則仍當取道於六經、《性理》，旁及子史百家，而以先正大雅，樹之典型，使者亦既甘苦言之矣。諸生第識之，未有能爲古人，不能爲今人者也。

陝西試牘初集序

余往謂學者稽經諏史，其學爲今文也，事逸而功倍。自關陝之學者，爲之得效又不啻倍焉。蓋詩書所載多周人遺事，至《易》象、《周官》、《儀禮》以及《史記》、《前漢書》成之者，皆其地之先民即彼國之典也。乾隆十三年春，奉使入關視學。夏五月出校三輔，走岐豐八百里。冬涉渭至漢，循漢下上，至於武都。向偶有聞於經若史而致疑者，輒歷歷目見之，其未及見，可因觸類而得意境爲廓然，私自幸非生休明之世，荷聖天子寵命，觀風覽物，何以得此間，以此意，訪勸多士，人人色飛意滿，若自矜奮者。計余所歷，凡四郡五州，文之成章者不乏，其氣體稍能自振，則皆有意乎古而幾涉其藩，決而擇焉，可以風矣。顧余素多病，又行役匆匆，故遲之今而後授梓焉。噫！余此行方踰隴坂，至於鳥鼠西傾，復濟河而西，暨乎朔方，乃由邠岐以歸豐鎬。馬足所經，更有發余者，余烏可無勤，而諸生聞余此言也，意且稽經以數典，諏史以誦志，日新月異，蒸蒸亹亹，古有之雅健雄深，非爾西都之文乎？余願與諸生共樂之而未止也。

陝西試牘續集序

　　使者既梓秦牘示諸生，嗣復歷試各郡，鍥其文之成體者，凡三十六首，爲一册。然使者拳拳，諸生深不願其以文士自域，而充諸生之才，其所造亦不於此而竟也。世稱南人敏以慧，北人鈍以僿，其大概耳。以余所見，秦士智非不足也。《易》、《書》、《詩》、《春秋》、《戴記》，計二十萬餘言，使者戊辰春暮下車申讀經之令，未數月，士之請誦三經者，纍纍珠貫。又踰年，而誦五經者，環如堵。噫，異矣！《易通》、《東》、《西銘》，學者切近之書也。覆試諸生爲期詔之，曰不肄者，不齒於列。及期應口誦無譌，雖南人之敏者無以過之。然猶曰記誦耳，羈角之童，質明入試，日幾中而兩藝成，拔其髦者，筆鋒若刃發於硎，雖南人之慧者又無以過之。且予更有感也。關西隴右，秦漢陬區，今且皇風遠暢乎積石、流沙，黑、弱二水所經之地，學子侁侁濟濟，挾冊長吟。而金城、姑臧卓傑俊邁之英，幾與三輔埒。蓋上之功德，涵濡汪濊，百有餘年，於今大順之積，發爲菁英，故無有遠邇，人多耳目明達，神氣以靈，《大雅》棫樸榛楛之詩，美周王作人，國之有彥士，譬山之多良材也。夫然秦士之聰穎秀發，又何怪焉？

　　雍州土厚水深，史稱其民質直，易導以善。夫人而知之矣，至其聰穎秀發，雖秦人不自知也。夫忠信以爲基，而充其敏慧之才，以上沿下討乎斯道之源流，勿怠而止，則雖超劉越嬴、與姬爲徒可也。余之蘄諸生通經明理，毋以文士自域也，言豈曰夸，若其文之氣體能自振，而不溺於俗，余於前序綦詳矣，今不復云。

李封翁恭人壽序

上之十六年冬十一月，慈寧太后萬壽禮成，推恩覃封京朝官增級封，於是前封祠部主政、承德郎可齋李翁晉封員外郎，加二級，爲朝議大夫，秩第四品。林安人亦晉封恭人，而安人以其年七十壽也。越明年，翁壽亦七十。翁之季子靖亭君，疏翁文行與先世種德累善有待於後者，請予爲文以祝。其事則仁人孝子之事，其言則仁人孝子之言也，予不敢辭。

李氏自故相國文貞公顯於朝，同時三從之子姓，高科巍第，鵲起翩翩。入則珥筆禁垣，出則綰符州郡，簪纓珂佩，中外相望，世以爲榮。翁之曾祖漁仲先生乃相國之伯父。當爲諸生時，毀家救相國昆弟於賊壘中，百戰而出之者也。顧三世明經，幾達矣，而卒以躓，相國恫焉，以先生質行聞，仁皇帝御書"在原至誼"以旌之。觀者皆感歎曰：福有兆矣。越廿餘年，而季子果弱冠而舉於鄉。又六年，翁與弟子潛夫同得舉。又一年，爲今上元年，季子成進士，官祠部。翁與恭人以覃恩得封，於今再封焉，而潛夫亦成進士，出宰河西。翁之兄弟子姓後先舉於鄉者，又數人。積善之家，必有餘慶，天於李氏報施，遲速皆非無意，吾獨羨翁與恭人以一身敬承之，際時之隆，處之之亨，何天之寵，福履綏而名壽滋至，即微季子言，有以知其不偶然也。翁爲諸生試輒冠其曹，事親孝，友于昆弟，與恭人相莊如賓。予所聞於季子者如此。季子禀二親之教，服官職，事益修，學益進。窺其用心，直欲追古人而從之。經曰：立身行道，揚名於後世，以顯父母。自吾得交季子，而以爲非常人也，而今果信，天之篤祐於翁與恭人，豈有涯耶？由前而觀，翁爲賢子孫，惟家之楨。由後而觀，翁爲賢父兄，惟家之基。予不文，且惡知天道，請爲季子頌先烈而占遠耀。凡以人徵之也，諸與季子遊，而習翁之先世者，躋堂而聞予言，仁孝之心，其有不藹然而興者乎？

壽潘母林孺人序

余與潘君涵亭，荷恩假歸將母。今歲在甲申，余母廖太夫人年八十有九，涵亭母林太夫人年八十，余與涵亭年踰六十，兩家相見，戒不許稱老，交相勞，交相慶也。於是仲冬之月二十有四日，爲林太夫人誕辰，親賓升堂爲壽。涵亭徵言於余，余抱疴經年，以不能文辭。涵亭固以請，蓋余與涵亭爲兄弟交於今四十餘年，兩人身事家事殆如一身，宜涵亭樂余之有言也。

　　余與涵亭俱少而孤，又俱苦家貧，當康熙庚子，俱奉北堂之命，從師溫陵。初相見也，即以母氏劬勞爲言，憫默久之，復相勖宜有立。於後又十餘年，余貢入太學，遊京師，困而歸。涵亭方廩於庠，試輒有聲。又十餘年，余成進士，爲京朝官。無幾何，涵亭亦成進士，出宰中州，兩人皆幸有祿逮養。顧同而不同者，余家雖貧，尚有薄田數畝，涵亭則幾無一壠之植，幼年拮据，皆出太夫人手。余銜命出使粵秦，去閭關萬里而遙，瘴嶺雪山，瞻雲吁歎，涵亭則板輿輕軒，御太夫人之官，調蘭酌醴，晨夕不離側。然余兩人歲時寓書問無恙外，惟以勉强仁義，勿負君親爲言。如天之福，余馳驅周道，使事不至隕越。涵亭筮仕四考，歷著循績。恭逢慈寧太后大慶推恩所生母儀婦，則天語春溫，珈笄翟衣，互映中闈。而太夫人先以苦節，膺旌門表里之典。憶與涵亭溫陵握手時，願其及此而又不敢願其及此者也。記曰"善則歸親"，爲天下之爲人子者言也。若余兩人生而遭家不造，鞠我惟母，成我亦惟母，與天下之凡爲子者不可同日語矣。又曰"善則歸君"，爲天下之爲人臣者言也。若余兩人遭家不造，受我皇之祿以養吾親，復承我皇之寵，以成吾親之名，與天下之凡爲臣者，不可同日語矣。夫然余與涵亭雖當耆而指使之年，尚當夙興夜寐，顧影顧衾，日依母氏，對北斗而望京華，爲萬年無疆之頌於罔既矣。夫君，天也。我皇命之乃自天申之，太夫人之大耋期頤，可推而知。故余今日之先親賓致祝也，不復爲彌文之語，以涴賢母，而既辱爲兄弟交，則愛日成身，晚節共之，涵亭樂聞余同心之言，知無有先於此者也。

石谿文集卷二

上方望溪先生書

　　獻瑤比倖函丈爲先曾大父求表墓之文，長者□□□諾矣。退而喜也，急撿舊所鐫誌銘不可得，近始得之。故書中大半皆泛語，無可採録。因憶早歲所聞於祖父者，其事實，其言宜可信，謹述一二，惟先生擇焉。

　　先曾大父諱朝京，字子孟，世居閩之清溪福春。康熙壬子舉于鄉，二年而耿精忠以閩叛，王師往征，耿旋就俘。而山海之寇復熾，有妖人蔡寅者，詭稱明裔。衆至數萬，所至皆令具扉屨芻糧犒師，不者輒以徇，鄉人奔告。曾大父戒勿與通，賊令其曹持檄來，鄉人震慴，子弟家僮環泣，請略降辭色，曾大父毅然弗顧也。鄉人知不可奪，乃相率守險。會連日大雨，賊不果來，而同里李文貞公先后擊賊，賊走散。己未司教閩之興化、莆田，家貧食指多，用人不足，乃日餔糜。時李文貞公以翰林學士奉親回里，道經莆，知其貧也，謂郡守曰："官君賢，待之宜厚。"太守乃檄公署莆田篆，而鄰邑仙遊司教者未至，復令公往署。家人咸相賀，然曾大父一概謝絶餽貺。在任九年，食貧如故也。

　　戊辰改授直隸晉州武强令，始下車，值歲大祲，有詔發帑賑尤貧者。他邑令皆假手里胥，曾大父獨手白金署其上，按户與之。他邑令皆笑其碎。無何上令重臣覈賑事，所過民皆遮馬首，訴予金者不實，而武强境内帖然，衆由是服。時撫直隸軍于公成龍，性悍鷙，不喜愿樸吏。聞曾大父催科不用鞭扑責言，至幕友交諫，子弟更進以請。曾大父晨乃升堂皇，小吏持簿召逋户，逡巡立階下，令扑，扑三下，逋者呼，曾大父亟令罷，左右皆笑，然終武强之任，民亦不忍負也。貧户輪糧有少不及額者，以己俸充之。太守詗知，謁見日謂之曰："武强令欲爲德於民，如貧何？"對曰："令非不念貧，第念民欠錙銖，而胥持帖下鄉，其費且數

79

倍。令爲諸生時，畏胥如虎，以爲民亦然。故願以其贏者充之，實不計貧也。"太守爲改容。其他所行類如此。

　　獻瑤自有知識，曾大父没二十餘年矣，鄉之叟老談及，未嘗不肅然畏也。其及曾大父之門者，皆曰："于軒先生宜有後。"于軒，曾大父號也。以獻瑤所聞於祖父及里閈者徵之，先曾大父雖無奇節偉行，赫然立功名過人，如古所稱忠信慈惠廉而知義者，庶幾焉。獻瑤嘗聞先生之言，以爲非常之行，皆緣所遇之變而生，由君子觀之，彼循循於道，而不失者，其難倍於卒然之所發。然則士之可傳者，又非必瑰世獨立，以求遠於人之所爲也。先曾大父殁於武强治所，在康熙庚午。其生以明萬曆己未，墓在鄉之世雅山。有子五人，先大父諱式玟，其長也。先父諱緝熙，爲冢孫。而獻瑤實承重焉。故敢以其家事聞於左右，伏惟先生終賜之一言。其所以發先人之幽光，而覆芘其子若孫者，施於世世矣。獻瑤再拜。

上祁陽陳師書

　　嶺外傳來邸鈔，喜三吳節鉞移駐八閩。聖天子睠念海邦爲藩維要地，勤勞吾師，惠此南國，春風到處，萬類昭蘇，陰雨之膏，梓桑獨沃，私心誌慶，莫能名喻。早欲走書拜候馬首，緣戀嶠僻遠，原隰奔馳，遷延至今，殊深歉仄。

　　閩省地隘民稠，家鮮儲蓄，喜尚浮華，外腴中枯，頗同江左。吾師以撫吳之道撫閩，教誨整齊，休養摶節，民氣自然日舒。惟下游一帶，積年宿弊，有牢不可破，而亟當刬除者。如里閈結社很鬭，釁生於土棍，公庭累歲讒張，禍起於訟師，至於罔利，營私蒙蔽。長吏與土棍訟師相依庇，其植根深而樹黨固者，又莫甚於積惡之衙蠹。歷來公祖下車，未嘗不嚴禁其弊，而弊終莫去。獻瑤自有知以來，中間足跡所經，聞見所及，凡此數弊，他省皆然，而究未如閩省之創鉅害深，於吏治民生直爲左腹之灾，非止支節之病也。似宜周諮密訪，遲之歲月，既詳且確，立將首惡重置之法，其餘庶幾聞風屏息。才疎識闇，他人前不敢置一詞，感大君子疇昔之知，有懷於中，不自抑遏，因時裁度，則自有權衡焉。書不盡意，望風依戀。

與託富察撫軍書

　　來教引伸連類，真切的實。所云能於求放心做工夫，便能辨別天理人欲，便是格物致知，而誠意在其中，世之學者止爲牽於講解訓詁，並未將聖賢言語身體心驗。但見《大學》教人物格知至而後意誠，便誤認格物致知多年，方可下誠意工夫。又誤認意誠後更不用下格物致知工夫，判然兩截，豈不大謬。向嘗服膺李安溪先生語云：古人精義集義，初非二事，直内方外，本無二時。大教可謂若合符節。

　　程子曰：主一之謂敬，一者之謂誠。所謂誠者，非他，此心之專一是也。求放心而心存，以之剖判天理人欲，則心主於一矣。而勿貳以二，勿參以三，謂非誠意在其中而何？雖然，誠意更有誠意工夫，來教所謂篤行是也。又云格物致知，終身拋不下，理無窮盡也。若技藝則不然，指點初學，如迷得路。今之溺於記誦辭章者，皆自以爲格物致知也。其實記誦雖博，辭章雖工，求一言之幾乎道而不可得。正緣未嘗有真實爲善之心，時時提醒，時時收斂，以爲讀書之本。其疲精敝神，以求記誦之博，辭章之工，不過如百工小道之精於一藝而已。此可謂之玩物而不可謂格物。夫格物者，格其理也。所謂理者，非有形象，吾心之見爲當然者是也。心何以見爲當然天之所命，而吾所得以生者本如是也。故曰性即理也。天下無性外之物，若能因物以窮理，則記誦辭章，何嘗非天理發見流行之實。故同一讀書也，能求放心，則謂之游藝適情；不求放心，則謂之玩物喪志。來教謂肯從求放心做起，小體亦大體。竊謂左、史、李、杜、衛、王諸人，當日若知此意，其所成就又豈僅左、史、李、杜、衛、王而已乎？學者急早回頭，是真買匵而得珠也。比日動定多福，不宣。

上尹制軍師書

　　客秋都城西郊拜送，歸而見朝之賢士大夫咸動色相慶。聖天子知人善任，東南數百萬蒼生，聞諏行有日，皆如赤子之仰慈親，喜其來而歎其晚也。莊門生撫江南軍，雷銀臺督學，是都奎聯壁聚一時之盛，尤吾道慶。曩者獻瑶奉使，吾師慇懃以培育英雋，爲爲政先務。今南紀乃精華騈集之區，宏開書院，院擇名師，訓多士，昌明正學，二君子同聲交和，必有博聞之英，潛修之彦，如楊韓方儲，其人出，爲國家樹楨幹於百年，拭目俟之矣。

老母倚門陝中，日夜思歸，恭逢慈寧太后大慶，隨班叩祝，而后寧親禮也。客臘具呈，於本年二月杪命下，即出都而南，臨行拜辭松裔先生，出吾師所寄畫册詩序見示，身居高明，志在巖壑，地隔江山，不忘故舊，讀之不禁情深意惻也。便中謹具書寄候興居，松裔先生札并附上。獻瑶再拜。

上尹制軍師書

壬申三月，南歸過江陰，具小稟附雷學使遞上左右。光陰瞬息已二年餘，依戀之私與日俱積。側聞移節南河，聖主以安瀾之績，寄之吾師。古稱非常之人，必有非常之功。往者江淮大災，旌麾所指，出昏墊而厝之衽席之上，不動聲色，鴻雁安宅，以昔揆今，惟天助順，惟人助信。善攻木者，循其理而披之，雖根節盤互，罔不迎刃而劇。固知因勢而道，自大君子出之，直行所無事也。

獻瑶多病，戢影荒邨，老母今年七十有九，晨夕相依，差免懸掛，皆君父孝治之恩，吾師錫類之蔭，對日下而望長安，瞻雲間而思吳會。惟悵人事希闊，拜書乏便。適己未同年黃門生可潤進都，道經清浦，恭脩蕪稟，敬賀春祺，未能趨視，惟祝爲天下蒼生善護，以慰翹跂。

與莊復齋先生書

浙閩見邸鈔，喜先生榮擢監司，且出自聖主特達之知，吾道大張，利物益溥，非但爲公一人賀也。君子之於人也，必欲其如我意之所期。雖三代以上難言之，惟誠之所至，潛孚默感，隨時挽回，隨事補救，到底於人必有所濟。獻瑶七月中旬，取道下相峒峿間，遇捕蝗者簇簇。詢之，皆以爲不便。余曰："蝗可不捕乎？"對曰："非是之謂也。州縣倅持符下鄉，計畝派夫，金滿則移而之他，無得免者，其毒倍於蝗，故以爲不如勿捕爲愈也。"余曰："有賢太守在，何不訴之乎？"曰："越縣若州而訴之太守，太守未必聽，而徒滋吏胥之毒也。"獻瑤爲之蹙額而去。此一事也。使回過維揚，晤朱近堂前輩，問河事焉。近堂曰："往歲河患在於堵塞三壩，今三壩開矣，而高、寶諸閘盡開，將來淮益弱，而黃益强。黃淮合而注於高、寶間，吾不知其所終矣。"獻瑤車行至淮上，見運河水濁，問之河濱人，皆曰爲河水滲入之故，是近堂之言有明證矣。此又一事也。由前之説，爲民上者，不可不一日細察民瘼吏奸，如捕蝗類者，非一二數也。由後之説，則今日最緊要關頭，民命國計繫焉。惟公試思近堂之言，果然與否，否則置之。如其信然，何可不委曲挽回而補救之之亟也。

前到蘇得延彬所寄公爲穆老墓文，讀之至流涕，起追述先世隱德，末節錄遺疏，尤有關係，即託黃振夫郵歸矣。浙役承恩，何敢不竭愚誠？但恨識見短淺耳。葛山已過彭城否？翠庭至今尚未離閩，爲之懸懸。穆老作古人，吾鄉可擔荷世道者舍公與翠庭，安屬耶？未得會晤，善眠食自護，不宣。

上阿少宰館師書

獻瑤在及門中才識迂疏，無足齒數。吾師獨以其悃愊，少知自好，拔之稠人之中，惓惓汲引，如將不及，國士之遇，家人之愛，兼而有之。獻歲拜辭就道，以三月初十日到粵西省城。五月二十日，扃門考桂林。六月杪竣事。生童資性頗聰明，而安於固陋，四子書鮮有讀全註者。謁見日諄諄誨誘，再檄各學，有能背誦各經，及作經解古文者，報知另考。通府應者，僅二十餘人。略成片段，便擢上等，以風動之。近坊間頗有購買《五經》、《周禮》、《性理》等書，將來或稍變其拿鄙，未可知。時文大半陳腐，其能者筆致清矯，而意味淺薄。聞柳、慶一帶，尤荒陋。計無所出，只得移文各學，將各家名稿選本，開示諸生，并勸諭讀欽定四書文以振之。粵東西僻在嶺嶠，東省自曲江崛起南服，文人學士，後先輝映。而粵西文風獨不競，雖緣人士安於固陋，亦由爲上者薄其陋，而不屑與語，兼水土不佳，官於此者，因循苟且，已非一朝夕之故矣。當道除公事聚會，少相往來，

83

承吾師教誨,總不敢失書生本色。

閱邸鈔,喜膺旨掌院事。昔韓昌黎爲士林山斗,歐陽公萃天下之文章,風會所關,豈但一人之私慶而已。天涼瘴氣初收,將往柳府,迤邐至梧平。明年春夏之交,方得回署。謹修字候興居,天眷方隆,惟祝爲國自護。獻瑶再拜。

與楊松閣觀察書

獻瑶頓首松閣先生,傾嚮左右之日久矣。因緣幸會,握手披心,高論元譚,深愜夙望,猶悵于役有期,不能宿宿信信,倒廩傾囷而出之爲快耳。一自別後,驅馬沙塞,見星而出,病體支離,十舍弗休,舊疴復作,困於人事。承惠問拳拳,未能裁答,想諒之也。閣下負濟世才,洞觀今昔。凡所論著,皆有關道教,足資世用。第以文章求閣下,非真知閣下者,而不以此事相推重,則又不可。僕嘗歷數自漢氏,以迄宋明,凡既没而言立者,其人立身行事,具(下原缺)

與劉蘭谷先生書

獻瑶再拜,謹致書函丈,比日侍奉多慶。獻瑶入粵治事,少閒輒出,觀在都時,所正於左右者一編,塗乙删飾,篇一二句,句一二字,而聲貌頓移,深矣乎長者之於文也。時復自恨居京師六七年,若朝夕侍於君子,其所得寧止於此。獻瑶之師爲山左黄忝齋先生。忝齋先生先後鄉、會試出長者門。獻瑶鄉、會試,又先後出忝齋先生門。獻瑶登第,謁忝齋先生。先生曰:"吾不喜子第喜人之不以不肖疑子於吾也,吾之於吾師亦然。"先生既没,獻瑶念此語,心輒痗而不及,時貢其業於座下,以至於今,行役在遠,而後憮然,此獻瑶之所以恨也。

壽言榮及北堂,施及其孫子,拜謝後時,伏惟亮察。獻瑶再拜。

與雷翠亭先生書

獻瑶頓首翠亭先生左右,承示駁張、桂議大禮文字,息邪距遁,可以俟諸後人而不惑。記往年,讀《儀禮·喪服傳》曰:嫡子不得後大宗。漢儒戴氏謂:假令小宗僅有嫡子,而大宗無後,亦當絶小宗以後之。嘗私質諸李穆亭先生,先生曰:大宗者,尊之統也。以適子後大宗,適子之父雖絶,適子之父之祖則未嘗絶也。爲適子父者,將不絶己之後,而絶祖之後乎? 抑寧絶己之後,而不絶祖之後乎? 不絶祖之後,而祔己於祖之廟,則於理爲順,於心爲安。故絶小宗以後大宗者,非惟存祖之祀,亦善體父之志者也。先生又曰:宋明諸臣争大禮,皆從末流計較。假令濮王、興獻而在也,坐仁宗、孝宗於上,將令英宗、世廟父己乎? 不父己乎? 死者而有知也,必有以處此。先生是説祖朱子而小變之,蓋朱子從爲人後者立論,先生從爲人後所生者立論,又推上一層。如張、桂固不足道,好辨若西河輩,能勝人之口,不能服人之心,亦不足置論矣。又《儀禮》爲人後者,爲其父母報,是記禮者稱之耳,遂引爲爲人後者,稱其父母之據,不問而知其誣矣。當時使有以此語語歐、曾,其將何辭以對與? 二説敬正之長者,願講求其非而歸於是焉。獻瑶再拜。

與翠亭先生書

嶺右事竣,報政有日,遂不復致書。逾臘初,復銜命使秦,以今年春仲入關。適值歲歉士饑,履任一月,不知從何處考起。幸榕門先生撫綏有方,民情尚安帖。今二麥略收升斗。方謀出校鳳翔,看來望歲之心,似比造士爲更切。若目下霖雨應時,秋成有兆,則此邦之福也。年過四十,方知報國,談何容易。《易》卦以德爲主,而時位所遭各不同,時與位當矣,又須所承、所比與所應者,俱同心一德,而後可以免於凶悔吝。否則无咎難矣,敢望吉乎? 清夜自思,惟有讀書窮理,可以自盡。而年華逾邁,精神早衰,公事之外,竟無餘力。故業日荒,不殖而落也決矣。

先生明德益崇,大節表表,日來所造之深,可以想見。陝比粵近,願因人便時賜提撕,千萬留意。李延斌捷南宫,念及穆亭宗伯,且喜且悲,其資性可與適道,進見時,勗以承先志,勿染時趨,甚幸甚幸。粵西優貢,鄧、冷二生從陝入都,燈下作此,奉問道履,不盡。

與翠亭先生書

葉君蔚文去，附小札，計徹左右。月前，優生郭生自浙來，詢知動定多福，又於葛山處見手字，具悉諸凡，甚慰。道敝文衰久矣。其病在學之不講，理之不明，承響襲聲，委蛇波靡，失其所宗。先生仰遵聖訓，剗僞還真，歸之於雅。浙人素聰明，期月之後，定然丕變。竊以爲論文而不究心於理，雖改換門戶，猶其外之文耳，其中非有動也。功令下學，掣講諸生，已習爲故事。往年待罪粵、秦，掣講時，樂與學子往復問難，微視提調諸君，頗有視日早暮之態，不覺索然，興盡而還。事後思之，爾時若令掣講之生，另依原文作講義，於試日彙進，爲之改正，各棚刊刻以鼓舞諸生，究心《性理》、《或問》諸書，如《松陽講義》，可行之一邑者，獨不可行之通省乎？今已無及，願正之有道，或採而行之，未必無少補於根源也。

浙東大饑，學政想未免費手，評文急不得，到此時又却緩不得。全賴同事諸友齊心并力，早完一日，則寒士受一日之賜耳。下車府册送齊，量地遠近，將試期後先一總懸牌，可免守候之苦，想高明已慮及之。太夫人寶眷在杭，而貴鄉適有水患，純孝之祐也，然田廬將無損否？獻瑶冬杪定假歸，正初如未按部，尚可圖晉謁以寫積思。公事方殷，惟良食善護，不盡。

與莊撫軍同年書

適有所見，試正之左右。京口舟楫擠塞，行旅坐困，不得已放舟過焦山，繞道而行，或遇風浪，險且不測。詢其故，祇爲南船渡江，必候東北風。風偶不順，停橈者多，愈久則愈多矣。而北來之舟，乘風利連檣而進，彼此擊互，遂無餘地。萬一舟人不戒於火，其患又豈徒擠塞而已？鄙見願公檄丹徒令，撥二健役，遇西風起，自今南船皆泊岸左，舟尾相銜，南之又南，有攙越者，呵之。其北來之舟，皆令循岸右而行，至鎮江城，乃許停泊。從前擠塞之患，可不禁而除。遇運艘北上，即照此法行之，更飭千把撥營卒董其事。初行之甚難，久則習爲固然矣。然須給二役工食，專司其事，乃可以久。此瑣瑣不宜爲執事陳，雖然，苟利於民，無大小一也。諸葛武侯治蜀，微至橋梁井樹，皆綜理有方。《周官》凡舟車擊互者，敘而行之。古人未嘗以是爲緩圖，故敢以聞，惟高明留意。

與蔡葛山先生書

三月過豫，傾聽輿誦，聞望蔚然，爲吾道慶。先是正月，過長沙面周皋使，乃知有令弟翼老之變，慘悼不禁。吾鄉有志自樹立者，自穆亭、復齋彫零，至翼老而三矣，可怪也。

承詢及學政校試，公明自是分内緊要事，若論培養人材，倡明道教，實在有補學校，還當以誘道爲先務。中州入國朝來，徵君潛庵誦法儒先，遠紹伊洛，風流未遠，固應嗣音有人，如遇生童中有穎出之彥，勿吝齒牙，指導先路，更責成教職修舉月課，經義外兼經書性理，史鑑論策。擇其尤者，按季解院，親爲評騭，日積月累，得效更倍於歲科兩試也。天下事非一己所能了，往在粵西遇一好教官，如獲重寶，只恨難得其人，又不知中州何如？賢者所至，聲應氣求，可以理券也。陝地遼闊，歲科并試者多士子。視學使如過客，較他省尤難整理。今春二麥不收，目下又苦不雨。士子枵腹而責之稱先則古，難矣哉！現在方謀出校鳳翔，未知將來作何光景？此字寄己未同年靈寶令初君轉遞。若有賜字，即付之遞來，甚幸！積思彌年，不禁娓娓，善爲道自護，不盡。

與陳榕門撫軍書

曩在貴鄉，借觀佳刻數函，切近精實，無非明學術以正人心，樹道德以厚風俗。惜粵西諸生，無由購買卒業。今履任來，聞自陝以東，皆承嘉惠。頒發學官，當率多士肄業習之，道在是矣。《近思錄》一書，尤切於初學，目下欲覓工人，備紙墨刷印數百部，將來出校，勸諸生講明切究，以推廣明德。此書便於寒士購買，且本體工夫分門別類，最有條理。學者得其門而入，以之讀四子六經，觸處逢源，事半功倍。但未知鋟板現貯貴署否？秦地遼闊，諸生三年并考者多，苟非好學之士，鮮不舍業以嬉。中夜以思，惟有鼓厲學官，實力脩行月課，相觀而善，較有裨益。前待罪貴鄉，曾通行各學，月課四書文外試以經解、《性理》、《通鑑》、古文，擇卷之佳者，按季彙繳，到日屬幕友一人專主其事，隨看隨發，鬱林、蒼梧、潯州諸廣文皆嚴立課程，士子刮磨，蒸蒸日上，其效視歲科兩試，所得爲多。今欲倣此意行之，謹將刊成條約奉政。恐其中有不宜斯土者，尚求長者明教。

貴鄉鄧生、冷生，端雅愿樸，循例貢入成均，以廣學識，相從入關。五月初擬送之京師，高山在望，特促晉謁左右。惟大君子以成就後秀爲心，進而誨以窮理脩身之要，幸甚！晚願見之心，日切一日，第念國有齊衰之喪，而修相見之儀，非禮也。筆墨有不能盡者，已屬二生代陳，望縷示，尤幸。安溪先生書二種，試牘一册奉覽。憑穎依企，不盡。

復陳榕門撫軍書

獻瑤頓首：二十一日使回，謹拜書侍者。二十六日，自湖中歸，見老母親奉嘉貺，并述我公相屬雅意。老母望風頓謝，謂不可負大府盛舉，而言之哽咽氣塞。蓋自傷年衰，不忍不肖子之離左右也。

獻瑤生十四歲而孤，母氏命就傅郡城。弱冠家窮空，授徒於外。雍正己酉，選入國學，癸丑乃歸。乾隆丙辰，蒙恩宦京師者五載。辛酉再北上，違定省，於今又十二載矣。老母今年七十有七，獻瑤年五十。中間侍奉之日，不過數年耳。老母向有上氣疾，年來傷心弟姪殀亡，痰氣襲逆益甚。間日輒發，發輒伏枕頰苦。獻瑤昨以事出門，往還僅一旬，心驚如不終日。省城去家五百里而遥，音書半月乃通。掌教非經時，豈可容易歸省？萬一日暮西山，風搖樹動，實有不忍出諸口者，當亦仁人君子爲念及而心惻也。不然，我公下車半年矣，感念疇昔之愛，豈不願拜謁，以寫我思，因而起居臺端諸公，一申部民展謁之敬，乃跼蹐山阿，日復一日，其行次且亦可概見矣。伏惟鑒亮不得已之苦心，再訪經明行脩之彦，必得其人，爲多士師，以提唱正學於上。獻瑤雖不肖，猶願於養親之暇，出公向所贈書，與里中子弟講明而切究之。庶幾古人廉讓之風，惇厚之意，以揚雅化而廣德心，亦區區所以報也。制府未望見顔色，不敢率爾通書，私心感激，望於便中道謝，甚感甚感。獻瑶再拜。

復鎮安令聶君書

獻瑶頓首：去冬烏延接讀足下賜書，三復向往者久之。多病困於人事，至今乃能裁答。足下心相照，固不以書簡爲疏密。僕亦不願假手書人，以尋常寒溫語溷足下也，宜在亮察。僕往在都門，過雷翠亭先生寓邸，足下自外入，一揖辭去。翠亭謂僕曰："他日爲吾道倚賴者斯人也。"無何僕回閩，足下亦歸楚，於今十餘年矣，乃得足下書，拳拳翠亭。因翠亭而及榕門先生，如足下可謂不負所知，二公亦可謂能知人得士也。

儒者學以成身，而施之於家國天下，體與用不相離也。足下既知而好之矣。素吾位而行，雖窮鄉荒徼，非人所居之景，百倍於鎮安，猶將陶陶然也。此不足爲足下難。僕猶及見故相國高安朱文端公。公在政府，吏治民瘼，如指諸掌，或問公何以能然？公曰：吾由翰林散館爲縣令，故知之。足下今日出宰百里，固造物者將歷試足下以事。鎮安雖小邑，生聚保息，而教誨之，自足下始也。夫事無大小，難在於各盡其分。官無崇卑，難在於不懈于位。以僕之尸素，而夙夜畏我友朋，願與足下勉之者，惟無倦而已。何時相見，一既萬言。天熱，善自護，不盡。

答牛木齋書

木齋足下：往在京師，早聞足下名。去春于役秦州，州之人士，猶嘖嘖足下治績，可謂聲實兼者也。皋蘭事竣，一晤如舊識。足下才高氣雄，所至必舉其職。當國家用才如不及之時，抑塞轢軻，私爲當道操柄者惜。然觀足下顔色，無纖毫芥蒂，方且討論文字，以著述相商，益歎賢者所守異於人人。別後西北走塞垣，東及延榆，宿恙大作，困於人事，音問闊然。昨在平涼，方遣僕進省修候，適於其夕,得足下書詩、古文各一封。燈下諷誦,辭如水涌而山出。昌黎韓愈云:衆人之進,未始不爲退。吾之退,未始不爲進。請爲足下頌之也。

　　自古著述之家,多喜自道其甘苦得力以詔學者,見於韓、柳、歐、曾、王集中,其言不一,而相爲先後,可云大備。後之有志立言者,惟在深造而自得之,不患取道之無從也,患在志分而藝雜耳。志分則信道不篤,藝雜則脩業不精。中復困於境地運會,不能自力,以盡其才。月馳歲徂,奄無所就。僕之事方望溪先生也,年未三十,時先生位未達,每有作,必命僕與西江黃培山擬爲之,已乃出所作以示,二人輒爽然自失。先生徐爲摘其篇之複者、蔓者、駢拇支出者,辭之佻者、駁雜者、稚者,氣之塞者、漫者、偃蹇而驕者,又忻忻然如有所得。方其時,能遂屏棄外事,深探而力取之,或萬一有冀。而親老家貧,方學爲時文,以干有司,倖而得之,又逐逐世故,無所成立,以至於今。間亦牽勉,爲應酬之文,違志怫心,將書復止,稿成輒自毀。有何所得,而可爲足下陳之耶?足下有意於古之立言,則唐宋八家與望溪先生之書具在,所謂有序有物者是也。然觀足下才氣,非久困抑者,行且應制承明,流聲天府,一伸數年來未伸之志。僕既爲當事賀得人,又私爲足下計,不能壹意覃精,孳孳汲汲,如今日也。《三禮》解當以鄭注爲宗。外此如王東巖、敖繼公、衛正叔諸家書,亦相比伈。如到京師,可借觀。春和眠食萬福。獻瑤再拜。

與黃培山書

　　獻瑤頓首培山足下:曩庚申春,吾兄甫入都,僕將歸省。越二年春,僕復入都,吾兄已先以憂歸。遂不能合并,以至於今,天星一終也。十二年中得足下手書二,得書之日,正值僕奉使奔走周道,無緣奉答。今春正月,使事畢,入都問訊,大江以西,爾我往日舊遊殆盡矣。遷延三時,乃得因便候問,猶未敢必果克達否也。爾我心事雖隔萬里外,可以相信急欲知者別後情況耳。憶戊辰三月,銜命入關,月課商州,諸生中有薛宁廷者,呈所爲詩文,清雅有家法,心異之。其秋行部至商,詢知爲薛御史公子。試畢,召之見。自言在嶺南省親,承足下指授者經年。因亟問足下無恙,遂知別後居處飲食,與夫奉侍吉慶,家運坎軻,及著述經説詩古文辭,必傳於後者,不待得書,已歷歷意中。既自忖平生惟恐愧負足下,奉使來,行一事,發一令,輒曰:"是可質之培山否?"豈知足下授經嶺海,凡僕所爲足下皆心焉數之。足下來書過相許,僕豈能然?然自奉使來,始終不敢負吾君,不敢負吾師友之心如一日。在秦三年,猶之粤也。更有二事,爲足下所樂聞者。秦,古西京也。古文不絶於今如綫。僕得方師經史書後二册,募工鋟木,頒布關隴,間以興起來者,一喜也。行部河西,適薛公郵足下詩、今文至,於時掌書院事者,爲山左牛木齋。木齋亦足下友也。令學子傳鈔,兩河左右,俱能誦培山先生詩文,又一喜也。薛生云足下眼光奕奕,讀書夜輒盡數編,談説終日,精神稱其志意,是天之資足下也。

僕素多病,近益甚。在陝一年,仲弟訃至,憐其弱子之鮮教也,走僕扶攜至官舍。去冬復殤于陝,天之降毒至此,摧心飲泣,宿恙大作,竟日昏坐,開卷兩三帙,陰火出於眥,心沖沖,兩耳鳴如鼓,意緒繭索蕭衰,大不類曩時矣。今冬慈寧太后萬壽禮成,即告假買車出都,相去千里,各侍老親,何時一握手,吐胸中所欲言耶?方師云亡,去秋遣人奠唁,二世兄書來已卜葬近郊地,想聞之矣。行狀出四世兄手,少年所造能爾,喜吾師之有後也。此字方託貴鄉楊編修方立寄去,而薛生自山左來,亦同奉字,其家事渠詳之,不更縷縷。未得會晤,惟爲道善護。獻瑶再拜。

與李遜齋書

交吾兄如塤應篪,聲有不同,總歸於和。分手後,是晚宿科名,霜風撼樹,不能寐,因思古人於知己前言無不盡,剡邑志事關傳後,何可草草放過?爰敢再罄其愚,惟吾兄裁焉。

蓋古史無道學之目,其失起於承修《宋史》者一時意識之陋,欲以推尊周、程、張、朱諸先生,而不知所以尊之者,非其道也。尊之之道,當如何?曰:周、程、張、朱之道,乃孔子、孟子之道也。尊周、程、張、朱當如司馬遷之尊孔子、孟子而後可。遷傳孔子於世家，傳孟子於列傳，傳顏子、曾子亦於列傳。其敘孔子曰：魯終不能用孔子，孔子亦不求仕，退跡三代之禮，以備王道。敘孟子曰：所如不合，退而與其徒序《詩》、《書》，述仲尼之意。彼固曰：得時而行道者，孔、孟之志也。道不行，而垂之書，以明道遇使之然耳。是真知孔、孟而推崇之至者。惟唐之韓愈，亦知之。故其言曰：古人志得行，則無所爲書，非無書也，伊尹之訓誥，周公之雅頌。《周官》皆因事而立言，非有意乎著述以傳後云爾。周、程、張、朱而得時行道也，何獨不然？今修《宋史》者，以周、程、張、朱之著書明道也，特標之曰道學，是孔、孟、顏、曾皆宜標之曰道學也。孔、孟、顏、曾、周、程、張、朱異其名曰道學，彼得時行道如伊尹、周公數聖人，又將何以名之耶？先民謂史貴有識。由是觀之，修《宋史》者之識不如司馬氏遠甚。至如泉郡志列文貞公於理學，其識尤不及《宋史》也遠甚。夫《宋史》之標道學，將以別乎儒林也。且四子賢而居下位也，今文貞公則官公孤而居宰相矣。其十三年之贊襄，功在社稷，勳載旂常矣。假而曰漢諸葛忠武侯位亦宰相也，何以厠於先儒，而祀於學宮？是又不然。夫太上有立德，其次立功，其次立言。虞之后夔秩元祀，則功宗也。祭於太學，則爲樂祖，伊尹、周公亦然。諸葛武侯勳在蜀，則蜀人祀之。有德有言，則學宮又祀之。我朝祀文貞公於賢良祠，即古之功宗也。異日者，嘉其著書惠後，追蹤前哲，俎豆宮牆，自有定論，蓋祀一也。祀文貞公於賢良祠，昭其功也。祀於孔子廟，昭其德與言也。若國史之載，則兼功與德與言備書之，斷斷然也。郡縣之有志，猶國之有史也，列之道學，而沒其功可乎？官公孤、位師保，而與不得志於時，著書以惠後者，同類而稱，可乎？故曰：識又在《宋史》下也。且其標目複沓舛謬，不可勝舉。既列名臣於理學矣，理學之外又有名臣，名臣之外又有循蹟，彼既誤矣，吾兄又踵其誤。而詔之有司，僕又心知其誤，而勉爲附和，是志之善否，未可知，其規制義法之失，則自吾兩人階之屬也，可不及今翻然改歟？況吾邑百里之區，聞人有幾？自標理學之門，其餘以次彙列品題，既多循名核實，豈能悉當孝義美稱也？倘以稱漁仲先生彼之文事，固著聲天壤，且君家之先路也，而撝之可乎？即此而推，何如法司馬氏之法，凡邑內先民表表者，概置之列傳中，使覽者自得之之爲善也。如更有不合靖，亭侍御已止唁，總帳清寂，不妨以愚言質之。

復李基侯書

獻瑤曰：承足下質以所疑，惟令祖皋軒公，造次必於禮，而足下身承之，固宜隨事必求其理之安也。甚善甚善！免喪而葬其服，不見於經。惟唐韓愈改葬服議，引《穀梁》之説，謂當服緦。國初魏禧因之，謂喪除，始葬其服，當與此同。蓋亦即乎人心之安，今足下從之是也。所疑令兄之長子當承重與否，蓋猶惑於世俗，以持服爲承重，而未詳於經之本義也。重者，宗廟之統也。令兄爲小宗，繼體宗廟之統，傳于其身，今不幸無禄，則受重者，又在其長子。既受重，則當服尊服。尊服者，斬也。今改而服緦，則令兄以居喪而服斬，其子以免喪而服緦，各不相妨，而歸之繼體傳重，與爲祖父後之説正合，不必以世俗之説爲疑也。近爲友人邀游漳江始歸，故遲於作答。向冷襄事維艱，保重，不宣。

與朱梅崖書

獻瑤頓首梅崖足下：僕弇鄙無似，惟見世人有美，輒心好而樂之。自得觀足下昆仲詩、古文辭，私爲天鍾尤于一家，將以光我閩者，後先獲交其人以爲快。別後還故山，緜緜遠道，無由合併。去年春，寓書寧化雷副憲詢足下近况，其時足下已之官福寧。今年八月，偶過李郁齋家。郁齋云足下抵任未久，旋請告歸養。因出足下惠僕書一通，乃去冬自省辱寄者，相與觀之，果然。而今而後以循陔之餘，間成不朽之能事，是天之相足下也。足下以淳意發爲高文，率爾之言，粲然成理，至鴻篇巨製，極意經度措注，而優柔有餘。足下之文，唐李習之之文也。其味黯然以長，其光油然以幽。僕私以頌足下，而足下謬轉而推余，夫豈其然。僕之壯也，嘗有意於斯。入官後，人事奪之，中嬰家禍，憂傷成疢，如望秋之蘀，日以枯落。夫爲文，全賴神志，今年運已往，益不能自振，惟喜足下歲月寬然，才豐氣霈，其于斯文已深造而自得之。猶復謙謙如不及，足下之自視衰退，

93

正足下邇來無疆之精進也。

　　令兄自德化寄示佳刻始到，又聞足下大集刊成。副憲有序文相揚詡，足下秘之不我與，何也？丐一部從寧化遞來，旬月可通。速圖之，無沈浮之患也。冬寒侍奉多福，有家書與令兄，先爲我道謝焉。獻瑤再拜。

與戈生鈖書

　　承示《大學解義》數帙，中有心得語，足覘足下平日覃思之精。然微有疑者，大都以一時意見所及，遂信爲理之不可易者，本如是也，而不復證之先哲微言，與夫六經旨要，故語多出入者有之。今亦不能悉數，第舉其緊要者。如以明德爲性，以心之靈爲智，以立志爲誠意，以正心只是正其用而體將自正。凡此四者，或於理大乖，或得其半而遺其半，請爲足下略陳之。

　　蓋李文貞公有云：明德者，人之所得乎天之理，具於心而昭明不昧者也。今以明德爲心固不可，而直指明德爲性，則性乃形而上之理，理無物也，如何能明？惟此理具於心，而昭然不昧則明矣。至以心之靈爲智之德，則大非。夫所謂智者，以其能辨別是非，察擇疑似而得名耳。故與惻隱辭讓、羞惡相對，皆指所具之理言也。若以此能知覺者爲智，則知所不當知，覺所不當覺，何以謂之不智耶？足下之病在於混心性而一之，故認性作心，又認心作性。夫性乃心所具之理，豈有二物？然心畢竟是形而下者，性畢竟是形而上者。足下謂人之性仁義禮智，如大黄之性寒，誠是也。今便以大黄爲性可乎？爲大黄便有大黄之性，是上是下，是一是二，即此可以悟足下之言得半而失半也。志者，心之所之，如志功名，志道德是也。意是心之經營處，如人之好善惡惡是也。故立志便有立志工夫。朱子所謂念念在此，如射之於的，必欲其止於的也。如行者之赴家，必欲其至於家也。二程子十五歲，便願學聖人，是二程子之志也。不爲功名富貴所奪，不爲異端邪說所惑，是二程子之立志也。此是立基端本功夫，然後隨吾念之所發處，好善則如好好色，惡惡則如惡惡臭。此又隨時省察，隨時克治，反躬力行之學也。謂誠意爲立志，是於古人論學之旨大悖矣。心也者，貫動静，合内外。而静乃其體，動乃其用，內乃其微，外乃其顯，故正心有未發時工夫，有已發時工夫。未發工夫，《中庸》自戒懼而約之，以至於至静之中者是也。已發工夫，《中庸》自謹獨而精之，以至於應物之處者是也。今謂正其用而體將自正，是徒有致用工夫，而無立體工夫，則古人所謂常惺惺，所謂潛心以居，《書》之言顧諟，《詩》之言對越者，不幾贅與？愚謂足下徒據一己之明，而不證之前哲之微言，六經之要旨，以求其合者，此之謂也。心之精微，非話言所喻，凡僕所言，皆昔人所已發者，足下如有不合，姑置之，第虛心平氣以讀古人之書，久之又久，豁然釋然。既有以見彼之爲是，自知此之爲非矣，固非區區筆舌所能罄也。

浙水寄仲弟秀卿書

伯仲間闊三年於茲，每得手書，所見超然，弟力爲之，古人不難到也。行自念方北上，寄書益難。欲作一長幅，述諸先哲格言以自勉者勉弟，含意未伸，輒爲他事奪去，僅借燈燼，草其大概，多有不能盡者。無非望子嗣音貽吾父母令名，非言之自口已也，如《小宛》詩人無忝焉其可。

讀書最患此心不一，子朱子嘗言：少在同安，卧聽鐘聲，一聲未歇，心已走作，因此自訟。弟可於讀書時自驗看。有此弊，即勉强收拾。初爲之甚苦，但習之久久，漸次純一，純一則精明。心所以走作者，氣之精華，如火日外光，遇物必照故也。光聚則彌旺，故心存則讀書易記而難忘。屬思時亦然。子程子謂未有致知而不在敬者，即此意也。亦有質性沈静，看書易入者，又未知吾弟何如？大都此病十有八九。故古聖賢言之諄諄，援弓射鴻，誠善名喻。

古人以火比心，以木比性，所以然者，性字從心從生，乃心之生理象於木，亦取其有生意也。豈惟象之而已，於此驗道體焉。木爲春之行，春無不生。仁爲心之德，心無不好生也。子朱子《仁說》詳矣，是篇最喫緊。不明此豈識人也？體認仁字，可悟古人以木比性之旨，又因此可悟仁之本，仁之實來。實者，種也。本者，根幹也。撥其根，蹯其幹，除其種，木之生機息矣。不愛其親，不敬其兄，心之生理亡矣。寄去《仁說》一篇，《孝經刊誤》一本，可與諸弟反覆紬繹，外附

《喪禮》數篇，良心之發，切近真摯，此又可驗孟子言性善次以問喪章，乃所謂善也。

古人説立志，又説辨志。夫子十五志學，立志也。士志於道，而恥惡衣惡食章，辨志也。恥惡衣惡食，稍有識趣者不爲，然所當辨者不止此。如今應科舉，亦遵王制，豈不可爲？但如急於人知，則奪志矣，此不可不辨也。等而上之閉户著書，豈非儒者分内事？但汲汲於是，如文中子作續經，子朱子謂其用心已外，非不能已者，此不可不辨也。所謂不能已者，冰釋理順，無格碍、無障翳，其筆於書也，則昭晰明暎，深潛縝密，未至於是，而意見偶明，亦有合於道者，然下筆生燥枯澀、淺露佻雜，與心得者迥别。自漢以來，著書不下千百家，而卒無傳者，皆用心於外爲之，此病在吾儕較切，故尤不可不辨也。

凡學，貴有心得。爲前聖繼絶學，爲萬世開太平，皆於是乎在。如《易》有太極，前此已周濂溪闡之曰是萬爲一，一實萬分，萬一各正，小大有定。後之學者，言理一分殊，言體用一原，言心爲太極，性爲太極，自濂溪闡之也。如成之者性，前此已程明道闡之曰善，固性也，惡亦不可不謂之性也。人生而靜以上不容説，但説性便已不是性也。他日又曰謂之惡者，本非惡也，惟過與不及，便如此。後之學者言天命之性，言氣質之性，自明道闡之也。如敬以直内，前此已伊川闡之曰主一之謂敬，無適之謂一。而後之學者言常惺惺，言其心收斂，不容一物，言敬所以中敬而後誠，氣之決驟，敬其銜轡，情之隕放，敬其隄防，自伊川闡之也。如神無方，易無體，前此已張横渠闡之曰推行有漸，爲化合一，不測爲神，一故神，兩故化，神天德，化天道。而後之學者，言交易變易，言知化之相反而相成，則知神之兩在而合一，自横渠闡之也。如中爲大本，前此已李延平曰默坐澄心，體驗天理。若顔子之歎，卓然見其爲一物，而不違乎心目之間。子朱子述之，以爲既得其本，則凡出於此者，雖品節萬殊，曲折萬變，莫不該攝洞貫，以次融釋，而各有條理，如川流脉絡之不可亂。後之言中者，無以易此矣。如仁爲人心，前此已子朱子曰天地以生物爲心，而所生之物因各得夫天地生物之心以爲心。後之言仁者，無以易此矣。如義利之辨，前此已張南軒曰聖學無所爲而然也。凡有所爲而然，皆人欲之私，而非天理之所存，非特名位貨殖而後爲利也。後之辨義利者，無以易此矣。凡遇此等字義，皆當作個題目入思議，使了然於心，以之讀六經四子較有統緒。其妙蘊精義，俱載于宋儒《性理》、《語類》、《榕村藏書》中，寄去弟可檢看，有不合者思之。猶不解，則見尚翁大兄叩之，此致知之方也，其家中已有者不遣。

向謂道心爲性，人心謂情，今而知其非是。心統性情者也，道心、人心皆然，何以言之？子孟子曰惻隱、羞惡、辭讓、是非之心，情也。曰仁義之心，性也。此道心也。曰口之於味，目之於色，耳之於聲，鼻之於臭，四肢之於安佚，性也。曰口同嗜，耳同聽，目同美，情也。此人心也。然則心有二與？曰心統性情，非食色一性，仁義禮智又一性也。蓋嘗論之，性者，與生俱生之謂，而以爲不雜乎氣，不離乎氣。惟不雜乎氣，故雖下愚不能無道心；惟不離乎氣，故雖上智不能無人心。性不可見，試以情驗之。仁主于愛，愛弟愛也，嗜炙亦愛也。謂愛弟之心有同，然嗜炙之心亦有同，嗜其心同其愛同也，然終不得指嗜炙之心爲道心，指愛弟之心爲人心者，以一出於天理之公，一起於形氣之私也。然終不得謂愛弟之心爲天理之公，嗜炙之心爲非理之私者。蓋循理而公於天下，聖人之所以盡其性；縱欲而私於一己，衆人之所以滅其天也。二者之間不能以髮，故以爲危而道心爲主，人心退聽，未聞古聖賢人以之爲惡也。或曰果若所云，子周子謂寡之以至於無，何也？曰：無非黜肢體、捐萬有之謂，過而不留，涉而不滯焉耳。故聖人無我，君子克己。嗚呼！盡之矣。

勿言沒緊要之言，勿讀沒緊要之書，時光易邁，無益則有損。

前來書云：近喜讀《中庸》，甚善！惟道之大原實體盡於是。須先看《章句》，次看《或問》，次看《輯錄》。先看《私記》，次看《餘論》，復以身體之，以心驗之，庶有見乎？噫，難言也。以余日從先生長者遊，問而疑，疑而復問，維今終惘然。以余之難，愈知弟離群索居之爲難。雖然，不可無志焉，終吾身而已矣。在秀水日曾作二圖，明《章句》、《私記》之異而同，以見二書相爲表裏，今并附於後。

近復得書，云好讀《左氏》內傳，喜其文筆簡老，弟所見者，似而幾矣。然傳之有功于經不在是，丘明親受業仲尼之門，中如論禮、論敬、論威儀、論知命、論受中、論不朽、論鬼、論妖、論灾之類，皆洙泗微言。如諫矢魚、諫納鼎、諫觀社、問氏、問羽數、問名、問禮、問田賦之類，皆周公遺典。又如晉悼公新政、子產為政、孫叔城沂、蔿子庀賦、魏絳施舍、士彌牟營成周之類，皆實在經濟，可起而行。蓋王迹息、周禮廢，而《春秋》作，故是書於禮制之得失三致意焉。不此之求，徒愛其品藻，是忌其載道，而以為虛車也，可乎？古今善讀《左》者，無如杜氏，玩其序思過半矣。鍾本載，今不鈔寄。

禮者，道之入于至小而無間也。一中散為萬事，于此可據。記雖出漢儒，如《曲禮》、《內則》、《玉藻》、《少儀》、《深衣》、《投壺》、《喪大小記》、《檀弓》、《曾子問》皆愷惻有條理，或與《魯論》鄉黨出入，其古禮經之遺與？於其會，觀其通，誠非聖人不能作，其他皆禮之義疏也。詳其義疏，而略其本文，向余每有此病，由未識禮意耳。弟知此矣，以之讀諸篇，誠如珠之走盤，橫斜周折，各極其妙，而不出於盤中。《易》云嘉會，《中庸》云中節，作者豈有意於其間哉？

讀《周禮》，必不可刪，譬之一柯樹，初看枝葉轇轕，徐由幹數其枝，由枝數其葉，便覺枝枝相對，葉葉相護，此尚寓言，實則官職以分之，官聯以合之，如何刪得？應口誦，將及二年，無日忘茲。此書自鄭、賈注疏外講解甚多，終鮮折中，望溪師氏瘁畢生精力，僅乃成書。蒙手授，以未有副本，故遲寄去。坊間有刪翼本，頗明白，弟可購之。

《漢書‧藝文志》云：周室既微，載籍殘缺。仲尼思存前聖之業，以魯周公之國，禮文備物，史官有法，故與左丘明觀史記，據行事，仍人道，因興以立功，就敗以成罰，假日月以定曆數，藉朝聘以正禮樂。由是言之，《春秋》與《周禮》相表裏。謂之刑書者出乎禮，即入乎律，故杜氏以為變例。胡文定傳序引《虞書‧皋陶謨》，深得作經本意，而解經則於命討切言之，於典禮似略。後人忘《春秋》有正例，遂目《春秋》為刑書，而不知《春秋》乃古典禮經也。程伊川傳序抉經之心，執聖之權，聖人復起，不易其言矣。載在《近思錄》中，熟讀當默喻。

荀子、韓子極得禮意。荀禮書於都下，見之記中。《三年問》篇即其書也。韓如《復讎議》、《禘祫議》、《改葬服議》諸篇，約六經之旨而成文。俟購有《粹言》本即寄去。

文章當以韓爲宗，融冶周人之書而成者也。

韓子最善論文，由其言庶有入處。與尉遲生、李生二書最佳。

含英咀華，須善體會，非藻繢之謂。

文不可亂雜無章。

韓文雖奇古，却以文從字順，各識其職爲貴。

儒者之學，其施於世者，求以濟用，而文非所尚也。時文尤術之淺者，而既已爲之，則其道亦不可苟焉。今之人亦知理之有所宗矣，乃雜述先儒之陳言，而無所闡也。亦知辭之尚于古矣，乃規模古人之形貌，而非其真也。理正而皆心得，辭古而必己出，兼是二者，昔人所難，而今之所當置力也。百川先生語。

時文之難有二，成、弘以來，文境略備，非擺脫開闢，盡換凡骨，不能自樹立，此真境之難也。章句訓詁，必參互儒書，涵泳白文，始入融細，非研求洞徹，獨有會心，難言至是，此真解之難也。得境而解未真，終落旁趣；得解而境未真，仍滯塵迹；得境得解，又須得中，昌黎迎距之説，柳州心氣之辨，消息毫芒，合離穿壤，斯事之難，於斯爲極。棣園先生語。

作時文無他謬巧，惟熟看朱子《四書全註》、《四書或問》，《或問》、須對、《精義》看。《論》、《孟》對《精義》看，《中庸》對《輯略》看。不看此書，不知註之微如絲細如髮。凡今人所宗，半爲《或問》所排而斥者也。

《延平答問》極通達平正，後當寄去。

寄去《榕村藏稿》熟看，看書當有脈理。

王守溪、許敬菴稿甚好。

西北有虎賁，於越聚君子。不逾五六千，國甲豈盡此。此其同心者，熊羆不二士。而後百萬千，無難臂指使。我論讀書方，其道亦如此。汎濫同飄風，精熟乃根柢。漢人重專經，宋人務窮理。榕村先生語。

右上數條成之非一時,故無序;得之匆遽,故不文。亦有言之太早者,如不合,姑置之。私恨少時不自貴重,荒忽年歲。中獲親良友,漸知向道,立志不堅,舊習難去。去年執經望溪先生之門,復從諸鉅公長者游。不鄙謂余,略曉其規模如此。斯道歇絕久矣,弟性孝友,早歲即好讀古人書,質厚非吾所及也。沿河而下,苟不止,雖有遲疾,必至於海,惟勉之。

　　閱歷過來人從心坎中流出,故言皆有物。文氣亦質厚深醇,咀味不盡。錄懸座右,以當箴銘。雷翠亭

石谿文集卷三

求放心説

　　中丞富察公撫粵西二年，大書"求放心"，榜於學舍，以示諸生，而屬清溪官獻瑤爲之説。曰：記云："人者，天地之心。"何以言人而不及物？蓋人稟五行之秀以生，其心之虚，乃天地太虚之本體；其心之靈，乃天地至神之妙用。物則昏而塞矣。故語其尋常之知覺，或與人同，至於潛天潛地無不涵而無不照，直與造化相流通，則非人莫屬也。夫人爲天地之心，苟能存心，則天地之心自我而立；不能存心，須臾有間，天命便不行。天命不行，則雖目視、耳聽、手持、足履，究與蠢蠢然知覺運動者，何以異歟？故曰：放其心而不知求，良可哀也。

　　求之之道，當何如？曰：周子之言静，程子之言敬，盡之矣。心統性情者也，方其感物而動，因逐物而馳，而心放矣。然非至是而始放也。外物未交，憧憧往來，朋從爾思，而心已放矣。然亦非至是而始放也。外物未交，内念未萌，當此之時，是爲未發。聖人之心，湛兮寂兮，如明鏡然，如止水然。賢人之心，肅然惕然，常惺惺焉。庸常人之心，則頑然無所主，昏然無所覺而已矣。夫無所主，故有觸而思慮紛來，此憧憧朋從之根也。無所覺，故有感而欲動情勝，此交物化物之□也。世人皆謂人心之放，放於已發。愚竊謂人心之放，放於未發，特因已發而後見耳。此程子教人主敬，正欲其時時提醒，時時收斂。而周子專主於静，原不遺乎動。蓋欲人涵養未發之中，以立已發之本也。學者但須默坐澄心，則心自一，一則推以讀書應事而心舉無不在焉。養之又養，所在漸熟，雖有放焉者，寡矣。或曰心放矣，一時收拾不來，如之何？曰：心者，人之神明，非在外也。雞犬放於外，從而求之，或得或不得，吾聞之矣。求放心而不得，吾未之聞也。

追紀江陰楊文定公語

乾隆元年二月，江陰楊文定公自滇南蒙召還京。三月，疏薦士七人於朝，獻瑤與焉。於時，公以大宗伯攝成均祭酒事，上曰：以而所知者爲而屬。然公所薦七人，其半皆未嘗謀面也。又四月，余捧部檄抵國門，公已患病。因故人李君根侯拜公於牀下，公命之坐，且曰："士敝於功利久矣。父所以教子，兄所以教弟，匪是勿言也。今欲正人心，必先崇正學。崇正學，必自成均始。京師首善之區，而太學貢士，皆一鄉一邑之秀也。君等勉佐余所不逮。"又曰："周程子之書，至朱子而大明。朱子之書，至李文貞公而大明。所言必道之體用，不獨舉其大概而已。抑且類而分之，比而合之，若絲之分而理也，若木之節而解也。自古在昔所致疑而難通，與夫參錯盤互循省而莫之就緒者，今則昭昭然明辨晰矣。士苟有志於是者，吾有以知其力少而功多。"又曰："文貞公之書，如《大學》、《中庸》解，不可一日離。"時公病脾泄已二旬，口惟進一飯。言至此，胸氣上，聲趣不能續。余見公憊，欠坐間，屢逡巡反側，而公諄諄然，惟恐余之辭去也。及余赴京兆試得病，病少間，聞公疾甚，急趨視，而公已不能言矣。坐於足，屢以目視余，意若有屬者。公薨之二月，余偕同薦者引見便殿，天子命助教國子如前旨。

乾隆二年二月，公之孤子扶匶歸里，余執紼至白河，哭而歸，亡矣喪矣，不可復見矣。因紀公病中之言，以見公之惓惓於國家，而志未遂。余幸出公之門下，而受教言者，僅止於斯，皆可慟也。

年月日，清溪獻瑤謹述。

落落敘來，文定公之真摯如生，而作者之真摯亦與之俱流。蘭谷讀

記所見雀

傷哉！荀子有言：人朝死而夕忘之，是鳥獸之不若也。鳥獸喪其配耦，其小者猶啁噍乃能去之。今余所見尤摯焉，不可以不記。

雍正壬子夏六月，余寓故安溪相國京邸中，邸以楮爲屋帝，有二雀穿帘巢其

内。入則後先呼,出如之。一日侵晨,失其一。其一繞帝,鳴不絕聲,以翼控地而上擊帝者十數,狀如搶踊。從者曰:"嘻!其偶殆死於鼠乎?"余感荀子之言,注目視,有頃伏焉斃。夫是雀,蓋哀而不能去也,而遂致哀以死。唯哀能致死,故先王制禮因教人以無死,而今之人乃未嘗哀也。

煞有關係,小言亦大言也。一結有事外遠致,深得周人勝處。蘭谷讀

遊華圃記

環北溪而上,諸山皆以溪勝。鄞山書院,溪山之幽而奇者也。環文圃而下,諸山皆以海勝。華圃書院,海山之幽而曠者也。友人黃君巽亭偕其宗文川先生,後先以進士釋褐爲令,著惠聲,旋解組歸,巽亭爲鄞山書院長,而長華圃者則文川也。二君績學工文,性耽林泉,神若故留兹二山以爲倡導藏書之所,又各擅其勝,亦幸矣哉!昔昌黎韓子謂中州清淑之氣,至五嶺而窮。余官嶺右,繙閱圖經,吾閩山脈,肇自大庚,因悟五嶺清淑之氣,又至閩海而窮,文圃之陽,則閩海之委也。韓子云氣之所窮,盛而不過,蜿蟺扶輿,磅礴而鬱積,必有魁奇材德之民生其間。今海濱多雋士,文川以鄉先生訓迪後進,適當斯地,豈偶然與?

余自乾隆癸酉冬遊鄞山,於今十五載,乃克訪巽亭於書院而温之。復偕巽亭遊華圃,而文川已遲我于文圃之麓。遂同陟磊巖,謁紫陽祠,登棲賢樓以望海,循古龍池巖南下,憩於講堂。文川載酒觴余,合坐皆知好,勸酬無算,雜以言笑。終席,文川徐標舉經義,余俯而聽,犁然有當於心。日將暮,海氣泱漭,暝色催人,猶不欲還,至秉燭而歸。余嘗諾文川作記而未暇,以爲斯遊樂甚,文川曰宜有誌。余覽華圃之勝,因及鄞山而曠乎企想於五嶺,南北間蓋數千里,乾坤清氣,日與斯人之精神相往來,而不自知,而余因始至而若有得焉,文川與巽亭可不交相賀與?而凡從遊於斯者,聞余言能不爭自矜奮與?若夫兹山之開闢廢興,與夫書院講堂之經始落成,凡已見於文川之文者,余可無述也。

乾隆丁亥冬十一月初三日,石谿官獻瑶記。

滌樓粘公祠業記

泉郡當有明中葉蔡文莊公以明體達用之學，倡導海濱。同時士夫皆以成身澤物爲先務，朝廷之高爵不敢愛。而偶有建樹，則利溥於國，里閭之虛聲不敢市，而分當陳請，則利及於鄉。如滌樓粘公，官御史，疏潯溪鹽丁困弊，當宁報可，民到於今受公無疆之賜，所謂既没而言與功俱立者與？公領弘治辛酉鄉薦，任臺諫，日條上封事，先輩何北山稱其矢心酬國，忤拂貴近，疏上輒焚其草弗傳，惟陳鹽課疏，下守土臣議，傳布遠近，以其言之利於鄉，則其利於國者，雖不傳，人猶信之。潯溪爲公祖里，與郡之浯、㳉二州俱産鹽。鹽既有課矣，又責鹽丁納米倍其課。丁既執役矣，又責之供里甲諸徭重其役。地不産米，冒風濤買米輸官，民苦漂溺，非死則徙。公哀之，奏上，詔改徵折色如額，諸雜役俱豁免。浯、㳉二州如之著爲令。

在《禮》：有勞於民則祀之。公有造於鄉，固宜鄉人歌舞之，尸祝而俎豆之。祠先在蔣橋庵，後改建附近場基。公辰在仲冬望前一日，届期司場務者，率屬致祭，禮成乃退，吏部郎一俊莊公、户部侍郎新山顧公，一時之賢士夫也，俱有記。入國朝，鹽屬遞年直祀如初。厥後諸户鳩金置産，授公之子孫收息爲祭費，冀崇報弗諠也。而子孫式微，祀典曠闕，所置産亦隳軼莫考，族人慨焉，醵金設奠，十有三年於兹矣。太學君誠齋慮其替也，自捐貨置業，以垂永久。擇族人之有衣冠者輪祀，主祭者以爵，爵同則以齒，祀業族人公司之，可無隳軼之虞，法至善也。君命伯子仰韓丐余記其本末，以昭示來裔。

余謂鹽屬之俎豆公於鄉以報德也，若太學君之爲斯舉也，寓親親賢賢之意，於修廢輯墜中又有進焉矣。唐陽亢宗曰：凡學者，學爲忠與孝也。自今以始，粘氏宗人世世奉豆執籩，登公之堂，愀然如見當日豸冠驄馬，稜稜之狀，如聞其憂時感事，爲瀕海窮氓請命呼籲歎息之聲。父詔子，兄詔弟，相與勉爲忠藎，以紹公之遺烈，而推本於先哲倡學之功不誣也。則余今日之續爲斯記也，夫烏可以已？洗馬官獻瑶記。

清源書院記

　　泉郡舊有書院二：曰小山，曰溫陵。郡太守歲延師分教諸生，相沿久，莫之能易也。乾隆乙酉，浙東麗湖陳公奉詔來守是邦。既涖任，首以興學爲務。春秋課士，必躬必親，顧瞻學舍庫迫，屋宇無多，喟然歎曰："古人處士就閒燕，蓋將以養其耳目，適其心志。夫室無虛空則湫隘，地非高明則湮鬱。《詩》不云乎：噲噲其正，噦噦其冥，君子攸寧。且木與木相摩則蓻，澤與澤相麗則滋。敬業樂群，取友親師，與其分之，毋寧合諸也。顧安所得隩區廣廈以栖吾士乎？"亟訪之晉江邑侯方君。君粵左名宿，愛士憐才，匪饑匪渴，遍咨之僚寀，是謀是度，乃得施氏園於泮宮之左，月臺之側。其地亢爽，踞城正中，背陰面陽，月西日東。甫入門，唐塗階礩，如矢如砥。折而右，清池在焉。其浸百十畝，渟泓涵澹，環池左右，房舍窈窕，多士藏脩之所綽如也。中絫石爲臺，臺之上爲亭覆之。亭之後爲三筵之堂，堂之後爲室。堂可以會講，室可以燕居。其左數十步有樓二成，可以眺遠。樓前峙假山，跨梁以渡，奇石異草，佳卉古樹，望之蔚然。居闤闠之芬，而擅林泉之漱，滌煩洗囂，心融神穆。大小之屋凡五十有五。庖湢井匽，各居其所，不假經營而天作地成，若留以有待者，異哉！反命於公。公往游而樂之，倡僚吏割廉俸以貿之。園名澄圃，今改署曰清源書院。而溫陵以廟祀朱子，小山朱子講學故址也，皆仍厥舊焉。

　　按志：清源山一名泉山，乃郡之鎮山也。鍾英毓秀，公之志，蓋在《崧高》之首章，冀以接武於嶽麓、鹿洞，美哉，何思之淵也。獻瑤壬申請假歸，自京師不履城市，於今十有七載矣。公顧撰書具幣請主院事至勤。邑長黎侯造廬禮先焉，再三辭不得，命扶曳出山，戊子春二月日吉，躬率諸生釋奠於先師，侁侁濟濟。旬會月課，公時庋止院中獎勞之，諸生絃誦益勤不息。冬日南至，方君過余曰：願有述。余不獲讓，敬詢緣起，乃綜其本末，表其方位，與其屋宇之數，標其勝概，俾後之人升堂而思我公育才之殷，吾侯承事之肅，曁諸邦伯，夫有造於五邑之人士，且惠及來裔也。爰勒堅珉，用光昭明德於世世。

重建蔡虛齋先生理學名臣坊記

泉郡城威遠樓之南，有華表峩然矗立通衢，過其下者必式，明先正蔡虛齋先生理學名臣坊，而建之者，康熙間知郡事山左劉公也。公既捐俸爲先生建祠，復建斯坊於通衢。衢有肆，公貿肆之鄰於坊者，凡四所，歲賃賈人收其稅入以供祠事。於是先生之裔寖微矣。公思患豫防，親至肆中，籍其深廣丈尺若干，授蔡氏世守之以爲驗，而藏其貳於官，其敬愛先賢覆芘其後人之誠心可尚也。乾隆二十三年，坊與肆爲火所燬，郡人斂貲建坊。坊既新矣，而肆失其舊，歲入頓少。蓋有力者幸灾侵址，蔡氏屢縮而小焉，雖有籍不能抱而質諸官，可憨也。四十年秋，坊與肆又燬於火，時郡伯楊公有事於省邑，侯王君能體公意，爲蔡氏築肆，按籍之丈尺，還其朔稅，以不失額。而劉公所建先生祠宇，歲久不修，且傾橈。祠生蔡聯登因以稅金葺之，猶不足，邑侯成之，郡人頌德焉。已乃公議爲先生建坊，將斂貲。舉人張君植發、植華兄弟，謚於衆，願獨肩其任，乃請之官，官俞之。初，先生祔於郡之桃花山祖墳，墳有二，其一缺封樹。桃花山，郡之名山也。山色如桃花，因以名之。形家爭言，玆山降神，實生先生，狡焉者聞之甘心焉。山故與田家山連，有古溝爲界。田氏豔玆山，私越界劃其不封樹之墳，而墳於其側。聯登與田氏訟輒窒，郡紳士憿焉，勸聯登復控之，郡伯楊公、前邑侯徐君僉爲之證，事獲伸，萬口頌功，既刊諸石矣。其終始斯事，扶顛周急，俾聯登壹意鳴官，而無所用其竭蹶者，衆皆曰微舉人張君世長之力不及此。世長者，植發先人字也。植發昆仲玆舉述先志，耀前徽，愜邦君之望，慰嘉師之心，行一事而諸美備焉。董子曰：天不變，道亦不變。人能體道，則與天地同悠久。如先生之有德有言，傳所云既歿而能立於後者也。

余少時就傅郡城，親覩斯坊建自劉公，郡人式歌且舞。既壯，拜先生之墳於桃花山，徘徊終日乃能去。今老矣，復見邦君保護前修之先人，施及其子孫，敬愛忱恂，若合一契。而植發兄弟又能踵武前人，勤勤亹亹，鳩工召役，伐石琢礱，堅緻逾前，視同己事。夫先生之不敝於天壤者，固自有在，而流風餘思深入人心,愈久而不能忘。以昔視今,以今揆後,不可謂非既歿而立之明徵也。工既竣,植華介其宗兄君賓請余爲之記。余嘉張氏奕世濟美,詢之君賓而得其事之詳,敬志本末,俾後之人有考焉。

乾隆乙未冬十二月,洗馬官獻瑶。

河間縣孔子廟記

由閩以及於畿及都,必取道河間。河間之名,顯自獻王。予數過之,必式,蓋思其地其時,如即乎其人也。自秦燔《詩》、《書》,廢孔氏業。逮漢興且百年,乃立學官,討遺經,彼其初如申公、伏生諸儒,指畫口授,以身守之,夫豈有所利而爲之也乎?而獻王於屬,則天子之兄也。地親而貴,其無所希於世也又明甚,然且被服造次,非孔氏之學不好也。故能於群言殽亂之中,斥浮辨,崇儒術,脩《周官》、《尚書》、《禮》、《禮記》諸書,以惠詔後之學者。孟子曰:待文王而後興者,凡民也,豪傑之士則不然。所謂豪傑之士,非擇術精而信道篤之謂乎?如獻王者,可以當之矣。

河間自漢歷唐宋,文士斌斌然,與齊、魯、吳、越埒。由前明入國朝爲畿輔地,官於朝者尤多聞人,亦流風所被致然耶?乾隆丁卯冬,湖廣解侯來長茲邑,慨然追古文獻,興黌庠以造士。值春秋月吉,率學博弟子釋菜於孔子廟,顧瞻楹宇,既陋且圮,瞿然曰:"先師之神在是,不脩何以妥?"詢之鄉縉紳人士,僉曰然,意諭色動,凡百一心,輸白金以兩計者,至二千有奇。乃卜日興工,因舊堂基益地五尺,贏而擴之。唐廡門塾,以次增復,以其羨脩崇聖、鄉賢諸祠,皆翼然焕乎其舊。

竣工有日矣,邑之官於朝者,國子助教仲退王先生,過予言曰:"甚矣!吾侯之慤也。鳩金於衆,而以在邑之士董其事。斯事集,計工授直,而以學官之正貳會其程。斯程固,是不可無聞於後也。子毋靳一言。"余謂:有地治者,知擇師勸學,則人材茂。人材茂則教化行,教化行則禮俗型。若慮事之不愆于素,其餘耳。解侯之爲斯舉也,豈徒踵美增高,以侈乎後之人哉?將使髦士駿奔於是者，入廟門而望，如見所祭之人焉。出廟門而望，如見倡學斯土之人焉。方今天子稽古正學，凡《周官》、《尚書》、《禮》、《禮記》四府之書，孔氏之緒論，曩昔諸儒區區脩補而僅存者，今皆推闡發揮，粲如中天之日矣。古之君子當禮崩樂壞之時，忘其身之貴，而惟遺經之是崇。雖以侯王之尊，猶退然脩儒生之業。今之君子業非不備也，而汲汲孜孜，能知斯道之可貴，而無暇外慕者幾人哉？悲夫！識趨分而道術岐，凡民之所爭，豪傑之所棄，生賢王之鄉，而升夫子之堂，聞余斯言，尚其慨然而思也。因書以質解侯及邦人士君子。其經始落成之月日，與醵金、董事程功之人氏并列之碑陰，俾後世有考焉。

說離騷一

自太史公傳屈原，以《離騷》爲作於懷王怒而疏之之時，經千百祀，莫能易其説矣。間嘗潛心默誦《楚辭》，積有年所，然後怳然三閭前後所作蓋分言之，《離騷》則合諸篇而通言之也。今敘次其章段，以意逆之，更以辭證之，如木之循其理，絲之抽其緒，作者微旨昭晰無疑矣。

首八句領起全篇，自"紛吾有此内美"，至"豈余心之可懲"，爲一大斷。其言曲折反覆，總以君之信讒齌怒，而己則九死不悔，願依彭咸之遺則爲質。蓋薈萃《九章》之精義，而出之者也。今即以《九章》之辭證之。其略曰："心鬱邑余侘傺兮，莫察余之中情。"又曰："昔君與我有成言兮，曰黃昏以爲期。羌中道而回畔兮，反既有此他志。"又曰："寧溘死而流亡兮，不忍此心之常愁。"又曰："芳與澤其雜糅兮，孰中旦而別之。"又曰："昭彭咸之所聞，託彭咸之所居。"其辭之印合乎《騷》不一而足，其辭中之意相表裏可知也。

自"女嬃之嬋媛"，至"霑余襟之浪浪"，爲一大斷。其言沈鬱頓挫，總以世莫余知，而己則折衷於前聖雖復起不易吾言爲質，蓋約取《天問》之奧解而出之者也。今即以《天問》之辭證之。其略曰："啓棘賓商，《九辨》、《九歌》。"又曰："夷羿草孽，封狐是射，浞娶純狐，眩妻是謀。"又曰："惟澆在户，何少康逐犬，而顛隕厥首。"又曰："妹嬉何肆，湯何殛焉。"又曰："蒼鳥群飛，列革射躬，何親揆發定,周之命以咨嗟?"其辭之印合乎《騷》不一而足,其辭中之意相表裏,又可知也。

自"跪敷衽以陳辭",至"焉能忍此終古",爲一大斷。其言惝怳迷離,以六義比興例之,乘雲拂日,猶有望於嗣君之初服,解珮結言,猶有望於同志之攸助,蓋取《九歌》之太息勞心而申之者也。今即以《九歌》之辭證之。其略曰:"紛吾乘兮玄雲,令飄風兮先驅。"又曰:"結桂枝兮延佇,不寑近兮愈疏。"又曰:"照吾檻兮扶桑,杳冥冥兮東行。"又曰:"心不同兮媒勞,期不信兮告余以不閑。"又曰:"捐余佩兮澧浦,將以遺兮下女。"其辭之印合乎《騷》不一而足,其辭中之意,相表裏又可知也。

自"索藑茅以筳篿",至"蜷局顧而不行",爲一大斷,而以亂亂之,其言憔悴煩懣,以齋戒神明決之,教以求友於義有取,而猶慮友之難求。教以求君於義未安,而不知遠逝自疏。蓋取《遠遊》之精變氣舉而終之者也。今即以《遠遊》之辭證之。其略曰:"駕八龍之蜿蜿兮,載雲旗之委蛇。"又曰:"鳳凰翼其承旂兮,遇蓐收於西皇。"又曰:"涉青雲以汎游兮,忽臨睨夫舊鄉。僕夫懷予心悲兮,邊馬顧而不行。"其辭之印合乎《騷》彰彰如是,其辭中之意相表裏,又可知也。

古人立言不苟,其至焉者光日月而動天地,皆殫畢生之精神,而簡練成之。《莊子》內七篇,合外篇、雜篇成之。賈子《治安》疏,合《新書》所著成之,其明徵也。太史公謂《騷》爲懷王而作,後世遞相祖述,不猶有遺義可尋與?

說離騷二

《騷》不作於懷王之時,果於何時與?吾仍以《九章》之篇序證之。《惜誦》、《思美人》、《抽思》三篇,未涉江時所作也。《涉江》、《橘頌》、《悲回風》、《惜往日》、《哀郢》五篇,方涉江及涉江以後所作也。《懷沙》則從彭咸之所居矣。《騷》之作,當在《哀郢》之後,《懷沙》之前,其爲襄王時無疑也。《哀郢》之亂曰:"鳥飛還故鄉,狐死必首丘。"屈子九年不復,惓惓於嗣君,庶幾改之則必反余,沈湘亦豈其初願哉?惟其同糅玉石、一概相量,且變白爲黑,倒上爲下,傷懷永哀,鬱結紆軫,然後知死之不可讓也。謂《騷》之作託始於懷王可也,謂《騷》之作非卒成於襄王不可也。謂屈子願依彭咸之遺則,矢死於懷王可也。謂屈子終從彭咸之所居,非致命於襄王不可也。吾更以《卜居》、《漁父》二篇證之。《卜居》之序曰:"屈原既放三年不得復見。"下文云"喔咿嚅唲,以事婦人",婦人者鄭袖也。其爲懷王之時可徵矣。命卜之辭曰:"孰吉孰凶,何去何從。"猶未有必死之志也。《漁父》之序曰:"屈原既放,游於江潭。"其爲襄王放之江南已後無疑。而其言曰"寧赴湘流,葬江魚腹中",去懷沙之期不遠矣。作《騷》之時,當在對漁父之後,屈子沈湘之故益彰彰明矣。

書松裔先生省身錄後

古之學者,燕處有雅頌之聲,行步有環佩之音,升車有和鸞之響,推之几杖有箴,刀劍盤盂、户牖皆有銘,所以養其身心,而幾於純粹者密矣。後世於禮樂之文曠焉不講,有志之士,欲藉以怵目而警心惟日記筆錄爲近之。斯道也,君子以爲有三善焉,資涵泳,以來新得,一也;備遺忘,以待講論,二也;親切有味,興起覽者義理之心,三也。

吾師松裔先生讀書省身持家,日有程課,得於內者,既深矣。乃隨所觸筆之於書,久而成帙,其於忠孝大節,若饑渴之於飲食,求之如不及,得之惟恐失。優游涵泳,稱心而言,仁思義色,躍露行間,至於循省幽獨之中,抉摘深錮之病,他人吹毛求疵,用以糾人者先生以之自糾,心口交訟,嚴毅刻苦,必劚厥根苗而後止。嗟乎!觀於此而不生道心者,非人也。獻瑤幸及君子之門,因循惰廢,荏苒於今,歲云秋矣。讀先生是書,因窺古人瞬存息養,無時而不與道爲體,一出而一入焉者,真塗巷之人也。孟子曰:充實之謂美。《易》曰:"美在其中,而暢於四支,發於事業,美之至也。"非充實何可言美?美非在中,則散見於文章事業者,又豈有其本哉?

書黃誠齋府君傳後

黃生達手錄其大父誠齋府君行略、墓銘、家傳合爲一册,而請於余曰:願有言。余諦觀其所稱，有概有詳，其推詡府君之孝，無異辭。其尤人所難者，冒死闌入禁地，負二親遺骸，爲邏者所收，泣告之故，邏者義之，相與護而出之。晚家入稍豐，自傷親在日無以爲養，雖盛寒不衣帛，臨歿語家人曰：斂我必以布，且爲我製華衣二襲，置棺中，吾將手以奉吾親也。嗟夫！仁者，天之心。孝者，仁之實也。仁孝之至者，不憚捨生以殉之。方府君之入禁地也，寧知邏者之不我羈，羈而萬一獲免哉！雖不免，猶甘之，必不忍棄吾親之骨於甌脫，所以成仁也。至臨歿，而願終子職於地下，是其心無須臾不在吾親矣。古所云純孝，斯其徵與？

傳府君者爲編修永定廖君，其言曰：非獨府君孝也，乃其父固仁人也。府君之父，嘗傾貲贖人之被掠者。夜夢神曰："將與爾賢嗣以勸善。"夫府君誠賢，其身固未嘗顯也。天顧假以爲勸，是天視賢孝之子，固重於富貴之子十百也。廖君可謂善言天矣！《春秋傳》曰："人之生也，以道受命。"董子曰："明於天性，知自貴於物，自貴於物者，惟恐失其所受於天者也。"是天之所貴，果在德而不在福也。雖然，德之於福，猶形之於影，聲之於響也。指影響爲形聲，固不可；謂有形聲而無影響，豈理也哉？府君名位雖未顯，一傳而仲子舉於鄉，爲令蜀之長壽，聞望蔚然。今生之及吾門也，氣溫容寂，爲文章超然不溷於俗，其欲揚祖之美也，再三請而彌勤，微窺其志，尚黃氏之興未艾也。歷觀仁孝之家，不獲報於其身，其後嗣之昌必倍焉。蓋發之遲者，其福滋大，孝弟之至，通幽明，格蒼昊，誰謂神人勸善之語，不終驗哉？因廣廖君傳中未盡之意，以諗世人，以遺黃氏子孫，俾無忘先德，彌加矜奮焉。

書陳松齋先生點案後

《周官》少司寇讞獄訟，以五聲求民情，其微至於一呼一吸亦聽焉。此與醫師以五氣診病，何以異？蓋悉其聰明以致其忠愛，視後世喜爲鉤距餂民者貌相似，其實非也。

余三復松齋陳君《點案》之書有感焉。君仁恕秉心，惟慮一事之違其中，一民之枉其性，非故爲斤斤察察者，而心定神恬，於俗之險陂，民之誑譎，畢現其形於訊鞫之下。松齋所治在楚南，往余奉使時，嘗問其習於郵人矣。楚多詐，南鄙爲甚。當其並生心屬，兩造狺狺然，陽開陰押，出有入無，如含沙之蝨，中人在於形影間。明使君察其眉睫，早迎而奪之，按而伏之，情屈勢竭，有喙三尺，莫能置辨，尤難在不張皇蹈厲，爰書成，附以律，應得者，我無加意焉。然觀其上下相商，彼此互勘，不得情不止，又有旁見側出，前事爲後事之徵，甲案發乙案之誣，果一見問姓名，遂默識不忘耶？用是知使君之用心良苦矣。昔蘇東坡先生有懲於輓近狙詐，因作《黠鼠賦》。松齋固未嘗墜斯民術中，而題所讞之書曰《黠案》，其有憂患與？余愛其筆墨妙遠，雅近歐公《五代史》，留之几案將二年矣。行當寄去，私念世人未必如吾之循環反覆，摘一二事，便以爲松齋善用智。夫非智何以遠奸摘伏稱神君？然與《周官》之色聽氣聽，終不可同年而語必也。爲民父母，智從仁生，合聰明忠愛而一之乎，此吾之嚮往松齋，而今日書《黠案》之後之意也。

書原性後

韓子《原性》云："上焉者，主於一而行於四。"所謂一者，何也？方氏以仁釋之，而朱子不與。竊揆韓子意，仁義禮智信有五，其爲心之德均也。五者之中，錯舉其一，上焉者渾然天理無不備，亦無不通。主於一者以一德爲主，其餘四德俱經緯錯綜於其間。如以仁爲主，惻怛慈愛之心是也。而愛所當愛，行於義，愛之中有條理次序。行於禮，愛之時詳悉明辨。行於智，究之一團真實之意，貫乎始終，信在其中矣。故曰：主於一而四者因之，推之五德迭相爲主，亦迭相爲行。敦化川流，保合各正，與天地合德者如此。至於中焉者，則不能無偏，或偏多一邊，或偏少一邊。如過厚於仁是少有也。厚於仁必薄於義，是少反也。其於四德，皆雜而不純，與天理渾然者異矣！故曰混也。大抵上焉者之性，惟中故純。純則不二不雜。中焉者之性，不能無偏。惟偏故雜，雜則剛善剛惡、柔善柔惡生焉矣。然尚可變化矯揉。至於下焉者，則偏之甚，爲乖戾，爲舛錯，如凶狠暴虐，反於仁也,而無義無信、不禮不智,從可知矣,其悖於四何疑哉?以七情之動驗之,其所存者從可推。故又曰:性與情,各從其品。

書老泉上歐公書後

論韓文者多矣,吾以爲莫善於蘇氏,彼所謂淵然之光,蒼然之色,如長江大河,人莫敢迫視。夫其所以能然者,惟深也。予嘗舟行吳越,其地多陂澤,其浸踰江河倍焉。風起於太空,則渝如漪如鄰鄰然,舟之童孺以手探之,或泅焉,及帶而止矣。吾見其可樂而已,未見其可畏也。古文自韓而外,如柳、如歐諸家,凡可娛目而悅心者,皆吳越陂澤之水也。

或曰:韓文之深,其辭然也?其義耶?曰:其義與,其辭之義與?辭之與義,猶形之與神,形存而神著,辭存而義顯,而辭非義也。今夫水,天地之精氣,積而成質也。絡於坤腹,則爲江爲河。江河成,天地之精氣,可得而見矣。游於陂澤,而以爲江河,非也。挹江河之水於手,而曰天地之精氣在是,亦非也。

跋文山先生紀聞

有談仁義道德於市人之側者,且相顧而嘻,至與之抵掌。古今吉凶禍福,其效如響,則變色易容若有惴者,惴則訟,訟則善心生矣。世人謂儒者恥言禍福。《書》曰:"惠迪吉,從逆凶。"又曰:"作善降之百祥,不善降之百殃。"果何以稱耶?

錢唐王文山先生示余《紀聞》一書,意與余同,而所紀有涉於神奇者,蓋非是無以警發世人,使之變色而易容也。其丁寧反覆,一篇之中,纏緜愷惻,反之於經而止。噫,又得謂非仁義道德之言也耶?

附錄

官獻瑤傳

國史館翰林院編修福州陳壽祺撰

官獻瑤,字瑜卿,一字石谿,安溪人。曾祖朝京,康熙十一年舉人。嘗拒妖賊於其鄉,教諭莆田學,遷知武強縣,有惠政。獻瑤年十六,補邑諸生,選拔貢成均,受業於漳浦蔡世遠、桐城方苞。大學士高安朱軾重之曰:"吾老矣,斯道之託,當在吾子。"乾隆初元,召用遺老。江陰楊名時還自滇南,疏薦七士,獻瑤與焉。是歲舉順天鄉試,上命助教國子。甫入學,上事宜六條於其長。當是時上嚮用儒術,特命大臣攝國學事。尚書名時、孫嘉淦,大學士趙國麟,以耆壽名德,先後履是職。相與倡明正學,陶植邦彥。六堂助教則獻瑤與南靖莊亨陽、無錫蔡德晉等,皆學有本末,志合道孚。每朔望,謁夫子廟,釋菜禮畢,登講座,六堂師率國子生以次執經質疑。問者如攻木,待問者如撞鐘。旬日則六堂師分占一經,各就其齋會講,南北學弦誦之聲,夜分不絕,於時ണ下有"四賢"、"五君子"之號焉。

四年,成進士,殿試對策,援經義,陳時事,列二甲二名。改庶吉士,充三禮館纂修官。功最勤,閱歲假歸。七年授編修,九年記名御史,旋主浙江鄉試。歷督廣西、陝甘學政,擢掌坊事,遷司經局洗馬。居官廉慎,導士以誠。在關中求得宋張載裔孫,屬其邑學官教之。識故大學士王杰於諸生中,以爲大器,卒如其言。獻瑤少孤,事母孝。自秦入朝,遽乞終養,侍奉二十餘載,母年九十乃終。撫愛諸子弟,修大小宗祠,增祭田祭器,考禮經,遵國制,以定儀式,立鄉規以教宗人。置義租,以恤親族之孤煢窮乏者。然其家猶寒素也。

獻瑤邃於禮,初在史館,以《周官》進講。因論遂人治溝洫,稻人掌稼下地。

114

遂推明水田旱田之法，以爲溝洫修，而水旱有備。西北諸州之地利，未嘗不勝東南。又舉太宰九職，以明生財之道。曰：王者以天下爲一家，必使天下之民各遂其生，非必家賜而人給之也。取材於地，斯貨不棄於地，而天下無曠地。用民之力，俾力必出於身，而天下無游民。以天下之利養天下之民，政莫詳於太宰之九職，蓋農工商賈之生財人知之，推而及於嬪婦，又推而及於臣妾閒民，則非周公盡人物之性不能也。就九職中生財最多，莫如農。而經曰三農，則博民於生穀者，無不盡也。曰九穀，則相地高下，量時早晚、度種先後，所以順土性，辨土宜者，無不盡也。乃其爲萬世籌贍足之計，而終不虞於人浮者，良由園圃虞衡藪牧之政，兼修而備舉焉。蓋天下地勢不過五土，五土中可畊者，不過墳衍原隰止耳。若山林丘陵川澤，間或擇其可耕者，以授山農澤農，其不可耕者，彌望皆是也。是生於山林丘陵川澤之民，且有時而窮。故因地之利，而任圃以樹事，任牧以畜事，任衡以山事，任虞以澤事，而山林丘陵川澤之民，遂得享山林丘陵川澤之利，而不至於窮。匪惟此也，懋遷有無，而商賈所阜通之貨財從此出矣。又嬪婦化治之絲枲，即園圃之所樹也。百工飭化之八材，臣妾聚斂之疏材，即山澤之所産也。至閒民之轉移，無非轉移此數者。而地利盡，而民力亦無不盡矣。成周以還，英君令辟，亦嘗以農事爲先務矣。而於園圃虞衡藪牧之職，則廢而不講。今自大江以西，五嶺以南，大抵山林丘陵居平地三分之二，而山無不童，林皆如赭。高丘大陵，羽毛齒革，地實生焉，今多棄之，與不毛之土等。而長淮以南，大河以北，大藪大澤，古之梟雁魚鼈，充牣其中者，今第爲積水之壑而已。又燕冀齊魯地宜種植果蓏，今則畿輔以南，所謂千樹棗、千樹栗者，不數見也。如是而物安得不匱？物匱而民安得不困？就令百穀用成，而無田可耕者，已坐而苦饑矣。猝遇凶荒，百物騰貴，公私交困，職此之由。夫小民趨利若鶩，其處山林丘陵川澤者，豈果甘爲窳惰，不圖富足，以聽其山之童、林之赭，而丘陵川澤舉爲棄壤哉？所以相視不前者，甲業之，而乙戕之。且業之者一，而戕之者百焉，是利未得而害已及之。迨理之於官，又視爲貲産細故，委之塵牘而莫之省。此所以寧荒其業，而莫謀其生也。若爲之明立禁條，焚山林者有罰，竭川澤者有罰，漉陂池者有罰，盜取橫侵者有罰。頒行郡縣，以時申明約束，實力奉行。有犯禁者，官爲申理，得實嚴懲。或於所治內勸課，多方整頓合宜，使民得盡地利，而無餘力，著有成效者，優予上考，其不稱者，罰如之。庶官吏皆以是爲先務，而民之良者自相與封殖恐後，數年之間，吏習民安。生之有道，取之有時，用之有節。孟子所云不可勝食，不可勝用，豈虛語哉？周官之難行於後世者，謂如井田封建之類，則然耳。若太宰九職因地之利，順民之欲，事不煩而民不擾，又豈迂闊而難行與？上嘉納其言，特命閣臣撰諭旨頒行天下。

獻瑤善說禮，得經意。其辭曰：喪服首陳父，自是而上殺、下殺、旁殺，凡以恩制者，皆由父而推之者也。次陳君，自是而爲君之父母，爲君之小君，爲君之長子，凡以義制者，皆由君而推之者也。次陳傳重與受重者，自是而爲宗子，爲宗子之母妻，大夫爲宗子，凡以尊服者，皆由此而推之者也。次陳妻爲夫，妾爲君，自是而妻爲夫之黨，妾爲君之黨，妾爲女君之黨，凡以親服者，皆由此而推之者也。服莫重於斬，而首章爲下數章之綱，挈其綱，思過半矣。斬衰升數之等有二，齊衰、大小功之升數之等各有三。於同等之中，猶有差焉者，衰莫重於降，而正次之義又次之。此經與傳未嘗明言，而服是服者，不可以不知也。齊衰之升數多於總衰之數，總衰之縷細於齊衰之縷。大、小功之升數多於總麻之數，總麻之縷細於大、小功之縷。年月一差也，縷之精粗又一差也。縷之精粗，以經之年月，以緯之升數多寡，以錯互之。或伸此以屈彼，或進彼而退此，歸於稱其情而後已。故曰：衰與其不當物也，寧無衰。父卒，然後爲祖父後者服斬，經不載者，統於爲人後也。受重者必以尊服服之。同宗之支子猶然，況適孫乎？用是而知承高、曾受重者，亦服斬衰三年也。內宗、外宗爲君服斬，經不載者，統於爲君也。與諸侯爲兄弟者服斬，經不載者，亦統於爲君也。諸凡經所不見者，皆可上附而求之，下附而通之也。喪服有可以彼決此者，有不可以彼決此者。如婦人不二斬，此通例也。而內宗、外宗爲君皆斬，則爲夫斬，爲父仍斬矣。不爲父斬者，不二天也。得爲父斬者，尊君也。又一例也。爲人後者，於本宗餘親皆降一等,此通例也。然服之等,爲世叔父期,爲從祖父小功,今爲人後者之服其世叔父也,將遂降而小功乎,則是降其期之親二等矣。然則宜何服?曰古者,姑在室期,已嫁大功。兄弟之女爲伯叔父期,嫁則大功。又爲伯父之長殤大功。是世叔父之正服,雖無大功,而降服則有大功也。爲人後者,於世叔父服大功,於義爲安,又一例也。婦人爲夫之黨,凡大功之殤中從下,此通例也。而大夫之妾爲庶子,雖中亦從上,蓋女君之爲此子與夫同,而妾爲君之黨,得與女君同,故不可以婦人之從服者例論也。大夫無緦服,若下殤則不服之矣,又一例也。並行而不繆,相別而不悖。故不盡乎禮之變者,未足與言禮。天先而地後,陽先而陰後,尊卑之義也。自臣言之,君爲至尊;自妻言之,夫爲至尊;自子言之,父爲至尊;自孫言之,祖爲至尊。尊無二上,故雖親,不敢以屬通而服有絕焉。尊無二上,故不敢伸其私尊而服有厭焉。尊無二上,故足以加尊而服有降焉。尊無二上,故尊之統不可絕,而祖不可降,宗不可降,即適亦不可降焉。適不可降,則人知貴不敵親矣。宗不可降,則人知尊不先祖矣。禮無不順。春秋之時,貴者之子孫鮮不驕倨,是禮之末失也,非周公之過也。《國風》刺先母而後父,故父斬母齊,而陰陽之分定矣。《春秋》譏先禰而後祖,故特重大宗者降其小宗,而水木之誼昭矣。家無二尊,人無二本。是二者,禮之大綱也。父在,爲妻不杖,避尊者也。爲母得杖而堂上不杖,避尊者之處也。避尊者之處,恐貽尊者之戚也。故知父在爲母期,所以達父之情,而便其事也。傳曰:父必三年,然後娶,達子之志也。然妻亡而未有子,苟時可以娶,將遂不三年與?夫婦人倫之首,萬化之原,一與之齊,終身不改,故夫死不嫁,知婦之隆於其夫,則知夫之不可殺於其婦矣。記曰:期終喪不御於內者,父在爲母爲妻。春秋穆后太子薨,傳曰:王一歲而有三年之喪二,若然爲母三年,別於父之存没者,爲父屈也。爲妻期無別於父之存没者,爲母屈也。後世夫婦之道不明,昧者至於毀瘠以傷其生,薄者反以不持內之喪爲弗溺於愛,是皆不以齊體之道待其妻也,內化何由而興乎?周之道,適子死則立適孫,是適孫將上爲祖後者也。小記云:父卒而後爲祖後者斬。假令父亡未及成服,而祖亡,奈何?曰服斬。傳曰:正體於上,又乃將所傳重也。

是及父之存已許是子以傳重矣，於是而不敢伸祖服，則主祖喪者，將誰屬乎？故必如古者，父母偕喪之禮，先成父服，而後成祖服，皆斬。比父喪之除服，其除服卒事，反祖服以終其餘日。假令父在祖亡，既成服，而父又亡，則其爲祖也奈何？曰：服斬。父亡而祖喪未竟，則主服祖喪者，非適孫而誰主喪，而不重服不可以爲主。假令祖亡於父後，而曾祖尚存，則奈何？曰：服斬。子爲父斬，雖祖在猶然，則祖後父亡，適孫之服祖，如子服父矣，豈以曾祖存而有所殺哉？又小記云：祖父卒而後爲祖母後者三年。假令祖母喪未竟，而祖繼没，奈何？曰並服三年。如父母偕喪之禮，或疑始期，而卒乃三年服，固可以二衰乎？曰：嫁女未練而出則三年。是於未出之先，固嘗期衰矣。而卒以三年，何不可二衰之有？假令父祖俱亡，有母在，而祖母亡，承重者之妻則奈何？曰：舅没則姑老，適孫承重，則適孫婦從服。然則婦姑同服可乎？曰：母自以婦而服三年，適孫婦自以承重而服三年，何不可同服之？有服以首貌，貌以首心，然人情所不能已者，聖人弗禁。於是乎有心喪之禮，爲人後者，爲其父母期而哀之，發於容貌，與發於聲音者，未嘗不可以三年也。抑發於飲食，與發於居處者，未嘗不可以三年也。後世乃有屑屑於稱謂之間，其下相與争其名，而爲上者又未知果能稱其實也，其亦不達於斯義也夫。傳曰：適子不得後大宗。漢儒謂：假令小宗僅有適子，而大宗無後亦當絶。小宗以後之，可謂達禮之權矣。蓋大宗者，尊之統也。以適子後大宗，適子之父雖絶，適子之父之祖則未嘗絶也。爲適子父者，將不絶己之後乎？抑寧絶己之後，而不絶祖之後乎？不絶祖之後，而附己於祖之廟，則於理順，於心安。故絶小宗以後大宗者，非惟存祖之祀，亦善體父之志也。天子及其始祖所自出，漢儒、宋儒之説，義各有取。由漢儒之説，是萬物本乎天也。由宋儒之説，是人本乎祖也。本乎天則當尊天，故曰郊社之禮，所以事上帝也。本乎祖，則當尊祖，故曰：宗廟之禮，所以祀乎其先也。小宗有四，而爲父後者居其一。女子之適人者爲衆昆弟大功，而爲父後者期，則庶子雖不得爲長子三年，亦必隆於衆子，可知矣。小記曰：爲妻長子禫。妻之禫指十五月者，疑此即指庶子爲長子服，同於妻十五月而禫，與父母爲女子之服期者三，在室也。適人而無主也，被出而反在室也。而女爲父母惟在室與被出者三年，無主者則仍期，何與？曰：女被出則移其天夫者天父矣，故與在室之女等。若無主之女，則未嘗去其夫之室也。既爲夫斬，安得復爲父母斬乎？故憐其無主而服女子期者，仁之至也。既已無主，而猶内其夫家者，義之盡也。大夫之妾，其爲女君之姪也者，當其在室，則當以姑爲姪服者服之。其爲女君之娣也者，當其在室，則當以姊妹相爲服者服之。嫁而從則絶之而不爲服，分得矣，於情有未安也。《曲禮》：大夫不名世臣姪娣，士不名家相長妾。生不名者，死爲之緦。女君從夫而爲貴妾緦也必矣，諸侯不臣寓公。《春秋》傳曰：貴者無後，待之以初。雖失國，弗損吾異日也。已則不可不自卑損而爲之服尊服以重其報，皆所以教民厚也。沈存中謂：由祖而上皆曾祖，由孫而下皆曾孫，雖百世可也。苟有相逮者，必爲之服三月。乃今思之猶信。何言之？四世而緦，服之窮也。五世祖免，殺同姓也。六世親屬竭矣。而小宗之爲大宗，雖親盡戚單，必爲服齊衰三月。傳曰：尊祖故敬宗。族人之世爲宗子服，即世爲始祖服也。有相逮者，必爲之服三月，又何疑乎？禮之止邪於無形，喪親之終，而國君於妾與庶子無服，死事如此，生事可知矣。以此坊民而後世猶有以妾體君，以庶奪適者。其覆轍相尋而不知變，乃知聖人防之豫，慮之遠也。古於外親無服者，或以同爨緦。而嫂叔則無服，雖無服而厚終之禮則未嘗廢。記曰：子思之哭嫂也爲位，婦人倡踴。推而遠之如彼，竭情而盡；其慎又如此，後之君子可以得禮之意矣。周人尚爵，子得行父禮。然傳於大夫之降其期，親之爲士者則曰尊，不同也。於大夫之子不降其期，親之爲大夫者，則曰父之所不降，子亦不敢降也。於國君之所爲服者，則曰尊同也。於公子之所不爲服者，則曰君之所不服，子亦不致服也。其不降不言其尊同，其不服不言其尊不同，明乎尊在君與大夫，而不在公子與大夫之子，是二者之服，凡數見，其亦從父之義爲多與？

獻瑶治經以治身，其教人欲於經求道，其治經於《周易》、《詩》，主大學士李光地；於《書》，主宋蔡沈、金履祥；於《周官》、《春秋》，主侍郎方苞；於《儀禮》主漢鄭玄、元敖繼公、本朝編修吳紱。蓋斟酌衆家，而擇其粹。所自發明皆心平氣和,輒中窾要,於《禮》尤密。卒年八十,嘉慶十四年祀鄉賢。著《讀易偶記》三卷、《尚書偶記》二卷、《尚書講稿思問録》二卷、《讀詩偶記》三卷、《讀周官》六卷、《儀禮》未定稿三卷、《喪服私鈔并雜説》一卷、《春秋傳習録》五卷、文集十六卷、詩集二卷。

石谿讀周官

目　　錄

新刻讀周官序 ……………………………………… 蘇廷玉　125
讀周官序 …………………………………………… 官獻瑤　126

石谿讀周官第一 ………………………………………………… 127
　　天官冢宰第一 ……………………………………………… 127
石谿讀周官第二 ………………………………………………… 151
　　地官司徒第二 ……………………………………………… 151
石谿讀周官第三 ………………………………………………… 188
　　春官宗伯第三 ……………………………………………… 188
石谿讀周官第四 ………………………………………………… 218
　　夏官司馬第四 ……………………………………………… 218
石谿讀周官第五 ………………………………………………… 238
　　秋官司寇第五 ……………………………………………… 238
石谿讀周官第六 ………………………………………………… 258
　　冬官考工記第六 …………………………………………… 258

123

新刻讀周官序

　　安溪官石谿先生舉鴻博，後以甲科入詞林，督學三省，弊絕風清，得人極盛。歸田三十年，著述宏富，而於《三禮》尤精。廷玉與先生爲同館後輩，嘉慶戊辰又偕文孫壽相同舉於鄕。憶少時，趨庭先大夫，亦時言在都與先生次公敏亭君友善，是廷玉以後輩而兼年世誼，嚮往久之。《讀周官》一部，精深考覈，發前人未發之秘，別具苦心。因備貲，屬同年詳校付刻，以惠後學。叙其緣起，弁諸簡端，而廷玉得附名以傳，更爲厚幸。至未刻各種，尚望有同心者。

　　道光乙巳三月，同安館後學蘇廷玉拜譔。

讀周官序

　　孟子稱周公思兼三王，以施四事，仍孔子監二代而損益之之說也。《周官》成於元聖窮日夜、竭心思之書，經孔孟表而出之。後之論治者，舍是書，奚以哉！顧吾懼焉。以鄭康成一代通儒，且漢之東去周未甚遠也，而以口泉解賦法，判鄉遂、都鄙、田制、軍制而二之，其立說自相牴牾者數矣。賴後賢講去其非，以歸於是，夫豈其智不足以及之，而後之人之識又果能高出前哲乎哉？經書義蘊大包小合，非萃衆巧不能成巨室，非匯衆流不能成大川，非集衆人之思不能比類而通變，審異而致同。生於漢、唐、宋、元、明經說大備之後，師洙泗多聞闕疑家法，重以信好深心，知者見知，仁者見仁，富有日新，殆測之而彌深，引之而彌出也。獻瑤曩歲從吾師望溪方先生學《周官》，恭逢我皇上命儒臣纂修《三禮》，先生實董《周官》書，獻瑤亦承乏編校，因得繙閱歷代講家名本，擇其醇者錄正，然後奏御裁決。書成，刊布學官多年矣。老來溫經，於《易》、《書》、《詩》、《春秋》、《儀禮》，凡數過，是書從先生講貫最久。又分修地、秋二官，用心最劬，功最勤。居間尋繹前聞，偶有觸發，得若干條，并舊章草藁繕爲六冊。夫其宏綱大旨具載欽定書中，是詹詹者，無異毫末之在馬體，然因是悟聖人之廣大精微，遭際明盛，折衷群言，善并美備。譬如陽燧取火於日，陰燧取水於月，無不各得其欲以去。惜也年歲既晏，嚮往愈殷，追企愈難，三復孔孟之言，徒深嘆唱焉爾已。

　　乾隆戊戌季夏，石谿識，時年七十有六。

石谿讀周官第一

天官冢宰第一

惟王建國,辨方正位,體國經野,設官分職,以爲民極。六官皆設官分職,以遂民生,復民性,而納之于規範之内,故曰爲民極也。必先言"辨方正位,體國經野"者,方位正、國野分,而國乃建,建國而後設官分職事之序也。乃立天官冢宰,使帥其屬而掌邦治,以佐王均邦國。董子云:本末舛逆,首尾衡決,非甚有紀惡可爲治。治則物得其宜,事得其敘。絶去舛逆、衡決之病,均孰甚焉。

治官之屬:大宰,卿一人;小宰,中大夫二人;宰夫,下大夫四人、上士八人、中士十有六人,旅下士三十有二人、府六人、史十有二人、胥十有二人、徒百有二十人。以其長六卿曰冢宰,以其爲治官之正曰大宰,大對小言也。

宮正,上士二人、中士四人、下士八人、府二人、史四人、胥四人、徒四十人。宮正掌王宮之政令,與内宰掌王内之政令相對。自膳夫以下,執事在王宮以内者,宮正掌之。自寺人以下,執事在后宮以内者,内宰掌之。内宰下大夫,宮正乃以上士爲之,何也?内宰所掌,關后夫人嬪御之陰禮陰事。宮正所掌,止宮中官府之徒役,與宮伯所領卿大夫子弟之戒令糾禁。至於王身之飲食、衣服、財用,別有官掌之,宮正不與焉,與内宰所掌不獨事勢之繁簡不同,體制之尊卑亦異,宮正不以大夫爲之,而以士官爲之也固宜。

宮伯,中士二人、下士四人、府一人、史二人、胥二人、徒二十人。

膳夫,上士二人、中士四人、下士八人、府二人、史四人、胥十有二人、徒百有二十人。

庖人,中士四人、下士八人、府二人、史四人、賈八人、胥四人、徒四十人。庖人所共皆取之獸人等官,及四時田狩所以充庖者,亦設賈人以知物賈。豈六畜、六禽、六獸以外,有不足於供者,亦有時而取于市歟?抑乾豆賓客充君之庖,必知物賈者,然後能辨其物品之高下,而不苟歟?

127

內饔，中士四人、下士八人、府二人、史四人、胥十人、徒百人。

外饔，中士四人、下士八人、府二人、史四人、胥十人、徒百人。

亨人，下士四人、府一人、史二人、胥五人、徒五十人。

甸師，下士二人、府一人、史二人、胥三十八人、徒三百人。藉田在南郊，甸師特兼掌之。徒必三百人者，薪蒸之用多，非此不能給，非助王終畝之謂，助王終畝者，庶人也。

獸人，中士四人、下士八人、府二人、史四人、胥四人、徒四十人。

獻人，中士二人、下士四人、府二人、史四人、胥三十人、徒三百人。獸人之徒，僅四十人，獻人之徒，至三百人之多者，獸人取之四時之田，其非田而取者僅矣。若季春薦鮪，季冬薦魚，祭與賓皆需之，漁人非多其徒役不可矣。

鼈人，下士四人、府二人、史二人、徒十有六人。

腊人，下士四人、府二人、史二人、徒二十人。

醫師，上士二人、下士四人、府二人、史二人、徒二十人。

食醫，中士二人。

疾醫，中士八人。

瘍醫，下士八人。

獸醫，下士四人。

酒正，中士四人、下士八人、府二人、史八人、胥八人、徒八十人。

酒人，奄十人、女酒三十人、奚三百人。自酒人至幕人，皆奄為之。酒漿、醯醢、鹽幕內職也，不可以男子代之，又不可不以官司之，嚴男女內外之辨，而製造之物，必嫻必精。周公窮日夜思而得之，此其一也。秋官禁暴氏，凡奚隸掌其出入，註謂奚兼男女，此役于女酒，其為女奚無疑。

漿人，奄五人、女漿十有五人、奚百有五十人。

凌人，下士二人、府二人、史二人、胥八人、徒八十人。

籩人，奄一人、女籩十人、奚二十人。

醢人，奄一人、女醢二十人、奚四十人。

醯人，奄二人、女醯二十人、奚四十人。

鹽人，奄二人、女鹽二十人、奚四十人。

幂人，奄一人、女幂十人、奚二十人。

宮人，中士四人、下士八人、府二人、史四人、胥八人、徒八十人。

掌舍，下士四人、府二人、史四人、徒四十人。

幕人，下士一人、府二人、史二人、徒四十人。

掌次，下士四人、府四人、史二人、徒八十人。次者，帷幕、幄帟，可以爲暫時休息之稱。幕人共之掌次，即以所共者張之也。鄭氏鍔解舍爲久留，次爲暫止是已，以會同祭祀分屬之，則非。凡會同祭祀皆有次，次則在所舍之中，而舍可以兼次，次不可以兼舍。掌次與掌舍，二官之同而異者在此。

大府，下大夫二人、上士四人、下士八人、府四人、史八人、賈十有六人、胥八人、徒八十人。有大府，無小府，則大當讀如字，合九府而掌之，爲天下財貨總滙，故曰大府。

玉府，上士二人、中士四人、府二人、史二人、工八人、賈八人、胥四人、徒四十有八人。玉府掌王之服御器用。不以大夫而以士爲之，一切皆稟命于大府，猶九式退羞服于祭祀、賓客、喪荒之後，大府以式貢之餘財，共王玩好之用之深意也。

內府，中士二人、府一人、史二人、徒十人。

外府，中士二人、府一人、史二人、徒十人。外府有徒無胥，與內府同，豈邦布之入出外府司之，而鑄造泉貨別有其官，或隸于司空歟？不然，銅炭之執役實繁有徒，豈十人遂足以供事乎？

司會，中大夫二人、下大夫四人、上士八人、中士十有六人、府四人、史八人、胥五人、徒五十人。小宰以官府之六計弊群吏之治，第總其大凡而已。必鈎考其功罪，積日累月而後小宰之所弊者，毫釐不差，司會之責也。其權重，其職宜相埒，次于大府之後者，以財用必當會計，不獨財用而已，凡膳飲、衣服亦財用之類，皆當綜核其名實。故自膳夫而下，司裘、掌皮而上，以司會之官筦其中。譬如脈絡灌輸于全體之內，而五官百骸運動焉，而不自知也。其官尊，與小宰俱掌典法則之貳，以毗輔大宰，即大府內宰，亦仰承焉。是天官六十屬之樞紐也。

司書，上士二人、中士四人、府二人、史四人、徒八人。

職內，上士二人、中士四人、府四人、史四人、徒二十人。

職歲，上士四人、中士八人、府四人、史八人、徒二十人。

職幣，上士二人、中士四人、府二人、史四人、賈四人、胥二人、徒二十人。

司裘，中士二人、下士四人、府二人、史四人、徒四十人。

掌皮，下士四人、府二人、史四人、徒四十人。

內宰，下大夫二人、上士四人、中士八人、府四人、史八人、胥八人、徒八十人。

內小臣，奄上士四人、史二人、徒八人。

閽人，王宮每門四人。囿游亦如之。

寺人，王之正內五人。

內監，倍寺人之數。

九嬪。

世婦。

女御。記云：二十七世婦，八十一御妻，其數既多，不必備其人。九嬪言數，猶外官之九卿，缺一不可也。

女祝，四人，奚八人。

女史，八人，奚十有六人。

典婦功，中士二人、下士四人、府二人、史四人、工四人、賈四人、徒二十人。

典絲，下士二人、府二人、史二人、賈四人、徒十有二人。

典枲，下士二人、府二人、史二人、徒二十人。

內司服，奄一人、女御二人、奚八人。

縫人，奄二人、女御八人、女工八十人、奚三十人。司服、縫人皆女御親其事，不獨蠶織之勤，即製造縫紝之功，亦自王宮始。縫人有女工以役女御，而司服則無之，豈縫紝之事，縫人專之，司服之職，惟在辨其服之等差，遇吉凶之事，則共其衣服，故工人可省與？

染人，下士二人、府二人、史二人、徒二十人。

追師，下士二人、府一人、史二人、工二人、徒四人。

屨人，下士二人、府一人、史一人、工八人、徒四人。

夏采，下士四人、史一人、徒四人。

大宰之職,掌建邦之六典,以佐王治邦國:一曰治典,以經邦國,以治官府,以紀萬民。邦國通指侯國,與官府、萬民對舉。而邦國居先,明邦國亦有官府、萬民也。其治之紀之,從可知。餘五官放此。二曰教典,以安邦國,以教官府,以擾萬民。三曰禮典,以和邦國,以統百官,以諧萬民。四曰政典,以平邦國,以正百官,以均萬民。五曰刑典,以詰邦國,以刑百官,以糾萬民。六曰事典,以富邦國,以任百官,以生萬民。五官之典,俱冢宰建之。苟五官不能舉其官,則五官之責即冢宰之責。通五官各盡其職,而冢宰之職乃盡。猶春夏秋冬不失其序,天心乃無憾,即坤元之資生,皆乾元之資始。統之謂冢宰爲天官,其義已見於此。以八灋治官府:一曰官屬,以舉邦治。二曰官職,以辨邦治。三曰官聯,以會官治。四曰官常,以聽官治。五曰官成,以經邦治。六曰官灋,以正邦治。七曰官刑,以糾邦治。八曰官計,以弊邦治。舉如合衆力以舉重之舉。各句意義明白。惟聽官治頗難解,官有常職,不愆于素,不後于時,是之謂聽,猶聽令之聽。○耗卿李氏曰:八法,皆曰邦治、官聯、官常言官者,官聯取會合衆官乃治。官常則取官有常職,不待聯而自治也。有官聯、官常,則官職可脩矣。官成、官法,聯者聯此也,常者常此也。以八則治都鄙:一曰祭祀,以馭其神。祭所當祭,非所祭則不祭。神依人而行,若以法馭之者然。二曰灋則,以馭其官。三曰廢置,以馭其吏。四曰祿位,以馭其士。五曰賦貢,以馭其用。六曰禮俗,以馭其民。七曰刑賞,以馭其威。八曰田役,以馭其衆。以八柄詔王馭群臣:一曰爵,以馭其貴。二曰禄,以馭其富。三曰予,以馭其幸。四曰置,以馭其行。五曰生,以馭其福。六曰奪,以馭其貧。七曰廢,以馭其罪。八曰誅,以馭其過。王操八柄以馭群臣,詔之者,大宰也。王以柄馭群臣,則柄不下移。大宰詔王以柄馭群臣,則柄不倒置。予,錫予也。如路車乘馬之類,爵禄一定,賜予不常有,所以幸寵之也。過與罪對,罪重過輕,注已責讓釋誅允當。以八統詔王馭萬民:一曰親親,二曰敬故,三曰進賢,四曰使能,五曰保庸,六曰尊貴,七曰達吏,八曰禮賓。馭群臣有八,其要歸在命討;馭萬民亦有八,其要歸在典禮,皆奉天以出治也。以九職任萬民:一曰三農,生九穀。二曰園圃,毓草木。三曰虞衡,作山澤之材。四曰藪牧,養蕃鳥獸。五曰百工,飭化八材。六曰商賈,阜通貨賄。七曰嬪婦,化治絲枲。八曰臣妾,聚歛疏材。九曰閒民,無常職,轉移執事。治絲枲自典婦功頒于宮中始,故舉其貴者而稱之,曰嬪婦,實兼上下言

131

之。臣妾，公卿、大夫家之所畜也。聚歛疏材，編户氓庶之事，亦自貴者始，力惡其不出於身也。以九賦歛財賄：一曰邦中之賦，二曰四郊之賦，三曰邦甸之賦，四曰家削之賦，五曰邦縣之賦，六曰邦都之賦，七曰關市之賦，八曰山澤之賦，九曰幣餘之賦。慄也。程氏曰：家削有餘地，均爲公邑。賦入于公，而家削亦當有賦。觀《左傳·襄二十二年》：穆叔令倍御叔之賦。侯國如此，王畿可知。司勳凡頒賞地，參之一食賈。疏云：若采地之税，則四之一，蓋惟加田無國征賞。地有税三之一，則采地有税四之一，從而差之，其義自不可易。由家削而推之縣都，其賦一也。〇按邦國有貢，都鄙則以賦，四之一爲貢，八則賦。貢以馭其用，公私之費，斟酌損益，歸於均，而且安，所謂馭也。〇金玉、錫石、丹青、鮫漁之利，不可以數計，或有專其事者，或有兼其事者。專其事者，無田可授者也，則以其物爲賦。兼其事者，有田可授，而田不足于供，則兼有事。山澤之利，以其物爲貢，以當賦，山農、澤農是也。合是二者，其義乃賅。以九式均節財用：一曰祭祀之式，二曰賓客之式，三曰喪荒之式，四曰羞服之式，五曰工事之式，六曰幣帛之式，七曰芻秣之式，八曰匪頒之式，九曰好用之式。祭祀、賓客、喪荒之費最夥，故居先，而羞服次之。〇耜卿李氏曰：工事、幣帛、芻秣，上與祭祀、賓客、喪荒、羞服相關通，而亦以供匪頒、好用者，故叙于中間。按此所謂均節財用，合九賦、九貢、九功之所入，而以九者之式均之節之也。九者之用，或多或寡，總使之均勻攤配，無此盈彼絀之患。《王制》所云以三十年之通制國用，亦從九式推之。何以知其然？九式喪荒合言，大府頒財式法，止有喪無荒，蓋大府所以待用者，專指九賦，大宰九式則通九賦、九貢、九功言之。以三十年之通制之備荒年之用，雖有凶旱水溢，民無菜色，故九式兼喪荒，大府待用，有喪而不及荒也。以九貢致邦國之用：一曰祀貢，二曰嬪貢，三曰器貢，四曰幣貢，五曰材貢，六曰貨貢，七曰服貢，八曰斿貢，九曰物貢。曰邦國之用，明九貢之物，皆邦國之用。物取之于民者，即以其物爲貢，不貴異物。必分爲九者，雖同出於九賦、九功，又各以其國之所有，如包茅取之荆，橘柚取之揚是也。以九兩繫邦國之民：一曰牧以地得民，二曰長以貴得民，三曰師以賢得民，四曰儒以道得民，五曰宗以族得民，六曰主以利得民，七曰吏以治得民，八曰友以任得民，九曰藪以富得民。天子至尊無對，不可以兩言，降此則皆與民相比耦而維繫不散者，乃天之所爲，非人所設也。合九兩而戴一尊，此所以聯天下爲一家，中國爲一人，而會其有極，歸其有極。冢宰平治之道，莫大于此，故以是終之。〇舉九州之牧，以概五等之君凡有地者。舉六官之長，以概三百六十之官，凡有爵者，賢有德者，道有行藝者，在位則大司樂師保之屬，去位則鄉先生君子之屬。主謂公卿之有食邑者，通畿內外而言，不云地而曰利，利，祿也。食其祿之人，與民同利而已，其地非彼所得專也。自比長以至鄉大夫，自鄰長以至遂大夫，皆吏也。使民興能入使治之，即以其鄉之人治其鄉，上下相得莫甚焉。友如出入相友之友。五家爲比，十家爲聯，四閭爲族，八閭爲聯，使之相保相受，刑罰慶賞，相及相共，故曰以任得民也。藪，職方氏所掌者，舉藪而大川大浸概焉。名山大澤不以封，非牧伯有地之君所得掌者，爲民生之大利，故另叙于後。正月之吉，始和。布治于邦國都鄙，乃縣治象之法于象魏，使萬民觀治象，挾日而斂之。布治于邦國都鄙，便包有邦國之君，都鄙之長。縣治象使民觀法在內，下云乃縣云云，舉近以概遠，又以見萬民所觀之法，乃大宰調和而后布之之法也。乃施典于邦國，而建其牧，立其監，設其參，傅其伍，陳其殷，置其輔。乃施則于都鄙，而建其長，立其兩，設其伍，陳其殷，置其輔。乃施灋于官府，而建其正，立其貳，設其考，陳其殷，置其輔。注謂乃者更申勑之。愚謂：此更端之詞，蓋上文和布者乃大宰治典與五官之各布其典同。此所施之典，則六典也，不專以治典言矣。必云施典則于邦國都鄙云者，以篇首更言邦國，而未詳邦國官制。第言都鄙，亦未詳都鄙官制，故臚陳之于先，而退官府于後。以六官之屬，叙官已詳之也。大國三卿、司徒、司馬、司空已見《尚書》。其攝冢宰、宗伯、司寇之説，乃注家推言之。第既云攝，則當以卿攝，不當以大夫攝。攝，兼也。若以大夫，則不可謂兼矣。五大夫，邦國都鄙一例看爲是。凡治，以典待邦國之治，以則待都鄙之治，以灋待官府之治，以官成待萬民之治，以禮待賓客之治。祀五帝，則掌百官之誓戒，與其具脩。以形體言謂之天，以主宰言謂之帝。帝分而爲五者，猶大極之有陰陽五行，非有二也，不必以先舉五帝爲疑。前期十日，帥執事而卜日。遂戒，及執事，眂滌濯，及納亨，贊王牲事。及祀之日，贊玉幣爵之事。祀大神示，亦如之。祀大神示，兼天地，祀五帝尚言天，不一例，故曰亦如之。享先王，亦如之，贊玉几玉爵。大朝覲會同，贊玉幣、玉獻、玉几、玉爵。玉幣，以玉加于幣上也。玉獻，以玉兼皮若馬爲獻也。《聘禮》，國君受玉受幣，宰不離側，冢宰在王左右，以贊行禮，是其職也。玉几、玉爵，醴賓時用之，見《儀禮》。大喪，贊贈玉、含玉。《士喪禮》，含以具。亦宰贊之。作大事，則戒于百官，贊王命。王眂治朝，則贊聽治，眂四方之聽朝，亦如之。凡邦之小治，則冢宰聽之，待四方之賓客之小治。歲終，則令百官府各正其治，受其會，聽其致事而詔王廢置。

"各正其治"句,"受其會"句,"聽其致事而詔王廢置"句,先令百官府各正其治,百官府既正之,而後冢宰受之。會者,司會所計之治狀也。曰百官府,則司會亦在其中矣。有治狀,然後就其所致之事而虛平其心,以聽其所計之當否,而後詔王廢置,慎之又慎也。正其治者,百官也。會之者,司會也。廢置者,王也。聽而詔王者,冢宰也。無數層折,數語寫盡。三歲,則大計群吏之治而誅賞之。

　　小宰之職,掌建邦之宮刑,以治王官之政令。凡宮之糾禁,宮正掌王宮之戒令糾禁,而王內不與焉。內宰掌治王內之政令,而王宮不與焉。惟小宰兼之,故曰掌治王宮之政令。凡宮之糾禁,注謂:凡宮指后宮而言,或曰后宮包在王宮內。所謂凡宮,如閽人掌王宮,而及囿游是也。亦通。宮正、內宰,第掌其戒令糾禁,其令之而不行,禁之而不止,則麗于士師之宮刑,而建之者,小宰也。非小宰建之宮刑,則王宮之政令,凡宮之糾禁,無由而治矣。三官聯職,而小宰之權尤重。○建如建極之建,其事非其官則不立也。凡言建者,放此。掌邦之六典、八灋、八則之貳,以逆邦國、都鄙、官府之治。執邦之九貢、九賦、九式之貳,以均財節邦用。以官府之六敘正群吏:一曰以敘正其位,二曰以敘進其治,三曰以敘作其事,四曰以敘制其食,五曰以敘受其會,六曰以敘聽其情。八法治官府:大宰職其要,小宰則職其詳,自此以下皆言其實。○粗卿李氏以官敘爲官常,尊卑先後不可紊亂,理之常也。以敘爲常,近是。無敘則亂,有敘則治。小宰佐邦治者,故以官敘爲先。以官府之六屬舉邦治:一曰天官,其屬六十,掌邦治,大事則從其長,小事則專達。二曰地官,其屬六十,掌邦教,大事則從其長,小事則專達。三曰春官,其屬六十,掌邦禮,大事則從其長,小事則專達。四曰夏官,其屬六十,掌邦政,大事則從其長,小事則專達。五曰秋官,其屬六十,掌邦刑,大事則從其長,小事則專達。六曰冬官,其屬六十,掌邦事,大事則從其長,小事則專達。事所以不舉者,以上有倡而下莫爲之輔,下欲行而上又事事掣其肘也。大事從其長,則大事舉。小事得專達,則小事亦舉矣。以官府之六職辨邦治:一曰治職,以平邦國,以均萬民,以節財用。二曰教職,以安邦國,以寧萬民,以懷賓客。三曰禮職,以和邦國,以諧萬民,以事鬼神。四曰政職,以服邦國,以正萬民,以聚百物。五曰刑職,以詰邦國,以糾萬民,以除盜賊。六曰事職,以富邦國,以養萬民,以生百物。治職之節財用,禮職之事鬼神,刑職之除盜賊,事職之生百物,其義易知,惟教職之懷賓客,政職之聚百物，義似闊遠，蓋地官主於敷五典，以安擾兆民。苟近者安，而遠者不安，則職有未盡。賓客安，而後萬民無不安矣。賓邦國之大賓，客邦國之小客，懷賓客，則邦國之安，又可知矣。此遺人掌郊里之委積，即次于鄉官之後，委人以稍聚待賓客，即次于遂官之後之意也。政職終以聚百物者，大司馬之政修，則莫敢不來享，莫敢不來王。如職方所掌四夷、八蠻、七閩、九貉、五戎、六狄之人民，與其九穀、六畜之數，要如王之外府然，百物之聚可知矣。非必納之大府，而後爲聚也。百物聚而邦國服，萬民正，亦可知矣。以官府之六聯合邦治：一曰祭祀之聯事，二曰賓客之聯事，三曰喪荒之聯事，四曰軍旅之聯事，五曰田役之聯事，六曰歛弛之聯事。凡小事皆有聯。以官府之八成經邦治：一曰聽政役以比居，二曰聽師田以簡稽，三曰聽閭里以版圖，四曰聽稱責以傅別，五曰聽祿位以禮命，六曰聽取予以書契，七曰聽賣買以質劑，八曰聽出入以要會。以聽官府之六計弊群吏之治：一曰廉善，二曰廉能，三曰廉敬，四曰廉正，五曰廉灋，六曰廉辨。八法獨遺官刑者，以見於秋官，刑法，是其專職。又下文令於百官府，不共有大刑宰。夫乘財用、以官刑、詔冢宰皆是也。若官中之刑，乃小宰之所建者，又不待言矣。以灋掌祭祀、朝覲、會同、賓客之戒具。以賓客言之，如公食大夫之禮，使大夫戒各以其爵，是戒。凡宰夫之具饌于東房，是具也。軍旅、田役、喪荒，亦如之。七事者，令百官府共其財用，治其施舍，聽其治訟。凡祭祀，贊王幣爵之事，祼將之事。凡賓客，贊祼。凡受爵之事，凡受幣之事。喪荒，受其含襚、幣玉之事。喪有含襚，荒有幣玉。月終，則以官府之叙，受群吏之要。贊冢宰受歲會。歲終，則令群吏致事。所謂以叙作其事，以叙受其會也。正歲，帥治官之屬，而觀治象之灋，徇以木鐸，曰：不用灋者，國有常刑。乃退，以宮刑憲禁于王宮，令于百官府，曰：各修乃職，考乃灋，待乃事，以聽王命。其有不共，則國有大刑。帥屬觀治象，非己之所建也。憲宮刑之禁于王宮，乃小宰之專職，曰常刑，曰大刑，輕重自見。

　　宰夫之職，掌治朝之灋。以正王及三公、六卿、大夫、群吏之位，掌其禁令。燕朝，外朝，王之御之也。有時以太僕朝士掌之。治朝，乃王日所視以聽事者。大宰贊聽治，宰夫則正百官之位，以肅朝儀，猶小宰之以叙正其位也。但小宰所馭者廣，宰夫則第以叙正朝位而已。叙群吏之治，以待賓客之令，諸臣之復，萬民之逆。猶小宰之以叙進其治也，但此所叙者，乃治朝群吏之治耳。令自上而下者，復逆自下而上者，皆群吏主之。宰

135

夫則爲之叙而待之令。單擧賓客者，九式以祭祀先，賓客次之，祭祀有常期，賓客或不時而至，待之厚薄等差，隨時出令，故于治朝見之，以概其餘。掌百官府之徵令，辨其八職：一曰正，掌官灋以治要。二曰師，掌官成以治凡。三曰司，掌官灋以治目。四曰旅，掌官常以治數。五曰府，掌官契以治藏。六曰史，掌官書以贊治。七曰胥，掌官叙以治叙。八曰徒，掌官令以徵令。自要而凡，而目，而數，皆一事也。析之，則愈細而愈詳。合之，則有體而有要。本末先後，釐然畢擧，成周治典獨冠千古者，以此。○胥徒中之有才智者，凡事至物來能曲得其次序，便是才智發見處。掌治灋，以考百官府、群都、縣鄙之治，乘其財用之出入。凡失財用物辟名者，以官刑詔冢宰而誅之，其足用長財善物者，賞之。大府而下掌財用，司會而下掌數計，互相稽覈，法詳矣。窮其流弊至失財辟名而止，而諸職不及焉，獨以宰夫專其事。蓋宰夫，太宰之考也。邦用太宰主之，宰夫成之，嚴官刑之法，則百物皆完善，并倉腐貫朽亦無患焉。然後大府司會得用其心力以相鉤考，是立法之最密者也。以式灋掌祭祀之戒具，與其薦羞，祭祀先戒，次具禮行之，時薦豆爲先，至羞、庶羞、內羞，則祭將畢矣。舉首尾以該中間。從大宰而眂滌濯。凡禮事，贊小宰比官府之具。凡朝覲、會同、賓客，以牢禮之法，掌其牢禮、委積、膳獻、飮食、賓賜之飧牽，與其陳數。掌待賓客之禮，是宰夫專職，故治朝叙群吏之治，以待賓客之令爲先。凡邦之弔事，掌其戒令，與其幣器財用，凡所共者。《士喪禮》：始死，未行他禮，即赴于君，喪家一訃而已，君隨遣人弔，弔畢旋襚，襚畢賵賻贈相繼而至，以設官專涖其事，宜乎哀卹之亟，如凡民之匍匐以救也。大喪、小喪，掌小官之戒令，帥執事而治之。對王與后，稱執事，其實即官有司也。三公六卿之喪，與職喪，帥官有司而治之。凡諸大夫之喪，使其旅帥有司而治之。歲終，則令群吏正歲會。月終則令正月要，旬終則令正日成，而以考其治。治不以時擧者，以告而誅之。此與司會聯事者，宰夫。令正日成，而後司會，以參互考之。令正月要，而後司會，以月要考之。令正歲會，而後司會，以歲會考之。司會自日而上溯之歲，是由數以及凡，故曰以周知四國之治，以詔廢置。宰夫由歲而下核之日，是由凡以及數，故曰治不以時擧者，以告而誅之。正歲，則以灋警戒群吏，令脩宮中之職事，書其能者與其良者，而以告于上。此與內宰、宮正、宮伯聯事者，小宰以宮刑憲禁，所以戒之也。宰夫書良者、能者，告于上，所以勸之也。

宮正掌王宮之戒令糾禁，以時比宮中之官府，次舍之衆寡，爲之版以待。夕擊柝而比之，國有故則令宿，其比亦如之。官府不皆在宮中，此所比者，乃宮中之官府，如膳夫至內宰所屬之官吏徒役也。舍，寓居也；次，暫時休息也。舉次舍之衆寡，而其居處休息于次舍人數之衆寡，該之矣。此謂宮伯所掌之士、庶子入直宿衛者，宮正掌之，故言官府兼及次舍。○夕擊柝，宮禁徹巡，尤嚴于夜，擊柝以比士、庶子之宿衛者。辨外內而時禁，稽其功緒，糾其德行，幾其出入，均其稍食，去其淫怠與其奇袤之民，會其什伍，而教之道藝。自內宰言之，王內爲內，王官爲外。自宮正言之，宮外爲外，宮內爲內。界限明，庶內外往來進止，各有定所。禁者，禁其雜也。○淫怠與能者反，奇袤與良者反，不言官吏者，凡宮刑，小宰、宰夫掌之也。宮正去其民之不能、不良者，而後宰夫乃擇其能者、良者書之，二官相聯事。月終，則會其稍食。歲終，則會其行事。凡邦之大事，令于王宮之官府、次舍，無去守而聽政令。邦有大事，供役之人繁多。凡在版者，皆宜先期聚以待事。此通指官吏、士、庶子，與國有故令宿專指士、庶子者不同。春秋以木鐸修火禁。火禁，無時不謹。此特因火星出入而申令，以警動之。修，修舊典也。凡邦之事蹕，宮中、廟中則執燭。閽人蹕宮門、廟門，此云蹕宮中、廟中，注故知爲隸僕。大喪，則授廬舍，辨其親疏、貴賤之居。

宮伯掌王宮之士、庶子凡在版者，掌其政令，行其秩叙，作其徒役之事，授八次、八舍之職事。合四正四隅，皆有次舍，以衛王宮，更番直宿者，士庶子也。與官府之常在宮中者不同。故宮正職兼言官府，宮伯職第言次舍。若邦有大事作宮衆，則令之。月終，則均秩。歲終，則均叙。以時頒其衣裘，賞其誅賞。

膳夫賞（掌）王之食飲、膳羞，以養王及后、世子。凡王之饋，食用六穀，膳用六牲，飲用六清，羞用百有二十品，珍用八物，醬用百有二十甕。非所當用者，則不敢以饋。凡膳夫所饋者，皆飲食之正味，所謂養也。總列所饋之數，以見惟辟玉食，然未嘗求難得之物，以恣口腹之奉，非謂每食必備所饋之數也。苟所饋之數每日必備，下文不應複言王日一舉矣。王日一舉，鼎十有二物，皆有俎，以樂侑食。膳夫授祭，品嘗食，王乃食。卒食，以樂徹于造。用樂與飲食相終始，聲和味和則口和。燮理陰陽自王躬始，膳夫之職即太宰之職也。王齊，日三舉。大喪，則不舉。大荒，則不舉。大札，則不舉。天地有裁，則不舉。邦有大故，則不舉。王燕食，則奉膳，贊祭。凡王祭祀，賓客食，則徹王之胙俎。凡王之稍事，設薦脯醢。王燕飲酒，則爲獻主。掌后及世子之膳羞，無授祭嘗食之禮，但掌其膳羞而已，其小心調護與王同，故曰以養王及后、世子。凡肉脩之頒賜，皆掌之。凡祭祀之致福者，受而膳之。以摯見者，亦如之。古人受祭肉必拜，非君之臣不敢受摯，二者皆禮之重者，受而膳之，非但以其物也。《儀禮》：凡行禮，必有脯醢，肉羞之用最多，其頒其受，皆膳夫掌之。歲終，則會。唯王及后、世子之膳不會。

庖人掌共六畜、六獸、六禽。禽獸之類最夥，所共之數與家畜同，示用物有節也。其所共者，必非難得之物，獸如狼麋之類，禽如雉鴈之類，必如注疏指定爲何物以實之，鑿矣。辨其名物，凡其死生鱻薧之物，以共王之膳，與其薦羞之物，辨其名物，指六畜、六獸、六禽也。既辨其物，而物之中，又有死者、生者、鱻者、薧者，其性不同，亦宜辨之。加一"凡"字，又不僅六畜、六獸、六禽而已。凡爲膳、爲薦、爲羞，所共于王者，皆庖人之所辨也。蓋獸人、獻人，及時田之所獲，皆入於君庖。故設庖人之官，以辨其良否，然後授之饔人，辨其體名肉物及腥臊羶薌不可食者，然後膳夫品嘗，會王乃食，慎之又慎。君上之敬身，臣下之忠上，兩得之矣。及后、世子之膳羞。共祭祀之好羞，共喪紀之庶羞，賓客之禽獻。凡令禽獻，以灋授之。其出入，亦如之。凡用禽獻，春行羔豚，膳膏香。夏行腒鱐，膳膏臊。秋行犢麛，膳膏腥。冬行鱻羽，膳膏羶。合之秋所行之犢，乃牛、羊、豕之小者耳。牛、羊、豕入鼎俎，其小者以爲禽獻，不貴難得之物，亦可見矣。歲終，則會。唯王及后之膳禽不會。

內饔掌王及后、世子膳羞之割、亨、煎、和之事。辨體名肉物，辨百品味之物。王舉，則陳其鼎俎，以牲體實之。選百羞、醬物、珍物以俟饋。羞醬之品多，珍之品無多，然亦非常御之物，自當選以俟饋。若六牲，則每日一舉。六穀、六清，則日用必需。舉其選以俟饋者，而其不待選而饋者，自在言外，立文與膳夫職相備。共后及世子之膳羞。辨腥、臊、羶、香之不可食者。牛夜鳴則庮，羊泠毛而毳羶，犬赤股而躁臊，鳥麃色而沙鳴，豕盲眡而交睫腥，馬黑脊而般臂螻。不言雞者，鳥可兼雞，與他牲不同。凡宗廟之祭祀，掌割亨之事。凡燕飲食，亦如之。凡掌共羞、脩、刑、膴、胖、骨、鱐，以待共膳。凡王之好賜肉脩，則饔人共之。亦膳夫掌之，饔人共之。

外饔掌外祭祀之割亨，共其脯、脩、刑、膴。陳其鼎俎，實之牲體、魚腊。凡賓客之飧饔、饗食之事,亦如之。據此則王祭祀賓客,皆饔人實鼎俎,而杭載不用,賓與他有司與或饔人實鼎兼實俎。既實俎,而後六卿之長乃奉牲俎,以贊王與賓客。飧饔,則饔人陳之,而王乃遣六卿之正貳致之與?抑此乃王禮,而《特牲少牢》所載乃臣禮,不可混而一之與?邦饗耆老孤子,則掌其割亨之事,饗士庶子亦如之。師役,則掌共其獻賜脯肉之事。凡小喪紀,陳其鼎俎而實之。

亨人掌共鼎鑊,以給水火之齊。職外內饔之爨亨煮,辨膳羞之物。祭祀,共大羹、鉶羹。賓客,亦如之。按《公食大夫禮》,大羹湆不和,實于登,宰右執登左執,蓋以授公設之,而後宰夫設鉶四于豆西。據此則大羹在鉶先,進于賓,訖,然後亨人用菜和肉于湆中,乃自鑊升之鉶器,爲鉶羹。亨人掌鑊,故共大羹兼及鉶羹與?

甸師,掌帥其屬而耕耨王藉。以時入之,以共齍盛。祭祀,共蕭茅、共野果蓏之薦。喪事,代王受眚烖。王之同姓有辠,則死刑焉。以其在鄉士、遂士、縣士、方士,適中之處,既不與民共之,惟刑于甸爲宜。帥其徒以薪蒸,役外內饔之事。

獸人掌罟田獸,辨其名物。冬獻狼,夏獻麋,春秋獻獸物。時田則守罟,及弊田,令禽注于虞中。凡祭祀、喪紀、賓客,共其死獸、生獸。凡獸入于腊人,皮、毛、筋、角入于玉府。凡田獸者,掌其政令。

獻人掌以時獻爲梁。獻人取魚以時,而獸人不言者,於四時之田見之。陳網罟以取魚,非君上之事,故獻人當以時取之。春獻王鮪,辨魚物,爲鱻薧,以共王膳羞。凡祭祀、賓客、喪紀,共其魚之鱻薧。鮮與薧,皆獻人共之。獸則腊人共乾者,獸人共生者。凡獻者,掌其政令。與獸人掌田獸之政令同。二官不但共王膳羞,兼寓育物之意於取物之中。凡獻征,入於玉府。入于玉府,不過筋骨之屬,其爲物也僅矣!

鼈人掌取互物,以時籍魚、鼈、龜、蜃。凡貍物春獻鼈蜃,秋獻龜魚。祭祀,共蠯、蠃、蚳,以授醢人。掌凡邦之籍事。

腊人掌乾肉。凡田獸之脯、腊、膴、胖之事。所以別夫外內饔之肉□,別胖之出於牲者。凡祭祀,共豆脯,薦脯、膴、胖,凡腊物。賓客、喪紀,共其脯腊,凡乾肉之事。

醫師掌醫之政令,聚毒藥以共醫事。毒以治瘍,藥以治病。又瘍醫療瘍以五藥,則瘍亦有藥,舊解毒藥連讀,謂凡藥皆有毒,恐誤。凡邦之有疾病者。疕瘍者,造焉,则使醫分而治之。歲終,則稽其醫事,以制其食。十全爲上,十失一次之,十失二次之,十失三次之,十失四爲下。

食醫掌和王之六食、六飲、六膳、百羞、百醬、八珍之齊,凡食齊視春時,羹齊視夏時,醬齊視秋時,飲齊視冬時。凡和,春多酸,夏多苦,秋多辛,冬多鹹,調以滑甘。凡會膳食之宜,牛宜稌,羊宜黍,豕宜稷,犬宜粱,鴈宜麥,魚宜苽。凡君子之食恒放焉。《內則》所記與食醫所掌大致相同。后王命冢宰降德于衆,兆民上下共之,所以躋斯民于仁壽,此其一也。

疾醫掌養萬民之疾病。四時皆有癘疾:春時有痟首疾,夏時有癢疥疾,秋時有瘧寒疾,冬時有嗽上氣疾。以五味、五穀、五藥養其病。能如食醫之防病于未然者,上也。不得已而有病,亦當以調養爲急務。調養先以五味、五穀,而五藥又次之,一言盡療病之方。以五氣、五聲、五色,視其死生。兩之以九竅之變,參之以九藏之動。氣者,呼吸之息也。由氣而聲而色,自微而顯,症候了然。九竅言變轉移無常,九藏言動微眇難定,兩之參之,畢竟以五氣、五聲、五色爲證,數語括視病之要。凡民之有疾病者,分而治之。死終,則各書其所以,而入于醫師。《史記》淳于意答詔問,即書其所以之據,如灼見藏府之癥結然,三代之民所以順化以終而無夭札也。

瘍醫掌腫瘍、潰瘍、金瘍、折瘍之祝藥劀殺之齊。凡療瘍,以五毒攻之,以五氣養之,以五藥療之,以五味節之。凡藥,以酸養骨,以辛養筋,以鹹養脉,以苦養氣,以甘養肉,以滑養竅。凡有瘍者,受其藥焉。

獸醫掌療獸病,療獸瘍。凡療獸病,灌而行之以節之,以動其氣,觀其所發而養。凡療獸瘍,灌而劀之,以發其惡,然後藥之,養之,食之。凡獸之有病者,有瘍者,使療之,死則計其數,以進退之。

酒正掌酒之政令,以式灋授酒材。《儀禮·少牢》筮得吉,宰命爲酒,凡卿大夫祭祀,皆得爲酒,其多寡之數,厚薄之齊,必有一定之式。其政令皆酒正掌之,不能盡人而共之也。《酒誥》禁群飲酗酒。酒正之政令行焉,必無敢犯者。即或犯焉,亦可從而糾之矣。凡爲公酒者,亦如之。辨五齊之名:一曰泛齊,二曰醴齊,三曰盎齊,四曰緹齊,五曰沈齊。辨三酒之物:一曰事酒,二曰昔酒,三曰清酒。辨四飲之物:一曰清,二曰醫,三曰漿,四曰酏。掌其厚薄之齊,以共王之四飲三酒之饌,飲以爲漱,酒以爲酏。飲薄而酒厚,就四飲三酒中,又各有厚薄焉。掌其齊,所以養陽氣也。及后、世子之飲與其酒。凡祭祀,以灋共五齊三酒,以實八尊。大祭三貳,中祭再貳,小祭壹貳,皆有酌數。此酌以實尊之數也。而實觶、實爵,酌數之多寡,亦由茲而定,必無沈湎之患矣。唯齊酒不貳,皆有器量。《儀禮》冠用醴,醴啐而不飲。祭之用五齊,尸亦啐而不飲。可知此齊酒所以不用貳也。王五齊備,大夫僅得用醍齊,進而國君必有加焉,然不可考矣。共賓客之禮酒,共后之致飲于賓客之禮醫醴糟,皆使其士奉之。《聘禮》諸侯夫人致飲,共賓客醴黍清,此王后致禮用醫醴糟,一質一文,質爲上也。漿人職,夫人致飲于賓客之禮醫醴糟,而先以清醴,即此意也。凡王之燕飲酒,共其計,酒正奉之。凡饗士、庶子,饗耆老、孤子,皆共其酒,無酌數。無酌數,與上文共其計相對立文。燕禮,群臣諸君之賜,曰敢不醉,而以徹羃終,未嘗無酌數也。無酌數者,惟饗士、庶子、耆老、孤子而已,仁之至,義之盡也。掌酒之賜頒,皆有法以行之。凡有秩酒者,以書契授之。賜頒不時者,秩酒有常者,賜頒雖不用書契,然亦按已行之成例行之,不能踰其節也。酒正之出,日入其成,月入其要,小宰聽之。入其成,入其要,皆酒正以所出用之酒,入于小宰也。嚴其出,所以杜甘酒之源。注謂受用酒者,日言其計於酒正,酒正月盡乃言于小宰,按之與經文不合。歲終,則會,唯王及后之飲酒不會。以酒式誅賞。

　　酒人掌爲五齊三酒,祭祀則共奉之,以役世婦。共奉之而并爲之役,禮之重者也。不爲之役,而第共奉之,其次也。有人奉之而已第共之,又其次也。凡三等,經文序次犁然。共賓客之禮酒、飲酒而奉之。注以飲酒爲食酒,見《公食大夫》。飲酒,與漿飲相對。飲酒從正饌於東,漿飲從加饌於西,賓食正饌先飲漿,食加饌乃飲酒。酒人掌爲酒,故共賓客飲酒,其漿飲則漿人共之。凡事,共酒而入于酒府。凡祭祀,共酒以往。賓客之陳酒,亦如之。

　　漿人掌共王之六飲,水、漿、醴、涼、醫、酏入于酒府。所共者六飲,而以漿人名官,以《公食禮》推之,食畢先飲,漿必不可缺,醴、涼、醫、酏,或不時飲之,舉其多者名之,與六飲上水,如三酒上元酒,自漿以下,皆煑米爲之,但有清濁濃淡之分耳。其賓客之稍禮,共夫人致飲于賓客之禮,清醴、醫、酏、糟,而奉之。曰清醴,所以別於五齊之濁醴也。醫酏有糟,而醴無之。清醴與酒正所辨之濁醴不同,可知矣。蓋醴齊以祀神,若降與六飲同等,凡稍禮國事皆用之,失其序矣。鄭注每混而一之,宜詳考。○清醴列于六飲,與飲酒又

141

不同。注解《士冠禮》，禮賓，謂以清醴獻賓，是以清醴爲飲酒矣，亦恐誤。凡飲共之。

凌人掌冰正，歲十有二月，令斬冰，三其凌。斬冰于正歲之十二月，治鑑于春，頒冰于夏，刷于秋，四時皆用夏正，而《春秋》所紀皆周正，可知《周官》一書未見之施行。使周公相成王運之又久，《周官》所紀，必一一見之行事，共行夏之時也決矣！春始治鑑。凡外內饔之膳羞，鑑焉。凡酒漿之酒醴，亦如之。酒屬酒人，醴屬漿人，不可以清醴混于酒人所爲濁醴也決矣。祭祀，共冰鑑。賓客，共冰。大喪，共夷槃冰。夏頒冰，掌事，秋刷。

籩人掌四籩之實。朝事之籩，其實麷、蕡、白、黑、形鹽、膴、鮑魚、鱐。塞外鹽池積鹵，所結無形不有，虎形其一耳。內饔掌共膴、胖、魚、肉之鮮，皆有之。鄭注連下鮀鱐通指魚言，豈以鮮肉當入豆，不入籩與？宜詳考。饋食之籩，其實棗、櫐、桃、乾㯏、榛實。㯏有乾者，明棗、栗、桃亦可乾也，若㯏實之用乾，不待言矣。此饋食之籩，實所以有八也。加籩之實，菱、芡、㯏、脯，菱、芡、㯏、脯。羞籩之實，糗、餌、粉、餈。凡祭祀，共其籩薦羞之實。喪事及賓客之事，共其薦籩、羞籩。先言共其籩薦羞之實，明共籩，并共籩之實，又恐混薦羞而一之，復于賓喪並列薦籩、羞籩。籩雖有四節之禮，合而言之，爲薦、爲羞二而已。

醢人掌四豆之實。朝事之豆，其實韭菹、醓醢、昌本、麋臡、菁菹、鹿臡、茆菹、麇臡。饋食之豆，其實葵菹、蠃醢、脾析、蠯醢、蜃、蚳醢、豚拍、魚醢。加豆之實，芹菹、兔醢、深蒲、醓醢、箈菹、鴈醢、筍菹、魚醢。羞豆之實，酏食，糝食。賈氏謂：糗餌無肉，則入籩。酏、糝米肉俱有，則入豆。以是推之，凡籩豆實之所以異者，可知矣。凡祭祀，共薦羞之豆實。賓客、喪紀，亦如之。爲王及后、世子共其內羞。王舉，則共醢六十罋，以五齊、七醢、七菹、三臡實之。據此，則罋雖多，其實之之品二十有二而已。并醯人之所實亦在內，非有難繼之物也。賓客之禮，共醢五十罋。凡事，共醢。

醯人掌共五齊、七菹，凡醯物。以共祭祀之齊菹，凡醯醬之物。賓客，亦如之。王舉，則共齊菹醯物六十罋，共后及世子之醬齊菹。賓客之禮，共醯五十罋。凡事，共醯。

鹽人掌鹽之政令，以共百事之鹽。祭祀，共其苦鹽、散鹽。賓客，共其形鹽、散鹽。王之膳羞,共飴鹽。飴鹽出于池,以風成者,味甘,今河西一帶有之。后及世子,亦如之。凡齊事,鬻鹽,以待戒令。

冪人掌共巾冪。祭祀,以疏布、巾冪八尊,以畫布、巾冪、六彝,凡王巾皆繡。巾以冪物,或以晞身,故云。凡以概之。

宮人掌王之六寢之脩,爲其井匽,除其不蠲,去其惡臭,曰爲、曰除、曰去,皆脩也。共王之沐浴。凡寢中之事,埽除、執燭,共鑪炭,凡勞事。四方之舍事,亦如之。

掌舍掌王之會同之舍。設梐枑再重。設車宮轅門,爲壇壝宮棘門,爲帷宮,設旌門。無宮,則共人門。凡舍事,則掌之。

幕人掌帷、幕、幄、帟、綬之事。凡朝覲、會同、軍旅、田役、祭祀,共其帷、幕、幄、帟、綬。大喪,共帷、幕、帟、綬。三公及卿、大夫之喪,共其帟。

掌次掌王次之灋,以待張事。王大旅上帝,先云旅上帝,次及祀五帝,大宰職。先云祀五帝,而後及大神示,皆互見。不知者尊五帝于大神示之上,過矣。則張氈案,設皇邸。盛其儀也,氈案與几筵一類。皇邸與黼扆一類,疑此乃司几筵共之,非幕人所共者,故先及之與？朝日、祀五帝,則張大次、小次,設重帟、重案。合諸侯,亦如之。師田,則張幕,設重帟、重案。諸侯朝覲、會同,則張大次、小次。師田,則張幕、設案。不重可知矣。此亦如設席之或加或不加,皆禮之等也。孤卿有邦事,則張幕設案。凡喪,王則張帟三重,諸侯再重,孤卿、大夫不重。凡祭祀,張其旅幕,張尸次。射,則張耦次。掌凡邦之張事。

大府掌九貢、九賦、九功之貳。以受其貨賄之入,頒其貨于受藏之府,頒其賄于受用之府。凡官府、都鄙之吏及執事者,受財用焉。除九貢、九賦、九功外,無所謂貨賄者,其正在冢宰以制國用。大府受其貳,以佐冢宰,故總其入數而頒之於內外府與？凡官府、郊野、都鄙及畿外,分貯之以待用。受藏之府謂內外府、玉府也。受用之府謂官府,郊野、都鄙、畿外分貯之府也。內外府非無用也,以在王城之內,主於藏以待用。各處分貯之府非無藏也,在王城之外,主於用其有餘者,乃藏之,亦僅矣。猶頒貨、頒賄,互文見義,恐其意未明,復繼之曰,凡官府、都鄙之吏及執事者,受財用焉,以見執事財用可就近所貯者受之,不必皆受之內外府也。如今功令有貯於户部之財物,即受藏之府也。貯於布政司,即

143

受用之府也。注以職內爲受用之府，職內掌數，未嘗掌財，又有以外府爲受用之府，外府主邦布，以鑄造之所不在宮城之內，而外之耳，與內府相聯事，無取乎分而頒之也。○按《周官》貨賄之府，自郊野、縣、都以至畿外，所在有之。散見六職，如遺人職門關，委積以養老、孤之類。凡頒財，以式灋授之。關市之賦，以待王之膳服。邦中之賦，以待賓客。四郊之賦，以待稍秣。家削之賦，以待匪頒。邦甸之賦，以待工事。邦縣之賦，以待幣帛。邦都之賦，以待祭祀。山澤之賦，以待喪紀。幣餘之賦，以待賜予。九式以祭祀爲先，大事在祀之義也。此以膳服爲先，惟辟玉食之義也，合之其義乃備。凡邦國之貢，以待弔用。凡萬民之貢，以充府庫。凡式貢之餘財，以供玩好之用。邦國之貢，應掌九貢之貳。萬民之貢，應掌九賦、九功之貳。是皆式貢之財也。必有餘財，乃以供玩好之用。先其所急，而後其所緩，即冢宰制邦用，量入以爲出之法，而大府貳之者也。凡邦之賦用取具焉。大府貳冢宰制邦用，量入爲出，以邦之賦供邦之用，取具于大府，見其職之重也。歲終，則以貨賄之入出會之。

玉府掌王之金玉、玩好、兵器。凡良貨賄之藏，金玉、服用必需。非玩好已下比。金玉應統在膳服內，出于關市之賦所供者，玩好已下出於式貢之餘財所供者，故列金玉于先，而以玩好已下次之。內府職云良兵、良器，可証兵與器爲二物。共王之服玉、佩玉、珠玉。王齊，則共食玉。大喪，共含玉、複衣裳、角枕、角柶。掌王之燕衣服，衽席牀第，凡褻器。此亦在膳服內，出于正賦所供者。送死大事，燕私衣服，王親身之物，不應以式貢之餘財供之也。若合諸侯，則共珠槃、玉敦。凡王之獻，金玉、兵器、文織、良貨賄之物，受而藏之。凡王之好賜，共其貨賄。

內府掌受九貢、九賦、九功之貨賄、良兵、良器，以待邦之大用。凡四方之幣獻之金、玉、齒、革、兵、器，凡良貨賄，入焉。凡四方之幣獻，獻于王也。玉府職凡王之獻，獻于諸侯、諸臣也。上下相饋，皆以獻稱，乃交相愛敬之意。鄭注自無可疑。凡適四方使者，共其所受之物而奉之。凡王及冢宰之好賜予，則共之。冢宰得與王同賜予，手足腹心一體之義。

外府掌邦布之入出，以共百物，而待邦之用。凡有灋者，共王及后、世子之衣服之用。凡祭祀、賓客、喪紀、會同、軍旅，共其財用之幣齎，賜予之財用。凡邦之小用，皆受焉。外府掌邦小用，與內府掌邦大用相對。大用、小用，皆用也，不可專以内府爲受藏之府，又不可專以外府爲受用之府，明矣。歲終，則會，唯王及后之服不會。王及后之衣服，用及泉布，至織至悉必逐件會之，非奉事至尊之體。又恐人習而不察，以爲上之用財，可無限制也，故司書職凡上之用財用必考于司會，明乎羞服之式，司會掌之，司書既考而書之。書而仍闕之不會，一以尊至尊，一以知？每年服用之多寡，于國體事勢兩得之矣。後世諛佞之臣，反藉經語以獻媚于王，非失其本心者與？

司會掌邦之六典、八灋、八則之貳，以逆邦國都鄙官府之治。以九貢之灋致邦國之財用，以九賦之灋令田野之財用，以九功之灋令民職之財用，以九式之灋均節邦之財用。先叙典灋，則次乃及財用，使人知財用出入，皆爲經邦理國起見，而欲核官方吏治之殿，仍于財用之息耗見之，本末先後，犁然具備。掌國之官府、郊野、縣都之百物財用。凡在書契、版圖者之貳，以逆群吏之治而聽其會計。書契、版圖，司書掌其正，會計鉤逆，則司會專職也。民財夫家六畜之數，必群吏先上之司書而後，司會聽其貳。以參互考日成，以月要考月成，以歲會考歲成。參互猶言參伍綜核之密，不一而足。必指定如何爲參，如何爲互，則鑿矣。司會以歲計，而先之以月，又先之以日，于日而參互之，則月與歲之參互統之矣。參之，互之，所謂會也。以周知四國之治，以詔王及冢宰廢置。八柄有廢有置，而爵祿誅置隨其後。此冢宰佐王所以治天下之大權，而周知而詔之者，司會也。舉四國以賅官府、都鄙，天官官正而外司會之權，與官貳埒矣。

司書掌邦之六典、八灋、八則、九職、九正、九事邦中之版，土地之圖。版舉邦中九賦自邦中始也。土地兼五土，此言土地，下文言山林、川澤，皆相備。以周知入出百物。以叙其財，受其幣，使入于職幣。凡上之用財用，必考于司會。三歲，則大計群吏之治，以知民之財、器械之數，以知田野、夫家、六畜之數，以知山林、川澤之數，以逆群吏之徵令。群吏如地官載師、閭師，凡有地治之官，取于民財之徵令也。司會職掌國之官府、郊野、縣都之百物財用，凡在書契、版圖者之貳，亦兼民財及田野、夫家六畜言之，百姓足，君孰與不足，所以稽吏治之。殿最者在此，第文有詳略耳。凡稅斂，掌事者受灋焉。及事成，則入要貳焉。凡邦治考焉。所考者，邦治，以別乎邦教、邦禮、邦政各典也。

職內掌邦之賦入，辨其財用之物而執其總。以貳官府、都鄙之財入之數，以逆邦國之賦用。大府所掌九貢、九賦、九功之貳，其正在太宰職內，所貳官府、都鄙財入之數，其正亦在太宰，或謂其祇存於官府、都鄙之吏，是本末倒置，誤矣。職內貳大府，即以貳冢宰，故曰以逆邦國之賦用，以冢宰制國用，而邦之賦用，取具於大府也。凡受財者，受其貳令而書之。頒其貨，頒其賄，大府必有令下之內外府及各分貯之府，即以其副下職內書之於册，職內及會與職歲同逆官府財用之出者，恃有此貳令也。所受者貳令，而未嘗受財，職內與職歲，所掌惟文書而已。及會，以逆職歲與官府財用之出，而敘其財以待邦之移用。司會合財用出入，鉤考之，職內專掌入數，佐司會鉤考職歲所掌之出數相符與否。二官所掌者，數而已。其財用之出，則官府爲之，必合職內、職歲與出財用之官府互相鉤考，而司會主之，所謂參互也。

職歲掌邦之賦出，以貳官府、都鄙之財出賜之數，以待會計而考之。官府、都鄙之財，出賜之數，其貳在職歲，其正亦在大宰，待會計之時，而與職內之入數參考之，猶職內之逆職歲也。凡官府、都鄙、群吏之出財用，受式灋于職歲。承上文而言，職歲掌邦之賦出，所謂式法也。不受之于大宰與大府者，設職歲之官，所以互相檢核，而分其任也。《唐書》裴延齡誑德宗云："臣檢校府藏于糞土中，得遺幣若干，苟職內、職歲之法行，奸人安得藉口與？"凡上之賜予，以敘與職幣授之。及會，以式灋贊逆會。猶職內之贊司會也。

職幣掌式灋，以歛官府、都鄙與凡用邦財者之幣。官府、都鄙，凡用邦財皆以式灋用之，職幣亦以式灋歛之。既可杜用財者浮冒之弊，而其所歛者，皆所當歛者，苛求之端，亦無自生矣。振掌事者之餘財，皆辨其物而奠其録，以書楬之，以詔上之小用賜予。歲終，則會其出。凡邦之會事，以式灋贊之。

司裘掌爲大裘，以共王祀天之服。大裘猶云大圭、大路，尊之也。注家以黑羊裘實之，蓋祭天尚質，以意準之耳。中秋，獻良裘，王乃行羽物。季秋，獻功裘，以待頒賜。王大射，則共虎侯、熊侯、豹侯，設其鵠。諸侯則共熊侯、豹侯，卿大夫則共麋侯，皆設其鵠。大喪，廞裘，飾皮車。凡邦之皮事，掌之。歲終，則會，唯王之裘與其皮事不會。皮事，童庭實之類。

掌皮掌秋歛皮，冬歛革，春獻之。獸之皮，至秋而毛毨，至冬而毛毸，歛皮以秋爲始，非至冬而不歛之也。歛革，則以冬不以秋。冬風烈，革乃乾，而不蠹。遂以式灋頒皮革于百工。共其毳毛爲氈，以待邦事。歲終，則會其財齎。

內宰掌書版圖之灋,以治王內之政令。均其稍食,分其人民以居之。此稍食通北宮內之人民而言,下文歲終會,內人之稍食,則專指內人而言。正歲均內人稍食,施其功事。及歲終,則會而稽之。事體當然,經文偶倒,介甫遂謂稍食歲終既會之,正歲又均焉,功事歲終既稽之,正歲又施焉,誤矣。會內人稍食,則凡宮內之人民亦會之,不言者于會內宮之財用包之矣。以陰禮教六宮,以陰禮教九嬪,以婦職之灋教九御,使各有屬,以作二事,正其服,禁其奇衺,展其功緒。三者于教九御見之,不斥言世婦以上,而實上下同之,猶教陰禮見之后、夫人、九嬪,不及九御,而亦上下同之也。《國語》敬姜云:"王后親織元紞,夫人親織紘綖。"后、夫人亦有織事,可見其概。衣服正,奇衺禁,婦容、婦言、婦德,以漸而修矣。功緒展婦功勤,猶有休其蠶織,如《詩》所云者乎?齊家之道,莫先於此。大祭祀,后裸獻,則贊,瑤爵亦如之。正后之服位,而詔其禮樂之儀,贊九嬪之禮事。凡賓客之裸獻、瑤爵,皆贊,致后之賓客之禮。凡喪事,佐后使治外內命婦,正其服位。凡建國,佐后立市,內宰職凡云詔云贊者,其專職也。云佐者,本有官為后任其事,而內宰為之佐,即以佐后也。喪事,正外內命婦服位者,內小臣之專事也。○內小臣正后服位,則正命婦服位可知。○立市設次,置叙正。肆者,司市之專事也。受獻絲枲之功者,典婦功之專事也。設其次,置其叙,正其肆,陳其貨賄,出其度量淳制,祭之以陰禮。以此推之,所謂以陰禮教六宮、九嬪者,蓋指祭祀、喪紀、賓客、拜跪、揖讓諸禮儀。中春,詔后帥外內、命婦始蠶于北郊,以為祭服。歲終,則會內人之稍食,稽其功事,佐后而授獻功者,比其小大與其麤良而賞罰之,會內宮之財用。正歲,均共稍食,施其功事,憲禁令於王之北宮,而糾其守。天子理陽事,后治陰職,然禁令無出自后之禮,北宮屬之王,陰從陽也。○小宰掌王宮,不言后宮者,統于王也。內宰掌王內,則王宮非所掌,特揭之,曰王之北宮,既以別于王宮,而又以見后宮亦統於王也。上春,詔王后帥六宮之人,而生穜稑之種,而獻之于王。不獨蠶事親之,穀種獻自后,并王親耕之事,亦相之矣。

內小臣掌王后之命,正其服位。后出入,則前驅。若有祭祀、賓客、喪紀,則擯詔后之禮事,相九嬪之禮事,正內人之禮事,徹后之俎。后有好事於四方,則使往。有好令於卿大夫,則亦如之。掌王之陰事、陰令。

閽人掌守王宮之中門之禁。喪服、凶器不入宮,潛服、賊器不入宮,奇服、怪民不入宮。凡內人、公器、賓客，無帥則幾其出入，內人兼女宮、女奚之屬，凡在王內者皆是也。此等人在王內本無爲之帥者，至於出入中門，亦無帥，則閽人幾之，重門禁也。以時啟閉。凡外內命夫命婦出入，則爲之闢。掌埽門庭。大祭祀、喪紀之事，設門燎，蹕宮門、廟門。凡賓客，亦如之。夜則設門燎如燕禮，閽人爲大燭於門外是也。若庭燎則司宮、庶子、甸人親執之矣。蹕宮門、廟門，先入宮門而後入廟門，故蹕有先後。

　　寺人掌王之內人，及女宮之戒令，相道其出入之事而糾之。若有喪紀、賓客、祭祀之事，則帥女宮而至於有司，佐世婦治禮事，掌內人之禁令。凡內人弔臨於外，則帥而往，立于其前而詔相之。

　　內豎掌內、外之通令，凡小事，若有祭祀、賓客、喪紀之事，則爲內人蹕。王后之喪，遷于宮中，則前蹕。及葬，執褻器以從遣車。

　　九嬪掌婦學之灋，以教九御婦德、婦言、婦容、婦功，各帥其屬而以時御叙于王所。自九御言則曰學，自九嬪言則曰教。太上立德、立功、立言，所謂三不朽者，婦人與男子同之，見婦學女教之重也。九嬪以德功言容教九御，則九嬪以上皆以身先之矣。內德之懿獨隆成周，舉其實四者盡之，《關雎》，諸詩所載是也。凡祭祀，贊玉齍，贊后薦，徹豆籩。若有賓客，則從后。大喪，帥叙哭者亦如之。

　　世婦掌祭祀、賓客、喪紀之事，帥女宮而濯摡爲齍盛。及祭之日，泊陳女宮之具，凡內羞之物，濯摡括凡祭器，爲齍盛之器，亦在焉。齍盛，大夫用黍、稷，天子則兼用六穀，皆先期帥女宮具之。至祭之日，女宮乃陳其具，世婦親臨之，舉內羞而齍盛不待言矣。掌弔臨于卿大夫之喪。

　　女御掌御叙于王之燕寢，以次供御。御之言侍也。所謂奉巾櫛、抱衾裯是也。先儒專指御女言之，遂有疑王每夕御女，非所以保王躬者，固矣。以歲時獻功事。凡祭祀，贊世婦。大喪，掌沐浴。后之喪持翣。持翣目后之喪，則大喪應兼王言，或疑男子不死于婦人之手，供給湯物，不當以婦人爲之。經言掌沐浴、供湯物者，如鬯人、大淵，設斗，共其釁鬯，肆師築鬻，大祝始崩以肆鬯淵尸，女御則紀綱其事耳，非親爲之也。從世婦而弔于卿大夫之喪。

　　女祝掌王后之內祭祀，凡內禱祠之事。掌以時招、梗、襘、禳之事，以除疾殃。上云禱祠，以祈福也。此云招梗，招而梗之也。梗，禦也。如韓愈《送窮文》云：命奴星結柳爲車,縛草爲船,具粗粻以迎而送之。是其証也。襘,除也。禳,却也。求而却之也。凡此皆以除疾殃,與凡禱祠之禮又不同。疏解招爲招取善祥,是與禱祠一例矣。

女史掌王后之禮職。掌内治之貳,以詔后治内政,逆内宫。六宫之計,女史鉤考之,聞見詳密,則絲髮不能遁矣。○有女史掌鉤考,後世宫寢侈靡之患,無從而生。有女祝掌禱祠,後世巫蠱、詛祝之禍無從而生。禮之止邪于未形,此類是也。書内令。凡后之事,以禮從。禮,指凡陰禮,内宰教之。其書則女史執以從,無敢須臾離也。

典婦功掌婦式之灋,以授嬪婦及内人女功之事齎。嬪婦即典絲所謂外工也。内人即典絲所謂内工也。故合而言之,曰女工,事治絲枲之事也。齎,治絲枲之費也。無以外及内者,此以其多者,及其寡者耳。王宫内所用之布帛孔多,豈内工所能供辦?必借力于民家女婦工于女事者,以事齎授之。及獻功,則辨其爲絲之良,爲枲之苦,使賈定其精粗大小之價,頒之于内府,以供王及后以下之衣服。下文凡授嬪婦功及秋獻功,不及内人者,亦舉其多而言也。必頒之于内府者,王宫除内府,別無私藏也。典絲職受良功而藏之,典枲受苦功而藏之,不言所藏者,三官聯職。所謂良功、苦功,即典婦功之辨其苦良。所謂藏即典婦功所藏之内府,非有二也。典婦功云共王及后之用,典絲枲云待有司之政令,上之賜予,皆互文見義。三官之設,本以供王及后已下之衣服,或有餘,則賜予。徵令亦終是取焉。凡國家幣帛,已列于九式,非專取給于典婦功也。名官曰典婦功,爲民間化治絲枲之倡導,與九職嬪婦相照應。三官合觀之,則義相補備。分裂言之,則彼此格礙不通矣。典絲枲云以其物會之,皆總受司會之鉤考,而典婦功不言,亦此意也。凡授嬪婦功,及秋獻功,辨其苦良,比其小大,而賈之物書而楬之。以共王及后之用,頒之于内府。

典絲掌絲入而辨其物,以其賈楬之。凡絲皆入于典絲,不入于典婦功者,明其爲典婦功之屬官也。典枲亦然。三官聯事,故其頒其受,皆彼此互見。掌其藏與其出,以待興功之時。頒絲于外内工,皆以物授之。凡上之賜予,亦如之。及獻功,則受良功而藏之,辨其物而書其數,以待有司之政令,上之賜予。物即良功之物,下文所云黼畫組就之物,絲繢組文之物,文織絲組之物,皆是。凡祭祀,共黼畫組就之物,喪紀,共其絲繢組文之物。凡飾邦器者,受文織絲組焉。歲終,則各以其物會之。

典枲掌布緦、縷、紵之麻草之物,以待時頒功而授齎。及獻功,受苦功,以共賈楬而藏之,以待時頒,於典絲曰受良功,于典枲曰受苦功,則良、苦指絲、枲明甚。苦之言粗，非濫惡之謂也。典絲、典枲分任良功、苦功。典婦功則兼掌之，經文別白，注家自淆之不可解。頒衣服，授之。賜予，亦如之。歲終各以其物會之。

内司服掌王后之六服：褘衣、揄狄、闕狄、鞠衣、展衣、緣衣、素沙。衣而袍製，裏以素沙，尚飾也。此婦人之服異乎男子者。辨外内命婦之服，鞠衣、展衣、緣衣、素沙。凡祭祀、賓客，共后之衣服，及九嬪世婦。凡命婦，共其衣服，典命再命受服，指命夫也，共之者司服，其命婦之服，則内司服共之。共喪衰，亦如之。后之喪，共其衣服，凡内具之物。

縫人掌王宮之縫線之事。以役女御，以縫王及后之衣服。喪，縫棺飾焉，衣翣柳之材。掌凡内之縫事。自衣翣柳之材已上，皆共王及后之用，專職也。掌凡内縫事，兼職也。

染人掌染絲帛。凡染，春暴練，夏纁玄，秋染夏，冬獻功。染帛如此，染絲可知。所染之色，不特三者，以天玄、地黄、夏翟，備五色，皆以供袞冕之用，舉重而言。掌凡染事。

追師掌王后之首服，爲副編次，追衡笄，爲九嬪及外内命婦之首服，以待祭祀賓客。立文大概與内司服同，王后之服六而外内命婦之服，自鞠衣以下，經明言之。王后之首服三，而内外命婦之首服不言自某以下者，禮窮則同首服之等三而已。《詩》："君子偕老，副笄六珈。"國君夫人用副則三，夫人、世婦亦用副，自九嬪而下，得服編與次，可推而知也。必云待祭祀、賓客者，内司服凡祭祀、賓客共后之衣服，及九嬪、世婦，凡命婦共其衣服，追師之爲首服亦同之也。古人再命受服，婦從夫而貴，爲之服，所以異之。非祭祀、賓客以禮佐后，則不敢服，是服貴之也。喪紀，共笄絰，亦如之。絰之等視笄，猶丈夫之絰視冠也。

屨人掌王及后之服屨。服以章身，王與后異其官屨，則王與后同之貴賤之别也。爲赤舄、黑舄、赤繶、黄繶；青句、素屨、葛屨。辨外内命夫命婦之命屨、功屨、散屨。凡四時之祭祀，以宜服之。

夏采掌大喪，以冕服復于大祖，以乘車建綏，復于四郊。

石谿讀周官第二

地官司徒第二

惟王建國,辨方正位,體國經野,設官分職,以爲民極。乃立地官司徒,使帥其屬而掌邦教,以佐王安擾邦國。先儒以司徒經理土地,故謂之地官,則天官固未嘗司天日月星辰之行也。天無不覆,冢宰以一官而兼五官之典,非天不足以名之。地無不載,司徒以一官而育天下民物之生,復天下民物之性,非地不足以名之。○以地官掌教者,望溪先生嘗言,禮官所教秀民而已。土地人民皆隸于地官,而親民之吏屬焉。必地官掌教乃能盡天下,而無一人之不教,此古之聖人所以明明德於天下,而非後世之治所可及也。愚謂教之大旨,無非作民忠敬之心,親遜之誼,而其所以教者,即散著於祭祀、喪紀、昏冠、飲酒,與夫頒戰事,起軍旅,作田役,比追胥,令貢賦之內,故必地官掌教乃能盡天下人,而無一事之不教也。○民利其利則安,民樂其樂則擾。擾,馴也,安之至也。

教官之屬:大司徒,卿一人。小司徒,中大夫二人。鄉師,下大夫四人、上士八人、中士十有六人。旅,下士三十有二人,府六人,史十有二人,胥十有二人,徒百有二十人。

鄉老,二鄉則公一人。鄉大夫,每鄉卿一人。州長,每州中大夫一人。黨正,每黨下大夫一人。族師,每族上士一人。閭胥,每閭中士一人。比長,五家下士一人。或以六官之上,未嘗序列三公爲疑。按秋官小司寇掌外朝之位,三公及州長、百姓北面。此三公統鄉民之証也。三公雖無專職,而散見於朝士、司士等官者甚詳,不當以六官之上無三公爲疑矣。鄉大夫皆卿爵,合觀《周禮》序官除六卿之長,別無所爲卿者,先儒謂六鄉大夫,即以六卿爲之,與大司馬、軍將皆命卿,正合六鄉首善之區,施教化則樹之風聲,制田里,教樹畜,則郊圻充實,而後及於四境,計賦出兵,無事安居,有事則更番徵發,故以三公臨之,六鄉之六卿領之,建無疆之基,是地官第一義。

封人,中士四人、下士八人、府二人、史四人、胥六人、徒六十人。

石谿集

鼓人，中士六人、府二人、史二人、徒二十人。

舞師，下士二人、胥四人、舞徒四十人。

牧人，下士六人、府一人、史二人、徒六十人。載師任遠郊之地，有牧田、牛田，即牧人、牛人畜牧之地，故牛人、牧人、充人，同屬地官。○司徒之屬三農生穀，虞衡作材，綦詳焉。園圃僅見囿人、場人，藪牧僅見牧人、牛人，猶嬪婦化治絲枲，天官僅見典婦功、典絲枲，舉共倡于上者，而下者可推而知也。○自封人至充人，皆以祭祀相聯屬。封人掌設社壝，凡祭祀、喪紀、賓客、軍旅，飾其牛牲。鼓人以靈鼓，鼓社祭。凡祭祀，百物之神鼓。兵舞、帗舞者，舞師教帗舞，帥而舞社稷之祭祀，故二官次封人，而以牧人已下三職掌共祭祀、牲牷之官，叙于其後。後儒師心更易之誤矣。

牛人，中士二人、下士四人、府二人、史四人、胥二十人、徒二百人。

充人，下士二人、史二人、胥四人、徒四十人。

載師，上士二人、中士四人、府二人、史四人、胥六人、徒六十人。

閭師，中士二人、史二人、徒二十人。

縣師，上士二人、中士四人、府二人、史四人、胥八人、徒八十人。鄭氏康成謂縣師主天下土地，鄭氏鍔謂掌公邑，二説相發明。蓋除閭師所掌之四郊，遂師所掌之六遂，與公卿大夫所治之采邑，其餘内自郊里外至邦國，凡有閒田皆縣師掌之，故亦曰掌天下土地，而非如大司徒通掌天下之土地也。

遺人，中士二人、下士四人、府二人、史四人、胥四人、徒四十人。

均人，中士二人、下士四人、府二人、史二人、胥四人、徒四十人。

師氏，中大夫一人、上士二人、府二人、史二人、胥十有二人、徒百有二十人。

保氏，下大夫一人、中士二人、府二人、史二人、胥六人、徒六十人。考三公位在六卿上，師氏、保氏則以中、下大夫爲之，其非三公之師保明矣。《大戴記》稱周公爲太傅，召公爲太保，乃六卿上兼三公之位，而非可以中、下大夫之師保當也。後鄭引以詁此職，恐誤。

司諫，中士二人、史二人、徒二十人。其職曰巡問觀察，通國中四郊、甸稍縣都之民，皆在奬勸之内矣。○載師至均人，所掌皆土地、人民之事。師氏至媒氏，所掌皆教禁、調和之事，次于六鄉之下，門、關、六遂之上者，所以毗佐鄉吏教養之政，而達之畿内遠近，斯道德一而風俗同也。

司救，中士二人、史二人、徒二十人。

調人，下士二人、史二人、徒十人。

媒氏，下士二人、史二人、徒十人。

司市，下大夫二人、上士四人、中士八人、下士十有六人、府四人、史八人、胥十有二人、徒百有二十人。

質人，中士二人、下士四人、府二人、史四人、胥二人、徒二十人。

廛人，中士二人、下士四人、府二人、史四人、胥二人、徒二十人。

胥師，二十肆則一人，皆二史。賈師，二十肆則一人，皆二史。司虣，十肆則一人。司稽，五肆則一人。胥，二肆則一人。肆長，每肆則一人。大小相承，其制與鄉遂之吏同。後鄭謂皆司市所自辟除，則鄉遂之吏，自上士已下，先儒謂鄉大夫使民自推擇賢者、能者，異其秩而增受田，令其子弟佣開民耕之，以代禄，其說似可信。

泉府，上士四人、中士八人、下士十有六人、府四人、史八人、賈八人、徒八十人。司市，國凶荒、札喪，則市無征，而作布金銅，無荒年先王通商阜貨以利農，法莫善焉。故泉府列之地官，而屬于司市，徒八十人，備銅炭之役多也。疏謂掌市之征布，故連類于此，乃其一義耳。

司門，下大夫二人、上士四人、中士八人、下士十有六人、府二人、史四人、胥四人、徒四十人。每門下士二人、府一人、史二人、徒四人。鄉之官以上大夫主之，遂之官以中大夫主之，門市之官以下大夫主之，具有深意。或疑門與關等，不知王城重地，管鑰之任非輕，必位尊權重，乃能防閑而禁詰之也。

司關，上士二人、中士四人、府二人、史四人、胥八人、徒八十人。每關下士二人、府一人、史二人、徒四人。司門官府在國內，司關官府應設于界首適中之處，庶每關關吏可不時便于檢校。疏謂亦設之國內，其信然歟？國貨出入皆有節傳，以聯門市，故司門以下三職附于市官之後。

掌節，上士二人、中士四人、府二人、史四人、胥二人、徒二十人。

遂人，中大夫二人。遂師，下大夫四人、上士八人、中士十有六人。旅，下士三十有二人、府四人、史十有二人、胥十有二人、徒百有二十人。遂人掌野，秋官遂士掌四郊，郊以外為野，前後似不相應。按大宰九賦：一曰邦中，二曰四郊，三曰邦甸。質人凡治質劑國中一旬，郊二旬，野三旬，曰郊曰野並不指明鄉遂，可知其地難以劃定。陳氏汲謂：六鄉取國中之地作之，不足則取之四郊；六遂取四郊、六鄉餘地作之，不足則取之邦甸。故六遂之地，或云掌野，或曰掌四郊，乃互見法，原不相背也。○或云遂人、遂師官府在國內，或云在遂。後說更長。遂地稼穡之事爲多，如臨時移用，隨地補救，皆刻不可緩，若官府設于朝，必待稟命而行，其曠廢也多矣。按秋官遂士掌四郊，説者謂獄治在四郊，以類推之，遂人、遂師，亦當如是。

遂大夫，每遂中大夫一人。縣正，每縣下大夫一人。鄙師，每鄙上士一人。鄼長，每鄼中士一人。里宰，每里下士一人。鄰長，五家則一人。自上士以下，亦如六鄉，使民自推擇能者，入使治之，而鄰長則無秩，猶之遂大夫不以卿爲之，皆下鄉官一等也。遂大夫不以卿攝，或謂乃以朝中王官兼之，或謂王官各有專司，且爲中大夫，見於叙官者，亦無多人，當于曾爲王官而致仕歸于家、能勝此任者充之，即鄉之州長黨正，遂之縣正亦然，是《儀禮》所謂鄉先生，君子也，二説未知孰是。

旅師，中士四人、下士八人、府二人、史四人、胥八人、徒八十人。遂之賦粟里宰徵之，遂人、遂師令之，入于廩人、倉人，其餘留之于野。方春耕時，民有不足則頒之，待秋成有餘則歛之，所謂散其利也。其尤貧者，則施之而不責以償，所謂施其惠也。以其兼聽新畝之治，故名官曰旅師。後鄭指爲縣師歛野賦穀之官，詳本職，益無此意。鄭氏蓋以縣師徵野之賦貢，而此職掌聚野粟，不悟此所謂野，專指六遂之野言耳。惟易氏謂始未皆補助之政近之。

稍人，下士四人、史二人、徒十有二人。大夫之采邑在稍地，其兵賦則家司馬掌之，進而小都、大都、公卿之采邑，則都司馬掌之。其采邑外之餘地屬之縣師，稍人蓋與縣師聯事，專主公邑之兵賦者，故其職曰以縣師之法，作其同徒輂輦云云也。公邑包縣都而曰稍人者，舉其一以概其餘，鄭氏謂小都、大都，自稍以出是也。

委人，中士二人、下士四人、府二人、史四人、徒四十人。

土均，上士二人、中士四人、下士八人、府二人、史四人、胥四人、徒四十人。

草人，下士四人、史二人、徒十有二人。

稻人，上士二人、中士四人、下士八人、府二人、史四人、胥十人、徒百人。遂人掌縣鄙溝涂其法達于畿內，故序旅師至稻人六職，俱主郊野、米粟、兵車、芻薪與夫糞種作田之事，次于遂人之下，蓋與遂人相左右者也。

土訓,中士二人、下士四人、史二人、徒八人。

誦訓,中士二人、下士四人、史二人、徒八人。次土訓、誦訓二官于鄉遂之下,山林川澤之上者,地勢之高下、平陂不同,所生之物産嫩惡各異,設二官備顧問,王者不出戶庭,而五地九土周知洞矚,不異奧阼。大司徒所云土會、土宜職,其要耳,其詳見於圖書,則二官備矣。

山虞,每大山,中士四人、下士八人、府二人、史四人、胥八人、徒八十人。中山,下士六人、史二人、胥六人、徒六十人。小山,下士二人、史一人、徒二十人。

林衡,每大林麓,下士十有二人、史四人、胥十有二人、徒百有二十人。中林麓,如中山之虞。小林麓,如小山之虞。

川衡,每大川,下士十有二人、史四人、胥十有二人、徒百有二十人。中川,下士六人、史二人、胥六人、徒六十人。小川,下士二人、史一人、徒二十人。

澤虞,每大澤、大藪,中士四人、下士八人、府二人、史四人、胥八人、徒八十人。中澤、中藪,如中川之衡。小澤、小藪,如小川之衡。山林川澤各分三等,與職方不同,蓋職方主于同貫利,故所掌者皆名山大川,爲一方之綱領。虞衡主于量度士地所宜,物産所殖,故以山川之大小,爲設官之多寡,而撙節愛養之道,至纖至悉,義各有當也。閭師職云任衡以山事貢其物,任虞以澤事貢其物,即下角人、羽人、掌葛、掌炭諸官,以其時取之于山農、澤農者是也。而專其責于虞衡之官,自王國以達于九州,生之有道,取之有時,用之有節。星羅棋置,與鄉遂之官無以異,蓋山林川澤爲國之寶。《中庸》言天地生物不測,而及山水明,寶藏之興,貨財之殖,皆在是焉。自虞衡之政不修,利之所出,惟責之三農,後世財源日涸,皆由于此。往在史館曾以此義請進,上特命閣臣改爲旨,頒行直省,有地治之官,果能實心倣古行之,其利民溥矣。

迹人,中士四人、下士八人、史二人、徒四十人。

卝人,中士二人、下士四人、府二人、史二人、胥四人、徒四十人。

角人,下士二人、府一人、徒八人。

羽人,下士二人、府一人、徒八人。

掌葛,下士二人、府一人、史一人、胥二人、徒二十人。

掌染草,下士二人、府一人、史二人、徒八人。

掌炭,下士二人、史二人、徒二十人。

掌荼,下士二人、府一人、史一人、徒二十人。

掌蜃,下士二人、府一人、史一人、徒八人。

囿人,中士四人、下士八人、府二人、胥八人、徒八十人。

場人,每場下士二人、府一人、史一人、徒二十人。

廩人,下大夫二人、上士四人、中士八人、下士十有六人、府八人、史十有六人、胥三十人、徒三百人。

舍人,上士二人、中士四人、府二人、史四人、胥四人、徒四十人。

倉人,中士四人、下士八人、府二人、史四人、胥四人、徒四十人。

司祿,中士四人、下士八人、府二人、史四人、徒四十人。

司稼,下士八人、史二人、徒四十人。自廩人至槀人,皆掌米穀、舂揄、炊爨,以類相聯,司稼主稼穡,不列于鄉遂農官者,以年上下出斂法與廩人以歲上下數邦用,以知足否相聯事也。

舂人,奄二人、女舂抌二人、奚五人。

饎人,奄二人、女饎八人、奚四十人。

槀人,奄八人、女槀每奄二人、奚五人。女槀每奄二人,統八奄,共十六人。女槀又奚各五人,合四十人。蓋冗食于官,實繁有徒,非是不足以供之也。

大司徒之職,掌建邦之土地之圖與其人民之數,以佐王安擾邦國。以天下土地之圖,周知九州之地域廣輪之數,辨其山林、川澤、丘陵、墳衍、原隰之名物。而辨其邦國、都鄙之數,制其畿疆而溝封之,設其社稷之壝,而樹之田主,各以其野之所宜木,遂以名其社與其野。此承上土地之圖,按圖而知九州之地域,因類而分之,大概不過五土。辨其名物,而廣谷大川異制,民生其間者異俗,故必施教以一之,如下文土會所云也。辨其名物,而知土地所宜,五穀所殖。因而詔地慝,任地事,如下文土宜所云也。辨其名物,而量地肥瘠爲賦高下,視地嫩惡爲法輕重,故因而制地征,均地政,如下文土均所云也。于土會曰辨五地物生,于土宜曰辨十二土壤之名物,于土均曰辨五物九等,此句起下三節較然矣。辨其邦國都鄙之數者,先王國,次侯國,次都鄙。下文于制畿疆則曰千里,于制侯國則自五百里。五百里,邦國之數也。于制都鄙,則曰以室數制之,都鄙之數也。

此句冒下土圭三節，又較然矣。是二者，皆經緯區畫之大端，而非圖，則無以辨之。此掌土地之圖，所以爲大司徒之首務，而邦非此則無以立也。○建國必設社稷者，社祭土，稷祭穀，而始教稼穡者，田主也。必兼樹之，教民報本反始也。樹，立也，同壇祭之也。鄭氏解社稷爲后土及田正之神。賈氏解田主爲神農，三者皆田主也，田主所以配土穀之神。鄭、賈舍正祀而專指其配食者，展轉相因，文義不明，又將"樹"字聯下樹木，謂田主即以所樹之木爲憑依，益不可解矣。以土會之灋，辨五地之物生：一曰山林，其動物宜毛物，其植物宜皁物，其民毛而方。二曰川澤，其動物宜鱗物，其植物宜膏物，其民黑而津。三曰丘陵，其動物宜羽物，其植物宜覈物，其民專而長。四曰墳衍，其動物宜介物，其植物宜莢物，其民晳而瘠。五曰原隰，其動物宜臝物，其植物宜叢物，其民豐肉而庳。先言動物、植物者，人物皆稟五行之氣以生，故以所生之物不同，引起所生之民之不同耳。因此五物者民之常，而施十有二教焉：一曰以祀禮教敬，則民不苟。二曰以陽禮教讓，則民不爭。三曰以陰禮教親，則民不怨。四曰以樂禮教和，則民不乖。五曰以儀辨等，則民不越。六曰以俗教安，則民不偷。七曰以刑教中，則民不虣。八曰以誓教恤，則民不怠。九曰以度教節，則民知足。十曰以世事教能，則民不失職。十有一曰以賢制爵，則民慎德。十有二曰以庸制祿，則民興功。此明司徒之教所由起也。施教以變化人之氣質，氣質之偏，但以形體驗之。土有五，民生其間，形體亦有五，各象其土而不能相同，則知民之性，各囿其質而不能相通，始于資稟之殊，後遂成爲習俗之異，先王辨之，因設爲十二教以一之。以土宜之灋，辨十有二土之名物，以相民宅而知其利害，以阜人民。以蕃鳥獸，以毓草木，以任土事。辨十有二壤之物而知其種，以教稼穡樹藝，以教民言，舉五土，可包九州，以九州之人，皆稟五行之氣以生也。以居民言，五土分爲十二土，而十二土之中，又各有五土，必周知之，然後可相宅而同貫利也。既辨土，復辨壤者，庶土與穀土所由分也。又草人掌土化之法，未化爲土，既化則爲壤矣。猶須相其宜，而爲之種，故別而言之，於義乃備也。以土均之灋辨五物九等，制天下之地征，以作民職，以令地貢，以斂財賦，以均齊天下之政。作民職，如閭師任農以耕，任圃以樹，令地貢如閭師，令農貢九穀，令圃貢草木，斂財賦如閭師徵國中四郊之賦，遂師、縣師徵野之賦是也。土均本以制地征，而民間之禮俗亦稱是而爲之節，故曰以均齊天下之政。○合上二節，皆經畫土地，而因以裁成輔相之。有土會之法，而民不域於地氣之偏矣。有土宜之法，而民各享其土壤之利矣。有土均之法，而沃土、瘠土無以相過，貧國、富國無以相耀矣。已下乃及制邦國、都鄙之事。以土圭之法測土深。正日景，以求地中。日南則景短，多暑。日北則景長，多寒。日東則景夕，多風。日西則景朝，多陰。日至之景，尺有五寸，謂之地中，天地之所合也，四時之所交也，風雨之所會也，陰陽之所和也。然則百物阜安，乃建王國焉，制其畿方千里而封樹之。典瑞職土圭以致四時日月，蓋量日景而辨分至定四方者也。深如《儀禮》南北以堂 深之深，以地之廣輪言也。所謂地中者有二：有形之中，有氣之中。主于形，言天之包地，如卵裏黄，皆圓體也。天地既圓，則所謂地中者，乃天中也。此惟赤道之下，二分午中，日表無景之處爲然。以氣而言，必陰陽五行冲和會合乃可謂中。嘗以曆法推之，《周髀》之説，窮南極北，晝夜偏贏，赤道之下，冬夏適均。北極之下半歲爲晝夜，其地大寒，赤道下一歲再冬夏，其地大暑。惟中國當赤道北，晷移盈縮，與時進退，二至相除，毫無餘欠，而洛邑又其中之中者，以其得天地之中氣，故謂之地中。而以土圭之法，正日景以求之也。假如地在日南，如今廣東西。則當景短之時，夏至日景短。其地必多暑，而非中矣。地在日北，如今北塞外。則當景長之時，其地必多寒，而非中矣。地在日東，如今閩浙，近海一帶。則當景夕之時，如偏東無日夕照之，《詩》所云夕陽。其地必多風，而非中矣。地在日西，如今四川一帶。則當景朝之時，地偏西，而朝日照文，《詩》所云朝陽。其地必多陰而非中矣。所謂地中者，地之中氣，與天之中氣合也。合，故四時交而無多寒、多暑之患。合，故風雨會而無多風之患。合，故陰陽和而無多陰之患。蓋四時風雨寒暑，皆天地爲之，其交、其會、其和，皆天地之合爲之也。然則日至之景尺有五寸，謂之地中者，非必日景尺有五寸謂之地中，乃言地中之處，其影尺有五寸，用此以爲標識耳。隨地各有日中，當日中時，表影無不正者。○地如彈丸，當天之中，天動而地不動，南北二極，謂之樞紐。恒星天之極，謂之赤極。日行黄道，出入于赤道，而月五星之道，又出入于黄道，各有其極，不與赤極同。雖參差而有常，可推算而得也。注疏四游之説，謂地與星辰四時升降於三萬里中，日景于地千里差一寸，不知地安能升降，特日月五星之周天于地有遠近耳，千里一寸施之于用，自不可通。自衡岳至陽城，二千五百里，而陽城之表日至尺有五寸，衡岳之表夏至日中無影，是百六十餘里已差一寸矣。鄭、賈未解地圖應天度之説，宜其解經之謬悠若此。○已上二條，參李文貞公與茂夫先生暨莊元仲先生説教衍之。凡建邦國，以土圭土其地而制其域。諸公之地，封疆方五百里，其食者半。諸侯之地，封疆方四百里，其食者參之一。諸子之地，封疆方二百里，其食者四之一。諸男之地，封疆方百里,其食者四之一。其食者半,後鄭作天子食其貢之入,先鄭指諸侯自食其租稅,三山鄭氏指地之可食者言,先鄭之説于文義較妥。所可疑者,諸公一半實封,一半附庸。侯伯則實封纔一分,而爲附庸者反居二分,子男則實封纔一分,而爲附庸者反居三分,不可解也。從三山鄭氏之説,與遂大夫辨其可食者合,然通九土而計之,除山林川澤不可耕者半,其半皆可耕者,于諸公之國,既然矣,侯伯子男之國亦宜然,何以彼此懸殊,在大國,則可耕者半,在次國則可耕者僅三之一,在小國則可耕者僅四之一乎?不可解也。唯後鄭謂大國貢重,小國貢輕。《春秋傳》子産曰:王子頒貢,輕重以列,列尊貢重,周制也。顯有證據。然如其言,當云貢者半,或三之一、四之一矣,不當以"食"字作"貢"字解也。各家議論紛紜,不出三説,而究不能衷于至是,今姑記所聞,以俟知者。凡造都鄙,制其地域而封溝之,以其室數制之。不易之地,家百畮。一易之地,家二百畮。再易之地,家三百畮。制其地域,又曰以其室數制之,言以邑中之室數幾何,制爲邑外之田地幾何,因而封溝之以爲界限也。其制之之法,又必辨其上、中、下地,不能劃定每家百畮,此即土均之辨等,以制地征。而但計畮數不言里數者,自井邑積而丘甸、縣都,其里數可考而知也。乃分地職,奠地守,制地貢,而頒職事焉。以爲地法而待政令,此總上。王畿、侯國、都鄙之地域既定,乃分地職,如載師任國中以廛里,任園地以場圃是也。奠地守如虞衡掌山澤之地,爲之守禁。迹人掌邦田之地,卝人掌金玉錫石之地,爲之屬禁而守之是也。制地貢如平地貢,九穀、山澤貢齒角灰炭是也。三者定而地政備矣。乃頒十有二之職事于邦國之君,都鄙之長使,奉爲地法,以登萬民,而以待上之徵令。○自土會至此,皆經劃土地之事,而安擾人民者在其中,自此以下乃專言人民。以荒政十有二聚萬民:一曰散利,二曰薄征,三曰緩刑,四曰弛力,五曰舍禁,六曰去幾,七曰眚禮,八曰殺哀,九曰蕃樂,十曰多昏,十有一曰索鬼神,十有二曰除盜賊。以保息六養萬民:一曰慈幼,二曰養老,三曰振窮,四曰恤貧,五曰寬疾,六曰安富。以本俗六安萬民:一曰媺宮室,二曰族墳墓,三曰聯兄弟,四曰聯師儒,五曰聯朋友,六曰同衣服。自一至五,韓氏愈所云:安居而粒食,親親而尊尊,生者養,而死者藏之,道備矣。同衣服者,古者長民衣服不二,以齊其民,則民德一,蓋貧富不相耀,則民無忮心浮夸者,不相慕悦,則民有定志。此又安之要也。合上二節,先王之于民也,值其變則荒政以抹之,處其常則保息本俗以安之,所以躋斯民於仁壽,而無一夫之不獲也。正月之吉,始和,布教于邦國、都鄙,乃縣教象之法于象魏,使萬民觀教象。挾日而歛之,乃施教法于邦國、都鄙,使之各以教其所治民。始和、布教，有法有象，將使邦國、都鄙、官長縣之，以爲民觀者也，與天官同。施教法，非第法而已。將使邦國、都鄙之吏循之，以教其所治民者也。教法即德行道藝也。鄉大夫職，正月之吉，受教法于司徒、州長，正歲讀教法，蓋司徒施之，鄉大夫受而頒之，州長讀之，凡邦國都鄙，皆有比閭族黨州鄉之吏，其受而頒之、讀之，與畿內同。故曰使各以教其所治民。令五家爲比，使之相保。五比爲閭，使之相受。四閭爲族，使之相葬。五族爲黨，使之相救。五黨爲州，使之相賙。五州爲鄉，使之相賓。頒職事十有二于邦國、都鄙，使以登萬民：一曰稼穡，二曰樹藝，三曰作材，四曰阜蕃，五曰飭材，六曰通財，七曰化材，八曰歛材，九曰生材，十曰學藝，十有一曰世事，十有二曰服事。登萬民與小司徒使六鄉各登其鄉之眾寡，鄉大夫以歲時登其大家之眾寡義同。頒職事，使登萬民，其故有二：一則使天下之人各修其職，職事修則民心閑而不放，其誘而之善也易。望溪先生曰：冢宰任民九職，司徒且增其三焉。冢宰制圖用者九職，所任財賦所從出也。司徒頒教，則秀民之學道藝，巫史醫卜之世事，庶人在官之服事其職業，不可缺矣。一則按籍而稽，公家之力役、施舍可因是而詳覈之。鄉大夫所謂賢者、能者，即此之學藝世事而優焉者也。所謂服公事者，即此之服事也。有民必有職，有職必有征，而是三者，則寬其繇役，此所以必盡登之而後可歲稽其多寡而定其弛舍之數，以待上之徵令也。○大司徒定比閭、族黨、州鄉，小司徒乃會萬民之卒伍而用之。蓋伍兩、卒旅、師軍即寄于比閭、族黨、州鄉之內也。大司徒頒職事以登萬民，小司徒乃頒比法，使登其鄉之眾寡，蓋老幼、貴賤、賢能之人，六畜、車輦、兵器之物，即寓于士、農、工、賈職事之內也。此皆掌人民之數也。以鄉三物教萬民而賓興之：一曰六德：知、仁、聖、義、忠、和。二曰六行：孝、友、睦、婣、任、恤。三曰六藝：禮、樂、射、御、書、數。有十二教，又有三物，何也？或謂十二教以覺庶民，三物以課秀士，其說似近，而實不然。詳州長黨正以下，鄉官當讀法之時，各屬其州其黨之民而教之，何嘗專教秀士，特教成而賓興者乃秀士耳。然則三物一教，十二教又一教歟？非也。十二教者，據其教之始而言也。三物者，據其教之成而言也。當其教之初，祭祀則教民敬而已，飲酒則教民讓而已，昏婣則教民親而已，州長凡州之大祭祀、大喪，黨正凡其黨之祭祀、喪紀、昏冠、飲酒，皆教其禮，涖其事是也。及其教之久也，有以敬敏任恤見者矣，則閭胥書之。有以孝弟睦婣有學見者矣，則族師書之。有以德行道藝見者矣，則黨正州長書之。至三年大比，則鄉大夫從而賓興之。此猶後世立孝弟、力田諸科，以鼓舞斯民，使各修其職，各盡其事，其不能者，不與是選耳，非十二教之外，別有三物之教，亦非教庶

160

民一法,教秀民又一法也。以鄉八刑糾萬民:一曰不孝之刑,二曰不睦之刑,三曰不婣之刑,四曰不弟之刑,五曰不任之刑,六曰不恤之刑,七曰造言之刑,八曰亂民之刑。或以鄉刑謂扑作教刑,非也。扑如閭胥之撻罰是也。此鄉刑即士師之三,曰鄉刑,上德糾孝,與野刑、國刑等同謂之五刑者是也。不孝不友之罪,浮于元惡、大懟、造言、亂民,《王制》所謂殺無赦者也,而以扑教之,可乎?以五禮防萬民之僞而教之中,以六樂防萬民之情而教之和。十二教首祀禮,次陽禮,次陰禮,皆五禮也。次樂禮,六樂也。餘雖不言禮樂,而無非禮樂之意。大約有序者,皆爲禮。不乖者,皆爲樂。先王施教不過使人同歸于中和而已。顧承土會而言,主于一道德、同風俗,故備列十二教,所以化其氣質之偏也。此以淑性陶情,而言主于防民僞、制民淫,故專言禮樂,所以袪其情欲之累也。夫然而民乃復其固有之善,而完其夫命之初矣。推비大司樂之教國子,其爲禮樂一也。特因其已能者而優游漸漬以臻于熟耳。凡萬民之不服教而有獄訟者,與有地治者聽而斷之,其附于刑者,歸于士。地官言獄訟最詳,鄉大夫用衆庶,則聽其獄訟,鄉師斷其爭禽之訟,司市聽其大治大訟,胥師、賈師聽其小治小訟,以至遂師作役事則聽其治訟,遂大夫、縣正皆曰掌其治訟,如此者,不一而足,皆所謂有地治者也。有地治者,既聽而斷之,而民猶不服教而訟于司徒,復與有地治者聽而斷之,一以致其慎,一以質其成也。祀五帝,奉牛牲,羞其肆。享先生,亦如之。大賓客,令野脩道、委積。大喪,帥六鄉之衆庶,屬其六引,而治其政令。大軍旅、大田役,以旗致萬民,而治其徒庶之政令。若國有大故,則致萬民於王門,令無節者不行於天下。大荒、大札,則令邦國移民:通財、舍禁、弛力、薄征、緩刑。歲終,則令教官正治而致事。正歲,令于教官曰:各共爾職,脩乃事,以聽王命。其有不正,則國有常刑。望溪先生曰:小宰所令于百官府者,王宮之事也,故不用命者,曰不共。司徒所令于教官者教事也,故不用命者曰不正。○按地官所掌者地,所司者徒。惟所掌者地,故按土地之圖,始則辨五土,以知地生,繼則辨十二土壤,以物地事,復辨九土以均地政,故因而制王畿,建侯國,造都鄙,而經畫土地之事備矣。惟所司者徒,故通掌人民之數,立爲比閭、族黨、州鄉之法,而民之室數可稽,定士、農、工、賈之籍,而民之職事可核。稽其室數,核其戰事,則民之可任者,與其施舍者,無隱漏遺脫之弊矣。而其大要則使人相糾勸,有一善焉,可得而舉也。有一不善焉,可得而誅也。此三物、八刑所以係于其後也。經畫土地,又皆爲安頓人民起見,蓋土會所以復民性也。土宜、土均所以定民居,遂民生也。舉凡制田里,薄稅斂,立學校,明禮義,皆括于其內。故以荒政已下三

者，休養而生息之也。一篇止此二義，相爲終始。

　　小司徒之職，掌建邦之教法，以稽國中及四郊都鄙之夫家，九比之數，掌教法而曰以稽民數者，地官掌教，無一人不在所教之中，凡春秋之聚衆庶，月吉之屬民，皆于讀法之時，寓校比之意。此經云掌教法以稽九比之數，下文又云頒比法以施政教，互言之而義見矣。以辨其貴賤、老幼、廢疾。凡征役之施舍，與其祭祀、飲食、喪紀之禁令，乃頒比法于六鄉之大夫，使各登其鄉之衆寡、六畜、車輦，辨其物，以歲時入其數，以施政教，行徵令。及三年則大比，大比則受邦國之比要。乃會萬民之卒伍而用之。五人爲伍，五伍爲兩，四兩爲卒，五卒爲旅，五旅爲師，五師爲軍。以起軍旅，以作田役，以比追胥，以令貢賦。施政教、行徵令，不得民數，則政教、徵令或有不均，而壅蔽之患起。然欲稽之，必先以校比之法頒之，使鄉遂之計簿，則歲時入之，邦國之計簿，則三年受之。于是財產有一定之籍，人户無隱匿之弊。按之以施政教，則政教得其中。按之以行徵令，則徵令得其平。不獨此而已，九比之內，果人民衆、六畜多、車輦備，則吏勤而政善可知，其不能者，反是。此職末復云大比六鄉、四郊之吏，考夫屋、平教治、正政事，正與此相應也。然則稽比數、頒比法、受比要，小司徒之所以貳大司徒者，此其首務，而會卒伍、起徒役，皆因比法而連及之也。

　　此與天官相聯，以歲時入其數，即司會、歲會、月要、日成也。三年大比，即司書三歲大計群吏之治也。〇五家爲比，比，近也，輔也，作去聲讀。因其比近也，而校比之，又轉作上聲讀。〇追胥曰比者，卒伍既定，各以所居遠近相次而追胥也。令貢賦者，因賦出兵，因兵令賦，參稽之，其政益均也。賦載師任地之賦貢，閭師任民之貢，後凡言貢賦倣此。〇慄也，程氏曰：後鄭以九賦爲口率出泉，又以井田偏屬三等采地，全經牴牾，不可枚舉矣。即以制軍之法論之，本節五人爲伍云云，賈氏指爲鄉遂兵制，以比附于比閭鄰里之數，而都鄙軍制則取《司馬法》，井十爲通，每三十家出士一人、徒二人實之。如其説也，鄉遂公邑則每家出一人，采地則三十家止出三人，何多少懸殊乃爾？又況鄉遂公邑大喪、大役趨事之日更多乎？魯作丘甲，每甸五百一十二家，百人爲兵，《春秋》猶譏之，豈有百家徵發百人，而首先重困其鄉遂公邑之理乎？愚意平時訓練則七萬五千家，可任者以二家五人爲率，至于調發，自以甸出一乘之法爲準。然則下文四井爲邑云云，亦鄉遂公邑通行之軍制也審矣。〇又曰：經概言起徒役無過家一人，未嘗言出軍每家必派一人也。蓋軍事有更番，有施舍，有遠近勞逸，有技力強弱，以均人之法通融于六十四井、五百一十二家之中，而出步卒七十二人、甲士三人,如班志所云未嘗不聲相聞,目相識,未嘗不驪愛足以相死,斯制之善者矣。豈必拘於五家、五比以成伍兩哉!○又曰:近日通儒皆暢辨井田之法,通行無異,則田法以四起數,固鄉遂都鄙之所同矣。至于居民之法,以五起數,由五家積至千萬家,安見鄉遂公邑之與都鄙有異法乎?管子之法制:鄉則五家爲軌,積至十連爲鄉制,鄙則三十家爲邑,積至十縣爲屬,皆以五起數,蓋本先王之法,變而通之。亦可見鄉途、公邑、都鄙、地邑、民居,均無異法矣。按賦出于田,田制既通行乎畿內,則軍制亦通行乎畿內,豈惟畿內,推之九州侯國之制皆同。程氏以五家爲比,所以綴民居四井爲邑,所以制田賦、民居之數定,則軍旅行列之制亦定。縣師職,會其居人之卒伍,其一證也。田賦之制定,則更番調軍之制亦定,中秋治兵,鄉遂、郊野、師都,各載旂物而至,其一證也。簡稽則可任之丁夫不嫌多,以時討練軍實,人人皆勝兵也。故曰:起徒役、軍旅,每家以一人爲率,其法通行乎遠近內外也。徵發則赳赳之武夫不在衆,更番節其勞逸,兵出而民不擾也。故曰甸出長轂,合六十四井而出一乘,其法亦通行乎遠近內外也。田制、軍制相爲經緯,以此説經,不相齟齬,故備錄之,以佐觸發云。

　　乃均土地,以稽其人民,而周知其數。上地,家七人,可任也者家三人。中地,家六人,可任也者二家五人。下地,家五人,可任也者家二人。凡起徒役,毋過家一人,以其餘爲羨,唯田與追胥竭作。五伍之法,每家一人,爲正卒言也。此悉數人民戶口,而總計其可任者,爲羨卒言也。毋過家一人,指五人爲伍者也。其餘爲羨,通指可任者也。田與追胥竭作,雖曰所役近,爲時不久,亦欲人人習于武事,隱有不可犯之勢焉,其寓意深遠矣。賈疏謂:六鄉每家出一人爲正卒,其餘皆爲羨卒,爲上劑致氓。六遂每家出一人爲正卒,一人爲羨卒,其餘皆爲餘夫,爲下劑致氓,謂之饒遠。夫羨卒,即餘夫也,特對正卒言,則曰羨卒,對一人言,則曰餘夫耳。鄉遂皆然,何嘗專厚于遂乎?大司徒辨地有九等,通九州之山林、川澤、丘陵言也。若就每州可耕之土分之,大概不過上、中、下三等而已。計口受地,則口衆者受之肥田,口少者受之瘠田,極人數之多家十人而止矣,極人數之寡家二人而止矣。舉其中惟六七口之家最多,故自七人而上者皆受以上地,自五人而下者皆受以下地,而六人之家則概受之以中地。經文本明白,注謂舉中以明上下,其説可通。如賈疏分析言之,則鑿矣,鄭氏鍔疑之是也。然謂鄉遂、邦國、都鄙受田之法有四節,則非。蓋不易即上地也,一易即中地也,再易即丁地也。合之遂人、大司馬彼此皆同。上地食者三之二,即遂人之田百畝、萊五十畝,可任者家三人,即此之家三人也。中地食者半,即遂人之田百畝、萊百畝,可任者二家五人,即此之二家五人也。下地食者三之一,即遂人之田百畝、萊二百畝,可任者家二人,即此之家二人也。土均之法通行乎天下,無遠近內外一也,何嘗薄于遠而厚于近乎？不悟前後互見詞有詳略,乃謂先王之厚于鄉,將以強內,于公平正大之意,失之遠矣。凡用衆庶則掌其政教與其戒禁,聽其辭訟,施其賞罰,誅其犯命者。政教、戒禁一事也,詞訟、賞罰一事也。政教者,道之以當如此。戒禁者,禁其不當如彼也。詞訟必有枉直,直者在所賞,枉者在所罰。犯命者,犯其政教戒禁之命也。誅以警衆,又不但罰之而已。凡國之大事、致民、大故、致餘子,望溪先生曰:《夏官》諸子掌國子之倅,而有大故,則司徒致之何也？諸子掌其戒令糾禁,而修業仍於鄉學也。于諸子曰群子,以合諸學、合諸射、合諸喪祭、賓客而言也。于小司徒職曰餘子,各據其家而言也。與士並舉,則曰庶子,言各有當也。按已上皆貳大司徒教人民之事。乃經土地而井牧其田野。九夫爲井,四井爲邑,四邑爲丘,四丘爲甸,四甸爲縣,四縣爲都。以任地事而令貢賦。凡稅斂之事,《春秋傳》井衍沃,牧隰皋。衍,墳衍也。沃,沃土也。隰,原隰也。皋,皋壤也。四者皆穀土,故可井而以牧濟之,乃通而不窮。遂人所掌,有田有萊。田即井也,萊即牧也。以田與萊相兼者爲率,倘遇膏肥之壤,則專授以田,而萊可不兼。遇磽确之壤,則專授以萊,而田亦可不兼。蓋以井屬之田,牧屬之野,隨地之勢,因土之宜,極之山林、川澤、丘陵,凡遇穀壤,皆可截長補短,以井牧之制行之,此山農、澤農所由來也。必按圖而索之,刻舟而求之,則窒礙而不可通矣。望溪先生曰:注以此節爲采地田制,異乎鄉遂,非也。井邑、丘甸、縣都以田數計之,而出稅法也。溝、洫、澮、川以經界言之,而通水道也。遂人曰十夫有溝者,以定經界,故并計所占之地也。井間之溝,溝上之畛,以及八家之場圃,皆取于所加百畝之中,且四井爲邑,量地制邑,亦必取于四井之中,非每井而加百畝,勢不能備。然則遂人所謂十夫,即經所謂九夫而溝、洫、澮、川之制,井邑、丘甸、縣都之法,乃鄉遂、都鄙之所同也審矣。又曰:康成謂鄉遂用貢,都鄙用助之説,朱子終不敢易者,一則以九與十起數之異也。然匠人之法,止九人,與遂人十夫異耳,其有溝、有洫、有澮、有川,同也。九夫、十夫取數雖異,而占地大小相去無幾。其不可爲以十起數之溝澮者,亦不可以爲九起數之溝澮也。且謂鄉遂多平曠,則最宜于畫井矣。謂都鄙包陵麓,則最不宜於畫井矣。況建國或在中原,或阻山澤,則鄉遂多平曠,都鄙多陵麓之説,亦不可通哉！一則以五與四起數之異也。然五起數者,所以綴民居。四起數者,所以制田賦。二法相爲經緯,無內外遠近之異。蓋鄉遂、都鄙,皆有上、中、下地,計室數之多寡以制邑,皆以地之上、中、下爲準,何不可通行井法哉？且制地授田,出稅賦役,稽夫家畜産之法,見于司徒,見于小司徒,見于鄉師及鄉遂,群吏之職,疊出互備，不厭其繁，使鄉遂用貢，都鄙用助，經界水道彼此各異，是地法之最大，宜特書而詳見者，乃竟無一語及此，則注說之可疑明甚矣。又曰：小司徒專掌六鄉，而所載乃井邑、丘甸、縣都之制者，比閭、族黨、州鄉之法，大司徒職具之矣，故獨載井法以示內，而六鄉外，而六遂以及都邑，名雖各異，其地法，則皆以九夫爲井，四井爲邑，積累而區分之也。○按井法一而已，得望溪先生說折衷之，可謂明晳矣。後鄭又以四丘爲甸，甸方八里，旁加一里，則方十里爲一成，積百井，九百夫其中六十四井五百七十六夫出田税，三十六井三百二十四夫治洫。推而上之，爲縣、爲都、爲同，無不皆然。後鄭蓋以小司徒與匠人皆言九夫爲井，而積而累之甸都之數，與匠人成同之說不合，故曲爲是說以合之。然五溝自匠人爲之，其制已成，不過歲爲修治而已，考稻人職以溝蕩水，以澮瀉水，以作田，則治溝洫與治田本是一事。下地如一，此平土可知，何至六十四井之田，而歲免其四旁三十六井之田税。分治田與治溝爲二事，惟王氏與之，謂匠人法即司馬法，皆兼山林、城郭，以十起數。所云方十里，成百井，方百里，同萬井者，特舉成數而言。小司徒則專以穀土爲言，故同而不同耳。此與《王制》三分去一之說合，會而通之，則小司徒、匠人之說合，而班氏《漢志》之說皆無不合矣。乃分地域而辨其守，施其職而平其政。大司徒職于王畿，曰制其畿，封于侯國，曰土其地，制其域。于都鄙曰制其地域，而溝封之，皆所謂分地域也。其事既詳于大司徒，故小司徒約言之。辨其守，即大司徒之奠地守。施其職，即大司徒之分地職。平其征，即大司徒之制地貢。合上二節皆貳大司徒經土塗之事。

　　凡小祭祀，奉牛牲，羞其肆。小賓客，令野脩道、委積。大軍旅，帥其衆庶。小軍旅，巡役，治其政令。大喪，帥邦役，治其政教。凡建邦國，立其社稷，正其畿疆之封。凡民訟，以地比正之。地訟，以圖正之。歲終，則考其屬官之治成而誅賞，令羣吏正要會而致事。正歲，則帥其屬而觀教灋之象，狥以木鐸曰：不用灋者，國有常刑。令羣吏憲禁令，脩灋糾職，以待邦治。及大比六鄉、四郊之吏，平教治，正政事，考夫屋及其衆寡、六畜、兵器，以待政令。此與上頒比法、受比要相備。○小司徒所以貳大司徒者，亦惟土地人民爲大，而文意皆相承。大司徒頒士農工賈之職，定比閭、族黨、州鄉之制，未言其所以稽而登之者，若何也。小司徒則歲頒比法，以時入其數，至三年，而復受其要，則凡九比之內，其家之貧富，民之賢否，戶口之衆寡，畜產之豐耗，器用之完毀，皆犂然于胸中，而政教徵令所以斟酌調劑者，無不盡善矣。政教所該者廣，就徵令言之，惟軍法、役法二者。軍則五伍相承，而極團結之勢，役則每家一人，而有寬然之樂。觀于徵令之善,而政教之善在是矣。人民之事既詳,次乃及土地之事。大司徒以土宜之法任土事,而所以任之者,亦未言也。小司徒乃經土地而相其宜,可井則以井任之,可牧則以牧任之。井牧相間,自一夫以至萬夫,推而九州之內,無不闢之萊,無不耕之土,然後以土均之法,制地征,令貢賦,而凡載師之任地,草人之化上,稻人之作田,閭師、縣師、遂師之徵斂,賦貢皆統於是矣。惟制畿、封國、設都之法已盡于大司徒,故不復臚言之。

　　鄉師之職,各掌共所治鄉之教,而聽其治。以國比之灋,以時稽其夫家衆寡,辨其老幼、貴賤、廢疾、馬牛之物,辨其可任者與其施舍者。掌其戒令糾禁,聽其獄訟。大役,則帥民徒而至,治其政令。既役,則受州里之役要,以考司空之辟,以逆其役事。凡邦事,令作秩叙。秩,常也。叙,次序也。主祿賞言,則因其才之高下、事之成否,而次第之使不紊,宮伯所謂月終均秩,歲終均叙是也。主作事言,則事之大小各有常,度功之先後各有次,第此經令作秩叙,里宰治稼穡,行其秩叙是也。大祭祀,羞牛牲,共茅蒩。大軍旅、會同,正治其徒役與其輂輦,戮其犯命者。大喪用役,則帥其民而至,遂治之。及葬,執纛以與匠師、御匶而治役。及窆,執斧以涖匠師。凡四時之田,前期,出田灋于州里,簡其鼓鐸、旗物、兵器,脩其卒伍。及期,以司徒之大旗致衆庶而陳之,以旗物辨鄉邑而治其政令、刑禁,巡其前後之屯,而戮其犯命者。斷其爭禽之訟。凡四時之徵令有常者,以木鐸狥于市朝。以歲時巡國及野,而賙萬民之囏阨,以王命施惠。國與野對言,則國謂國中,野謂國外。四郊亦野也,與下鄉大夫國野,遂人掌邦之野同。歲終,則考六鄉之治,以詔廢置。正歲,稽其鄉器,比共吉凶二服,閭共祭器,族共喪器,黨共射器,州共賓器,鄉共吉凶禮樂之器。若國大比,則考教、察辭,稽器、展事,以詔誅賞。

　　鄉大夫之職,各掌其鄉之政教禁令。正月之吉,受教灋于司徒,退而頒之于其鄉吏,使各以教其所治,以考其德行,察其道藝。以歲時登其夫家之衆寡,辨其可任者。國中自七尺以及六十,野自六尺以及六十有五,皆征之。國野之征舍,早晚不同。鄭注與陳氏深之説似牴牾,細思之實相足。蓋注謂國中役者少,野役者多,以人言也。陳氏謂國中役多,野役少,以事言也。惟國中之服役者既少,而役事又殷繁,此所以征之宜遲而舍之宜早也。惟野之服役者既多,而役事又少,此所以征之宜早,而舍之宜遲也。○征專指力役,疏亦云所征税者謂策作、挽引、道渠之役。鄭解冢宰九賦引此征,謂

166

口率出泉,非也。其舍者,國中貴者、賢者、能者、服公事者、老者、疾者皆舍,以歲時入其書。三年則大比,考其德行、道藝,而興賢者、能者,鄉老及鄉大夫帥其吏與其衆寡,以禮禮賓之。厥明,鄉老及鄉大夫、群吏獻賢能之書于王,王再拜受之,登于天府,内史貳之。退而以鄉射之禮五物詢衆庶:一曰和,二曰容,三曰主皮,主皮解見《儀禮·鄉射》,與白矢之解不同。四曰和容,五曰興舞。此謂使民興賢,出使長之。使民興能,入使治之。長即九兩之以貴得民者,三百六十之官是也。治即九兩之以治得民者,鄉遂之吏是也。歲終,則令六鄉之吏,皆會政致事。正歲,令群吏考灋于司徒以退,各憲之於其所治之國,大詢于衆庶,則各帥其鄉之衆寡而致于朝。國有大故,則令民各守其閭,以待政令。以旌節輔令,則達之。

州長各掌其州之教治政令之灋。正月之吉,各屬其州之民而讀灋,以考其德行、道藝而勸之,以糾其過惡而戒之。若以歲時祭祀州社,則屬其民而讀灋,亦如之。春秋,以禮會民而射于州序。凡州之大祭祀、大喪,皆涖其事。若國作民而師田行役之事,則帥而致之,掌其戒令與其賞罰。歲終,則會其州之政令。正歲,則讀教灋如初。三年大比,則大考州里,以贊鄉大夫廢興。

黨正各掌其黨之政令教治。及四時之孟月吉日,則屬民而讀邦灋,以糾戒之。春秋祭禜,亦如之。國索鬼神而祭祀,則以禮屬民而飲酒于序,以正齒位。一命齒于鄉里,再命齒于父族,三命而不齒。一命齒于鄉里,里族猶齒之,況父族乎?再命齒于父族,則鄉里不敢與之齒矣。三命即父族亦不可與之齒矣。倘異族者爲賓介,三命者固無不齒矣。再命者席位如之何?按《周官》典命,卿三命,大夫再命。《儀禮·鄉飲酒》設遵席,三命者如賓禮,再命者如介禮。皆位于賓東。卿三命,大夫再命,《儀禮》言諸公兼孤卿也。孤四命。再命者齒于異族之爲賓介者,《儀禮》既有明文矣。凡其黨之祭祀、喪紀、昏冠、飲酒,教其禮事,掌其禁戒。凡作民而師田行役,則以其灋治其政事。歲終,則會其黨政,帥其吏而致事。正歲,屬民讀灋而書其德行道藝。書德行道藝于正歲,而糾戒于四時之孟月吉日,同一讀灋也,而勸戒不同,何也?亦互見其義而已矣。抑孟月用周正,則建子之月受教法,而以上命悚動之,利于儆戒,至夏正建寅之月,旋旌其善,所以鼓舞之後,其序固當如此與?四孟曰四時建子,固孟春之月也,其改時又可徵矣。以歲時涖校比,及大比,亦如之。

167

族師各掌其族之戒令政事。月吉，則屬民而讀邦灋，書其孝弟睦婣有學者。孝弟睦婣，皆質性之厚者，加之以學，則道藝交修，德行並進，日新月盛，而不能已矣。春秋祭酺，亦如之。以邦比之灋，帥四閭之吏，以時屬民，而挍登其族之夫家眾寡，辨其貴賤、老幼、廢疾、可任者，及其六畜、車輦。五家爲比，十家爲聯。五人爲伍，十人爲聯。四閭爲族，八閭爲聯。聯法自比始，而成于族。軍法：十夫有長，百夫有長，千夫有長。賈氏疑入軍時相并，其説無可疑。至族與族復相聯，則重在平日恩義交孚，憂樂與共。如管子所云：人與人相疇，家與家相疇，祭祀同福，死喪同恤，以戰則勝，以守則固是也。聯法于族師詳之，推而五百家至萬二千五百家，皆以是推之。使之相保相，受刑罰慶賞，相及相共，以受邦職，以役國事，以相葬埋。若作民而師田行役，則合其卒伍，簡其兵器，以鼓鐸旗物帥而至。掌其治令、戒禁、刑罰。歲終，則會政致事。

閭胥各掌其閭之徵令，以歲時各數其閭之眾寡，辨其施舍。凡春秋之祭祀、役政、喪紀之數，聚眾庶。既比，則讀灋，書其敬敏任恤者。敬敏任恤，即于祭祀、役政、喪紀驗之，如祭祀、恭役、政勤，則敬敏可書矣。喪紀相助以力，賵以財，則任恤可書矣。凡事，掌其比觵撻罰之事。

比長各掌其比之治。五家相受相和親，有辠奇衺，則相及。徙于國中及郊，則從而授之。若徙于他，則爲之旌節而行之。若無授無節，則唯圜土内之。

封人掌設王之社壝。爲畿，封而樹之。凡封國，設其社稷之壝，封其四疆。造都邑之封域者，亦如之。令社稷之職。凡有職于社稷者，皆封人令之。蓋封土以爲社稷、壇壝，是封人首事，而畿疆封樹次之，至祭祀、喪紀、賓客、宴旅、飾牛牲又連類及之。坤爲牛，禮以義起也。凡祭祀，飾其牛牲，設其楅衡，置其絼，共其水槀，歌舞牲及毛炮之豚。歌舞及毛炮之豚，凡六牲，皆封人歌舞之，可知豕之有豚，如羊之有羔，所以爲羞者，歌舞及之，則無弗及矣。凡喪紀、賓客、軍旅、大盟，則飾其牛牲。

鼓人掌教六鼓、四金之音聲。以節聲樂，以和軍旅，以正田役。六鼓如靁靈路晉爲享祀賓客之樂，鼖與鼛則軍旅田役用之。四金，則皆師田用之。首及節聲樂，即繼以和軍旅、正田役，此鼓人職所以屬之司徒，不屬之宗伯，而次于比閭、族黨、州鄉之後，寓兵于農，金鼓乃三軍之號令也。教爲鼓而辯其聲用。鄭氏鍔謂：教韗人爲之。康成謂：教擊鼓者大小之數，又辨其聲，所用之事。如康成解爲字，字義未晰。韗人能冒鼓，至鼓制大小不

168

同，其聲之急緩頓異。鼓必有譜，如魯鼓、薛鼓見于投壺者之類。鼓人皆習之，故以其制授冒鼓者，使爲之。鄭氏鍔之說似可從。以雷鼓鼓神祀，以靈鼓鼓社祭，以路鼓鼓鬼享，以鼖鼓鼓軍事，以鼛鼓鼓役事，以晉鼓鼓金奏。以金錞和鼓，以金鐲節鼓，以金鐃止鼓，以金鐸通鼓。鐸以通之于始，鐃以止之于終，鐲以節之，錞以和之于中間，序次秩如。凡祭祀百物之神，鼓兵舞、帗舞者。凡軍旅、夜鼓鼜，軍動則鼓其衆。此與鎛師聯職者。田役，亦如之。救日月，則詔王鼓。大喪，則詔大僕鼓。

舞師掌教兵舞，帥而舞山川之祭祀。教帗舞，帥而舞社稷之祭祀。教羽舞，帥而舞四方之祭祀。教皇舞，帥而舞旱暵之事。凡野舞，則皆教之。曰野舞所以別于大司樂、國子之大舞、小舞也。然則舞師不與大司樂、籥師相聯職明矣。凡小祭祀，則不興舞。

牧人掌牧六牲而阜蕃其物，以共祭祀之牲牷。凡陽祀，用騂牲毛之。陰祀，用黝牲毛之。望祀，各以其方之色牲毛之。用騂、用黝及各以方色，言其所當用者如是也。毛之者，先時選擇其毛色，以俟臨時用之也。凡時祀之牲，必用牷物。凡外祭，毀事，用尨可也。用牷物，則非尨。但不必取定于騂，若黝耳。凡祭祀，共其犧牲，以授充人繫之。凡牲不繫者，共奉之。

牛人掌養國之公牛，以待國之政令。國之政令，如賓客、軍旅、喪紀皆是。不但祭祀也，牛與馬同爲大牲，所需用者孔多，特設中士之官掌養之，與牧人、充人專養祭祀之牲牢者不同。次于牧人之下者，以牧人兼掌六牲，以共祭祀，不當以牛人越于其前耳。凡祭祀，共其享牛、求牛，以授職人而芻之。凡賓客之事，共其牢禮、積膳之牛。饗食、賓射，共其膳羞之牛。饗食、賓射，亦賓客之事。積膳在未入館以前之牢禮，膳羞則在入館以後之牢禮，見賓客之需牛多也。軍事，共其犒牛。喪事，共其奠牛。凡會同、軍旅、行役，共其兵車之牛與其牽徬，以載公任器。牽徬，皆繩也。繩在前者，謂之牽繩。在旁者，謂之徬。如凶禮喪車之引與披，皆因其用而名之耳。凡祭祀，共其牛牲之互與其盆簝，以待事。

充人掌繫祭祀之牲牷。受之牧人。或云受之牛人，非也。牛人受牛于牧人，牧人辨其物色之中犧牷者，使充人繫之。祀五帝，則繫于牢，芻之三月。享先王，亦如之。凡散祭祀之牲，繫于國門，使養之展牲，則告牷。硕牲，則贊。硕牲，猶云奉牲以其

169

告神博碩肥腯,故因而名之,禮之節也。康成解贊爲助王持牛紖,義長。或謂如封人之歌舞牲,亦非也。

載師掌任土之灋。以物地事,授地職,而待其政令。以廛里任國中之地,以場圃任園地,廛,民居之通稱。許行曰願受一廛而爲民。市肆,亦民居也,故同謂之廛。里,居也。孟子曰收其田里,合而言之,皆宅也。以宅田、士田、賈田任近郊之地,以官田、牛田、賞田、牧田任遠郊之地,以公邑之田任甸地,以家邑之田任稍地,以小都之田任縣地,以大都之田任畺地。所謂五土,兼山陵、林麓、川澤,而載師所任,則平衍之地爲多。平衍之地,可任者有三:一曰宅居,二曰田疇,三曰園圃。田疇最多,園圃次之,宅居又次之。三者缺一則民無以爲生。載師必相其土之所宜以授民。而所授者爲三農園圃之地職,故他官兼言地守,而此不及之,以衡虞等各有所司也。郊甸稍縣都,非無廛里,而曰以廛里任國中地者,舉其多者,自王城起也。場圃、園地叙于國之下郊之上,蓋即以廛里之隙地爲之,且附郭之壤與焉。故下文制賦同爲一類,亦舉其多者,以概其餘也。宅田授宅者之田,謂農田也。次士田、次賈田,《漢書》謂士工商,授田五口當農夫一人,故次于農田之後,三者之田皆自耕者,公田則包乎其內,自近郊始。官田,庶人在官者之田。賞田,賞賜之田。牛田、牧田,畜牧之家所受。四者之田,皆食其稅者,私田則包乎其內,自遠郊始,此亦舉其多者而言。自公邑以至縣都受田之家,不外此數者,可不須臚列,故第曰公邑之、家邑之田云云也。陳氏傅良曰:廛里不獨國中有也,宅田、士田、賈田不獨近郊有也,官田、牛田、賞田、牧田不獨遠郊有也,舉王城四郊以例其餘耳。若泥定官田在遠郊,彼官府之吏遍王畿之內,倘在五百里之間,豈可受田于近郊、遠郊乎?可謂洞悉經緊矣。詳此職,重在經畫土地,授民田宅,宅以爲居,園田以爲食,故宅不毛者有里布田,不耕者有屋粟。大司徒上宜以任土事,小司徒井牧田野以任地事,皆治其要。至載師則治其詳,而以待政令。與天官冢宰之九賦相聯,國中則地即邦中也,近郊、遠郊即四郊也,公邑即邦甸也,家邑即家稍也,小都、大都即邦縣、邦都也。惟關市掌之司市、司關,山澤掌之山虞、澤虞,非其所徵,蓋王畿千里以內之地,載師任土所宜,以授民宅,而教之稼穡樹藝,然後以時徵之,司會以九賦之法,合田野之財用,正謂此也。○廛里即六鄉居民之宅地,場圃即六鄉居民之園地,宅田至牧田即六鄉居民之田地,無疑也。後鄭見下言公邑、家邑,而上獨遺六鄉,不得其解,遂通計王畿之內若干同就四郊之內四同爲田若干夫,除七萬五千家之外,該有餘地,定受田十二萬家,而以廛里場圃至牧田九者充之。夫載師任土物地,將以授民也。顧舍民田不言,而專及所餘之地立言，不若是疎矣。且廛里場圃，既以爲民之宅地，民之園地，而宅田已下，復舉而屬之官，立言不應衡決如是。緣此制賦，皆與大宰九賦相聯，言國中四郊不曰六鄉，言邦甸不曰六遂者，以此耳。凡任地，國宅無征，園廛二十而一，近郊十一，遠郊二十而三，甸稍縣都皆無過十二，惟其漆林之征，二十而五。園圃毓草木，應有稅。廛宅種桑麻，布縷之征出焉。故廛與園合言，其無征者，惟國宅，謂官府之宅，以別乎民宅也。十一者，天下之中正，賦法不宜輕重不一，先儒多曲爲之解，以求其合而終不得合。望溪先生反覆參考，惟凡任地國宅無征，園廛二十而一，惟其漆林之征，二十而五，三句二十三字爲經之本文，以是三者皆非穀土，而別有地征，故特著之。"近郊"三句一十九字，則莽、歆所增竄也。蓋莽浚民之政，皆託于《周官》，故歆增竄載師之文，以示《周官》田賦，本不止于十一耳。其辭甚辨，而學者猶有疑焉，或恐上下文有訛誤，姑闕之而已。凡宅不毛者，有里布。凡田不耕者，出屋粟。凡民無職事者，出夫家之征。此節當仍黃氏之說。里布，布縷之征也。屋粟，粟米之征也。夫家之征，力役之征也。先王授民宅里，教之樹桑，任以婦事而貢布帛，故謂之里布。受民一夫之田，夫三爲屋，三三相任，而貢九穀，故謂之屋粟。先王之時，單丁下戶則弛其力役。小司徒稽夫家之數辨其可任者任之，故謂之夫家之征。經之本義蓋謂民有宅，則有里布，使授之宅而不毛，猶出里布也。有田則有屋粟，使有田而不耕，猶出屋粟也。有夫家，則有征使，無職事而游惰，猶出夫家之征也。如是而有不毛之土，不耕之田，不修常職之人，亦罕矣。故下云以時征其賦，賦則布帛、粟米、力役也。大意重在勸民耕桑力作，而非如鄭氏重罰以困之之謂。至解里布，猶仍口率出泉之誣，則不待辨矣。以時徵其賦。徵賦者，閭師、遂師、縣師，而以時令徵者，載師也。

閭師掌國中及四郊之人民、六畜之數，以任其力，以待其政令，以時徵其賦。凡任民，任農以耕事，貢九穀。任圃以樹事，貢草木。任工以飭材事，貢器物。任商以市事，貢貨賄。任牧以畜事，貢鳥獸。任嬪以女事，貢布帛。任衡以山事，貢其物。任虞以澤事，貢其物。上文曰"以時徵其賦"，與載師同，而下所列皆九職之貢物，則貢之外別無賦可知矣。特以地言則曰賦，以職言則曰貢耳。司會以九功之法，令民職之財用，正謂此也。凡無職者出夫布。後鄭解夫布謂算斂，猶仍口泉之誣矣。曰夫布者，一夫之征也。無職之閒民，雖不受田，未嘗不受廛，且有身必有役，故使之出泉布，以當布縷力役之征，雖無職，仍與有職之民同。其曰夫布，所以別于載師不毛之里布耳。凡庶民不畜者，祭無牲。不耕者，祭無盛。不樹者，無椁。不蠶者，不帛。不績者，不衰。不耕者，已罰之出屋粟矣，仍以祭無盛愧之。不蠶者，已罰之出里布矣，仍以不衣帛愧之。罰之者，罰其貨之棄於地也。愧之者，愧其力之不出于身也。故一屬之任地之官，一屬之任民之官，義各有取。績者蠶之兼職也，樹畜者耕之兼識也。亦以不衰、無牲、無槨愧之，使不遺餘力而讓財耳。○地官專職惟土地、人民二者，載師爲司徒任土地之官屬，閭師爲司徒任人民之官屬。任土地者，何嘗離得人民，而以土地爲主，故里居、園圃、田野之不得其宜，載師之咎也，而有不毛之宅，不耕之野，則禁之。任人民者何嘗離得土地，而以人民爲主，故農圃工商之不得其職，閭師之責也，而不畜、不耕、不樹、不蠶、不績，則禁之。合而觀之，自國中至置地，所居者，即農圃工商之民，但使民力盡，則地事已盡，而必分爲二者，蓋相宅之利害，辨土之肥瘠，其事綦繁，而稽夫家之衆寡，課民之勤惰，或往年下户，而今年已爲上農，或今年願爲農，而明年又願爲商，各因其能而任之，以事其稽核，比地事爲難，故載師可以兼掌畿內，而閭師所掌者僅四郊之人民，其分任之者，尚有縣師、遂師，若而人也。二職注家以爲斂賦之官，而不知其尚爲第二義。先王之意，以爲合天下之土地，自足養天下之人民。以載師任地，則地事與地職相宜矣。而一夫不耕，或受之饑。一女不織，或受之寒。故閭師任民、使民各占一職，而民力盡矣。且一家之中，男耕女織，或以農而兼圃，或以圃而兼牧，耕桑樹畜，又各有兼職焉，而民力愈盡矣。其使之以其職爲貢者，不責之於其所無，所以便民，而其中又有酌盈劑虛活法。如澤農、山農、農也，但以羽毛齒角等物爲貢，便可以當邦賦，屠者斂其皮毛筋骨，便可以當廛布，民無棄物，而公已足用。其命意之深，全爲民起見，而非專爲賦斂設也。

縣師掌邦國、都鄙、稍甸、郊里之地域，而辨其夫家人民、田萊之數，及其六畜、車輦之稽。公邑甸地所任內而郊里外，而家稍縣都邦國，皆有閒田參錯其中。故自邦國逆而數之，以至郊里，變文以見義，若順叙，郊里以達邦國，是縣師所掌，地域視大司徒更侈矣。注謂縣師所主數周天下，未指出公邑，所以致後來説經之疑也。○鄉師稽其鄉之夫家衆寡，及馬牛之物。遂師登其遂之夫家衆寡及六畜、車輦。縣師掌公邑地域，故亦辨其夫家田萊之數，及六畜車輦之稽。三職立文相同，皆以佐小司徒行比法也。三年大比，則以考群吏而以詔廢置。比閭、族黨、州鄉有群吏，公邑亦有群吏。其相保、相受、相及、相共之聯法，任農、任圃、任商、任工等之貢法，必彼此同之。蓋六鄉六遂之法，通行于邦國都鄙，而公邑可知矣。若將有軍旅、會同、田役之戒，則受法于司馬，以作其衆庶及馬牛、車輦，會其車人之卒伍，使皆備旗鼓兵器，以帥而至。鄉師、田役、軍旅、會同，皆帥民而至,遂人帥田作野民,帥而至,此鄉遂徵發掌于司徒,而聽于司馬之証也。縣師掌公邑,故凡有兵役,亦受法于司馬,復申之曰會其車人之卒伍,則更番調發,與軍旅、行列皆包于其內。舉公邑,而鄉遂、都鄙該之矣。○莊渠魏氏謂縣師掌天下兵賦,非也。魏氏蓋泥稍人職受法于縣師,因有此解,豈知縣師掌稍中公邑,稍人掌丘乘、徵令,則公邑徵令,自應稟命於縣師,不得以此爲縣師掌天下兵賦之証矣。凡造都邑,量其地,辨其物,而制其域。縣師掌餘地閒田,其地之廣狹,田之肥磽,知之既悉,故司徒造都鄙,縣師必佐之經畫,量其地,即以室數制之。又必辨其物者,如司徒辨不易、一易、再易之土,然後制其地域,而封溝之也。以歲時徵野之賦貢。閭師以時徵四郊之賦,縣師以歲時徵野之賦貢,遂師經牧其田野,以徵財征,故次縣師于閭師之下,遂師之前。所謂貢,即貢九穀草木云云也。不云任其力者,徵其貢,即以其力之所出,不言可知矣。

　　遺人掌邦之委積,以待施惠。鄉里之委積,以恤民之囏阨。門關之委積,以養老孤。郊里之委積,以待賓客。野鄙之委積,以待羈旅。縣都之委積,以待凶荒。待,猶大府以九賦待、九式之待,雖因其地之物,以待其地之事,而彼此實相流通。如郊里之委積,以待賓客,而下又云賓客共其道路之委積,可驗道路委積,凡國野之道,皆有之,其所以待賓客之需,則儲於郊里耳。餘可推。○委積,即九式之財用,待賓客凶荒,即賓客之式,凶荒之式也。凡賓客、會同、師役,掌其道路之委積。凡國野之道,十里有廬,廬有飲食。三十里有宿,宿有路室,路室有委。五十里有市,市有候館,候館有積。凡委積之事,巡而比之,以時頒之。

　　均人掌均地政,均地守,均地職,均人民、牛馬、車輦之力政。立文與大、小司徒相應,蓋彼職要,而此職詳也。先言均地、守地職,而後言力征者,凡力征以歲上下均之,二者相因,故末云凶札,則無力征無財賦。凡均力政,以歲上下。豐年,則公旬用三日焉。中年,則公旬用二日焉。無年,則公旬用一日焉。凶札,則無力政,無財賦,不收地守地職,不均地政。三年大比,則大均。小司徒三年則大比,均人佐小司徒均地、守地職,以令地貢,以斂財賦,至人民、牛馬、車輦之力征,特其中之一耳。先儒以均人爲專掌役事之官,過矣。

　　師氏掌以媺詔王。以三德教國子:一曰至德,以爲道本。保氏養國子以道。道者,理之散著于儀文容止之間,小學之教也。至入大學,師氏乃教以窮理正心是性分之不

173

可易，而天命之本然也。以其純粹至善，無以復加，故謂之至德。先儒嘗云：大學之教，乃從小學上點化出精微來。非保氏教道藝于先，師氏亦無從而點化之，而非師氏詔以直探本原，則亦安能從容順應行所無事哉？二曰敏德，以爲行本。敏德者，自強不息，天行之健也，纔不打起精神，便閒斷歇絕，故曰以爲行本。三曰孝德，以知逆惡。孝，順德也。一舉足不敢忘，一出言不敢忘，推而斷一樹殺一獸，尚惻然不忘，何逆惡之有乎？知字不容易，如全身血脉流通，一刺着肌，便覺得疼。教三行：一曰孝行，以親父母。二曰友行，以尊賢良。賢良，望溪先生謂：同學中德行、道藝秀出者，於友行最合。三曰順行，以事師長。居虎門之左，司王朝，掌國中失之事，以教國子弟，師氏掌王朝，王聽治皆在左右，於國事之得失最詳且確。即舉以教國子，前事不忘，後事之師也。凡國之貴游子弟學焉。游倅也，以別乎適子。凡祭祀、賓客、會同、喪紀、軍旅，王舉則從。聽治，亦如之。使其屬帥四夷之隸，各以其兵服守王之門外。且蹕，朝在野外，則守内列。宿衛之最親近者，以四夷之隸守之，盛時懷遠之風，天下一家之化，可想見矣。

保氏掌諫王惡，董子云：積善如長日之至，而人不知。積惡如火之銷膏，而人不見。師氏、保氏日在王左右，隨時納忠，隨事救過，日變月化，而不知爲之者，以師保名官，固爲早諭教而設，然亦兼有防護君身，培養王德之深意存焉。而養國子以道。乃教之六藝：一曰五禮，二曰六樂，三曰五射，四曰五御，五曰六書，六曰九數。六書當以形聲二項分看：象形，形也。形不可象則以事明之，事不可指則以意會之，而形之情狀悉矣。諧聲，聲也。雖非本字之音，而展轉相生，則轉注亦聲也。且不用轉注，而假借其音以生義，亦聲也，而聲之變化見矣。象形，字學也。諧聲，音學也。音學從字學生出，至本朝顧寧人《音學五書》而大明。乃教之六儀：一曰祭祀之容，二曰賓客之容，三曰朝廷之容，四曰喪紀之容，五曰軍旅之容，六曰車馬之容。凡祭祀、賓客、會同、喪紀、軍旅，王舉則從。聽治，亦如之。使其屬守王闈。

司諫掌糾萬民之德而勸之朋友。正其行而強之道藝，巡問而觀察之，巡則無所不到，問則無所不諮，觀者觀其所由，察者察其所安。直貫到以行赦宥住，與司救以節巡國中及郊野，皆不時周爰諮諏，如今之提學巡按官，行部督察校考，是其專職也。以時書其德行道藝，辨其能而可任於國事者，司諫誘掖獎勸之意多，其職如師氏之詔媺。以考鄉里之治，以詔廢置，以行赦宥。

司救掌萬民之衺惡過失而誅讓之，以禮防禁而救之。司救激厲裁抑之意多，其職如保氏之諫惡，大司樂掌成均之法，以教國子弟，而師氏、保氏亦教國子弟，六鄉、六遂之吏，掌教萬民，而司諫、司救亦教萬民。師保之官，主于教太子、王子，妙選公卿、大夫之賢子弟，與之同學，蓋自其少時而教之者也，司諫、司救巡問而觀察之，補鄉吏之所不及，而策勵萬民，使之日進而不能已者也。合貴賤、長幼範圍而甄陶之，不遺餘力，記所謂能盡人之性者歟？○《文王世子》載周公抗世子法於伯禽，觀師氏以三德、三行教國子，保氏養國子以道，而世子不及焉，蓋世子亦國子也，國子果德進行修，世子可知矣，即抗法于伯禽之意也。司諫、司救之教民，豈能有加於三物、六行之外，蓋設比閭、族黨、州鄉之吏，所以勞來匡直，而輔翼之者也。司諫、司救則又從而提撕警覺，以加惠之者也。其職在止邪于未形，而復糾摘其隱微深錮之病，懲創于既往，而復激發其悔悟深切之良，合童牛之牿與豶豕之牙，交爲劼毖焉。名官而曰諫曰救，所謂"無有師保，如臨父母"者也，其旨深矣。凡民之有衺惡者，三讓而罰，三罰而士加明刑，恥諸嘉石。役諸司空，罰或用鑕，或用撻，如閭胥所掌者是也。司救之職，止于誅讓，讓至于三而不改，則今閭胥觟撻之。至于三，猶不改，則歸于士。然且恥之勞之，歸于圜土，困苦之而已，未遽傷其肌膚，凡以云救也，罰之者，閭胥也。加明刑，坐諸嘉石，納于圜土者，士也。而自司救之誅讓始，故究其終而言之，蓋與閭胥、士師相聯事之官也。其有過失者，三讓而罰，三罰而歸於圜土。凡歲時有天患民病，則以節巡國中及郊野，而以王命施惠。

調人掌司萬民之難而諧和之。或曰讎，或曰難者，自被殺傷者之家言，則其懟不可解，故曰讎。自殺之傷之者言，則事出于無心，不幸有此，若遇灾禍，然故曰難。凡過而殺傷人者，以民成之。鳥獸，亦如之。殺傷過誤，必先以其地之民證之，故仍以其民和解之。蓋昏友相勸譬，其言易入，或有反覆，則衆交病之，其掌之調人，而民不敢與者，惟勿使之相近，而辟之法耳。故下文以"凡和難"另起。然以者能左右之之謂，則仍出自調人也。鳥獸與人貴賤雖不倫，然小民所重者財物。每見鄉里以小物而釀大獄者甚多，又當和解之于早。或以鳥獸之蹏觸人致斃者爲解，於文義究未順，不如注説爲安。凡和難，父之讎辟諸海外，兄弟之讎辟諸千里之外，從父兄弟之讎不同國。君之讎眡父，師長之讎眡兄弟，主友之讎眡從父兄弟。弗辟，則與之瑞節而以執之。如當辟之海外者，第辟之千里外，當辟之千里外者，第不同國，故調人使被殺者之子弟執之以瑞節，與其地之官長爲信也。若同國而不辟，則執而治之，不用瑞節矣。由是觀之，讎人生爲異鄉之人，死爲異域之鬼，死者、生者但得以少慰。孟子答桃應瞽瞍殺人之問，曰竊負而逃，遵海濱而處，即周公之意也。凡殺人有反殺者，使邦國交讎之。凡殺人而義者，不同國，令勿讎，讎之則死。凡有鬭怒者，成之，不可成者，則書之。先動者，誅之。成之者，民也。使之成不可成，而先動則書而誅之者，調人也。此亦諧和之一事，果鬭怒者稀，則過誤殺傷之難漸省矣。

媒氏掌萬民之判。夫婦無別，則亂生。執贄以相見，敬章別也。故不曰掌萬民之合，而曰掌萬民之判。凡男女自成名以上，皆書年月日名焉。令男三十而娶，女二十而嫁。凡娶判妻入子者，皆書之。中春之月，令會男女，於是時也，奔者不禁。若無故而不用令者，罰之。司男女之無夫家者而會之，唐柳公綽、宋范文正治內有男女，早失父母，年荒家寒，過時不能昏合者，爲備資裝，使之完聚，即《周官》媒氏遺意。凡嫁子娶妻，入幣純帛無過五兩。娶妻納幣，兼言嫁子，何也？《昏禮》使者納徵，致辭曰：某有先人之禮，束帛儷皮，使某也請納徵。對曰：吾子順先典，貺某重禮，敢不承命？是女家與男家同之。媒氏掌男女之判合，故兼言嫁子，禮也。禁遷葬者與嫁殤者，凡男女之陰訟，聽之于勝國之社。以《召南·行露》、《野麕》之詩徵之，亦恐強暴之徒藉速訟以汙貞女，不使宣露，所以全女子之貞，非但中冓床笫之言，不可道已也。其附于刑者，歸之于士。

司市掌市之治教、政刑、量度禁令。以次叙分地而經市，以陳肆辨物而平市，以政令禁物靡而均市，以商賈阜貨而行市。以量度成賈而徵價，以質劑結信而止訟，以賈民禁僞而除詐，以刑罰禁虣而去盜，以泉府同貨而斂賒。九者皆市政之大者，而次叙分地，尤爲市政之綱，故司市專掌之，其餘則市之群吏分掌之，而稟其成於司市焉。量度、成價、質劑、結信，質人職也。禁物靡、禁詐僞，胥師、賈師職也。禁虣、去盜，司暴、司稽職也。陳肆、辨物，肆長職也。行布、斂賒，泉府職也。外而司門、司關掌節，雖不專爲市設，而皆以譏往來通貨賄，所謂以聯門市，以璽節出入之者也。此下復因九者之意申言之。大市，日昃而市，百族爲主。朝市，朝時而市，商賈爲主。夕市，夕時而市，販夫販婦爲主。凡市入，則胥執鞭度守門，市之群吏、平肆、展成、奠賈，上旌于思次以令市。市師涖焉，而聽大治、大訟。上所理曰治，下所爭曰訟。如經市平市以至去暴斂賒，皆市官所應治之事，訟則百族商賈負販以曲直質于官者也。胥師、賈師涖于介次，而聽小治、小訟。凡萬民之期于市者，辟布者、量度者、刑戮者，各於其地之叙。叙，即思次、介次之叙也。市師涖大治、大訟，胥師、賈師涖小治、小訟，既各于其次矣。凡萬民之有事于市者，亦各歸其地分，如有治訟發于某次之叙，則各于某次之市官聽之。事有分屬，則事無留滯。官有責成，則官不旁諉。下文凡得貨賄、六畜，亦如之。亦謂于某次得遺物，即于某次之市官收之也。合上節皆申次叙、分地、經市之事。辟布，即行布也。以流通言謂之行，以開通言謂之辟。指商賈之皁貨者也。量度所以成價徵價也。市中商賈買價者為多，故次第及之，以概其餘。凡得貨賄六畜者，亦如之，三日而舉之。凡治市之貨賄六畜珍異，亡者使有，利者使皁，害者使亡，靡者使微。凡通貨賄，以璽節出入之。國凶荒札喪，則市無征而作布。凡市偽飾之禁，在民者十有二，在商者十有二，在賈者十有二，在工者十有二。市刑，小刑憲刑，中刑徇罰，大刑扑罰，其附于刑者，歸于士。國君過市，則刑人赦。夫人過市，罰一幕。世子過市，罰一帘。命夫過市，罰一蓋。命婦過市，罰一帷。凡會同、師役，市司帥賈師而從，治其市政，賞其賣價之事。

質人掌成市之貨賄、人民、牛馬、兵器、珍異。凡賣價者質劑焉，大市以質，小市以劑。掌稽市之書契，市中有賣買，亦有取予。聽賣買以質劑，聽取予以書契。質劑既以期日治之矣，有以取予致訟者，亦質人稽之，從其類也。同其度量，壹其淳制，巡而考之。犯禁者，舉而罰之。凡治質劑者，國中一旬，郊二旬，野三旬，都三月，邦國朞。期内聽，期外不聽。

廛人掌斂布、絘布、總布、質布、罰布、廛布，而入于泉府。絘布輸自胥師，總布輸自肆長，質布輸自質人，罰布主之司市，而輸之者胥。四者皆斂自他職而後入于廛人，惟廛布則廛人本職之所斂也。故後言之明以是為主也。凡屠者，斂其皮、角、筋、骨，入于玉府。凡珍異之有滯者，斂而入于膳府。斂而入于膳府，猶之斂而入于玉府，皆以當市之廛布也。在民無棄物，在公已足用，一舉公私兩得焉。此與泉府斂市之不售者同而義全别，蓋泉府所斂者，以待不時買者，此則以供王膳飲之需耳，注恐誤。

胥師各掌其次之政令，而平其貨賄，憲刑禁焉。小刑、中刑、大刑，皆所以禁民暴亂争訟，故曰刑禁。憲，如布憲之憲。胥師所掌二十肆，徧傳之易也。察其詐偽、飾行、價慝者，而誅罰之，聽其小治、小訟而斷之。

賈師各掌其次之貨賄之治，辨其物而均平之。展其成而奠其賈，然後令市。司市職曰展成、奠賈，此曰展其成而奠其賈，文義更分明。展如展幣之展，先視其物之良善，而後定其賈之高下，倘物不成，則價不爲之定矣，相承立文。凡天患，禁貴價者，使有恒賈。何以不掌之司市而掌之賈師，凡物皆有一定之價，賈師能辨之不爽錙銖，非强抑之也。四時之珍異，亦如之。凡國之賣價，各帥共屬而嗣掌其月。自泉府外，未聞國有賣價之事，此蓋與泉府聯事，有賈師佐之斂滯貨、滯物，而物有恒價，公私交得，所謂抵也。

司虣掌憲市之禁令。禁其鬬囂者，與其虣亂者，出入相陵犯者，以屬遊飮食于市者。鬬囂，鬬而謹也。虣亂若今强勻物者。陵犯，擁擠不避尊長也。屬遊、飮食、群聚、嬉遊，因而飮食市肆也。若不可禁，則搏而戮之。

司稽掌巡市，而察其犯禁者，與其不物者而搏之。司虣之所禁者，顯而易見，故主以十肆司稽之，所察者隱而難知，故主以五肆。掌執市之盜賊以徇，且刑之。刑而徇于市。

胥各掌其所治之政，執鞭度而巡其前，掌其坐作出入之禁令，襲其不正者。不正，指坐作出入而言。於其微者，猶襲之，則頑暴盜竊之徒望而氣歛矣。○司虣，十肆一人，憲市之禁令，蓋貳胥師憲之也。司稽五肆一人，巡市而察其犯禁，蓋貳司虣察之也。胥二肆一人，執鞭度而巡其前，蓋貳司稽巡之也。立文皆相承。凡有罪者，撻戮而罰之。車師、胥師既聽其治訟，凡弊以刑者，必下於胥，使刑之。獨擧扑撻之者，憲與徇從可知也。罰有罪，必使胥者，胥二肆一人，刑戮各于其地之叙也。○質人犯禁者，擧而罰之。胥師察其詐僞飾行鬻慝者，而誅罰之。胥撻戮而罰之。古人鞭扑之刑，可入金以贖，自唐虞以來，未之有改也。惟司稽執盜賊，以徇且刑之，不言罰，盜賊爲害，于市尤亟，不許其贖，所以靖市也。

肆長各掌其肆之政令。陳其貨賄，名相近者相遠也，實相近者相爾也，而平正之。斂其總布，掌其戒禁。

泉府掌以市之征布。斂市之不售，貨之滯於民用者，以其賈買之，物楬而書之，以待不時而買者。買者各從其抵，都鄙從其主，國人、郊人從其有司，然後予之。凡賒者，祭祀無過旬日，喪紀無過三月。凡民之貸者，與其有司辨而授之，以國服爲之息。《周官》十二職事曰服者，凡服勞、服役，皆用其力也。蓋民自相貸，則有息。貸于官，則服國事以爲之息。陳氏之說得之。凡國事之財用取具焉。國事用財，泉布爲多，泉府不但斂市布，凡司市作布，亦泉府作之，故國事財用取具焉。此蓋與外府聯事。歲終，則會其出入而納其餘。內其餘，注謂納於職幣，非也。職幣蓋斂用邦財者之餘幣，與泉府不相聯事，此所內蓋納諸大府也。大府職關市之賦，以待王之膳服。今觀廛人掌斂皮、角、筋、骨，入于玉府，斂珍異入于膳府，其無財物而出布者，則斂而入于泉府。泉府至歲終，計一年之所入幾何，其出而斂市之滯貨者幾何，有餘者，則皆納于大府。大府則頒其財于受用之府，總而計之，皆關市之賦，非幣餘之賦也。

　　司門掌授管、鍵，以啓閉國門。幾出入不物者，正其貨賄。凡財物犯禁者，舉之，以其財養死政之老與其孤。二語相承立文，王氏應電之説似合。方師謂門市相邇，舉之使受罰于質人是也。質人所罰之布多端，惟此一項用以養孤老，既可杜商賈違禁販物，兼可以其財恤窮民無告者，而非有利之之心存也，正見立制之善。或疑老孤至衆，恐所罰之財，未必能給，則遺人原有門關之委積在，不必代爲之慮矣。祭祀之牛牲繫焉，監門養之。凡歲時之門，受其餘。凡四方之賓客造焉，則以告。

　　司關掌國貨之節以聯門市。司貨賄之出入者，掌其治禁與其征廛。注謂征廛各有稅，方師謂征廛即廛征也，不應既稅其貨賄于門，復稅之于關，其説于先王恤民之政合，當入思議。凡貨不出於關者，舉其貨，罰其人。所罰之貨賄，將於何而用之？或與司門所罰違禁之財，俱以養老孤歟？凡所達貨賄者，則以節傳出之。言出之而不言入何也？正以明掌國貨之節以聯門市，專爲自外入者言也。貨賄自外來者，未有璽節，司關以節達之司門，司門達之司市，故曰聯也。自內出者司市已爲之節，今欲達之四方，司關更加爲之節，并以文書輔之行，欲其無阻也。國凶札，則無關門之征，猶幾。凡四方之賓客敂關，則爲之告。有外內之送令，則以節傳出內之。

　　掌節掌守邦節而辨其用，以輔王命。注以珍圭、牙璋、穀圭等爲邦節，群儒多非之。按大行人，王十有一歲達瑞節同度量，瑞與節，自是兩項。以典瑞之職與掌節之職，混而一之於義未安，且此句爲下數節之綱，不應另解，群儒辨而正之是也。守邦國者用玉節，守都鄙者用角節，同一節也，王命之守邦國，則用玉。命之守都鄙，則用角。自此至旌節，其用不同，所謂辨也。非節則不能通達於天下，故曰以輔王命。凡邦國之使節，山國用虎節，土國用人節，澤國用龍節，皆金也。以英蕩輔之，門關用符節，貨賄用璽節，道路用旌節，皆有期以反節。凡通達於天下者必有節，以傳輔之。無節者，有幾則不達。

　　遂人掌邦之野。以土地之圖經田野，造縣鄙形體之灋。五家爲鄰，五鄰爲里，四里爲酇，五酇爲鄙，五鄙爲縣，五縣爲遂，皆有地域，溝樹之。造都鄙，制其地域，而封溝之，六遂言之尤詳。方師云：六鄉未著，其有地域溝樹，故于遂著之，形體兼有城邑在內，獨舉縣鄙者，百家以下，雖各爲聚落，而不能皆立城邑，惟縣與鄙然後備城邑，而遂大夫即于五縣中擇便以爲治所。鄉大夫，亦如之。此說可謂發前人所未發，以是推之，掌公邑之官曰縣師，當與遂同。《論語》謂千室之邑，自千室而上爲鄙、爲縣，皆有城邑。遂人掌野以達于畿。凡甸稍縣都之體制，皆可以遂人之所掌該之。使各掌其政令刑禁。以歲時稽其人民，而授之田野，簡其兵器，教之稼穡。凡治野，以下劑致甿，以田里安甿，以樂昏擾甿，以土宜教甿稼穡，以興耡利甿，鄭注與里宰合耦，于耡相合。一說興耡者，興發野之耡粟，旅師以質劑致民，平頒其興積是也。蓋遂之賦粟入于廩人、倉人，其有餘者則掌之旅師。方歲東作之時，民有不足者，則補耡之，如後世官借種子之類，以施惠散利，故謂之利甿，似比註說更合。以時器勸甿，以疆予任甿，先儒引《周頌》"侯疆侯以"以釋疆予，甚確。蓋田雖均受，而丁有多寡。寡者不足供田事，則丁多有暇力者，及爲民間轉移者，皆來助之。于此見古人不私其力之淳風，注以餘夫當之，恐誤。以土均平政。辨其野之土：上地、中地、下地，以頒田里。上地，夫一廛，田百畮，萊五十畮，餘夫亦如之。中地，夫一廛，田百畮，萊百畮，餘夫亦如之。下地，夫一廛，田百畮，萊二百畮，餘夫亦如之。六鄉頒田不見于經，于遂互見之與？下文治溝洫皆統言之。陳氏○○之說是也。觀大司馬令賦以定軍籍之衆，其法通乎天下，乃其令賦之制，田舉、遂法、上地食者，三之二。賦舉、鄉法，其民可用者，家二人。而以凡總之，則鄉遂田萊之同可見矣。○餘夫本義，王氏應電得之，此詳授地之法，因其初而究其終也。一夫受田百畝，假令其家有子三人，及其老也，長子受父之田，代爲正夫，其餘二人，皆爲餘夫。至有室之後，官授之廛，及田萊當與正夫同，故曰餘夫，亦如之也。于遂然，于鄉與都鄙，何嘗不然。其與孟子不合，何也？孟子所謂二十五畝，據未授室之先言也。經所云亦如之，據已授室之後言也。然則所云餘夫者，就長子、庶子立文，非對正卒、羨卒立文明矣。注謂餘夫奇受一廛，所以厚遂。疏謂正卒之外，一爲羨卒，其餘皆爲餘夫，爲饒遠，後儒不安其說，解亦如之，謂亦如其萊，於義愈晦矣！凡治野，夫間有遂，遂上有徑，十夫有溝，溝上有畛，百夫有洫，洫上有涂，千夫有澮，澮上有道，萬夫有川，川上有路，以達于畿。方師曰凡治野以達于畿，

180

明自鄉郊至縣鄙，皆用此法以治之也。野對郊則爲甸，獨舉則可兼鄉郊。鄉師以歲時巡國，及野鄉大夫，野自六尺，以及六十有五皆征之，則城郭外亦可通謂之野矣。○鄭氏樵曰：詳考匠人、遂人所載溝洫制度，無不相合，今畫爲圖以示之。匠人之制舉大概而言，遂人之制舉一端而言：一成之地，九百夫一孔一井，井中有一溝，直一列，九九井計，九箇溝橫通一洫。是十夫之地有一溝，百夫之地有一洫，九百夫之地有九洫而爲一成之地。若一同之地有百成，九萬夫一孔爲一成，中有九洫橫一列，九有十成，計九十洫，直通一大澮，橫九澮而兩川周其外，是爲九萬夫之地。合之匠人所云成間有洫，是一成有九洫，同間有澮，是一同有九澮。匠人、遂人之制，無不相合。周家井田之法，通行于天下，未嘗有鄉遂、都鄙之異，但遂人以一直言之，故曰以達于畿，匠人以四方言之，故只一同耳。○黃氏度曰：後鄭以小司徒注計若干井出稅，又若干井治溝洫及澮，今以遂人職合匠人職言之，遂人十夫有溝，匠人九夫爲井，蓋一井十夫，其中爲遂而溝環之，地居一夫而井實得十夫之地也。自十夫積而至十萬夫皆十除其一者，九夫共得一夫之地，以治遂溝徑甸，且有寬餘之地矣。其餘洫、澮、涂、道爲地，可計百夫之洫，爲地十七畝有奇，涂如之，積而爲一成十里，爲百夫者，十洫，涂之地三夫半而已。千夫之澮，三十五畝有奇，道加澮十一畝有奇，通爲四十六畝而已。積而爲同，百里皆以十除其一計之，又安用許多人治溝洫及澮，如後鄭所云哉？○按周家井田之制，散見于小司徒、遂人、匠人，其說似異而實同，得鄭氏、黃氏鑿鑿言之，毫無疑義，後儒補前儒所未逮，此類是也，故備録之。以歲時登其夫家之衆寡，及其六畜、車輦，辨其老、幼、廢、疾，與其施舍者，以頒職作事，以令貢賦，以令師田，以起政役。若起野役，則令各帥其所治之民而至，以遂之大旗致之，其不用命者，誅之。凡國祭祀，共野牲，令野職。凡賓客，令脩野道而委積。大喪，帥六遂之役而致之，掌其政令。及葬，帥而屬六綍，及窆，陳役。惟大喪，帥役稱六遂，蓋六鄉之衆庶屬六引，六遂之衆庶屬六綍，而甸稍縣都之民不與焉。其餘稱野役、野民與野牲、野職、野道，俱不指出六遂，皆兼甸稍縣都言之歟？凡事致野役，而師田作野民，帥而至，掌其政治禁令。

　　遂師各掌其遂之政令戒禁。以時登其夫家之衆寡、六畜、車輦，辨其施舍與其可任者。經牧其田野，辨其可食者，周知其數而任之，以徵財征。作役事，則聽其治訟。以"時登"二字，直貫到"聽其治訟"止，户口登耗，隨時變易，必隨時稽之、登之，辨其可任役事者幾人以作役事，則勞役適均。辨其地可食七人者，可食六人者，可食五人者，幾等以徵財征，則賦入悉平。方師謂人數有增減，則耕地宜互易是也。合觀地官於稽夫家衆寡，或職其要，或職其詳，不一而足。蓋不校比則弊生，待其弊生而後校比，必當大更易一番，則民不勝其擾，惟隨時為之大小相承，彼此互檢，習為故常，王道蕩平，於茲可見。〇小司徒經土地，以井牧其野，以任地事令貢賦，即此之經田野，周知其數以徵財征也。參互之而鄉遂、都鄙、田制之同也決矣。疏謂經牧其田野與小司徒文同，是也。謂遂人兼掌采地，故有井田法，非矣。〇曰辨其可任者，又曰周知其敷而任之，隱與載師任地，閭師任民相關照。巡其稼穡，而移用其民，以救其時事。凡國祭祀，審其誓戒，共其野牲，曰國祭祀，則與野之祭祀有分矣。遂師與遂人之治在野，或當祭祀屆期，至國中聽大宰、少宰之誓戒歟？或遂師與遂人同掌遂之政令，而其治即在國中與？方師謂遂師承少宰之誓戒而審之，以戒其屬與民。審者，聽之詳也。不親承誓戒，何可謂之審，宜更人思議。共野牲另一時事，所謂誓戒者，前期之十日也，審其誓戒，乃共其野牲，不已後乎？入野職野賦于玉府。王氏詳說引山澤之農，以骨物、羽翮當邦賦，解此句甚確。由是推之，澤虞祭祀共澤物之算，即遂人之國祭祀、令野職可知矣。囿人祭祀，共生獸死獸之物，即遂人之共野牲，又可知矣。遂中包有山林、川澤、園圃、藪牧，故亦遂人與遂師掌之。賓客，則巡其道脩，庀其委積。大喪，使帥其屬以幄帟先，道野役。及窆，抱磨，共丘籠及蜃車之役。葬事下窆，繼以反土，故云共丘籠，終其事也。及者因此及彼，因丘籠及載蜃灰之車，從其類也。如解蜃車為柩路，不獨先後失敘，且柩路至尊之車也，而以丘籠及之，可乎？王氏應電之說，似比注優。掌其禁令，比敘其事而賞罰。

遂大夫各掌其遂之政令。以歲時稽其夫家之衆寡，六畜田野，辨其可任者與其可施舍者，以教稼穡，以稽功事。掌其政令戒禁，聽其治訟。令為邑者，歲終則會政致事。六遂以外四等公邑，縣師主之，家稍縣都其長主之，凡有地治者之政事，不致之於其主而致之於遂大夫，無是理也。里宰掌比其邑之衆寡、鄰長，凡邑中之政相贊，則民之所聚，皆可稱邑，而所謂為邑者，指遂大夫之屬官明矣。注恐誤。正歲，簡稼器，脩稼政。三歲大比，則帥其吏而興甿，明其有功者，屬其地治者。凡為邑者，以四達戒其功事，而誅賞廢興之。

縣正各掌其縣之政令、徵、比。以頒田里，以分職事，掌其治訟，趨其稼事而賞罰之。遂大夫掌六遂，其職曰簡稼器，脩稼政。縣正掌五鄙，其職曰趨其稼事而賞罰之。上之致意農務如此，田功所以日修也。然所掌之民至多，豈一手一足所能周。及觀鄙長職，歲時簡器,趨其耕耨,里宰職歲時合耦于鋤,以治稼穡,趨其耕耨,則鄰長可推矣。自鄰長、里宰課督田功,始等而上之,互相摧促,而遂大夫、縣正提挈于上,復以誅賞隨之于後,崇墉比櫛,比戶可封,豈虛語哉！若將用野民,師田、行役、移執事,則帥而至,治其政令。既役,則稽功會事而誅賞。

鄙師各掌其鄙之政令祭祀。凡作民,則掌其戒令。以時數其衆庶,而察其媺惡而誅賞。歲終,則會其鄙之政而致事。

鄼長各掌其鄼之政令。以時挍登其夫家,比其衆寡,以治其喪紀祭祀之事。若作其民而用之,則以旗、鼓、兵革帥而至。若歲時簡器,與有司數之。凡歲時之戒令,皆聽之。趨其耕耨,稽其女功。有鄼長稽女工,則閭師懸不蠶不績之罰亦儆矣。方師曰:女功之勤惰,吏得而稽之,則婦姑反脣,家人詬誶之大惡,不禁而自弭矣。此成周之法所以止邪于未形,而與禮相貫也。

里宰掌比其邑之衆寡,與其六畜、兵器,治其政令。以歲時合耦于鋤,以治稼穡。趨其耕耨,行其秩敘,以待有司之政令,而徵斂其財賦。

鄰長掌相糾相受。凡邑中之政,相贊。徙于他邑,則從而授之。

旅師掌聚野之鋤粟、屋粟、閒粟,而用之。以質劑致民,平頒其興積,施其惠,散其利,而均其政令。遺人掌邦之委積以待施惠,野鄙之委積以待羇旅,旅師與遺人聯事,所云平頒其興積,即委積也。遺人第言施惠,而旅師兼言散利,文互見耳。抑遺人所掌委積,自野鄙待羇旅外,其餘皆以恤艱阨,待凶荒,待賓客,養老孤,于施惠居多,而旅師所待者,羇旅兼有新甿在内,若一一遍惠之,亦難爲繼矣。此春頒秋斂之法,並行而不悖者,而非王氏青苗之所得藉口也。凡用粟,春頒而秋斂之。凡新甿之治皆聽之。新甿即比長、鄰長職所云徙于他邑,從而授之者,有旅師聽其治,所以無流徙之苦,而有安宅之樂也。使無徵役,以地之媺惡爲之等。

稍人掌令丘乘之政令。注疏分鄉遂、都鄙而二之,因謂兵制亦然。鄉遂,家出一人。小司徒五家爲比,五人爲伍是也。都鄙五百七十六家,共出一乘。小司徒四邑爲丘,四丘爲甸,稍人掌令丘乘之政令是也。所以然者,鄉遂之兵用以衛王,都鄙之兵用之征戍,或多或寡,節其勞逸,無不均也。其說辨矣。然嘗考之,夏官大司馬親掌六軍,蒐苗獮狩,所以習戰。而《大雅‧常武》之詩"整我六師,以修我戎",則鄉遂之兵未嘗不與征行也。分軍制而二之,

183

與分田制而二之,其失均矣。五家爲比,五人爲伍者,其意在于平居相親愛,則臨難相捍衛。
團結之制自宜爾。非曰專以衛王,故家出一人也。四丘爲甸,甸出一乘者,其意在於卒伍迭
發,則民力不病,車甲更番,則民財不傷,軫恤之意自宜爾。非曰都鄙之制如此,而鄉遂不如
此也。詳見小司徒職。若有會同、師田、行役之事,則以縣師之灋,作其同徒輂輦,
帥而以至,治其政令,以聽於司馬。司馬所謂在公邑,則稍人當用縣師所受司馬之法作
之,以縣師掌四等公邑,而稍人佐縣師,令丘乘之政令也。知縣師掌公邑者,地官有鄉師、遂師、
縣師,秋官有鄉士、遂士、縣士。縣士三旬而職聽于朝,對國中一旬,郊二旬觀之,則縣士所掌者正公邑之
地。以秋官例地官,故知縣師所掌爲四等公邑之地,無疑也。知稍人與縣師聯事者,稍地有家司馬掌地
之政令,故知采地之外,稍人所令丘乘爲公邑也。若都家之調發,則都家司馬職曰掌都家之衆庶、
車馬、甲兵之戒令,以聽于國。司馬無爲復受法于縣師也,注恐誤。大喪,帥廞車與其役
以至,掌其政令,以聽於司徒。

委人掌斂野之賦斂薪芻。凡疏材木材,凡畜聚之物,以稍聚待賓客,以甸聚
待羇旅。凡其余聚,以待頒賜。凡待賓客者取之于稍聚,待羇旅者取之于甸聚,非于稍
待賓客,于甸待羇旅也。獨言羇旅、賓客者,掌客示三十車芻薪倍禾,賓旅所必需,故聚以佐
遺人也。若恤艱阨、養老孤、救凶荒所重者,米粟而已。芻薪蔬秸民間自能求之,無待委人
共之矣。余作餘注,指縣都畜聚之物,而獨以共頒賜,於義未愜,不如臨川吳氏作稍甸之餘
聚較安。以式灋共祭祀之薪蒸木材。賓客,共其芻薪。喪紀,共其薪蒸木材。上
言所待,此言所共,而共之必以大宰所頒之式灋也。九式,一曰祭祀,二曰賓客,三曰喪荒,
獨云喪紀,薪蒸木材,非饑荒之備也。軍旅,共其委積薪芻。凡疏材,共野委兵器,與
其野囿財用。軍旅用廣,故公邑家稍之委積並蓄以待供。又供億事繁,委人不獨供芻薪,
且佐遺人共其委積。如注解,則經第云軍旅供其芻薪足矣。野委兵器與野囿財用對舉,謂
共野委中之兵器,野囿中之財用。古者君行師從,卿行旅從,雖非用大師,亦軍旅之類,館
人助捍撝焉,共兵器則委人共之也。野囿禽獸之所聚,如共其田獸,以佐饎牽之類。注謂藩
羅之材,或其中之一耳。

土均掌平土地之政。以均地守,以均地事,以均地貢,大司徒以土均之法,辨五
物、九等制地征,即此職所云平土地之政也。曰以作民職,即此之地守、地事皆在其內。曰
以令地貢,即此之地貢也。則壤成賦,王者所慎,故既設均人,復設土均,土均次于六遂之後
者,自遠郊而外爲地益廣,山林、川澤、原防衍沃、高下、肥瘠、曲折不同,必土均均之,然後草

人以下諸官，乃能部分所涖，而各張其職焉。自此以達之畿外，莫不皆然，故曰制天下之地征，而非如鄭注所云，專掌邦國、都鄙，遂不及六遂公邑也。此職蓋與均人聯事，均人次于六鄉官吏之後，所均者六鄉爲多，土均次于六遂官長之後，所均者六遂公邑爲多，而法則通行之天下。不言力征者，既詳于均人，則此職可略，亦互見法。以和邦國、都鄙之政令、刑禁。與其施舍、禮俗、喪紀、祭祀。皆以地嬟惡爲輕重之濾而行之，掌其禁令。

草人掌土化之濾以物地，相其宜而爲之種。凡糞種，凡騂剛赤緹九等之土，其色若性，草人皆能辨之，故能相其宜而爲之種。倒糞種之文于下者，爲之種，而後糞，語序當如此。○種與土宜一意，煑骨汁糞種以化土，又一意。土化則種蓋與土宜兩意，初是一意。故專而言之，曰掌土化之法，以周知五種之名，與所宜地，有司稼之官在也。騂剛用牛，赤緹用羊，墳壤用麋，渴澤用鹿，鹹瀉用貆，勃壤用狐，埴壚用豕，疆檃用蕡，輕爂用犬。

稻人掌稼下地。以瀦畜水，以防止水，以溝蕩水，以遂均水，以列舍水，以澮寫水，以涉揚其芟。作田，凡稼澤，夏以水殄草而芟荑之，澤草所生，種之芒種。旱暵，共其零歛。喪紀，共其葦事。

土訓掌道地圖，以詔地事，道地慝，以辨地物而原其生，以詔地事。王巡守，則夾王車。

誦訓掌道方志，以詔觀事。掌道方慝，以詔辟忌，以知地俗。王巡守，則夾王車。

山虞掌山林之政令。物爲之厲而爲之守禁。仲冬，斬陽木。仲夏，斬陰木。凡服耜，斬季材，以時入之，令萬民時斬材有期日。時斬材，即斬陽木、陰木必以其時也，民與官同之。凡邦工入山林而掄材，不禁。承上斬材有期日而言，或國家有興造，所需材木，必經大匠掄擇，而後中選，在于陽木、陰木季材之外者，又不可拘以日期也。

林衡掌巡林麓之禁令而平其守，以時計林麓而賞罰之。若斬木材，則受濾于山虞，而掌其政令。亦兼官民而言。

川衡掌巡川澤之禁令而平其守。以時舍其守，犯禁者，執而誅罰之。祭祀、賓客，共川奠。川衡需徒其多者至百有二十人，使之共川奠，推之山虞，其胥徒甚多，亦以供材木之用，不但巡視而已也。此與天官獻人、鼈人聯事者。

澤虞掌國澤之政令，爲之厲禁。使其地之人守其財物，以時入之于玉府，頒

185

其餘于萬民。九兩藪以富得民,龜貝珠璣,除入玉府外,皆與萬民同利其利,君無貪焉。必自澤虞頒之,而後吏不敢擾,民不得争也。故立文與上三職不同。凡祭祀、賓客,共澤物之奠。喪紀,共其葦蒲之事。若大田獵,則萊澤野。及弊田,植虞旌以屬禽。凡旗上皆有旌,文互見。

迹人掌邦田之地政,爲之厲禁而守之。凡田獵者受令焉,禁麛卵者,與其毒矢射者。

卝人掌金玉錫石之地,而爲之厲禁以守之。此與迹人、獸人皆與山虞聯事者,山之所産禽獸、寶藏,其利視材木爲多,故特設此二官以司之。不與民妄取,而實與民同利。不言頒其餘于萬民者,已見之于澤虞矣。蓋金玉之與珠貝,禽獸之與屭蛤,其爲國之寶貨均,則推而與下同之亦均也。若以時取之,則物其地圖而授之,物其地,謂辨土色,以別所産。如管子言:上有丹砂,下有黄金。上有磁石,下有銅之類。巡其禁令。

角人掌以時徵齒角凡骨物於山澤之農,予之齒者去其角,故或徵齒,或徵角,而骨物則百獸皆有,故以凡該之。以當邦賦之政令。以度量受之,以共財用。

羽人掌以時徵羽翮之政于山澤之農,以當邦賦之政令。凡受羽,卜羽爲審,百羽爲摶,十摶爲縛。

掌葛掌以時徵絺綌之材于山農。凡葛征,掌葛與掌皮對舉。中古木棉未入中夏,葛之爲用甚溥,或精而爲絺,或粗而爲綌,皆視其材而征之,及其成布也,均名曰葛,故以凡葛征概之。徵草貢之材于澤農,以當邦賦之政令,以權度受之。

掌染草掌以春秋歛染草之物,以權量受之,以待時而頒之。

掌炭掌灰物炭物之徵令,以時入之,《月令》:季秋草木黄落,乃伐薪爲炭。仲夏令毋燒灰。故雖微物,亦必以時入之。以權量受之,以共邦之用,凡炭灰之事。

掌荼掌以時聚荼,以共喪事。荼之見于《詩》者有三:一曰苦荼,亦名苦菜,《谷風》詩"誰謂荼苦"是也。二曰菱葉,《良耜》詩"荼蓼朽止"是也。三曰英荼,乃茅草秀出之穗,《東門》詩"有女如荼"是也。掌荼所聚者英荼而已。○自掌染草至掌蜃,皆不言徵之何人,以角人已下例之,其徵之於山農或澤農可知也。亦有居山澤,而無田可耕者,賦以作材爲恒業,與農圃工賈之屬,均宜有職,均人土均,所謂地守,閭師所謂任衡以山事,貢其物,在虞以澤事,貢其物。角人已下,諸官皆徵之,以供官府之用,故角人至掌葛言徵之,山澤之農,而掌染草,至掌蜃不言,欲人知所徵者,尚有地守作財一項人在也。徵野疏材之物,以待邦事,凡畜聚之物。

掌蜃掌斂互物蜃物,以共闉壙之蜃。祭祀,共蜃器之蜃,共白盛之蜃。

囿人掌囿游之獸禁,牧百獸。祭祀、喪紀、賓客,共其生獸、死獸之物。

場人掌國之場圃,而樹之果蓏珍異之物,以時斂而藏之。凡祭祀、賓客,共其果蓏。天官甸人已供果蓏,而此復云者,甸人所供專主宗廟之薦,場人則兼及於賓客,其所共視甸人爲多也。享,亦如之。

廩人掌九穀之數,以待國之匪頒、賙賜、稍食。以歲之上下數邦用,以知足否,以詔國用,以治年之凶豐。凡萬民之食,食者人四鬴,上也。人三鬴,中也。人二鬴,下也。若食不能人二鬴,則令邦移民就穀,詔王殺邦用。廩人所掌者穀數,以歲之所入穀數,與萬民食食核之,人四鬴爲歲之上,人二鬴爲歲之下,由上而及中,由下而及不能,二鬴則下之下矣。於歲統言之,於食析言之,其義一也。歲上則邦用足,藏其餘以待用,是治年之豐也。歲下則邦用不足,移民就穀,詔王殺邦用,是治年之凶也。下節申解上節。凡邦有會同、師役之事,則治其糧與其食。大祭祀,則供其接盛。

舍人掌平宮中之政。分其財守,以灋掌其出入。凡祭祀,共簠簋,實之、陳之。賓客,亦如之,共其禮車米、筥米、芻禾。喪紀,共飯米、熬穀。以歲時縣穜稑之種,以共王后之春獻種。掌米粟之出入,辨其物。歲終,則會計其政。

倉人掌粟入之藏,辨九穀之物,以待邦用。若穀不足,則止餘灋用。有餘,則藏之,以待凶而頒之。凡國之大事,共道路之穀積,食飲之具。

司稼掌巡邦野之稼,而辨穜稑之種,周知其名,與其所宜地。以爲灋而縣于邑閒,巡野觀稼,以年之上下出斂灋。司稼以年之上下出斂法,然後稾人司穀入之數,以歲之上下詔國用。掌均萬民之食,而賙其急而平其興。

舂人掌共米物。祭祀,共其齍盛之米。賓客,共其牢禮之米。凡饗食,共其食米。掌凡米事。

饎人掌凡祭祀共盛,共王及后之六食。凡賓客,共其簠簋之實。饗,亦如之。

槀人掌共外內朝冗食者之食,若饗耆老子,共其食。掌豢祭祀之犬。

石谿讀周官第三

春官宗伯第三

惟王建國,辨方正位,體國經野,設官分職,以爲民極。乃立春官宗伯,使帥其屬而掌邦禮,以佐王和邦國。虞謂之秩宗,宗者,尊也。以其典三禮,故尊之。周謂之宗伯。伯者,長也。對其屬六十而言,天地之道,春温秋肅。周公以刑官屬秋,則以禮官屬春,其義昭然無可疑。

禮官之屬:大宗伯,卿一人。小宗伯,中大夫二人。肆師,下大夫四人、上士八人、中士十有六人、旅下士三十有二人、府六人、史十有二人、胥十有二人、徒百有二十人。

鬱人,下士二人、府二人、史一人、徒八人。

鬯人,下士二人、府一人、史一人、徒八人。

雞人,下士一人、史一人、徒四人。

司尊彝,下士二人、府四人、史二人、胥二人、徒二十人。

司几筵,下士二人、府二人、史一人、徒八人。

天府,上士一人、中士二人、府四人、史二人、胥二人、徒二十人。

典瑞,中士二人、府二人、史二人、胥一人、徒十人。

典命,中士二人、府二人、史二人、胥一人、徒十人。

司服,中士二人、府二人、史一人、胥一人、徒十人。

典祀,中士二人、下士四人、府二人、史二人、胥四人、徒四十人。

守祧,奄八人,女祧每廟二人、奚四人。

世婦,每宫卿二人、下大夫四人、中士八人、女府二人、女史二人、奚十有六人。《後漢書》載曹大家嬪婦,則六宫皆從授經。比其没也,皇后爲之服喪。由是觀之,先儒以春官、世婦選于内外宗及卿、大夫、士之妻有齒德者爲之,其説可行。蓋不但祭祀、喪紀、詔相王后禮事，抑且隨事獻箴進頌，亦如師氏、保氏之在王左右，詔媺陳惡，其裨益于冥冥中者不少也。府史俱女人爲之，則其長非男人明矣。

內宗，凡内女之有爵者。

外宗，凡外女之有爵者。外女，注指王諸姑姊妹之女來婦者，蓋世爲婚姻親之也，亦兼有異姓來婦者在内。必曰有爵者，禮，婦人無爵從夫之爵，先儒謂世婦先擇于内、外宗之有齒德者爲之，其信，蓋曰卿、曰大夫士即從夫之爵爵之，不論在位與去位者之命婦，皆可充之。既不患無其人，且世爲婚媾，則出入宮闈，于禮尤合也。內、外宗不必皆有爵者，故其數不可預定。

冢人，下大夫二人、中士四人、府二人、史四人、胥十有二人、徒百有二十人。

墓大夫，下大夫二人、中士八人、府二人、史四人、胥二十人、徒二百人。墓大夫之爵與冢人同，或恐墓地争訟猝難譬解，非官尊不足以鎮之歟？上古形家之説未興，而先王已預爲之防如此，抑亦可見送死藏魄之爲大事，設官巡視，貴賤同之。愛敬人之親無異于吾親，厚之至也。

職喪，上士二人、中士四人、下士八人、府二人、史四人、胥四人、徒四十人。

大司樂，中大夫二人。樂師，下大夫四人、上士八人、下士十有六人、府四人、史八人、胥八人、徒八十人。大司樂以中大夫任之，與小宗伯同貳大宗伯。樂師，猶肆師也，故亦以下大夫任之。禮樂交錯于中，發形于外。然禮先樂後，亦於此見之。

大胥，中士四人。小胥，下士八人、府二人、史四人、徒四十人。成均學士肄業者多其版籍徵令，特設大胥爲之經紀，而小胥佐之，使群士無敢萌軼心，然後大司樂得以施其樂德、樂語、樂舞之教也。

大師，下大夫二人。小師，上士四人。瞽矇，上瞽四十人，中瞽百人，下瞽百有六十人。眂瞭三百人，府四人、史八人、胥十有二人、徒百有二十人。樂德、樂語、樂舞三者，大司樂教國子之法，而禀大司樂之教以教者，即大師、小師也。故于矇瞍中擇其嫺於德行道藝者，而隆其爵，以生群士畏敬之心。觀《春秋》内外傳所載師曠、伶州鳩議論，雖名卿大夫有高識博學者無以過焉。使國子日與之居，春絃夏誦，因伎以脩道，因藝以講德，固宜直温寬栗、廣博易良之材比肩而立也。自大師之職不脩，有志者競以風雅相祖述，而不知詩亦樂之章也，樂教亡而詩教孤行，豈能收淑性陶情、變化氣質之益哉！瞽分三等：上者，止四十人，大、小師又拔出于四十人中者，其慎簡之意可見矣。

典司，中士二人、府一人、史一人、胥二人、徒二十人。大師、小師所審者，音也。不以六律不能正五音，故以典同之官繼之。

磬師，中士四人、下士八人、府四人、史二人、胥四人、徒四十人。

鍾師，中士四人、下士八人、府二人、史二人、胥六人、徒六十人。

笙師，中士二人、下士四人、府二人、史二人、胥一人、徒十人。

鎛師，中士二人、下士四人、府二人、史二人、胥二人、徒二十人。大射儀樂人宿縣笙磬西面，其南笙、鍾，其南鎛，皆南陳。又頌磬東面，其南鍾，其南鎛，皆南陳。以鎛師繼于磬師、鍾師、笙師之後，大昭小鳴，其序應如此。

韎師，下士二人、府一人、史一人、舞者十有六人、徒四十人。

旄人，下士四人，舞者衆寡無數，府二人、史二人、胥二人、徒二十人。

籥師，中士四人、府二人、史二人、胥二人、徒二十人。其職教國子舞羽吹籥，隆于教夷舞者，故以中士爲之。當序于韎師、旄人之先，或簡失次歟？

籥章，中士二人、下士四人、府一人、史一人、胥二人、徒二十人。

鞮鞻氏，下士四人、府一人、史一人、胥二人、徒二十人。

典庸器，下士四人、府四人、史二人、胥八人、徒八十人。庸，均也。《左傳》：武王克商，大封同姓。分康叔以大呂，分唐叔以姑洗、密須之鼓。蓋以所得樂器班示子孫，無忘教人之功。此官典庸器則不專樂器，如寶玉、大弓皆是，畢竟樂器居多。

司干，下士二人、府二人、史二人、徒二十人。退司干於後，亦止戈之意歟？

大卜，下大夫二人。卜師，上士四人。卜人，中士八人、下士十有六人、府二人、史二人、胥四人、徒四十人。卜祝皆執藝以事上者，以下大夫爲之長，重交神也。

龜人，中士二人、府二人、史二人、工四人、胥四人、徒四十人。

菙氏，下士二人、史一人、徒八人。

占人，下士八人、府一人、史二人、徒八人。

簭人，中士二人、府一人、史二人、徒四人。

占夢，中士二人、史二人、徒四人。

眡祲，中士二人、史二人、徒四人。

大祝，下大夫二人、上士四人。

小祝，中士八人、下士十有六人、府二人、史四人、胥四人、徒四十人。

喪祝，上士二人、中士四人、下士八人、府二人、史二人、胥四人、徒四十人。

甸祝，下士二人、府一人、史一人、徒四人。

詛祝，下士二人、府一人、史一人、徒四人。

司巫，中士二人、府一人、史一人、胥一人、徒十人。

男巫，無數。女巫，無數。其師中士四人、府二人、史四人、胥四人、徒四十人。云無數者，不取足于額也。巫覡惑人，以中士爲之師，其人必精爽不貳者，以教羣巫，一出於正，如史册所載神奸之弊，庶幾免矣。

大史，下大夫二人、上士四人。

小史，中士八人、下士十有六人、府四人、史八人、胥四人、徒四十人。

馮相氏，中士二人、下士四人、府二人、史四人、徒八人。

保章氏，中士二人、下士四人、府二人、史四人、徒八人。

內史，中大夫一人、下大夫二人、上士四人、中士八人、下士十有六人、府四人、史八人、胥四人、徒四十人。或疑內史爲大史屬官，反以中大夫爲之，而大史以下，大夫据其上，爲不稱。今細按設官本意，大史乃司天之官，而馮相、保章氏爲屬，內史乃納言之官，而外史、御史爲之屬。雖同爲史官，不相統攝，特以所司者典籍，故以類爲序耳，混而一之則非也。

外史，上士四人、中士八人、下士十有六人、胥二人、徒二十人。

御史，中士八人、下士十有六人，其史百有二十人、府四人、胥四人、徒四十人。

巾車，下大夫二人、上士四人、中士八人、下士十有六人、府四人、史八人、工百人、胥五人、徒五十人。工百人，蓋以更續弊車之事繁多歟？此與冬官聯事者，今不可考矣。巾車所掌，自天子達乎孤卿、大夫、士所乘之車，與司常之職通乎上下者同，蓋尊卑貴賤之等，衣服爲先，車旗次之，故春官以是終焉。

典路，中士二人、下士四人、府二人、史二人、胥二人、徒二十人。

車僕，中士二人、下士四人、府二人、史二人、胥二人、徒二十人。

司常，中士二人、下士四人、府二人、史二人、胥四人、徒四十人。

都宗人，上士二人、中士四人、府二人、史四人、胥四人、徒四十人。

家宗人，如都宗人之數。

凡以神士者無數，以其藝爲之貴賤之等。如《國語》所云："其人幾通乎道矣。"經僅以藝目之，又不爲之額，亦無其人，則闕之之意。

大宗伯之職，掌建邦之天神、人鬼、地示之禮，以佐王建保邦國。鬼神示分之有三，合之一神也。大宗伯何以建之？以吾心之寅直清建之也。篤恭而天下平，是建保邦國之實。以吉禮事邦國之鬼神示，以禋祀祀昊天上帝，以實柴祀日月星辰，以槱燎祀司中、司命、飄師、雨師，禋祀，記所云內心實柴槱燎，其義相因，蓋先以牲體實于柴上，而以火燎其所積之薪，使氣臭達于上，以氣感氣。記所云外心也，疏謂三祀互相備，其義精矣。以血祭祭社稷、五祀、五嶽，以貍沉祭山林、川澤，以疈辜祭四方百物。五祀，五行之神也。五官乃其配。注每以五官當五行，其解社稷亦舍土穀之神，而以后土、后稷之配位先之，似失其序矣。天統地，陽兼陰，既首舉昊天上帝，則坤靈包乎其內。故自社稷、五祀、五嶽之血祭，始血祭。報陰與祀日月星辰之報陽相對，至精意以享，則天地同之。使明者自得於意言之外，所以爲聖人之文也。既祭五嶽，又祭山林、川澤，猶既祀星辰，復祀司中、司命、風師、雨師，以其有功于生民也。以肆獻祼享先王，以饋食享先王，以祠春享先王，以禴夏享先王，以嘗秋享先王，以烝冬享先王。以神道事先，則有薦腥之禮。以人道事先，則有薦熟之禮。宗廟之祭，備此二大節，而隆殺由之以分。故先舉之而以四時之祭明之，言其所以享先王者，即以肆獻祼享之，以饋食享之也。四時祭之外，有追享之禘、朝享之祫，亦以肆獻祼享之，以饋食享之，已包在內，更于司尊彝職備列之。《欽定周官義疏》云：宗廟之祭歲四舉，而大禘、大祫錯于其間。禘則或春或夏，而春禘則不祠，夏禘則不禴。大祫于冬而既祫則不烝，每舉大祭則不復舉時祭，故追享、朝享于司尊彝見之，而此無其文者，以四時祭中已賅之也。大禘、大祫與時禘、時祫，經傳每多錯互。夫三時祫，而一時祖，見于《王制》，此時祫對祖言也。時祫合七廟之主，而大祫則兼祭毀廟主，以此爲異。大祫即大烝，可見歲不兩舉矣。《郊特牲》云春禘、秋嘗，《祭統》云夏祭曰禘，此時祭也。《大傳》云王者禘其祖之所自出，以其祖配之，此大禘也。大禘不于春，則于夏。因而春夏之時祭，還以大祭之名被之，而祠亦名禘，禴亦名禘矣。《春秋》書禘于莊公，可見不必追祖之所出，而後謂之禘也。《左傳》云寡君辛未禘祀，可見其爲時祭之通稱也。按：《特牲祭禮》稱皇祖某子，不以妃配。注家謂或遇時祭，適當服除行吉祭禮，則不復行時祭禮，故不稱某妃配。由是觀之，則天子行大禘、大祫，不復舉春祠、夏禴、冬烝禮，懼太數則瀆，瀆則不敬也。顧經傳稱名錯互樊亂，眩人心目，得《欽定義疏》指出，確有根據，如亂絲復理，不覺爽然。以凶禮哀邦國之憂，以喪禮哀死亡，以荒禮哀凶札。歲凶，則民多疾病。宋富鄭公、趙清獻公青州、越州荒政，先爲病坊以處病者，凡醫藥之物無不具焉，即哀凶以及札之意。以弔禮哀禍烖，禍人、禍烖、天烖，如同一水火也。有以人事自致之者，有莫之致而至者。以襘禮哀圍敗，以恤禮哀寇亂。以賓禮親邦國，觀《周禮·大行人》司儀王所以親之之實備矣。人相見則情生，即不能時相見，而遣人問視，則情亦生。親之者，忘尊卑闊絶之分，敦股肱一體之愛。《覲禮》王曰伯父實來，余一人嘉之，即親之之意。下經不云王見邦國，而言邦國見王，便兩邊俱到。春見曰朝，夏見曰宗，秋見曰覲，冬見曰遇，時見曰會，殷見曰同，時聘曰問，殷覜曰視。以軍禮同邦國。禹誓師曰：爾尚一乃心力，即同之之意。大師用衆是正義，大均以下皆連而及之，蓋徒衆既多，必以軍法行之，乃無參差不一之患。大師之禮，用衆也。大均之禮，恤衆也。大田之禮，簡衆也。大役之禮，任衆也。大封之禮，合衆也。以嘉禮親萬民，以飲食之禮親宗族兄弟，以冠昏之禮親成男女，以賓射之禮親故舊朋友，以饗燕之禮親四方之賓客，賓射、享燕二者，皆賓禮也。賓禮施之邦國，此則萬民可推而行之。會數而禮勤，物薄而情厚，所以嘉其所會者，莫大焉，故屬嘉禮。以脤膰之禮親兄弟之國，以賀慶之禮親異姓之國。朋友祭肉之饋，必拜賀慶，則士、庶人同之。亦舉上以該下。以九儀之命正邦國之位：王國之臣命于天子，推而侯國之君、侯國之臣之貴者，皆命于天子。蓋天命有德，天子奉天之命以統馭群下，而莫有僭差焉者也。故曰：正邦國之位九命，詳見《典命》。制定于一尊，六服咸稟行焉，不必皆親受之天子。此云九儀之命，則皆親受之天子者，蓋舉王國之臣以概其餘。故注兼内外言之，然當以内者爲先。壹命受職，再命受服，三命受位，四命受器，有職而後有服，有服而後有位，有位而後有器。命以漸而加，禮以漸而隆，等而上之皆同此意。所謂儀也，其枋在王，其詔王以馭之在冢宰，其儀則宗伯司也。五命賜則，六命賜官，七命賜國，八命作牧，九命作伯。則，八則也，有受之者，必有賜之者，互文見義。抑受者，尋常施受之稱，曰賜則不常有之恩寵，曰作更爲特典異數矣。以玉作六瑞，以等邦國。王執鎮圭，六瑞皆以爲摯，王執鎮圭，以朝日。餘祭祀亦執之，摯自尊者始也。公執桓圭，侯執信圭，伯執躬圭，子執穀璧，男執蒲璧。以禽作六摯，以等諸臣：孤執皮帛，請覿、請面有庭實則用皮執,摯用束帛,而表以虎豹皮,蓋如羔鴈之飾以繢,故曰皮帛。卿執羔,大夫執鴈,士執雉,庶人執鶩,工商執雞。或以庶人爲在官者,故有摯。《士相見禮》庶人曰刺草之臣,庶人亦臣也。工商可推矣,自宜有摯。以玉作六器,以禮天地四方:以蒼璧禮天,以黃琮禮地,以青圭禮東方,以赤璋禮南方,以白琥禮西方,以玄璜禮北方。皆有牲幣,各放其器之色。聘禮束帛加璧謂之禮玉,覲禮天子祀方明畢禮日、禮月,禮與祀不同故。後鄭謂始告神時,以玉薦于神坐是也。有玉必有幣,意亦束帛加玉歟?禮神後然後用牲以祭,故有牲。而牲與幣各放其器之色,後鄭謂幣以從爵,如人飲酒有酬幣儗之,其信然耶?方明設六玉,謂刻木而以玉著其上,是其製然也。與此禮神之器又別,或因禮天地四方,用六玉各象其方之色,而方明亦以祀天地四方,從而象之,未可知。以天產作陰德,以中禮防之;以地產作陽德,以和樂防之。以禮樂合天地之化,百物之產,以事鬼神,以諧萬民,以致百物。雍正壬子嘗侍前輩陳謙老宮詹講論此節,甚有條理。其略云:天產樂由天作也,以宣湮欝之氣,曰作陰德,然樂勝則流,故以中禮防之,斯和而節。地產禮,以地制也,以昭燦設之。文曰作陽德,然禮勝則離,故以和樂防之,斯嚴而泰。愚按:宗伯掌禮兼掌樂,而自篇首至此,專言禮,其實禮曰陰作樂,由陽來。禮與樂交祀爲用,陰與陽互爲其根,其本在天地,其實不過中和□之。凡宗伯所建,皆中也,即皆和也,合同而化者也。以禮樂合天地之化、百物之產,故幽而鬼神明,而民物無不歡欣交暢,是和邦國之實也。大司徒職云:五禮教中,六樂教和,分言之,此云合天地之化,互言之其義始備。凡祀大神、享大鬼、祭大示,帥執事而卜日,宿眡滌濯,涖玉鬯,省牲鑊,奉玉齍,詔大號。眡滌濯至詔大號,天神、地示、人鬼同之。然則寶染櫃燎,蓋求神于陽。血祭貍沉疈辜,蓋求神于陰,而非正祭之禮。與《生民》之詩曰:于豆于登,其香始升,上帝居歆。《我將》之詩曰:惟羊惟牛,惟天其右之。郊祭之儀,略見梗概。惜其詳不可得聞矣。玉齍不宜與九嬪職異義,即玉鬯亦不宜分而二之,以自亂其例。○盛鬯、盛齍以玉器,所以別于鬯齍之不用玉器者。治其大禮,詔相王之大禮。若王不與祭祀,則攝位。凡大祭祀,王后不與,則攝而薦豆籩徹。大賓客,則攝而載果。朝覲、會同,則爲上相。大喪,亦如之。王哭諸侯亦如之。王命諸侯,則儐。國有大故,則旅上帝及四望。王大封,則先告后土,后土對皇天言,疏以勾龍生爲后土官,世人因名社爲后土,恐非。乃頒祀于邦國、都家、鄉邑。頒祀都家八則所云。祭祀以馭其神也。

小宗伯之職，掌建國之神位，右社稷，左宗廟。兆五帝於四郊、四望、四類，亦如之。兆山川丘陵墳衍，各因其方掌五禮之禁令，與其用等。辨廟祧之昭穆，《中庸》：宗廟之禮，所以序昭穆也。即此意。辨吉凶之五服、車旗、宮室之禁。五服，注謂王及公、卿、大夫、士之服是也。此即司服之所掌者。而小宗伯掌其凡，猶辨廟祧昭穆，是守祧之所掌也。亦小宗伯掌其凡。掌三族之別，以辨親疏。其正室皆謂之門子，掌其政令。三族之別，別其正體，而旁出者之服制視此矣。古人重正嫡，必正室方謂之門子，則嫡庶之分嚴，宗法立矣。宗法立，則收族有人，不獨親者親，而疏者亦不至，相視如路人矣。毛六牲，辨其名物而頒之於五官，使其奉之。辨六齍之名物與其用，使六宮之人其奉之。六牲不言用，而六齍言用者，黍、稷、稻、粱或用簠，或用簋，或用敦以盛之，而後可奉。六牲則頒之于五官，助王牽之，及亨人亨之，由鑊入鼎，由鼎升之俎，一而已，故第云其奉之。辨六彝之名物，以待果將。辨六尊之名物，以待祭祀賓客。掌衣服、車旗、宮室之賞賜，掌四時祭祀之序事與其禮。若國大貞，則奉玉帛以詔號。疏云玉帛，明亦有六幣以禮神，因此可証大宗伯以玉作六器禮天地四方，必有幣以藉玉，而非如賓客酬幣之謂也。大祭祀，省牲，眡滌濯。祭之日，逆齍省鑊告時于王，告備于王。凡祭祀、賓客，以時將瓚祼，詔相祭祀之小禮。凡大禮，佐大宗伯，賜卿、大夫、士爵，則儐。小祭祀，掌事，如大宗伯之禮。大賓客，受其將幣之齎。若大師，則帥有司而立軍社，奉主車。若軍將有事，則與祭有司將事于四望。若大甸，則帥有司而饁獸于郊，遂頒禽。大烖，及執事禱祠于上下神示。王崩，大肆以秬鬯渳及執事涖大歛、小歛，帥異族而佐，縣衰冠之式于路門之外。及執事眡葬獻器，遂哭之。卜葬兆，甫竁，亦如之。既葬，詔相喪祭之禮，成葬，而祭墓為位。凡王之會同、軍旅、甸役之禱祠，肆儀為位。國有禍烖，則亦如之。凡天地之大烖，類社稷、宗廟，則為位。自成葬祭墓至此，皆言為位之事，以建國、神位，小宗伯專職也。不附于篇首者，此所言為位，皆禮之變也。凡國之大禮，佐大宗伯。凡小禮，掌事如大宗伯之儀。

肆師之職，掌立國祀之禮，以佐大宗伯。立大祀，用玉帛牲牷。立次祀，用牲幣。立小祀，用牲。以祀天神，言之昊天上帝大祀也，用玉帛牲牷，所以佐大宗伯禋祀之。禮日月星辰次祀也，用牲幣，所以佐大宗伯實柴之。禮司中、司命、風師、雨師小祀也，用

195

牲,所以佐大宗伯櫔燎之禮。推之地示、人鬼皆然,互見其義以相足。蓋禮文繁多,非一官所能備載也。或曰國祀侯國祭祀之禮,異于天子者也,亦通。以歲時序其祭祀,及其祈珥。《夏官》:小子掌珥于社稷祈子,五祀與此同。一說祈如小祝祈福祥,珥當作彌,如小祝之彌。裁兵皆小祭祀,故肆師序而及之,亦通。大祭祀,展犧牲,繫于牢,頒于職人。凡祭祀之十日,宿爲期,詔相其禮。眡滌濯,亦如之。祭之日,表齍盛,告絜展器陳,告備。及果,築鬻,將祼乃築香草而鬻之,以和鬯,慮香味經時輒散,不耐久也。相治小禮,誅其慢怠者。掌兆中廟中之禁令。凡祭祀禮成,則告事畢。《儀禮》:凡祭祀,諸儀節告事畢,皆宗人爲之,肆師宗伯之考也。大賓客,涖筵几,築鬻,贊果將。大朝覲,佐儐,共設匪甕之禮。饗食,授祭,與祝侯禳于畺及郊。大喪,大渳以鬯,則築鬻,令外內命婦序哭,禁外內命男女之衰不中灋者,且授之杖。小宗伯縣衰冠之式于路門外,猶慮有不中法者,肆師復禁之。服與杖同時,其授之杖,必中法可知,苟不中法,則不授之杖,亦可知古人服以首貌,貌以首心,衰不中法,其失不止于衰也,故禁之。凡師甸,用牲于社宗,則爲位,類造上帝,封于大神。祭兵于山川,亦如之。凡師不功,則助牽主車。凡四時之大甸獵,祭表貉,則爲位。嘗之日,涖卜來歲之芟。獮之日,涖卜來歲之戒。社之日,涖卜來歲之稼。凡卜必設涖卜,《士喪禮》卜日涖卜即位于門東西面,卜人作龜,宗人受龜示涖,卜涖貞受示。反之必有占色、占墨之事,非但臨之而已。若國有大故,則令國人祭。歲時之祭祀,亦如之。凡卿大夫之喪,相其禮。凡國之大事,治其禮儀以佐宗伯。凡國之小事,治其禮儀而掌其事,如宗伯之禮。

鬱人掌祼器。凡祭祀、賓客之祼事,和鬱鬯以實彝而陳之。凡祼玉,濯之陳之,以贊祼事,詔祼將之儀與其節。凡祼事,沃盥。大祭祀,小臣沃王盥,鬱人又掌之者,凡尊者之盥,或奉槃匜,或授巾,不一其人也。大喪之渳,共其肆器。及葬,共其祼器,遂貍之。大祭祀,與量人受舉斝之卒爵而飲之。

鬯人掌共秬鬯而飾之。以秬黍釀爲酒,不與五齊,掌之酒正,而特設鬯人,重祼也。鬯豫爲之,將祼之時,乃築鬱而煑以和之。觀鬯人職,惟載所用之器,與所其之鬯而他不與焉。蓋未祼則鬯人掌之,將祼則鬯人共之,鬱人與肆師和之,而鬯人不與。各分掌其事,以明敬也。凡祭祀,社壇用大罍,禜門用瓢齎,廟用脩。脩從注作卣,此未和鬱時所盛也。既和鬱，則登之彝，乃司尊彝之官掌之矣。注以宗廟盛酒之器彝爲上，卣尊爲中，罍爲下，而以卣爲免喪即吉始禘時用之。夫經第云廟用卣，無以知其非大祭祀也。大祭祀之鬯，盛之以卣，和鬱則盛之以彝，三官相聯事，文義明白，何故另生別解乎？凡山川四方用蜃，凡裸事用概，凡䘏事用散。大喪之大渳，設斗，共其釁鬯。肆師大喪築鬻則釁鬯中兼用鬱明甚矣。由是推之，鬯兼用鬱居多，鬱人職，凡祭祀、賓客之裸事，和鬱鬯以實彝而陳之。祭祀言凡，則專用鬯者，亦僅矣。鬯人自社壝以下，皆以凡祭祀概之，與鬱人同，則社壝以下，所用之鬯，亦兼鬱，未可知也。賈疏以祭祀惟據宗廟言之山川及門社等只用鬯之説，亦可疑。凡王之齊事，共其秬鬯。凡王弔臨，其介鬯。

雞人掌共雞牲，辨其物。大祭祀，夜嘑旦，以嘂百官。凡國之大賓客、會同、軍旅、喪紀，亦如之。凡國事爲期，則告之時。凡祭祀面禳釁，共其雞牲。

司尊彝掌六尊、六彝之位，詔其酌，辨其用與其實。春祠、夏禴，裸用雞彝、鳥彝，皆有舟。鬱人以鬱和鬯之時，將裸矣，用彝盛之，與鬯人所盛之器又不同。彝用舟，異于尊，慎之至也。其朝踐用兩獻尊，其再獻用兩象尊，皆有罍，諸臣之所酢也，三酒，凡王獻諸臣，與諸臣交相酬，皆用之。觀《特牲少牢禮》，可推而知。注解酢謂臣獻尸自酢，亦言其朔耳。朝踐即朝獻，饋獻即再獻。當從介甫説，與籩人、醢人合，注疏紛紜，于義未安。秋嘗、冬烝，裸用斝彝、黃彝，皆有舟。其朝獻用兩著尊，其饋獻用兩壺尊，皆有罍，諸臣之所酢也。凡四時之間祀、追享、朝享，裸用虎彝、蜼彝，皆有舟。其朝踐用兩大尊，其再獻用兩山尊，皆有罍，諸臣之所酢也。凡六彝、六尊之酌，鬱齊獻酌，醴齊縮酌，盎齊涚酌，凡酒脩酌。注讀獻尊爲沙尊，引郊牲涗酒之法以釋本文詳矣。介甫謂鬱齊不縮也，獻之而已，醴齊不涚也，縮之而已，宗廟事神，濁尚質爲先，清尚文爲後，此説不用改經文，而意義更長。○酒正備五齊，本文遺泛醴。沈三齊注謂泛從醴，醴沈從盎，當有五尊，與本文不合。因變爲大事，于太廟用五齊，四時之齊則不備，亦無徵之論，且朝享、追享，當如後儒以追享爲禘，朝享爲祫，六享用尊之數俱同，固未當有軒輊也。大喪，存尊彝。大旅，亦如之。

司几筵掌五几、五席之名物，辨其用與其位。凡大朝覲、大饗射，凡封國、命諸侯，王位設黼純，依前南鄉，設莞筵、紛純，加繅席，畫純，加次席，黼純。左右玉几，祀先王昨席，亦如之。諸侯祭祀席，蒲筵繢純，加莞席，紛純，右彫几。昨

197

席，莞筵紛純，加繅席，畫純。筵國賓于牖前，亦如之。左彤几。甸役，則設熊席，右漆几。凡喪事，設葦席，右素几。其柏席用萑，黼純，諸侯則紛純，每敦一几。凡吉事變几，凶事仍几。

天府掌祖廟之守藏，與其禁令，凡國之玉鎮、大寶器藏焉。若有大祭、大喪，則出而陳之。既事，藏之。凡官府、鄉州及都鄙之治中，受而藏之，以詔王察群吏之治。《書》曰：民協于中。如字讀義更長。治而適其中，則比于禮矣。故與天官聯事，而以春官掌之。都鄙雖王子弟、公卿自立兩陳，殷置輔，而群吏之治中，詔王察之，所謂法則以馭其官也。上春，釁寶鎮及寶器。凡吉凶之事，祖廟之中，沃盥，執燭。季冬，陳玉以貞來歲之媺惡。若遷寶，則奉之。若祭天之司民、司祿而獻氏數、穀數，則受而藏之。三年大比獻民數者，司民也。則獻穀數者，必司祿。其文闕，無從而考矣。司民獻民數于司寇，司寇獻之于王，王命天府藏之，受之者，受于司寇也。

典瑞掌玉瑞、玉器之藏，辨其名物與其用事。設其服飾：瑞與器玉人爲之，既成，以授典瑞掌之，繅藉與絲爲之，典絲職凡飾邦器者，授文織絲組焉。既成，以授典瑞設之。王晉大圭，執鎮圭，繅藉五采五就，以朝日。公執桓圭，侯執信圭，伯執躬圭，繅皆三采三就。子執穀璧，男執蒲璧，繅皆二采再就。以朝覲、宗遇、會同于王。諸侯相見，亦如之。瑑、圭、璋、璧、琮，繅皆二采一就，以覜聘。四圭有邸，以祀天、旅上帝，兩圭有邸，以祀地、旅四望。祼圭有瓉，以肆先王，以祼賓客。圭璧以祀日月星辰。璋邸射，以祀山川，以造贈賓客。自祀天至祀山川，其序與大宗伯之祀享祭大略相應。凡此皆禮神之玉，故與王之所執以朝日、朝諸侯者不同歟？土圭以致四時日月，封國，則以土地。珍圭，以徵守，以卹凶荒。牙璋以起軍旅，以治兵守。璧羨以起度，駔圭璋、璧琮、琥璜之渠眉。疏璧琮，以歛尸。穀圭以和難，以聘女。琬圭以治德，以結好。琰圭以易行，以除慝。治德與易行對，結好與除慝對。自大圭至琰圭皆名物也，曰以者皆用事也。大祭祀、大旅，凡賓客之事，共其玉器而奉之。大喪，共飯玉、含玉、贈玉。凡玉器出，則共奉之。

典命掌諸侯之五儀、諸臣之五等之命。公、侯、伯、子、男，君之爵也。公、孤、卿、大夫、士，臣之爵也。君之爵五，其命三。臣之爵五：有王之臣，有公、侯、伯、子、男之臣，自八命以至一命不可一二數矣。後鄭以孤以下，四命、三命、二命、一命、不命釋諸臣之命，恰合五等。若兼王臣，則自公孤至上、中、下士，其等不止于五矣。蓋掌諸侯之五儀，通乎天下者也。掌諸臣五等之命，通乎國中者也。大宗伯九儀之命，兼內外言之，而以內爲先，皆親命之天子者也。典命亦兼內外言之，而于外較詳。邦國之臣不皆命之天子者也，立文互相備。大國三卿皆命于天子，次國二卿命于天子，一卿命于其君，小國之卿命于其君。上公九命爲伯，其國家、宮室、車旗、衣服、禮儀，皆以九爲節。侯伯七命，其國家、宮室、車旗、衣服、禮儀，皆以七爲節。子男五命，其國家、宮室、車旗、衣服、禮儀，皆以五爲節。王之三公八命，其卿六命，其大夫四命，及其出封，皆加一等，其國家、宮室、車旗、衣服、禮儀亦如之。凡諸侯之適子誓於天子，攝其君，則下其君之禮一等。未誓，則以皮帛繼子男。公之孤四命，以皮帛，眡小國之君。其卿三命，其大夫再命，其士一命，其宮室、車旗、衣服、禮儀，各眡其命之數。侯、伯之卿、大夫、士亦如之。子、男之卿再命，其大夫一命，其士不命，其宮室、車旗、衣服、禮儀，各眡其命之數。

　　司服掌王之吉、凶衣服，辨其名物與其用事。王之吉服，祀昊天上帝，則服大裘而冕；祀五帝，亦如之。先昊天上帝，次五帝，立文有序，其餘皆互見，故後先不同，非有異義也。大裘尚質冕十二旒，尚文無首服。尚文而衣偏于質之禮，故以十二章之衣裼裘，不言可推也。冬裘、夏絺，郊祭在冬，以衣裼裘則祀。赤帝在夏，以衣表葛，亦不言可推也。享先王，則袞冕；享先公、饗、射，則鷩冕；祀四望山川，則毳冕；祭社稷五祀，則希冕；祭群小祀，則玄冕。或疑四望山川不當列于社稷五祀之上，又享人鬼之服九章、七章，祭地示之服五章、三章，似失其序。蓋禮之大義，不外尊、親二者而已。以尊言之，則地示在人鬼之上。以親言之，則宗廟在社稷之先。且天統地，服大裘而冕，以祀上帝，則神靈同之。故以袞鷩冕服享先王、先公，乃情與文稱，不可易也。社稷五祀，既不可以理沈之禮祭之，無以血祭之禮用之四望山川。故宗伯職列社稷五祀于先，司服職退之于四望山川之後，義各有當。鄭氏鍔謂：非彝常小山川，乃四望以外之大山川，亦求其故而不得，從而爲之辭者也。凡兵事，韋弁服；眡朝，則皮弁服。皮弁服加一則字明乎二弁皆皮爲之。皮弁之色白，韋弁之色赤。兵事，夏官司之，于赤爲宜，故王用韋弁，視朝則當用皮弁，其爲皮則一也。皮弁、韋弁同等之服，而韋弁序于先，亦有差歟？詳見《聘禮》，二弁俱用皮，第有生熟之分。通言之，革亦皮也。觀《考工》止言攻皮，了然矣。韋弁色赤。《詩》云：靺韐有奭，其服皆赤，可知皮弁色白。冠禮素積白屨，其服皆白，亦可知。凡甸，冠弁服。注以委貌解冠弁。郝氏敬曰：委貌，冠也。不可謂之弁。按首服冕爲上，弁次之，冠又次之，以冠爲弁，其等紊矣。且弁與冠之制，迥然不同。郝氏之疑固當，應詳考。凡凶事，服弁服。凡弔事，弁絰服。注謂弁絰如爵弁而素，加環絰。或引《小記》謂弁即皮弁。按皮弁吉服。經既以凶事別吉服，則弔事亦凶事也，當以注解爲當。且與下經王爲公卿、大夫、士、諸侯衰服，其首服皆弁絰一例，更無可疑。凡喪，爲天王斬衰，爲王后齊衰。王爲三公六卿錫衰，爲諸侯緦衰，爲大夫、士疑衰，其首服皆弁絰。上下文皆詳王之吉服、凶服，忽攔入臣服，似不倫。蓋君至尊，以分言之，不當爲臣服，然君有父道，后有母道，爲臣者，既爲王服斬衰，爲后服衰齊矣，而王不爲之制服，忍乎？故爲三等之衰，而首服有絰衰者。摧，痛也；絰者，實也。雖其縷其布與齊斬迥殊，而其寓哀痛慘怛于衰服、首服之中，以明腹心手足之義，與恩則一也，五句當一氣讀。大札、大荒、大烖，素服。注曰：君臣素服縞冠，以此推之，弔服之不可用皮弁益明矣。公之服，自袞冕而下，如王之服。侯伯之服，自鷩冕而下，如公之服。子男之服，自毳冕而下，如侯伯之服。孤之服，自希冕而下，如子男之服。卿大夫之服，自玄冕而下，如孤之服。其凶服，加以大功、小功。士之服，自皮弁而下，士服首皮弁加一等爲玄冕，乃不以玄冕助祭，而以爵弁助祭，冕與弁尊卑之界劃然矣。抑因此疑冠弁即士三加之爵弁歟？首服皆以上兼下，不應王不服爵弁，而專爲士制爵弁于皮弁之上，亦于例不一。爵弁微赤用之甸，易之以素而加絰，用之弔，其爲王之首服明甚，當詳考。如大夫之服。其凶服，亦如之。其齊服，有玄端、素端。先叙王之吉服，次凶服，次諸臣之吉服、凶服，至王與諸臣之齊服俱不見，而獨詳于士，何以故？或其字對王之吉服、凶服，另起以見義歟？宜入思議。凡大祭祀、大賓客，共其衣服而奉之。大喪，共其複衣服、斂衣服、奠衣服、廞衣服，皆掌其陳序。

　　典祀掌外祀之兆守，皆有域，域即下文所守之屬禁。掌其禁令。若以時祭祀，則帥其屬而脩除，徵役于司隸而役之。及祭，帥其屬而守其屬禁而蹕之。

　　守祧掌守先王、先公之廟祧，其遺衣服藏焉。若將祭祀，則各以其服授尸，其廟則有司脩除之，其祧則守祧黝堊之。既祭，則藏其隋與其服。

　　世婦掌女宮之宿戒及祭祀，比其具，詔王后之禮事。帥六宮之人共齍盛，相外內宗之禮事。天官世婦帥女宮，而濯摡爲粢（齍）盛，此云帥六宮之人共齍盛，則天官世婦亦在所帥之列，且所帥者又不止于天官世婦也，其不可混爲一官也明矣！按《特牲少牢》之祭祀，内、外宗相主婦廟中行禮，主人酬賓，兄弟於階下，主婦酬内宗，宗婦於房中，無算爵亦然，等而上之，天子之祭内、外宗之禮，事尤繁多。故特設春官世婦以相之，亦即以外、内宗之嫻于儀者爲之，因相外、内宗禮事。而凡六宫之禮事，亦詔相焉。蓋兼職，非專職也。叙世婦于内、外宗之上，則設官之意居可知矣。大賓客之饗食，亦如之。大喪，比外、内命婦之朝莫哭，不敬者而苟罰之。凡王后有擯事於婦人，則詔相。凡内事有達於外官者，世婦掌之。

　　内宗掌宗廟之祭祀，薦加豆籩。及以樂徹，則佐傅豆籩。賓客之饗食，亦如之。王后有事則從。大喪，序哭者。哭諸侯亦如之。凡卿大夫之喪，掌其弔臨。

　　外宗掌宗廟之祭祀，佐王后薦玉豆，眂豆籩。及以樂徹，亦如之。眂豆籩在堂東，未設之先，佐后薦豆，以至于徹，自始至終外宗皆在后左右，與内宗同之，其職之重如此，不立春官世婦以詔相之可乎。王后以樂羞齍，則贊。凡王后之獻，亦如之。王后不與，則贊宗伯。小祭祀，掌事。賓客之事，亦如之。大喪，則叙外、内朝莫哭者。哭諸侯，亦如之。

　　冢人掌公墓之地，辨其兆域而爲之圖。先王之葬居中，以昭、穆爲左右。凡諸侯居左、右以前，卿、大夫、士居後，各以其族。王葬居中，昭左穆右，墓制如廟制。昭之族屬，有爲諸侯者，祔于左之前。有爲卿、大夫、士者，祔于左之後，所謂前後與昭同面。譬如分作兩列，以第一列爲左之前，第二列爲左之後耳。各以其族，如武王爲昭，其所出祔于武王墓。康王爲昭，其所出祔于康王墓。穆之右前後亦然。諸侯指内諸侯，所以別夫王子孫之爲卿、大夫、士而未食采者。凡死於兵者，不入兆域。凡有功者居前。不入兆域，遠之。有功者居前，近之，如同爲某昭之族屬，獨密邇于某昭之兆，同族者不敢與之齒，以寵異之。後世功臣陪葬皇陵，即因此禮而通之。但後世兼同異姓，此則專指同姓言耳。以爵等爲丘封之度，與其樹數。大喪，既有日，請度，甫竁，遂爲之尸。及竁，以度爲丘隧，共喪之窆器。及葬，言鸞車、象人。及窆，執斧以涖。遂入藏凶器，正墓位，蹕墓域，守墓禁。上文皆言葬事，此則既葬以後，要其終而言之。凡祭墓爲尸。凡諸侯及諸臣葬於墓者，授之兆，爲之蹕，均其禁。自大喪至守墓禁，皆指王葬居中，以昭穆爲左右者。此仍指諸侯及卿、大夫、士祔葬者，大喪冢人請度、執斧，其任綦繁，至祔

201

葬于墓者，則第按圖授之兆域。既葬之後，爲之踔，爲之守而已，與大喪之禮繁省不同也。疏兼異姓言之，或謂兼王族之無爵者，恐誤。

墓大夫掌凡邦墓之地域，爲之圖。令國民族葬，而掌其禁令。正其位，掌其度數，使皆有私地域。族葬各從其親，爲之圖使各有私域，以便其族葬也。今北方大家墳塋，太祖居中，子孫各以左右分昭穆，猶有《周官》遺意。凡爭墓地者，聽其獄訟。帥其屬而巡墓厲，居其中之室以守之。

職喪掌諸侯之喪。及卿、大夫、士凡有爵者之喪，以國之喪禮涖其禁令，序其事。凡國有司以王命有事焉，則詔贊主人。凡其喪祭，詔其號，治其禮。凡公有司之所共，職喪令之趣其事。

大司樂掌成均之灋，以治建國之學政，而合國之子弟焉。凡有道者，有德者，使教焉。死則以爲樂祖，祭於瞽宗。以樂德教國子，中、和、祗庸、孝、友；以樂語教國子，興、道、諷、誦、言、語；以樂舞教國子，舞《雲門》、《大卷》、《大咸》、《大磬》、《大夏》、《大濩》、《大武》。禮樂興自黃帝，而堯舜述之，舜命夔教胄。夔，聖于樂者也。備道德于一身，而推以教人。其教之法曰樂德、樂語、樂舞，内外本末交相培養，自唐虞以至成周，學校皆祀之。所謂樂祖祭於瞽宗者，夔其一也。樂德、樂語、樂舞之教法，即五帝成均造士之法。周人設大司樂之官掌之，蓋本夔之教以爲教者也。司樂必妙擇有道德者爲國子師，有道德然後能知禮樂之情，識禮樂之文也。而司樂之官備道德于一身，又可知矣。樂德，樂之理也。樂語，聲也。樂舞，容也。舞兼六代，王之于帝，其號雖殊，其昭德象功一也。不學《詩》，無以言。不學《樂》，無以語。六義首興不言比，比亦興也。道者敷陳其事而道之，即賦也，而詩成矣。因而長言詠歌之，其聲低者爲諷，高者爲誦，合之皆歌也。言語者，溫柔敦厚，詞令從容，錯舉一端，如賦《詩》見志。《春秋傳》子展賦《草蟲》，趙孟曰保家之主也。子產賦《隰桑》，趙孟曰武請受其卒章，賦詩者不言而詩代之言，言也。拜賦者，因詩中之意而述之語也。以六律、六同、五聲、八音、六舞，大合樂，以致鬼、神、示，以和邦國，以諧萬民，以宴賓客，以說遠人，以作動物。十二律各有五聲，合金、石、絲、竹等音，及于戚戈羽謂之樂。朱子曰樂有五聲十二律，更唱迭和以爲歌舞、八音之節。蓋樂之實也。大合樂即大胥春合舞、秋合聲。又云以六樂之會正舞位。蓋歌舞八音，或分習之，或合習之。合習之，而聲容無不備，則謂之大成均。所肄之業，以此爲先，而極其效至于不可勝。既上言樂德，德不可見，見之于聲音、舞蹈，叶乎律同，合乎宫商，比乎節簇，齊乎綴兆。由是而從容馴致乎中和之域，而德行乎其間矣。此節承上文成均教國子弟之法，而推言樂之所以爲樂者，乃天地中聲，以和召和，其應如響，以起下數節之意。以致鬼、神、示始，以作動物終。下文致五土之示，及天神、地示、人鬼可得而禮，即此之致鬼、神、示也。致五土、羽毛、鱗、介等物，即此之作動物也。不及邦國、萬民、賓客、遠人者，致其難致者，而易者可知。猶舜命夔教胄子而及于和神人，神人和，則胄子之和在其中，變化氣質，陶冶性情，誠莫先于樂，而自五帝以至三王，未之有易也。乃分樂而序之，以祭，以享，以祀。乃奏黃鐘，歌大呂，舞雲門，以祀天神；五聲十二律循環，凡六十調，皆中聲也。宣于人聲，則爲歌。播于樂器，則爲奏。動乎人體，則爲舞。舞之俯仰屈伸，皆與歌奏之節相應，樂容與樂音一也。六十調皆有奏有歌，互文見義，亦有奏而不歌者，鍾師之金奏是也。歌則鮮有不奏者，升歌用琴瑟，合樂則八音益作矣。凡六樂者，文之以五聲，播之以八音。上文以六律、六同、五聲、八音、六舞大合樂，以致鬼、神、示。先律同而後五聲者，律以立均調之所由生也。調舉一曲之全，聲則逐字而命之，六樂皆調也。曰文之以五聲，乃是調中之五聲。朱子曰：如首一聲是宮聲，尾後一聲亦是宮聲，這便是宮調，若其按拍處，那五聲依舊都用，按《管子》凡聽宮如牛鳴窌中。首尾宮聲，言全曲皆是牛鳴窌中之調，而其中亦有高下清濁，故曰五聲都用。故曰：文之以五聲也。播之八音奏也，文以五聲歌奏兼也。故知六樂或言奏或言歌，皆互見。凡六樂者，一變而致羽物及川澤之示，注解變爲樂成，更奏。《尚書》云：戛擊鳴球，搏拊琴瑟以詠，祖考來格。詠謂堂上升歌也。詠與球瑟之奏一終，是樂成也。又云下管鞀鼓堂，下吹管並擊鞀鼓是更奏也。詠一終而祖考來格，與一變而致羽物川澤之示同義。再變而致臝物及山林之示，三變而致鱗物及丘陵之示，四變而致毛物及墳衍之示，五變而致介物及土示，六變而致象物及天神。凡樂，圜鍾爲宮，黃鍾爲角，大簇爲徵，姑洗爲羽，靁鼓、靁鼗，孤竹之管。雲和之琴瑟，雲門之舞。冬日至，於地上之圜丘奏之，若樂六變，則天神皆降，可得而禮矣。凡樂，函鍾爲宮，大簇爲角，姑洗爲徵，南宮爲羽，靈鼓、靈鼗，孫竹之管，空桑之琴瑟，咸池之舞。夏日至，於澤中之方丘奏之，若樂八變，則地示皆出，可得而禮矣。凡樂，黃鍾爲宮，大呂爲角，大簇爲徵，應鍾爲羽，路鼓、路鼗，陰竹之管，龍門之琴瑟，九德之歌，九磬之舞，於宗廟之中奏之，若樂九變，則人鬼可得而禮矣。《欽定義疏》曰：後鄭以四樂混合爲一，不知諸律之爲調，而以聲當之。見其于次不合，則歸之，辟位不用，而遷就以求合焉。朱子謂：此是四樂。四樂則四調也。今試仍以上文求之，上言以祀之樂四：黃鍾、大吕、姑洗、南吕。此云黄鍾爲角,謂黄鍾之角調,則姑洗也。大簇爲徵,即南吕也。姑洗爲羽,即大吕也。惟圜鍾爲宫,不合上言。以祭之樂四:大簇、應鍾、蕤賓、函鍾。此云函鍾爲宫,即函鍾也。大簇爲角,即蕤賓也。姑洗爲徵,即應鍾也。惟南吕爲羽,不合上言。以享之樂四:夷則、小吕、無射、夾鍾。此云大吕爲角,即小吕也。應鍾爲羽,即夷則也。惟黄鍾爲宫,大簇爲徵,不合。夫三宫之儀應乎三始,子,天氣之始也。午,地氣之始也。卯,人事之始也。然午者,正陽之位,故地從其合而始於未,此三宫爲樂之本,不可移易。然則天宫之圜鍾,當爲黄鍾。人宫之黄鍾,當爲圜鍾。蓋互訛耳。其餘二調乃各以六律五聲之序求之,則當之者,各其調焉。然則地宫之南吕爲徵,當作小吕。小吕之羽,大簇也。人宫之大簇爲徵,當作夾鍾。夾鍾之徵,無射也,亦字之誤也。黄鍾爲宫,則黄鍾宫調也,其起調畢曲之律則以黄鍾。黄鍾爲角,則黄鍾角調也,其起調畢曲之律則以姑洗。大簇爲徵,則大簇徵調也,其起調畢曲之律則以南吕。姑洗爲羽,則姑洗羽調也,其起調畢曲之律則以大吕。餘皆以此推之。不直言姑洗、大吕、南吕,而云黄鍾爲角,大簇爲徵,姑洗爲羽者,所以明商調之不用,又以見上六樂姑洗之爲黄鍾角,南吕之爲大簇徵,大吕之爲姑洗羽,與此互相明也。其餘皆然。如此則十二律分布均齊,無漏,無複。而於天、地、人三宫之義,各有歸宿,且與上祀祭享之六樂分合有殊,而名數不異,條理井然矣。按此爲篇首,六享之解皆周官盤互參錯之處。今爲之析其疑,而發其蔀,牙、曠聽之亦如聞所未聞也。備録之,當千周萬遍思之。起調畢曲有歌有奏,若合樂則歌奏兼舞,所云六變、八變、九變,皆要其終而言,如舞《雲門》必于六變,舞《咸池》必于八變,舞《大韶》必于九變也。舉九德之歌,歌與舞同時,而《雲門》、《咸池》不言歌,亦互見之義。抑此知後鄭以歌奏之節解變字,的確不可易。凡樂事,大祭祀,宿縣,遂以聲展之。王出入,則令奏王夏;尸出入,則令奏肆夏;牲出入,則令奏昭夏,帥國子而舞,國子所舞,即以祭以享以祀者歟? 大饗不入牲。其他,皆如祭祀。大射,王出入,令奏王夏;及射,令奏騶虞,詔諸侯以弓矢舞。王大食,三侑,皆令奏鍾鼓。王師大獻,則令奏愷樂。凡日月食、四鎮五嶽崩、大傀異裁、諸侯薨,令去樂。大札、大凶、大裁、大臣死,凡國之大憂,令弛縣。凡建國,禁其淫聲、過聲、凶聲、漫聲。凶聲,如北鄙殺伐之聲是也。大喪,涖廞樂器。及葬,藏樂器,亦如之。

樂師掌國學之政,以教國子小舞。樂師,大司樂之貳也。國學之政,即大司樂之所建者。小舞如舞勺、舞象之類是也。疏以下文帗舞已下當之,恐誤。小舞對《雲門》諸大舞言,帗、羽、皇、旄等舞,舞者之所執也,大小同之。凡舞,有帗舞,有羽舞,有皇舞,有旄舞,有干舞,有人舞。教樂儀,行次肆夏,趨以采薺,車亦如之。出諸口者謂之語,動諸身者謂之儀。有樂語,不可無樂儀。樂師掌之,與大司樂相左右也,亦互見法。環拜以鍾鼓爲節。一旋、一拜,悉中鍾鼓之節,皆教樂儀也。凡射,王以《騶虞》爲節,諸侯以《貍首》爲節,大夫以《采蘋》爲節,士以《采蘩》爲節。凡樂,掌其序事,治其樂政。此在教國子之外者,曰治其樂政,以別夫國學之政也。凡國之小事用樂者,令奏鍾鼓。凡樂成,則告備,告備有二,鄉飲酒升歌笙入間歌,合樂畢,工告樂正,曰正歌備,一也。鄉射省升歌笙入間歌,三節止,有合樂一節,工告于樂正曰正歌備,二也。合而觀之,一曲終,則爲成。故注解上文一變曰:樂成則更奏。注引燕禮告備,是通四節言之,不如引射禮更切。詔來瞽皋舞。及徹,帥學士而歌徹,令相。饗食諸侯,序其樂事,令奏鍾鼓,令相,如祭之儀。燕射,帥射夫以弓矢舞,樂出入,令奏鍾鼓。凡軍大獻,教愷歌,遂倡之。凡喪,陳樂器,則帥樂官。及序哭,亦如之。凡樂官,掌其政令,聽其治訟。

　　大胥掌學士之版,以待致諸子。以其學于成均,謂之學士。以其爲公、卿、大夫、士之子,謂之諸子,其實一也。必別而言之者,兼有俊造之士在内耳。春入學舍采,合舞;秋頒學,合聲。聲對舞言,謂歌及奏之聲也。合之者大胥,而其教之者,不能無藉于大、小師,及笙、磬、鍾、鎛諸師矣。以六樂之會正舞位,以序出入舞者。會,聚也,合也。合六樂而歌之,奏之,舞之,清濁、高下、疏數、疾徐,合同而化,上文所謂大合樂也。如此則舞位正矣。舞易參錯,正之所以序之,出入似指出入于綴兆行列。比樂官,展樂器。凡祭祀之用樂者,以鼓徵學士,序宮中之事。

　　小胥掌學士之徵令而比之。觵其不敬者,巡舞列而撻其怠慢者。比而不至是不敬其事,則觵之。巡而怠慢,不敬又甚焉,則撻之。所謂學之政也。樂主于和,而以敬爲先。不收斂,則不能發舒,亦禮先樂後之意。正樂縣之位,王宮縣,諸侯軒縣,卿大夫判縣,士特縣。辨其聲,凡縣鍾磬,半爲堵,全爲肆。辨五聲之播于鍾磬者,樂之綱紀也。二八十六枚謂之堵。鍾一堵、磬一堵,謂之肆。李文貞公曰:鍾磬十六者,蓋十二正律并四清聲耳。樂惟五聲,得以爲調。十二律旋相爲宮,而自夷則以下少一聲,自夾鍾以下少二聲,自無射以下少三聲,自仲呂以下少四聲,故復四清聲,以具商、角、徵、羽之調,此鍾

205

磬所以有十六也。二變不爲調,故不登于縣。

大師掌六律、六同以合陰陽之聲。陽聲:黃鍾、大簇、姑洗、蕤賓、夷則、無射。陰聲:大呂、應鍾、南呂、函鍾、小呂、夾鍾。皆文之以五聲:宮、商、角、徵、羽。皆播之以八音:金、石、土、革、絲、木、匏、竹。教六詩:曰風、曰賦、曰比、曰興、曰雅、曰頌。以六德爲之本,以六律爲之音。音由心生,故樂以詩爲先,詩以言志,以六德爲木,則志和而形之吟咏,皆溫柔敦厚之詞。玩詞自可以感人,更以律和之,而審其音,益得其性情之正矣。上文言掌陽律陰呂,文以五聲,播以八音,樂之實也。《虞書》曰:予欲聞六律、五聲、八音。其立文之序,前後如一。此言六義以六德爲本,六律爲音,樂之本也。《虞書》曰:詩言志、歌永言、聲依永、律和聲,其立文之序,亦前後如一。是大師禀大司樂,樂德、樂語之教,以教國子者。康成謂僅以教瞽矇,恐偏。大祭祀,師瞽登歌,令奏擊拊,下管播樂器,令奏鼓朄。大饗,亦如之。曰令擊拊、令鼓朄足矣,復加奏字,見擊拊鼓朄皆以律呂奏之,雖以導樂,亦無不中乎節焉。小師禀命而擊拊應鼓,則奏字可省矣。大射,帥瞽而歌射節。不疏不數謂之節。《儀禮》曰:間若一射者,所以循聲而發,發無不中也。大師,執同律以聽軍聲,而詔吉凶。所執者典同所鑄之律也。以別夫凡言律呂,先律後同者。大喪,帥瞽而廞作匶謚。王前巫而後史,卜筮瞽侑皆在左右,謚大事以大師作之,其意深矣。凡國之瞽矇正焉。教在所正之中,故知教六詩,指國子居多,不然此語贅矣。

小師掌教鼓、鼗、柷、敔、塤、簫、管、弦、歌。以歌終之,凡所教之樂器,皆以人聲爲主也。《文王世子》曰:春誦、夏絃。大師詔之瞽宗,舉大師可兼小師,然則所教者,不但羣工矣,亦國子同之歟?此下,凡言教者,倣此。惟籥師專言教國子,經例自分明,鼓鼗並言,蓋教瞍瞭也。瞍瞭,凡樂事,播鼗、賓射、奏鐘、鼓,與此職相應。立文注解"鼓"字未確。大祭祀,登歌擊拊,下管擊應鼓,徹歌。大饗,亦如之。大喪,與廞。凡小祭祀、小樂事,鼓朄,掌六樂聲音之節,與其和。聲,五聲也。音,八音也。樂之實節與和盡之矣。六樂不言舞,小師所審者音也,非容也。〇李文貞公曰:小師所教乃起樂止樂之器,乃人聲、人氣是爲諸聲之綱,放於此言之。

瞽矇掌播鼗、柷、敔、塤、簫、管、弦、歌。亦以歌爲主,大師、小師、瞽矇三職相承,皆審音者,而總以人聲爲貴,故曰樂,其可知也。言播鼗而不及鼓,擊鼓非瞽矇所能,故以屬眡瞭。諷誦詩，世奠繫，鼓琴瑟。歌工諷誦，瑟工鼓琴瑟以和之。見《儀禮》。奠者，定也。當如小史云奠世繫，文偶倒耳。瞽、史俱在王側，故其職同。掌九德六詩之歌，以役大師。九德之歌，指《韶》也。六詩必夏、商、周之詩在焉。如正考父得《商頌》於周大師，是其証也。或云九德言其事，六詩言其詞，皆指《韶》而言也。六義蓋自《韶》已有之，亦通。

眡瞭掌凡樂事，播鼗，擊頌磬、笙磬，掌大師之縣。以大射所縣者推之，凡鍾磬鼓鎛之大者、小者、編者、特者俱在焉，天子宮縣舉其盛者，而凡柷、敔、應、雅之位置于堂上下者皆大師司之，亦皆眡瞭設之。觀鄉飲酒，工四人，二瑟，瑟先相者，二人皆左何瑟，則琴瑟與笙管亦眡瞭掌之，其設之必有其地，隨時取而用之，可知矣。凡樂事，相瞽。大喪，廞樂器。大旅，亦如之。賓射，皆奏其鍾鼓，鼖、愷獻，亦如之。愷獻必歌愷歌。歌者，大師奏鍾。鼓者，則眡瞭也。注云其登歌，大師自奏之，蓋指此。又賓射，大師歌《騶虞》以爲射節，鍾師亦奏《騶虞》以爲射節。奏鼓者，乃眡瞭也。以與鍾師聯事，故亦兼言鍾鼓。由是推之，先儒謂九夏有聲無調，金奏特按譜奏之是也，而不可謂凡歌者皆不用奏也。蓋鍾備十二律呂，按譜而奏，固謂之奏。歌者在上，擊鍾者按律和之，以鼓節之，亦謂之奏。合是二者，其義乃該而不偏也。

典同掌六律、六同之和，以辨天地、四方、陰陽之聲，以爲樂器。既曰陽聲陰聲矣，又曰辨天地四方者，指其實也。天陽地陰，合天地四時之氣言之，東南爲陽，西北爲陰，掌律同之和，而辨其聲以制器，是以天地之氣感而太和也。凡聲，高聲䂿，正聲緩，下聲肆，陂聲散，險聲斂，達聲贏，微聲𥔵，回聲衍，侈聲筰，弇聲鬱，薄聲甄，厚聲石。凡爲樂器，以十有二律爲之數度，以十有二聲爲之齊量。上言十二聲，此乃言爲樂器，則鍾亦在樂器之内矣。注解十二聲，單指鍾言者，蓋自黃帝命榮猨鑄十二鍾，以寫十二律，《國語》伶州鳩曰度律均鍾，則十二鍾即十二律矣。顧律管之厚薄本乎天，而鍾律之鑄造成于人，其形製少異，則其聲頓殊，此典同掌律、同以辨聲，必先辨形，因其形之偏，而知其聲之病，則去其病而後能得其聲之中。凡爲樂器，以鍾律爲數度，又必以鍾聲之病爲劑量焉。其形得則是聲斯得矣。朱子謂如磬氏已上則磨其旁，已下則磨其耑是也。由鍾而推之磬，由磬而推之他器，無不皆然。然則爲典同者，必以牙、曠之聰，運般、倕之巧，乃無愧乎是選，而鍾之器定，則凡樂器俱定矣。十二鍾加四清爲一堵，十二磬加四清亦爲一堵，合琴、瑟、笙、管、塤、篪以和人聲，由是而特鍾、特鎛、特磬，以聲之、振之，鼗鼓以節之，柷敔以合止之，而皆以歌聲爲主，制器之先後，亦可想見其概。凡和樂，亦如之。

磬師掌教擊磬，擊編鍾，鍾之特者，鍾師教擊之。故此職舉編鍾以別之，磬則編與特皆磬師教之矣。陳氏暘之解，似可無疑。教縵樂、燕樂之鍾磬。及祭祀，奏縵樂。

鍾師掌金奏。所掌者金奏，不言鼓。下文又云以鍾鼓奏九夏，何也？鍾帥所擊者特鍾，鍾備律呂，可以按譜而奏，鼓特以爲節耳。然有鍾不可無鼓，故又合而言之。金石爲八音之綱紀，而鍾鎛爲衆樂之詔號，所奏者天子九夏之樂，其典盛，其音宏，故特設二師掌之。凡樂事，以鍾鼓奏九夏：《王夏》、《肆夏》、《昭夏》、《納夏》、《章夏》、《齊夏》、《族夏》、《械夏》、《驁夏》。鄉射、大射賓出奏《陔》、奏《驁》，特以爲出入之節耳。蓋行步有疾徐，其所奏之曲與之相應，亦猶崇拜以鍾鼓爲節也。下文笙師掌舂、牘、應、雅以教械樂，三器皆築地爲節與步應，猶之鍾鼓之節也。或謂奏夏兼備八音，未必然。凡祭祀、饗食，奏燕樂。凡射，王奏《騶虞》，諸侯奏《貍首》，卿大夫奏《采蘋》，士奏《采蘩》。掌鼜鼓、縵樂。

笙師掌教歙竽、笙、塤、簫、篪、篴、管、舂、牘、應、雅，以教械樂。簫師掌教吹簫，笙師又教之何也？簫師所教者以節舞，其精微，兼以笙師教之，而始善也。自磬師至鎛師，金、石、土、竹四者之音備矣。其餘不設工師詔之何也？小師、瞽矇之教綦詳矣。凡祭祀、饗射，共其鍾、笙之樂。燕樂，亦如之。大喪，廞其樂器。及葬，奏而藏之。大旅，則陳之。

鎛師掌金奏之鼓。鍾師以鍾鼓奏九夏，不及鎛。鎛，亦金也。比鍾差小耳，以其具律呂，擊之成曲，故亦曰金奏，而以鼓節之。金奏或用鍾或用鎛，或鍾鎛並時同奏，二官各司其職。或謂鎛師擊鼓而不及鎛，恐誤。鍾師四人，鎛師二人，所掌者金奏，其官屬與眡瞭擊鼓以節之，行軍鼓鼜亦然，特立文有詳略耳。凡祭祀，鼓其金奏之樂。饗食、賓射，亦如之。軍大獻，則鼓其愷樂。凡軍之夜三鼜，皆鼓之。守鼜，亦如之。李文貞公曰：夜三鼜者，行鼜也，故曰"守鼜"以別之。大喪，廞其樂器，奉而藏之。

韎師掌教韎樂。祭祀，則帥其屬而舞之。大饗，亦如之。

旄人掌教舞散樂，舞夷樂，凡四方之以舞仕者屬焉。凡祭祀、賓客，舞其燕樂。

籥師掌教國子舞羽、歙籥。祭祀則鼓羽籥之舞。賓客、饗食，則亦如之。大喪，廞其樂器，奉而藏之。

籥章掌土鼓、豳籥。中春晝擊土鼓，龡《豳詩》，以逆暑。中秋夜迎寒，亦如之。凡國祈年于田祖，龡《豳雅》，擊土鼓，以樂田畯。國祭蜡，則龡《豳頌》，擊土鼓，以息老物。

鞮鞻氏掌西夷之樂與其聲歌。樂，樂器也。聲歌，人聲也。李文貞公曰：四夷之舞，則旄人掌之。祭祀，則龡而歌之。燕，亦如之。

典庸器掌藏樂器、庸器。庸器，鄭注：崇鼎、貫鼎之屬。蓋與樂器同尅敵而得之者，亦司焉。及祭祀，帥其屬而設筍簴，陳庸器。饗食、賓射，亦如之。大喪，廞筍簴。

司干掌舞器。祭祀，舞者既陳，則授舞器。既舞，則受之。賓饗，亦如之。大喪，廞舞器。及葬，奉而藏之。

太卜掌三兆之灋：以三《易》況之，或首《艮》，或首《坤》，或首《乾》，其爲《易》則一也。三兆有隱、顯不同，或用隱，或有顯，或不第顯而大明，其爲兆，則一也。一曰玉兆，二曰瓦兆，三曰原兆。其經兆之體，皆百有二十，共頌皆千有二百。經常也，爲兆，爲卦，爲夢三者，非此不立，如網之綱，衣之領，其條理則謂之頌，謂之別，卜舉頌卦與夢舉別，互文見義。頌，辭也。筮與夢，亦當有辭，一體十頌，猶之一卦六爻，而卦第言別，豈夏商之時爻未有辭，至周公而辭始作與？抑占卦，而爻在其中歟？掌三《易》之灋：一曰《連山》，二曰《歸藏》，三曰《周易》。其經卦皆八，其別皆六十有四。掌三夢之灋：一曰致夢，二曰觭夢，三曰咸陟。其經運十，其別九十，以邦事作龜之八命：一曰征，二曰象，三曰與，四曰謀，五曰果，六曰至，七曰雨，八曰瘳。以八命者贊三兆、三《易》、三夢之占，以觀國家之吉凶，以詔救政。命龜命筮，其受命也如響，非贊之而何？卜筮全是教人補過自修，故云吉凶與民同患也。《儀禮》載命卜、命筮之辭甚簡，亦舉其大概耳。古人告神必有一番敦懇之意，悱惻之文，如金縢冊祝其大焉者也。故知太卜、太祝之官非誠敬通乎鬼神者，不能稱是職。凡國大貞，卜立君，卜大封，則眂高作龜。大祭祀，則眂高命龜。凡小事，涖卜。國大遷、大師，則貞龜。凡旅，陳龜。凡喪事，命龜。

卜師掌開龜之四兆：康成：春灼後左，夏灼前左，秋灼前右，冬灼後右。與劉氏解四兆又不同。卜書既亡，此類當闕之。一曰方兆，二曰功兆，三曰義兆，四曰弓兆。凡卜事，眂高，揚火以作龜，致其墨。或云將卜，先以墨畫龜，次用火灼之，具璺坼與墨痕

209

合謂之食墨,反是者謂不食。今以經觀之,則所謂墨者,乃揚火作龜,其墨坼之罅,有烟痕致然,非先以墨畫之也。所謂不食墨者,殆揚火而龜不坼,火大熾則龜雖坼而焦,故俱不占歟?凡卜,辨龜之上下、左右、陰陽,以授命龜者而詔相之。

龜人掌六龜之屬,各有名物。天龜曰靈屬,地龜曰繹屬,東龜曰果屬,西龜曰靁屬,南龜曰獵屬,北龜曰若屬,各以其方之色與其體辨之。凡取龜用秋時,攻龜用春時,各以其物,入于龜室。上春釁龜,祭祀先卜。若有祭事,則奉龜以往。奉其所當用者,各以其物。而卜師因辨其爲上下、左右、陰陽以授命龜者,二職相聯事。旅,亦如之。喪,亦如之。

菙氏掌共燋契,以待卜事。凡卜,以明火熱燋,遂歙其燋契,以授卜師,燋,王氏謂燒木存性者,如今之炭是也。先以明火熱炭,使燄發,然後以楚薪炷之,炭揚其火,以作龜,燋契非兩物,謂所燋之契也。木斬斷者,一邊尖利如刀契然,或謂以刀契先刻龜,恐誤。注以契爲楚焞,甚明。遂役之。

占人掌占龜。以八筮占八頌,以八卦占筮之八故,以眡吉凶。方師云:卜人必兼通于筮,既得八事之頌,猶恐龜象未審,復以筮義參決其吉凶,是謂以八筮占八頌也。疏析分明以八卦占筮之八,故注謂更不占頌,此小事之占也。曰以八卦占而不及爻,太卜職止曰其別六十有四,舉卦以該爻可知矣。故如《大傳》又明于憂患與故之故。凡卜筮,君占體,大夫占色,史占墨,卜人占坼。占坼者,卜人本職,并及體、色、墨,舉其至也。此皆言卜而兼筮言者,欲人知卜筮之爲一事也。《大傳》亦然。占人掌占,而十人乃其僚屬。其占之中否占人計之,以告太卜,定賞罰,則占驗之術益精。凡卜筮,既事,則繫幣,以比其命。歲終,則計其占之中否。

筮人掌三《易》,以辨九筮之名,八命,事之大者。九筮,事之差小者,相補備。一曰《連山》,二曰《歸藏》,三曰《周易》。九筮之名:一曰巫更,二曰巫咸,三曰巫式,四曰巫目,五曰巫易,六曰巫比,七曰巫祠,八曰巫參,九曰巫環,以辨吉凶。凡國之大事,先筮而後卜。上春,相筮。凡國事,共筮。

占夢掌其歲時觀天地之會,辨陰陽之氣。以日、月、星、辰,占六夢之吉凶。觀此而人之精神與天地相流通,顯然矣。一曰正夢,二曰噩夢,三曰思夢,四曰寤夢,五曰喜夢,六曰懼夢。正夢無心,而廣與天地交,即咸陟也。噩驚怪,即觭夢也。思、寤喜懼皆有因而然,即致夢也。太卜舉凡占夢舉日。季冬,聘王夢,獻吉夢于王,王拜而受之,乃釋萌于四方,以贈惡夢,吉者聘之使來,惡者贈之使往。遂令始難,毆疫。

眡祲掌十煇之灋,以觀妖祥,辨吉凶:不叙于馮相、保章下者,此與占夢臨事以日、月、星、辰占六夢之吉凶也。一曰祲,二曰象,三曰鑴,四曰監,五曰闇,六曰瞢,七曰彌,八曰叙,九曰隮,十曰想,掌安宅叙降。正歲,則行事。歲終,則弊其事。

大祝掌六祝之辭,以專鬼神示,祈福祥,求永貞。一曰順祝,二曰年祝,三曰吉祝,四曰化祝,化謂變化。《畢命》云既歷三紀,世變風移。《洛誥》祝曰萬年厭于乃德,殷乃引考。是其証。五曰瑞祝,六曰筴祝。掌六祈以同鬼神示,一曰類,二曰造,三曰檜,四曰禜,五曰攻,六曰説。作六辭以通上下、親疏、遠近,六祝皆事鬼神示,六辭兼親疏遠近,言之曰作、曰通,則善爲辭令,以道達誠意,如召陵之會,子魚論蔡侯不當長衛侯,洋洋動聽矣。一曰祠,二曰命,三曰誥,四曰會,五曰禱,六曰誄。辨六號,一曰神號,二曰鬼號,三曰示號,四曰牲號,五曰齍號,六曰幣號。辨九祭,一曰命祭,二曰衍祭,三曰炮祭,四曰周祭,五曰振祭,六曰擩祭,七曰絶祭,八曰繚祭,九曰共祭。辨九撌,一曰稽首,二曰頓首,三曰空首,四曰振動,五曰吉撌,六曰凶撌,七曰奇撌,八曰褒撌,九曰肅撌,以享右、祭祀。《郊特牲》云:君肉袒再拜,親割。拜,服也。稽首,服之甚也。拜禮爲祭祀設,次乃及于所尊敬者。凡拜皆跪,帷肅拜俯身下兩手而已。介者不拜,爲其不便于跪。《春秋傳》郤至三肅使者是也。凡大禋祀、肆享、祭示,則執明水火而號祝。此祭之先事也,取水于月,取火于日,給烝烹餴饎,禮之重者,以其明潔,故祝號曰明水明火。《記》曰:明水者,謂主人之潔著此水也。隋釁,迎(逆)牲,迎(逆)尸,令鍾鼓。右,亦如之。此祭之初事也,迎牲入而後釁。迎尸入而後隋,文倒耳。右者侑食,勸飽也。數者皆禮之大節,故鍾鼓以明敬,所謂金奏也,而令之者,大祝亦如之。凡牲、凡尸皆如明水火之有祝號,以明敬也。來瞽,令臯舞。相尸禮。既祭,令徹。此祭由中以及終之事也。來瞽,大祝令樂師詔來之。令臯舞,大祝令樂師臯之。此與樂師聯事者也。祝以將命自尸入至出,皆大祝相之。尸謖祭畢而徹,亦大祝令之。合上三節,皆大祝之正職,而冠以大禋祀、肆享、祭示明小祭祀則小祝掌之。大喪始崩,以肆鬯涖尸,相飯,贊斂。徹奠,言甸人讀禱,付練祥。掌國事,國有大故、天裁,彌祀社稷,禱祠。大師,宜于社,造于祖。設軍社,類上帝。國將有事于四望,及軍歸

211

獻于社，則前祝。大會同，造于廟，宜于社。過大山川，則用事焉。反行，舍奠。此如會諸侯于東都，《瞻洛》《車攻》，見之《小雅》，其明徵也。蓋十二年不巡狩而會同其正也，因巡狩所至，而殷國或王朝不時有事，而大會，或之陪京而大會，皆統謂之會同，不可執一論也。建邦國，先告后土，用牲幣，禁督逆祀命者，禁者，禁于未然。督者，督于已然。頒祭號于邦國都鄙。合上節大宰八則馭都鄙，一曰祭祀，以馭其神，此其事也。

小祝掌小祭祀，將事、侯、禳、禱、祠之祝號，對大祝立文，明六號爲大祭祀之祝號也。以祈福祥，順豐年，逆時雨，寧風旱，彌裁兵，遠辠疾。大祭祀，逆齍盛，送逆尸，沃尸盥，贊隋，贊徹，贊奠。凡事，佐大祝。大喪，贊渳，設熬，置銘。及葬，設道齎之奠，分禱五祀。大師，掌釁祈號祝。有寇戎之事，則保郊祀于社。凡外內小祭祀、小喪紀、小會同、小軍旅，掌事焉。皆對大祝立文。

喪祝掌大喪勸防之事。自斂至殯，喪之大節，皆大祝、小祝主之。自啓至下壙，亦喪之大節，而事尤紛總，特設喪祝以司之。大要在導率、執引、執披者，小心防護，不震、不動，魂魄攸寧，皆仁孝之心曲體焉，而無所不至者也。及辟，令啓。及朝，御匶，乃奠。及祖，飾棺，乃載，遂御。及葬，御匶，出宮，乃代。及壙，說載，除飾。小喪，亦如之。掌喪祭祝號。王弔，則與巫前。掌勝國邑之社稷之祝號，以祭祀禱祠焉。凡卿大夫之喪，掌事，而斂，飾棺焉。

甸祝掌四時之田表貉之祝號。舍奠于祖廟，禰亦如之。田以充乾豆，故行出反舍奠之禮。後嗣世守之，豈有禽荒之失乎？師甸，致禽于虞中，乃屬禽。及郊，鹽獸，舍奠于祖禰，乃斂禽，禂牲禂馬，皆掌其祝號。

詛祝掌盟、詛、類、造、攻、説、襘、禜之祝號。掌盟、詛其正職也。類、造已下，亦盟詛之類，故其祝號兼掌之。作盟詛之載辭，大祝作六辭，其四曰會。注：會同盟誓之辭也。會盟國之大事，故特設詛祝掌爲載辭，其五者，則大祝爲之，小祝佐之。以叙國之信用，以質邦國之劑信。

司巫掌群巫之政令。若國大旱，則帥巫而舞雩。國有大裁，則帥巫而造巫恒。祭祀，則共匰主，盛主以匰，自群廟合祭于太廟。殆司巫共之，大祝奉之歟？及道布，及蒩館。凡祭祀，守瘞。凡喪事，掌巫降之禮。

男巫掌望祀、望衍、授號，旁招以茅。冬堂贈，無方無算。所掌者，望而祀之，望而延之,之鬼若神,當詛祀授祝號之時,男巫則以茅招之于四旁,所謂望也。此招之使來者,至冬,則自堂贈送之使去。無方無算,鬼若神無不之也。祝以將命於鬼神巫,以迎送於鬼神,二者相聯事。春招弭,以除疾病。王弔,則與祝前。

女巫掌歲時祓除、釁浴,旱暵,則舞雩。若王后弔,則與祝前。凡邦之大災,歌哭而請。

太史掌建邦之六典,以逆邦國之治。掌法,以逆官府之治。掌則,以逆都鄙之治。凡辨灋者考焉,不信者刑之。太史遷以紹明世,正《易傳》,繼《春秋》,本《詩》、《書》、《禮》、《樂》之際自任。可知古史官皆明於典法則之精意,不但司其籍而已,故能與司會、司書佐太宰,鉤逆斟酌而損益之,而其籍則藏之金匱石室,不患其散佚,凡有疑者徵信焉,是其專職也。辨法則典則可推矣。萊園李氏曰:辨法若子產爭賦貢,宋仲幾辨役事之類。故士伯數仲幾以故府之法而執之,以其不信。凡邦國都鄙及萬民之有約劑者藏焉,以貳六官,六官之所登,若約劑亂,則辟灋,不信者刑之。上節以貳六官讀斷,若六官所登者或訛亂,然後太史開所藏之法以驗之,不然,不輕辟也。或謂六官衍字,離經之誤也。正歲年,以序事。頒之于官府及都鄙,作事當依中氣,如春耕、夏耘、秋收之類,亦有按新朝正朔以行事者,如朝覲、會同、祭祀之類,二者兼正之,百工釐、庶績熙矣。頒告朔于邦國。閏月,詔王居門,終月。大祭祀,與執事卜日,戒及宿之日,與群執事讀禮書而協事。祭之日,執書以次位常,辨事者考焉,不信者誅之。大會同、朝覲,以書協禮事。及將幣之日,執書以詔王。朝聘惟將幣禮儀殷繁,雖有擯相,大史猶必執書以詔,慎之至也。大師,抱天時,與大師同車。大遷國,抱灋以前。大喪,執灋以涖勸防。遣之日,讀誄,凡喪事考焉。小喪,賜謚。凡射事,飾中,舍算,執其禮事。

小史掌邦國之志,奠繫世,辨昭穆。若有事,則詔王之忌諱。太史所謂書者,皆王朝之志,其侯國之書,則小史掌之。世繫昭穆及王之忌諱,皆志中所載者,惟掌之熟悉其本末,故能奠之、序之、詔之。大祭祀,讀禮灋,史以書,敘昭穆之俎簋。禮法即禮書。讀之者,太史也,史,小史也,于太史讀禮法之時,小史以書敘昭穆之俎簋,小史能辨昭穆者也。大喪、大賓客、大會同、大軍旅,佐大史。凡國事之用禮灋者,掌其小事。卿大夫之喪,賜謚,讀誄。

馮相氏掌十有二歲，十有二月，十有二辰，十日，二十有八星之位，辨其序事，以會天位。《堯典》曆象日月星辰，敬授人時。馮相所掌即曆也。辨歲、月、辰、日、星一定之天位，而叙次人事與之合，即敬授人時也。于立致日致月，即敬致也。第立文有詳略耳。歲有太歲，有歲星，保章氏掌天星，所云十二歲者，歲星也。馮相氏歷日、月、星、辰所云十二歲者，太歲也。太，大也，如太極之太。歲者，一歲陰陽之氣也。歲陽曰干，干主天。歲陰曰支，支主地。十二支配十二月，故舉歲陰以該歲陽。十二年木星一周天，故木星亦名歲星。《欽定義疏》案語云：歲星因太歲而得名，而太歲究無與于歲星也。最分明。冬、夏致日，春、秋致月，以辨四時之敘。

保章氏掌天星，以志星辰、日月之變動，以觀天下之遷，辨其吉凶。以星土辨九州之地，所封封域，皆有分星，以觀妖祥。以十有二歲之相，觀天下之妖祥。以五雲之物，辨吉凶、水旱、降豐荒之祲象。人事動于下，天象變于上，辨其吉凶，以知休咎之徵，而詔修省補救焉。所掌者，如《史記·天官書》其遺也。按：《天官書》次第，與保章氏合。首中宮至比宮經星也，歲星至辰星緯星也，皆天星也。次角、亢、氐兖州至翼、軫荆州皆星土也。次望雲氣，至卿雲皆雲物也。次八風，皆十二風也。惟十有二歲，附見于五星中，其曰寮。日月之行以揆歲星順逆，又可知保章掌天星兼言日月之行。蓋星辰之變動，必兼察日月之行以知之也。以十有二風，察天地之和命，乖別之妖祥。天地之和，祥也。乖別不和，妖也。凡此五物者，以詔救政，訪序事。天垂象，見吉凶，聖人象之。于保章氏曰詔救政，于太卜亦曰詔救政，其道一也。訪序事，謂訪其事，而序之政，大綱事小目。

内史掌王之八枋之灋，以詔王治。太宰以八枋詔王馭群臣，疑乎太宰等以己意預其間矣，不知命討出于天，有一定不易之理存焉。自古及今，遵而行之，不獨太宰不敢差忒，即王亦不得以意爲之，内史所詔者，乃王之八枋之法也。立文皆相應。一曰爵，二曰禄，三曰廢，四曰置，五曰殺，六曰生，七曰予，八曰奪。執國及灋及國令之貳，以考政事，以逆會計。掌敘事之灋，受納訪，以詔王聽治。凡命諸侯及孤、卿、大夫，則策命之。凡四方之事書，内史讀之。王制禄，則贊爲之，以方出之。賞賜，亦如之。内史掌書王命，遂貳之。贊制禄，而制爵可知。賞賜，即賜予也。又云掌書王命，則凡八祊之嘉命，皆内史書之矣。凡藏其貳，不必皆己書，書而遂貳之，惟内史耳。蓋可以徵信于後，煌煌天語，莫之能易矣。

外史掌書外令，曰外令，則内史所書者皆内命乎？曰非也。命諸侯獨非外乎？凡命與令對，則命大而令小。命無内外，皆内史書之。至于外令，則外史書之。史一也，分内外名官，蓋以此。而命與令之分，亦以此。掌四方之志，掌三皇五帝之書，上節以地言，下節以時言。掌達書名于四方。書之名造于三皇五帝，達于四方，所志者，必無訛謬。若以書使于四方，則書其令。所書者，令也，非命也。

御史掌邦國、都鄙及萬民之治令，以贊冢宰。凡治者受瀍令焉，正月之吉，始和而布之者，皆御史書之歟？掌贊書，贊内、外史也。此官蓋以書服役于内外者，以其朝夕王側。秦漢以後，遂爲要職。猶僕人、射人之官，後世以寵宰輔，勢使然也。凡數從政者。

巾車掌公車之政令，凡車之制，皆車工爲之。巾車特掌其政令，官以巾名，取衣飾之義，不論吉凶車，與服同等，皆有飾以別之。其所飾之器物，亦皆官具之，如冬官攻金、攻玉之工，與天官縫人、典婦功、典絲之屬取給焉，巾車不自爲之也。辨其用與其旗物而等叙之，以治其出入。王之五路：一曰玉路，錫，樊，纓，十有再就，疏以纓爲夾馬頸，注以纓爲當胸，非有二物，蓋以大帶絡于馬腹，繞馬胸，夾馬頸，而左之右之以爲固。其大帶在馬腹，則爲之樊。樊與纓以氂毛染五采成罽爲之，或十二就，或九就，或七就，合而言之，皆帶也。帷革路五就之樊纓，則以絛絲爲之。木路之樊纓，則以淺黑色鵠色之韋爲之，而不言就，蓋絛絲可染五采，而韋乃熟皮，不可染五采耳。或謂木路亦五就，經既明言其色曰觐曰鵠矣，而五之何也？初看骰雜，細數之却有條理，當俟博物君子再諮之。建大常，十有二斿，以祀。金路，鉤，樊纓九就，建大旂，以賓、同姓以封。象路，朱，樊纓七就，建大赤，以朝、異姓以封。革路，龍勒，條纓五就，建大白，以即戎，以封四衛。木路，前樊鵠纓，建大麾，以田，以封蕃國。王后之五路：重翟，錫面朱總；厭翟，勒面繢總；于王之五路言錫、言勒，于后之五路更言其錫與勒之當馬面，亦非有二也。注解錫爲馬面當額盧，蓋鏤金以飾馬當額，額非馬面而何耶？當馬面之金飾曰錫，當馬膺之金飾曰鉤，而皆施之于勒。勒，馬之銜轡也。著馬勒直兩耳，與兩鑣，則謂之總，總馬之銜轡而名之也。車飾之盛者，具銜勒，施鏤金于馬之額、馬之膺，其次則第用龍色之韋爲馬面之飾，故曰勒面也。勒面承王龍勒而言也，其總則有朱焉，有繢焉，有鷖焉，合而言之，皆馬之轡，隨所在而名之耳。今之馬轡諸飾俱備，按之皆同，惟注以勒爲韋爲之，以總爲繒爲之，似勒與總爲二物，當詳考。安車，彤面，鷖總皆有容蓋；王之五路亦有蓋，詳于后者，婦人以隱蔽爲禮，故因容而併及之。翟車，貝面，組總，有握；《史記》：乘黃屋。屋，即握也。漢去周未遠，然則王之五路容亦有握歟？輦車，組輓，有翣，羽蓋。王之喪車五乘：木車，蒲蔽，大祣，尾櫜疏飾，小服皆疏；素車，棼蔽，犬祣，素飾，小服皆素；藻車，藻蔽，鹿淺祣，草飾；駹車，蘿蔽，然祣，髹飾；漆車，藩蔽，豻祣，雀飾。服車五乘：孤乘夏篆，卿乘夏縵，大夫乘墨車，士乘棧車，庶人乘役車。凡良車、散車不在等者，其用無常。自王之五路，至役車，天子以至庶人，車乘之等，其用有常，所謂叙也。其無等者，第以功沽別之。凡車之出入，歲終則會之，凡賜闕之。毀折入齎于職幣。大喪，飾遣車，遂廞之，行之。及葬，執蓋，從車持旌。巾車，下大夫二人，一執蓋於後，一持注於前。及墓，嘑啓關，陳車。小喪，共匶路與其飾。歲時更續，共其幣車。大祭祀，鳴鈴以應雞人。

典路掌王及后之五路，辨其名物與其用說。若有大祭祀，則出路，贊駕說。大喪、大賓客，亦如之。凡會同、軍旅，弔于四方，以路從。

車僕掌戎路之萃，廣車之萃，闕車之萃，苹車之萃，輕車之萃。凡師，共革車，各以其萃。會同，亦如之。明所共者五戎之萃，而五戎之正，皆巾車掌之，車僕當若其萃之時，各歸其正，而不亂耳，見軍容之整也。五萃皆王之倅車，車僕共之，戎僕掌之，射人大師令有爵者乘王之倅車。無事則爲輿衛，有事則備不虞。設官分職，命意深矣。大喪，廞革車。大射，共三乏。疏謂革車用皮，乏亦用皮，故使爲之。共之者，車僕事也。爲之者，非車僕事也。

司常掌九旗之物名，各有屬，以待國事。曰常、曰旂、曰旜等，皆名也。日月、交龍、通帛等，皆物也。各有屬，當從介甫之說，于待國事之義乃通。或曰各有屬，即下文王與諸侯、大夫、士等，各建其旗之物，名不敢紊也。大閱者，國事之一也，亦通。日月爲常，交龍爲旂，通帛爲旜，雜帛爲物，熊虎爲旗，鳥隼爲旟，龜蛇爲旐，全羽爲旞，析羽爲旌。及國之大閱，贊司馬，頒旗物：王建大常，諸侯建旂，孤、卿建旜，大夫、士建物，師都建旗，州里建旟，縣鄙建旐。道車載旞，斿車載旌，皆畫其象焉。官府各象其事，州里各象其名，家各象其號。凡祭祀，各建其旗。會同、賓客，亦如之，置旌門。大喪，共銘旌，建廞車之旌。及葬，亦如之。凡軍事，建旌旗及致民置旗弊之。甸，亦如之。軍事致民置旗，群吏以旗物、鼓鐸、鐲鐃，各帥其民而致可知矣。弊旗,誅後至者,亦可知矣。故曰何亦如之。明四時教田即教戰也。顧夏官以旗致民者大司馬,而司常春官,何以亦掌之?蓋軍事主之者大司馬,而司常所掌者旗物,相聯事,佐之者非司常而誰歟?凡射共獲旌,歲時共更旌。

都宗人掌都祭祀之禮。凡都祭祀,致福于國,正都禮與其服。衣服兼宮室車旗,互見家宗人。若有寇戎之事,則保羣神之壝。國有大故,則令禱祠。既祭,反命于國。

家宗人掌家祭祀之禮。凡祭祀,致福。國有大故,則令禱祠。反命祭,亦如之。掌家禮,與其衣服、宮室、車旗之禁令。

凡以神仕者掌三辰之灋,以猶鬼、神、示之居,辨其名物。以冬日至致天神、人鬼,以夏日至致地示物魅,以禬國之凶荒,民之札喪。三辰以日爲宗,月受光于日,而星又日月之散氣也。二至爲日晷長短之極,陽生子半,陰生午中,又爲陰陽之始,故神示鬼魅以類而致。上文掌三辰之法,以猶鬼、神、示之居,辨其名物,此其實也。所掌者禬禳之事,如男巫之茅招堂贈,女巫之歌哭而請,特其末者爾。凡太祝之六祝、六示,概不與焉。其或巫覡有闕,則以次充焉,而不必限以數也。專家之術非慮專于豫,則誣道興矣。

217

石谿讀周官第四

夏官司馬第四

惟王建國,辨方正位,體國經野,設官分職,以爲民極。乃立夏官司馬,使帥其屬而掌邦政,以佐王平邦國。

政官之屬:大司馬,卿一人。小司馬,中大夫二人。軍司馬,下大夫四人。輿司馬,上士八人。行司馬,中士十有六人。旅,下士三十有二人。府六人、史十有六人、胥三十有二人、徒三百有二十人。

凡制軍,萬有二千五百人爲軍,王六軍,大國三軍,次國二軍,小國一軍,軍將皆命卿。二千有五百人爲師,師帥皆中大夫;五百人爲旅,旅帥皆下大夫;百人爲卒,卒長皆上士;二十五人爲兩,兩司馬皆中士;五人爲伍,伍皆有長。一軍則二府、六史、胥十人、徒百人。此皆以室數制之,合畿內外無異法。至於臨時徵發,則甸出一乘。詳見小司徒。

輿司馬闕。

行司馬闕。軍制備於車、徒、輿。司馬主車,行司馬主徒。觀《春秋內傳》所載陳法如魚麗之陳,先偏後伍,伍承彌縫,必祖《周官》之遺法。自二官亡而行陳之制,闕如矣。

司勳,上士二人、下士四人、府二人、史四人、胥二人、徒二十人。《師》上六開國承家,以論功行賞爲終,此列司勳於官正之後,論功行賞爲首,其義一也。

馬質,中士二人、府一人、史二人、賈四人、徒八人。

量人,下士二人、府一人、史四人、徒八人。軍政以車乘爲先,行車以壁壘爲重,故次以馬質、量人之官。

小子,下士二人、史一人、徒八人。

羊人,下士二人、史一人、賈二人、徒八人。

司爟,下士二人、徒六人。以司爟屬司馬。兵,猶火也。

掌固，上士二人、下士八人、府二人、史四人、胥四人、徒四十人。掌固與司險、掌疆相聯，能守而後能戰，師之要也。

司險，中士二人、下士四人、史二人、徒四十人。

掌疆，中士八人、史四人、胥十有六人、徒百有六十人。

候人，上士六人、下士十有二人、史六人、徒百有二十人。此與下環人皆主候望伺察之官，行軍有備無患。《漢書》程不識嚴刁斗、遠斥候，所以爲名將。

環人，下士六人、史二人、徒十有二人。

挈壺氏，下士六人、史二人、徒十有二人。

射人，下大夫二人、上士四人、下士八人、府二人、史四人、胥二人、徒二十人。

服不氏，下士一人、徒四人。

射鳥氏，下士一人、徒四人。

羅氏，下士一人、徒八人。

掌畜，下士二人、史二人、胥二人、徒二十人。

司士，下大夫二人、中士六人、下士十有二人、府二人、史四人、胥四人、徒四十人。

諸子，下大夫二人、中士四人、府二人、史二人、胥二人、徒二十人。

司右，上士二人、下士四人、府四人、史四人、胥八人、徒八十人。

虎賁氏，下大夫二人、中士十有二人、府二人、史八人、胥八十人、虎士八百人。

旅賁氏，中士二人、下士十有六人、史二人、徒八人。

節服氏，下士八人、徒四人。

方相氏，狂夫四人。

大僕，下大夫二人。

小臣，上士四人。

祭僕，中士六人。

御僕，下士十有二人、府二人、史四人、胥二人、徒二十人。

隸僕，下士二人、府一人、史二人、胥四人、徒四十人。

弁師，下士二人、工四人、史二人、徒四人。列弁師於夏官何也？凡弁皆揉皮爲之，禮冠謂之皮弁，武冠謂之韋弁。《傳》所謂韎韋之跗注，兵服也。掌五冕，而名官曰弁師，列於夏官，或以此。

司甲，下大夫二人、中士八人、府四人、史八人、胥八人、徒八十人。

司兵，中士四人、府二人、史四人、胥二人、徒二十人。

司戈盾，下士二人、府一人、史二人、徒四人。

司弓矢，下大夫二人、中士八人、府四人、史八人、胥八人、徒八十人。

繕人，上士二人、下士四人、府一人、史二人、胥二人、徒二十人。

槀人，中士四人、府二人、史四人、胥二人、徒二十人。

戎右，中大夫二人、上士二人。

齊右，下大夫二人。

道右，上士二人。右與僕皆以掌齊車、道車。名齊者，無時而不敬。道者，無在不與道，俱使之，顧名思義也。

大馭，中大夫二人。

戎僕，中大夫二人。

齊僕，下大夫二人。

道僕，上士十有二人。

田僕，上士十有二人。

馭夫，中士二十人、下士四十人。

校人，中大夫二人、上士四人、下士十有六人、府四人、史八人、胥八人、徒八十人。

趣馬，下士皁一人、徒四人。

巫馬，下士二人、醫四人、府一人、史二人、賈二人、徒二十人。天官有獸醫，此巫馬之醫，專爲馬而設者，重馬也。

牧師，下士四人、胥四人、徒四十人。

廋人，下士閑二人、史二人、徒二十人。

圉師,乘一人、徒二人。

圉人,良馬匹一人,駑馬麗一人。

職方氏,中大夫四人、下大夫八人、中士十有六人、府四人、史十有六人、胥十有六人、徒百有二十人。附職方於夏官,猶附大行人於秋官,而職方掌天下之圖,周知九州之利害。按圖而贊行師,列於夏官,尤切也。

土方氏,上士五人、下士十人、府二人、史五人、胥五人、徒五十人。

懷方氏,中士八人、府四人、史四人、胥四人、徒四十人。

合方氏,中士八人、府四人、史四人、胥四人、徒四十人。

訓方氏,中士四人、府四人、史四人、胥四人、徒四十人。

形方氏,中士四人、府四人、史四人、胥四人、徒四十人。

山師,中士二人、下士四人、府二人、史四人、胥四人、徒四十人。

川師,中士二人、下士四人、府二人、史四人、胥四人、徒四十人。

邍師,中士四人、下士八人、府四人、史八人、胥八人、徒八十人。

匡人,中士四人、史四人、徒八人。

撢人,中士四人、史四人、徒八人。

都司馬,每都上士二人、中士四人、下士八人、府二人、史八人、胥八人、徒八十人。八則賦貢以馭其用,田役以其衆,于都、家司馬徵之。

家司馬,各使其臣以正於公司馬。

大司馬之職,掌建邦國之九灋,以佐王平邦國。制畿封國,以正邦國。設儀辨位,以等邦國。進賢興功,以作邦國。建牧立監,以維邦國。制軍詰禁,以糾邦國。制軍,即序官王六軍以至一軍。軍制立,有犯禁者,則司馬整師旅以詰之,所以糾不正而歸于正也。施貢分職,以任邦國。簡稽鄉民,以用邦國。均守平則,以安邦國。比小事大,以和邦國。司徒所簡稽者,王畿六卿之民也。司馬所簡稽者,兼邦國三鄉二鄉一鄉之民也。下文均守平則,亦指候國之都鄙,故云用邦國、安邦國。以九伐之灋正邦國,馮弱犯寡則眚之,賊賢害民則伐之,暴內陵外則壇之,野荒民散則削之,負固不服則侵之,賊殺其親則正之,放弑其君則殘之,犯令陵政則杜之。外內亂,鳥獸行,則滅之。九伐以罪之輕重爲序,自負固至外內亂,五者罪尤大,故列于後。

正月之吉,始和。布政于邦國、都鄙,乃縣政象之灋于象魏,使萬民觀政象,挾日而歛之。乃以九畿之籍施邦國之政職。方千里曰國畿,其外方五百里曰侯畿,又其外方五百里曰甸畿,又其外方五百里曰男畿,又其外方五百里曰采畿,又其外方五百里曰衛畿,又其外方五百里曰蠻畿,又其外方五百里曰夷畿,又其外方五百里曰鎮畿,又其外方五百里曰蕃畿。九畿之圖掌于職方,載于策,則其籍也。二者皆識其廣輪之數,按籍而稽之,復按圖而校之,瞭如指掌矣。九州山川相入道路曲折不同,豈能畫定曰方百里云云。皆以虛空鳥道之算法核之,與《禹貢》五服地圓二百五十里,四天星差一度,即虛空鳥道算法。一例。凡令賦,以地與民制之：上地,食者參之二,其民可用者家三人。中地,食者半,其民可用者二家五人。下地,食者參之一,其民可用者家二人。中春,教振旅,司馬以旗致民,平列陳,如戰之陳。辨鼓鐸鐲鐃之用,王執路鼓,諸侯執賁鼓,軍將執晉鼓,師帥執提,旅帥執鼙,卒長執鐃,兩司馬執鐸,公司馬執鐲,以教坐作、進退、疾徐、疏數之節。遂以蒐田,有司表貉誓民鼓,遂圍禁。火弊,獻禽以祭社。中夏,教茇舍,如振旅之陳,群吏撰車徒,讀書契,辨號名之用,帥以門名,縣鄙各以其名,家以號名,鄉以州名,野以邑名,百官各象其事,以辨軍之夜事,其他皆如振旅,遂以苗田,如蒐之灋,車弊,獻禽以享礿。中秋,教治兵,如振旅之陳,辨旗物之用,王載大常,諸侯載旂,軍吏載旗,師都載旜,鄉遂載物,郊野載旐,百官載旟,各書其事與其號焉。其他皆如振旅,遂獮田,如蒐田之灋,羅弊,致禽以祀祊。中春辨鼓、鐸、鐲、鐃之用,將以教坐作、進退、疾徐、疏數之節也。中夏辨號名之用,將以辨軍之夜事也。中秋辨旗物之用,不言所教所辨者,書其事則知其事之人,書其號則知其人之號。春秋鄢陵之戰,欒鍼望楚令尹之旌曰：楚人謂彼爲子重之旌,彼其子重也。夫蓋號名以辨夜事,則旗物、書事與號一望瞭然。其爲辨軍之晝事,不言可知也。慄也程氏曰：治兵辨旗物,與司常互異。竊謂旗物不同之故,經已明言。司常云大閱辨旗物,此云治兵辨旗物,明二者所建旗物本不同也。大閱旗物,以尊卑內外等序之。孤、卿、大夫、士,在朝之百官。師都、州里、縣鄙、都家、鄉遂,公邑之百官也。治兵之旗物,則旜與旗互易,孤卿之旜,師都載之;師都之旗,軍吏載之。物與旐互易,大夫、士之物,鄉遂載之;州里之旗,百官載之。惟旐則如其故,郊野與縣鄙皆公邑之吏也。蓋行軍有正法,有變法,大閱之旗正法也,治兵之旗變法也。正法以齊軍心,變法以易師目。春秋時有不去其旗而敗者,有望其旗而指目其仇者,有納旌於弢中不令敵人見者。故旗物有變通之法歟?按治兵大閱旗物不同,程氏分疏頗有條理,抑因是見行軍徵發,王畿遠近,更番迭出者,田役小司徒家出一人,如其法行之,六軍之衆,豈虞人所菜之地能遍容之?且載旗物而至者,不第鄉遂并及于師都,以田役之更番迭出,決軍旅之更番迭出,信而有徵,而鄉遂、公邑、都鄙田制、軍制之無異同也決矣。中冬,教大閱,前期,羣吏戒衆庶,修戰灋,虞人菜所田之野,爲表:百步則一,爲三表,又五十步爲一表。田之日,司馬建旗于後表之中,羣吏以旗物、鼓、鐸、鐲、鐃,各帥其民而致,質明,弊旗,誅後至者,乃陳車徒,如戰之陳,皆坐。羣吏聽誓于陳前,斬牲以左右徇陳曰:不用命者斬之。中軍以鼙令鼓,鼓人皆三鼓,司馬振鐸,羣吏作旗,車徒皆作,鼓行,鳴鐲,車徒皆行,及表乃止,三鼓,擁鐸,羣吏弊旗,車徒皆坐。中軍若王不自將,則大司馬也。上文建旗後表之中,殆五軍分擁前後,咸禀中軍指揮歟?以鼙令鼓,然後鼓聲同時並奏。非中軍執鼙不執鼓也。注謂六軍三三而居一偏,是中軍之軍亦居偏也,何以謂之中?教戰若六軍並集一表,必不能容。若六軍各立三表,經文又未嘗言及,且勢亦有難行。慄也程氏曰:四時之田,並分番教閱,一日不必徧集六軍之人,一人不必歲供四役也。覺於事勢較合。又三鼓,振鐸,作旗,車徒皆作,鼓進,鳴鐲,車驟徒趨,及表乃止,坐作如初。乃鼓,車馳徒走,及表乃止。鼓戒三闋,車三發,徒三刺。乃鼓退,鳴鐃,且卻,及表乃止,坐作如初。遂以狩田,以旌爲左右和之門,羣吏各帥其車徒,以叙和出,左右陳車徒,有司平之。旗居卒間以分地,前後有屯百步,有司巡其前後,險野人爲主,易野車爲主。百人爲卒,卒相去之地百步,屯守不離其伍,復恐其軼亂,有司巡而檢察之,此行陳之法也。層累以至于軍,皆卒之積也。野有利於車者,有利於人者,圍禁以之爲主,兵法所謂因地,車與徒,臨時衰益,不可劃定矣。黽家令云,山川丘阜步兵之地,車騎二不當一,平原廣野車騎之地,步兵十不當一,即以是推之。案經云皆作、皆坐、皆行,車徒並言,蓋徒以衛車,陳法之常也。因地制宜,或主車,或主徒,陳法之變也。教戰自當常變兼之。既陳,乃設驅逆之車,有司表貉于陳前。中軍以鼙令鼓,鼓人皆三鼓,羣司馬振鐸,車徒皆作,遂鼓行,徒銜枚而進。亦鼓進可知。大獸公之,小禽私之,獲者取左耳。及所弊,鼓皆駴,車徒皆譟,徒乃弊,致禽饁獸于郊。入,獻禽以享烝。及師大合軍,以行禁令,以救無辜,伐有罪。伐之名有九,歸于救民伐罪而

223

已。若大師,則掌其戒令,涖大卜,帥執事,涖釁主及軍器。及致,建大常,比軍衆,誅後至者。及戰,巡陳,眡事而賞罰。若師有功,則左執律,右秉鉞,以先愷樂獻于社。若師不功,則厭而奉主車。王弔勞士庶子,則相。死事則弔之,有功則勞之,兼承上有功無功二項亦通。大役,與慮事,屬其植,受其要,以待考而賞誅。大會同,則帥士、庶子,而掌其政令。若大射,則合諸侯之六耦。射人:王以六耦射,六耦倍三耦,以明尊也。六耦射畢,然後大司馬請王射,當與大射儀同。司馬掌射政,凡射禮,司正爲司馬,本此。大祭祀、饗食、羞牲魚,授其祭。大喪,平士大夫。喪祭,奉詔馬牲。

小司馬之職,掌凡小祭祀。會同、饗射、師田、喪紀,掌其事,如大司馬之灋。

軍司馬闕。

輿司馬闕。

行司馬闕。

司勳掌六鄉賞地之灋,以等其功。王功曰勳,國功曰功,民功曰庸,事功曰勞,治功曰力,戰功曰多。司馬之官主征伐,當以戰功爲上,而序于王功至治功後者,欲人知殊勳異績,在正君、定國、救民、奮庸、熙載,汗馬之勞不敢先焉。武臣雖蒙厚賞,咸知歛戢矜奮矣。凡有功者,銘書於王之大常,祭於大烝,司勳詔之。大功,司勳藏其貳。掌賞地之政令。凡賞無常,輕重眡功。頒賞地其輕重不能同,所謂等也,如司勳舉其職則在上者,不得以意爲之,此與大宰、司士聯事,皆禀天命以行事者。凡頒賞地,參之一食,惟加田無國正。

馬質掌質馬。馬量三物:一曰戎馬,二曰田馬,三曰駑馬,皆有物賈,綱惡馬。凡受馬於有司者,書其齒毛與其賈。馬死,則旬之內更,旬之外入馬耳,以其物更,其外否。慄也程氏曰:以其物更,謂以他物量償之,或半賈或參之一,不責其如馬以償也。馬及行,則以任齊其行。視馬力以任輕重,及其行也,道里遠近不同,則以輕重之任,合道里遠近,而均配四馬之力,使御者得施其接,十六蹄如一匹,所謂齊也。一乘如此,推之各乘皆然。不惟無輪載之患,且亦無贏敝之憂矣。若有馬訟,則聽之。禁原蠶者。

量人掌建國之灋。以分國爲九州,營國城郭,營后宮,量市朝道巷門渠。造都邑，亦如之。詳見職方。《王制》：凡四海之內九州，州方千里，州建百里、七十里、五十里之國若干。亦量人分國爲九州建國之遺法也。營軍之壘舍，量其市朝州涂，軍社之所里。邦國之地與天下涂數，皆書而藏之。蕭何收秦圖籍，以知天下扼塞要害。量人、司險所掌在秦猶然。凡祭祀、饗賓，制其從獻脯燔之數量。掌喪祭奠竁之俎實。凡宰祭，與鬱人受斝歷而皆飲之。斝讀如《雅》詩奠斝之斝，即酳尸，尸酢，主人之爵也。鬱人職曰卒爵，此曰斝歷，其義互見，不用讀作嘏。

小子掌祭祀羞羊肆、羊殽、肉豆。而掌珥于社稷，祈于五祀。凡沈、辜、侯、禳，飾其牲，釁邦器及軍器。凡師田，斬牲以左右徇陳。祭祀，贊羞，受徹焉。

羊人掌羊牲。凡祭祀，飾羔。祭祀，割羊牲，登其首。凡祈珥，共其羊牲。賓客，共其法羊。凡沈、辜、侯、禳、釁、積，共其羊牲。若牧人無牲，則受布于司馬，使其賈買牲而共之。羊易蕃息，尚有耗敗，況馬爲大牲乎？觀於羊人、馬質二官之有賈，而嘆聖人慮事之豫也。

司爟掌行火之政令。四時變國火，以救時疾。季春出火，民咸從之。季秋內火，民亦如之。時則施火令。凡祭祀，則祭爟。凡國失火，野焚萊，則有刑罰焉。鄭鑄刑書不以其時而融風起，烈火爲災，周官之火政修，必無焚煬之患，後世陶冶不以其時，民習爲固然，且有議周官爲迂者，蓋調爕之精理，無有能喻之者矣。

掌固掌修城郭、溝池、樹渠之固，頒其士、庶子及其衆庶之守，設其飾器，分其財用；均其稍食，任其萬民，用其材器。皆爲士、庶子設之、分之、均之。士、庶子爲萬民守固，故任萬民并其材器而用之。凡守者受灋焉，以通守政，有移甲，與其役財用，唯是得通，與國有司帥之，以贊其不足者。晝三巡之，夜亦如之；夜三鼜以號戒。守者受法于掌固，不易其處矣，而云通守政何也？兵甲所以捍禦，財用所以供役，而變之來也非常，不無移多就寡，互相應援，故云以通守政。又恐守者藉此擅離部次，故云所得通者，惟此耳。非有不得已應移動者，不敢悖其所受之法也。且有應移動以贊其不足者，必掌固與其地之有司帥之，雖欲擅離部次不可得矣。數語盡事情之曲折，國有司乃有地治之官，司兵甲與財用者也。若造都邑，則治其固與其守灋。固城郭、溝池、樹渠也。法，士、庶子之守法也。凡國都之竟有溝樹之固，郊亦如之。民皆有職焉，若有山川，則因之。溝樹爲城郭設，推而國都之邊竟及郊，不必有城郭，皆令民鑿溝封樹以爲固，而遞守之中原，一望平衍，後世善禦盜者，教民深溝種樹，劃地而守，寇不敢犯，見于史書者，不可枚舉，其法皆本於《周官》。

司險掌九州之圖，以周知其山林、川澤之阻，而達其道路。設國之五溝、五涂，而樹之林以爲阻固，皆有守禁，而達其道路。守禁則樹林不至毀傷。達道路則溝涂不患窒礙。國有故，則藩塞阻路而止行者，以其屬守之，唯有節者達之。無事雖阻路必通達之，以便行。有故則阻路加藩塞焉，以禦暴。非平日周知地勢，則不能。

掌疆闕。

候人各掌其方之圖治，與其禁令。以設候人，若有方治，則帥而致于朝。及歸，送之于竟。此與掌訝相聯事。

環人掌致師，察軍慝，環四方之故，巡邦國，搏諜賊，訟敵國，揚軍旅，降圍邑。致師非以怒敵誘戰也，蓋以察敵軍之陰慝，而乘其間耳。邲之戰以二憾敗，鄢陵之戰以軍師不和敗，皆察其慝而勝之。訟者，訟彼之曲。揚者，揚我之直。王者無敵，敢有逆命，儼然敵矣，故訟之。

挈壺氏掌挈壺以令軍井，挈轡以令舍，挈畚以令糧。凡軍事，縣壺以序聚㯶。凡喪，縣壺以代哭者，皆以水火守之，分以日夜。及冬，則以火爨鼎水而沸之，而沃之。曰守以水火，又曰分以日夜者，夜用火，日則不用，故須分之。

射人掌國之三公、孤、卿、大夫之位，三公北面，孤東面，鄉大夫西面。其摯：三公執璧，孤執皮帛，卿執羔，大夫鴈。諸侯在朝，則皆北面，詔相其灋。若有國事，則掌其戒令，詔相其事，掌其治達。以射法治射儀。王以六耦射，三侯三獲三容，"以六耦射"句斷，言王射以六耦，其侯與獲與容各三也。以六耦射言初射，非正射也。下文同。樂以《騶虞》九節五正。注解正爲正鵠，其説支離不可通，正當如字讀，謂正發矢時也。先歌四節之樂于未射之先，以和其心，留五節於正射時歌之，不疏不數，循聲而發，發無不中矣。三正二正義同，私意是如此。後閲敖氏解大射儀，先得我心，不覺驃然。諸侯以四耦射，二侯二獲二容，樂以《貍首》七節三正。孤、卿、大夫以三耦射，一侯一獲一容，樂以《采蘋》五節二正。士以三耦射豻侯，一獲一容，樂以《采蘩》五節二正。若王大射，則以貍步張三侯。上兼言王、侯、孤、卿、大夫、士，此專言王，故以若字另起。注疏因此指上言射爲賓射，遂誤正爲五采之正，皆非也。王射，則令去侯，立于後，以矢行告。《儀禮》大射令服不去侯者，司馬也，係侯國禮。此命去侯，乃射人爲之，係天子禮。射人，司馬之屬也，立于後以矢行告。《儀禮》以射正主之，射人下大夫二人，即射正也。上士四人、卜士八人，乃射人師也。《檀弓》扶君僕人師扶右，射人師扶左，君薨以是舉，然則下文大喪與僕人遷尸其射人師歟？抑《檀弓》所稱者侯禮，若天子禮，則射人正爲之歟？卒，令取矢。祭侯則爲位，與大史數射中，佐司馬治射正。正與政同，凡射政司馬掌之，射人佐之，其儀孔多，不第告矢行數，射中數事而已。射人與大僕俱侍王側，凡王有事，皆左右之，獨以射名官，重射事也。祭祀則贊射牲。相孤、卿、大夫之灋儀。會同、朝覲，作大夫介。凡有爵者，大師令有爵者乘王之倅車。有大賓客，則作卿大夫從，戒大史及大夫介。大喪與僕人遷尸，作卿大夫掌事，比其廬，不敬者，苟罰之。

服不氏掌養猛獸而教擾之。凡祭祀，共猛獸。賓客之事則抗皮。射則贊張侯，以旌居乏而待獲。

射鳥氏掌射鳥。祭祀，以弓矢毆鳥鳶。凡賓客、會同、軍旅，亦如之。射則取矢，矢在侯高，則以幷夾取之。

羅氏掌羅烏鳥，蜡則作羅襦。中春，羅春鳥，獻鳩以養國老，行羽物。

掌畜掌養鳥而阜蕃教擾之。祭祀，共卵鳥。歲時，貢鳥物，共膳獻之鳥。猛獸第教擾之，畜鳥則兼言阜蕃，順物性也。鳥物以共庶羞、膳羞。禽獻，射鳥氏以弓矢取之，羅氏以網羅取之，皆不可養者。其可養者，特設掌畜之官以阜蕃之，庶不缺於共，且物類滋息，亦寓對育之仁焉。

司士掌群臣之版，以治其政令，歲登下其損益之數。辨其年歲，與其貴賤，周知邦國都家縣鄙之數，卿、大夫、士、庶子之數，以詔王治，司士所掌者，上而幷周知卿大夫之數者，其職在掌朝儀，必知其尊卑貴賤之等，而後可以擯王也。以德詔爵，以功詔禄，以能詔事，以久奠食，惟賜無常。詔爵已下所謂治也，八柄大宰詔王，司士與之聯事，而所詔者亦群士爲多，《王制》言之詳矣。正朝儀之位，辨其貴賤之等，王南鄉，三公北面東上，孤東面北上，卿大夫西面北上。王族故士虎士，在路門之右，南面東上，大僕大右，大僕從者，在路門之左，南面西上。司士擯，孤卿特揖大夫，以其等旅揖，士旁三揖，王還揖門左，揖門右，大僕前，王人內朝，皆退。或北面東上，或東面北上，所謂位也。或特揖，或以其等旅揖，所謂等也。掌國中之士治，凡其戒令，掌擯士者，膳其摯。云國中則邦國之士不與焉，蓋侯國自設司士之官以掌之。下文稽邦國士任而進退，其爵禄未嘗不與知之，但不掌其治與戒令耳。凡祭祀，掌士之戒令，詔相其灋事，及賜爵，呼昭穆而進之。帥其屬而割牲，羞俎豆。凡會同，作士從。賓客，亦如之。作士適四方使，爲介。大喪，作士掌事。作六軍之士執披。凡士之有守者，令哭，無去守。曰六軍之士，亦士也。古人文事武備兼之，所以別于凡民。司馬統六師平邦國，而以辨論官材屬之，何也？《月令》孟夏命大尉贊傑俊，遂賢良，行爵出禄，必當其位，雖秦法，必三代已行之。夏者，大也。春取長養，故成均造士，以育才爲先；夏取盛大，故司士詔爵，以升俊爲重。或曰弧矢，以威天下，而可以觀德，用以取士。射人屬之司馬，則司士屬之司馬，宜也。亦通。國有故，則致士而頒其守。凡邦國，三歲則稽士任，而進退其爵禄。

　　諸子掌國子之倅，掌其戒令與其教治，辨其等，正其位。國有大事，則帥國子而致於大子，惟所用之。若有共甲之事，則授之車甲，合其卒伍，置其有司，以軍灋治之。司馬弗正，凡國正弗及。大祭祀，正六牲之體。凡樂事，正舞位，授舞器。大喪，正群子之服位。會同、賓客，作群于從。凡國之政事，國子存游倅，使之修德學道。春合諸學，秋合諸射，以考其藝而進退之。凡國有政事，國子與群子同聚處，雖有適庶之分，其親則兄弟也。致其殷勤子愛謂之存，不曰群子，曰游倅者，言其優游有餘力也。不欲其優游而棄日力，故諸子因其相親愛也，而使之修德學道，如三德六行是也。春秋則同學、同射。學與射對舉，蓋詩書禮樂之類，相觀而善之，謂摩其德行易成而業易精，可知矣。

　　司右掌群右之政令。自三右暨屬車之右，皆司右選擇比次之，故曰掌群右之政令。或疑三右乃大夫、士，皆有員數，豈藉于司右之選擇？曰：雖有員數，而不必備，遇軍旅、會同，慎選干城心膂之士，非司右稽之有素，能保其得人與？且司士職待于王之後者，惟大右一人，而三右缺焉，非其證耶？凡軍旅、會同，合其車之卒伍，而比其乘，屬其右。徒有徒之卒伍，車有車之卒伍，大司馬仲冬大閲旗，居卒間以分地。險野人爲主，徒之卒伍也。易野車爲主，車之卒伍也。凡國之勇力之士能用五兵者，屬焉，掌其政令。

　　虎賁氏掌先後王而趨以卒伍。軍旅、會同亦如之。舍則守王閑。王在國，則守王宮。國有大故,則守王門。大喪,亦如之。及葬,從遣車而哭。適四方使,則從士大夫。若道路不通,有徵事,則奉書以使於四方。不獨取其勇力,不畏路阻,兼示王之干城腹心以急事告,則奔視,官守者宜急矣。

旅賁氏掌執戈盾,夾王車而趨,左八人,右八人。車止,則持輪。凡祭祀、會同、賓客,則服而趨。喪紀,則衰葛執戈盾。軍旅,則介而趨。

節服氏掌祭祀朝覲袞冕,六人維王之大常。諸侯則四人,其服亦如之。郊祀裘冕,二人執戈,送逆尸從車。郊祀不言掌裘冕,承上掌袞冕而言也。二人執戈,猶之六人維大常。如注說從王服,假令袞冕而維大常,已非禮所安,況裘冕而執戈,何以肅觀瞻,嚴對越乎?

方相氏掌蒙熊皮,黃金四目,玄衣朱裳;執戈揚盾,帥百隸而時難,以索室毆疫。大喪,先匶。及墓,入壙,以戈擊四隅,毆方良。

大僕掌正王之服位,出入王之大命,掌諸侯之復逆。王眡朝,則前正位而退。入,亦如之。建路鼓于大寢之門外,而掌其政,以待達窮者與遽令。聞鼓聲,則速逆御僕與御庶子。程氏慄也曰:大寢之門,第五門也。其外有庫門、雉門、應門,各有閽人守之,窮民未必能至。此擊鼓經文以待達窮者,明有爲之達者,非窮民自擊鼓也。以大司寇、朝士、御僕、大僕四官通考之,此窮民實即肺石之窮民,既立肺石三日,朝士聽其辭,得其情,於是爲之擊鼓。此鼓御僕使御庶子守之,大僕聞聲即逆問,乃令御僕告于王。御僕掌庶民之復者也,朝士、司寇不直告王,必擊路鼓者,明其非常,使衆共聞也。大僕不以告王,而必逆守鼓之官者,各有職守也。曲折情事,似是如此。祭祀、賓客、喪紀,正王之服位,詔灋儀,贊王牲事。王出入,則自左馭而前驅。凡軍旅、田役,贊王鼓。救日月亦如之。大喪,始崩,戒鼓,傳達于四方。窆亦如之,縣喪首服之灋于宮門,掌三公孤卿之弔勞。王燕飲,則相其灋。王射,則贊弓矢。王眡燕朝,則正位,掌擯相。以《論語》攝齊升堂觀之,治朝、外朝俱無堂,則所升者,乃燕朝之堂也。臣與君行禮當拜堂下,君辭之,乃升成拜,亦燕朝也。大僕掌擯相,其延接臣下禮儀之多可知,與眡治朝之正位而退又不同。王不眡朝,則辭於三公及孤卿。

小臣掌王之小命,詔相王之小灋儀。掌三公及孤卿之復逆,正王之燕服位。王之燕出入,則前驅。合大僕職觀之,路寢之事,皆大僕掌之,王自路寢退小寢,一切小寢之事，皆小臣掌之。大祭祀、朝覲，沃王盥。小祭祀、賓客、饗食、賓射掌事，如大僕之灋。掌士大夫之弔勞。凡大事，佐大僕。

祭僕掌受命于王以眂祭祀，而警戒祭祀有司，糾百官之戒具。既祭，帥群有司而反命，以王命勞之，誅其不敬者。王之祭祀，法儀及牲事，大僕掌之。卜祭祀，小臣掌之，或有故不親祭，復設祭僕，以王命涖之。于反命之日，勞其敬者，誅其不敬者，疇敢不祗肅將事，而神右享之可知矣。大喪復于小廟。凡祭祀，王之所不與，則賜之禽，都家亦如之。賜之禽，謂詔于王，而以王命賜之，雖不與猶與也。此非有故，而其不與也。事相類，故亦祭僕掌之。凡祭祀，致福者，展而受之。

御僕掌群吏之逆，及庶民之復，與其弔勞。大祭祀，相盥而登。大喪，持翣，掌王之燕令，以序守路鼓。此與小臣聯事者，合觀小臣、祭僕、御僕之職，或掌祭祀，或掌復逆，或掌服位，皆佐大僕左右，王躬。《囧命》曰：僕臣，正厥后克正。又曰：出入起居，罔有不欽，發號施令，罔有不臧。於此徵之。

隸僕掌五寢之埽、除、糞、洒之事。糞如爲長者糞之，糞僕御至供洒、埽，其細已甚，雖隸於大僕，而自爲一職，以供役王之寢廷，事煩職冗，其徒多至四十人，視大僕反倍者以此。祭祀，修寢。王行，洗乘右，掌蹕宮中之事。大喪，復于小寢、大寢。

弁師掌王之五冕，皆玄冕、朱裏、延紐，五采繅十有二就，皆五采，玉十有二，玉笄，朱紘。諸侯之繅斿九就，瑉玉三采，其餘如王之事，繅斿皆就，玉瑱，玉笄。云繅斿九就，又云繅斿皆就，似不可通。細按之，九就者，諸公本等之冕也。繅斿皆就者，其所兼之冕也。凡冕服，上得兼下，諸公九命，其冕之繅九就，其斿所繫之玉亦九就，等而下之，所兼之冕其繅之就或七、或五、或三，而每斿所繫之玉如之，斿玉如繅之就，故云繅斿皆就也。由是推之，諸侯與其孤卿、大夫倣此矣。惟天子至尊，其冕之繅斿不皆就耳，何也？天子冕繅不獨十二就者，其斿十二玉，即九就、七就、五就、三就，其斿亦十二玉，所以別于諸臣也。着繅斿皆就四字，上對天子，下對諸公、侯、孤卿、大夫，立文簡而該，所以爲聖人之言。王之皮弁，會五采玉璂，象邸玉笄，王之弁絰，弁而加環絰。諸侯及孤卿、大夫之冕，韋弁、皮弁、弁絰，各以其等爲之，而掌其禁令。王先言冕，次言弁。諸侯及孤卿、大夫冕弁並言，尊君應爾，兼使人知。天子之弁玉亦十二，與冕同等，以諸侯及諸臣冕玉，各如其命數推之也。韋弁在皮弁之上，重兵服也。《詩》曰：韎韐有奭，以作六師。司裘云士之

230

服，自皮弁而下。此不言士，言韋弁、皮弁、弁絰，各以其等爲之，司裘不言等，皆互相備，注解弁絰之等以襲績，皆禮家細密處。

司甲闕。

司兵掌五兵、五盾，各辨其物與其等，以待軍事。及授兵，從司馬之灋以頒之，或疑兵甲戈盾俱賦之民，此所頒者出諸官，何也？軍器所以壯國威，以車乘推之，有國馬必有公馬，則兵甲戈盾視此矣。且民間兵器當選將出車之時，必先期致於司馬，及授兵，然後從而頒之，所謂法也。觀内傳授兵于大宮，春秋之時，此法猶存。及其授兵輸，亦如之。及其用兵，亦如之。用兵如《車攻》吉日會同講武之類，與征行不同，故兼及之。祭祀，授舞者兵。大喪，廞五兵。軍事，建車之五兵。會同，亦如之。以會同推之，所建者，王及諸臣之車也。於下經司戈盾徵之。

司戈盾掌戈盾之物而頒之。辨其物者，司兵也。掌其物而頒之者，司戈盾也。戈爲五兵之首，故舉之以概其餘，下文兼授旅賁殳可見。祭祀，授旅賁殳，故士戈盾。授舞者兵，亦如之。司兵授舞者以戈，此職兼授干也，亦如之。亦如司兵也，此與春官司干職聯事歟？軍旅、會同、授貳車戈盾，建乘車之戈盾，授旅賁及虎士戈盾。及舍，設藩盾，行則斂之。

司弓矢掌六弓、四弩、八矢之灋，辨其名物，而掌其守藏與其出入。中春，獻弓弩；中秋，獻矢箙。及其頒之，王弓、弧弓以授射甲革、椹質者；夾弓、庾弓以授射豻侯、鳥獸者；唐弓、大弓以授學射者、使者、勞者，其矢箙皆從其弓。弓三等用各有宜，蓋通尊卑、貴賤言之，至下文又分屬天子、諸侯、大夫、士，何也？其位至尊，則天必畀以神武之資力，其次以漸而降，禮之體也。如天子之侯道九十弓，其次亦以漸而降爲七十弓、五十弓，然天子射三侯中則皆獲，于尊之之中寓優之之意，禮之宜也。曰以授射甲革、椹質者，未嘗專言天子，則其餘可推矣。凡弩，夾、庾利攻守，唐、大利車戰、野戰。凡矢，枉矢、絜矢利火射，用諸守城車戰；殺矢、鍭矢用諸近射田獵；矰矢、茀矢用諸弋射；恒矢、痺矢用諸散射。天子之弓，合九而成規。諸侯合七而成規，大夫合五而成規，士合三而成規。句者謂之弊弓。凡祭祀，共射牲之弓矢。澤，共射椹質之弓矢。此所共四者，皆不及弩，何也？無所用之也。獨於大射、燕射共弓矢言如數者，禮射有弟子取矢，不獲則司馬命再取，可以如數共之，其餘有不能如數者矣。共并夾矢，箸侯高必取之，其餘則不能皆取之，可不用并夾矣。大射，燕射，共弓矢如數并夾。大喪，共明弓矢。凡師役、會同，頒弓弩各以其物從，授兵甲之儀。物即弓矢所辨之物，已見上師役會同用弓兼用弩，故俱頒之。田役（弋），充籠箙矢，共矰矢。凡亡矢者，弗用則更。矢，充籠箙、師役、會同所同也。惟田弋射飛并共矰矢，不在籠箙中者也。

繕人掌王之用弓弩、矢箙、矰弋、抉拾，掌詔王射，贊王弓矢之事。王射以矢行告，射人之事也。此職與之聯事。凡乘車，充其籠箙，載其弓弩。既射，則斂之，無會計。

槀人掌受財于職金，以齎其工。弓六物，爲三等；弩四物，亦如之。矢八物，皆三等。箙亦如之。春獻數，秋獻成，書其等以饗工，乘其事，試其弓弩，以上下其食而誅賞，等，即弓弩三等、矢三等之等，先書其等之上、中、下，必乘計其事之成功，而後饗之。弓弩有三等之不同，又就同等中試其良否，而下其食而誅之，上其食而賞之。食稍、食饗乃非常犒勞，此工所以勸也。乃入功于司弓矢及繕人。凡齎財與其出入，皆在槀人，以待會而考之，亡者闕之。弓弩矢出入，當核之司弓矢，而核之槀人者，以人功于司弓矢，其人若干，則其出若干，司弓矢必闕槀人，故云凡齎財與其出入，皆在槀人也。會而考之，仍闕。其亡者，王之弓矢既無會計，又惟禮射唱獲取矢，必索其餘，不可以苛求也。

戎右掌戎車之兵革使，詔贊王鼓，傳王命于陳中。會同，充革車。盟，則以玉敦辟盟，遂役之。贊牛耳桃茢。辟盟者，要其終而言之，插血畢當以盟書辟盟府而藏之，非辟其舊藏之書也。

齊右掌祭祀。會同、賓客，前齊車，王乘則持馬，行則陪乘。凡有牲事，則前馬。

道右掌前道車。王出入，則持馬陪乘，如齊車之儀，自車上諭命于從車，詔王之車儀。王式，則下，前馬。王下，則以蓋從。

大馭掌馭玉路以祀。及犯軷，王自左馭，馭下祝，登受轡，犯軷，遂驅之。及祭，酌僕，僕左執轡，右祭兩軹，祭軓，乃飲。凡馭路，行以《肆夏》，趨以《采薺》。凡馭路儀，以鸞和爲節。行中《肆夏》，趨中《采薺》，車行與樂歌之疾速相應也。至馭路之儀，如組、如舞，五馭所謂鳴和鸞，又不但趨與行中節而已。大馭舉其凡以概其餘。

戎僕掌馭戎車，大馭之下，次以戎僕，重軍事。掌王倅車之正，其服犯軷，如王路之儀。凡巡狩及兵車之會，亦如之。觀此則巡狩爲乘車之會明矣。王有兵車之會，如宣王《常武》之詩是也。齊桓自詡乘車之會、兵車之會，蓋亦踵《周官》行之。掌凡戎車之儀。於金路曰法儀，於象路亦曰法儀，即大馭職凡馭路之儀也。惟戎車之儀，有同者有不同者，故又別而言之。

齊僕掌馭金路，以賓。朝覲、宗遇、饗食，皆乘金路。其灋儀，各以其等爲車送逆之節。

道僕掌馭象路以朝、夕、燕出入，其灋儀如齊車。掌貳車之政令。

田僕掌馭田路，以田以鄙，掌佐車之政。設驅逆之車，令獲者植旌。及獻，比禽。統言之，則驅逆之車亦佐車也。分言之，則佐車如倅車、貳車，其驅逆之車，校人於從禽之時，帥田僕而設之。凡田，王提馬而走。諸侯晉，大夫馳。而於車馳徒走之時提馬而走，不馳也。諸侯提馬而進，雖速於王，亦不馳也。大夫則與甲士之車馳同，當鼓進之時，亦有尊卑之等焉。

馭夫掌馭貳車、從車、使車，分公馬而駕治之。馭夫佐校人養馬。凡國之使者共其幣馬，則其所駕之車亦馭夫授之，王氏之説比注優。

校人掌王馬之政。辨六馬之屬，種馬一物，戎馬一物，齊馬一物，道馬一物，田馬一物，駑馬一物。先戎馬於齊馬、道馬，亦重戎政。凡頒良馬而養乘之。乘馬一師，四圉；三乘爲皁，皁一趣馬；三皁爲繫，繫一馭夫；六繫爲廄，廄一僕夫；僕夫即掌五路之官，或疑大馭、戎僕，其官尊，不宜與養馬之事，以理推之，乘馬一師四圉，積而上之，至於馭夫，其於馬政縈密且詳矣。大馭、戎僕等官不過掌其要凡而已，無慮其繁。馭夫所掌者駕治之事，則僕夫更無繁冗可知。且與校人聯事，知其馬性，然後用之。祭祀、會同、軍旅、田獵，朝夕出入無不如意，故以馭夫次之，而繼以校人相爲左右，不及僕夫者，以既言馭夫，則僕夫即五馭之僕夫，可推而知，非闕也。六廄成校，校有左右。駕馬三良馬之數，麗馬一圉，八麗一師，八師一趣馬，八趣馬一馭夫。天子十有二閑，馬六種；邦國六閑，馬四種；家四閑，馬二種。凡馬，特居四之一。馬以牡爲貴，然必及時扇之，留以爲特者，所以爲孳息計，扇其三，存其一可也。下文執駒，即爲扇之地也。馬特如過多，通淫之後，并特亦攻之矣。春祭馬祖，執駒。夏祭先牧，頒馬，攻特。秋祭馬社，臧僕。如道僕、田僕，十有二人，等而上之，戎僕、齊僕，亦在其中，以時選其性行淑均、才技嫻習者，備不時任，使更換。臧如射則臧兮之臧，在王之側，不可不慎，簡于早而以屬之。校人則與五馭相左右，又可知矣。冬祭馬步，獻馬講馭夫。馭夫，亦僕也。講之欲其臧也，互見法。凡大祭祀、朝覲、會同，毛馬而頒之，飾幣馬，執扑而從之。凡賓客，受其幣馬。大喪，飾遣車之馬。及葬，埋之。田獵，則師驅逆之車。凡將事于四海山川，則飾黃駒。凡國之使者，共其幣馬。凡軍事，物馬而頒之。等馭夫之祿，宮中之稍食。等其祿食，所以勸之也。然則僕馭與三右，雖員數有定，亦隨時更番任使，不必備其人，非臆説也。

趣馬掌贊正良馬，而齊其飲食，簡其六節，掌駕説之頒。辨四時之居治，以聽馭夫。

巫馬掌養疾馬而乘治之，相醫而藥攻馬疾。受財于校人，馬死，則使其賈粥之，入其布于校人。

牧師掌牧地，皆有厲禁而頒之。孟春焚牧，中春通淫，掌其政令。凡田事，贊焚萊。

廋人掌十有二閑之政教，以阜馬，佚特，教駣，攻駒，及祭馬祖，祭閑之先牧，及執駒，散馬耳，圉馬。正校人員選。注謂員選爲師圉之屬，然則校人所臧指道田之僕信矣。以中大夫，而選擇居官，以下士而選擇師圉，其事稱也。馬八尺以上爲龍，七尺以上爲騋，六尺以上爲馬。廋人相馬之高下、尺寸，以形言也。校人毛馬，以色言也。物馬而頒之，以力言也。辨六馬而首種馬，取其調良，以性言也。相馬之式備矣。

圉師掌教圉人養馬，春除蓐、釁廐，始牧，夏庌馬，冬獻馬。射則充椹質，茨墙則翦闉。

圉人掌養馬芻牧之事，以役圉師。凡賓客、喪紀，牽馬而入陳。廞馬，亦如之。

職方氏掌天下之圖，以掌天下之地，辨其邦國、都鄙、四夷、八蠻、七閩、九貉、五戎、六狄之人民，與其財用九穀、六畜之數要，周知其利害，乃辨九州之國，使同貫利。同其利而貫通之，九州之國，如一家然。東南曰揚州，其山鎮曰會稽，其澤藪曰具區，其川三江，其浸五湖，澤中有地，謂之藪。一望皆水，謂之浸。水長流，謂之川。其利金、錫、竹箭，其民二男五女，其畜宜鳥、獸，其穀宜稻。地多藪牧，便於養蕃鳥獸，與揚州同，曰鳥獸可兼六擾。曰六擾不能兼鳥獸。正南曰荊州，其山鎮曰衡山，其澤藪曰雲夢，其川江、漢，其浸潁、湛，其利丹、銀、齒、革，其民一男二女，其畜宜鳥獸，其穀宜稻。河南曰豫州，其山鎮曰華山，其澤藪曰圃田，其川滎、雒，其浸波、溠，其利林、漆、絲、枲，其民二男三女，其畜宜六擾，其穀宜五種。正東曰青州，其山鎮曰沂山，其澤藪曰望諸，其川淮、泗，其浸沂、沭，其利蒲、魚，其民二男二女，其畜宜雞、狗，其穀宜稻、麥。河東曰兗州，其山鎮曰岱山，其澤藪曰大野，其川河、泲，其浸盧、維，其利蒲、魚，其民二男三女，其畜宜六擾，其穀宜四種。正西曰雍州，其山鎮曰嶽山，其澤藪曰弦、蒲，其川涇、汭，其浸渭、洛，關中洛水一源于商州上雒，《禹貢》導洛入河是也。一源于北地，至鄜州洛川縣始大會渭入河，杜詩觀三川水漲是也。此與渭並敘，應指三川口之洛。其利玉石，其民三男二女，其畜宜牛、馬，其穀宜黍、稷。東北曰幽州，其山鎮曰醫無閭，其澤藪曰貕、養，遼左與山左相對，中隔一海。聖祖仁皇帝常駐蹕奉天，覽觀形勢，謂北幹龍脉逶迤，于醫無閭諸山穿海，由登、萊，歷青、兗，而盡于徐、海。先儒謂：泰山山脉被黃河冲斷，其説非是。今觀職方以山左貕養之藪，與遼左醫無閭之山對舉。貕養在今登州萊陽縣，正山脉遥接之處，中隔小海，形家所謂大崩洪也。益歎大聖人睿哲天授，與經脗合。其川河沸，其浸菑時，其利魚、鹽，其民一男三女，其畜宜四擾，其穀宜三種。河内曰冀州，其山鎮曰霍山，其澤藪曰楊紆，其川漳，其浸汾、潞，其利松、柏，其民五男三女，其畜宜牛、羊，其穀宜黍、稷。正北曰并州，其山鎮曰恒山，其澤藪曰昭餘祁，其川虖池、嘔夷，其浸淶、易，其利布帛，其民二男三女，其畜宜五擾，其穀宜五種。乃辨九服之邦國，方千里曰王畿，其外方五百里曰侯服，又其外方五百里曰甸服，又其外方五百里曰男服，又其外方五百里曰采服，又其外方五百里曰衛服，又其外方五百里曰蠻服，又其外方五百里曰夷服，又其外方五百里曰鎮服，又其外方五百里曰藩服。凡邦國千里，封公以方五百里，則四公；方四百里，則六侯；方三百里，則七伯；方二百里，則二十五子；方百里，則百男，以周知天下。此開方法通五土總計之，《王制》除山林、川澤、丘陵，專以墳衍、原隰計之，故二者之數不合，其實一也。上云九服，統言之。此云封國，析言之。凡邦國小大相維，王設其牧，制其職，名以其所能。制其貢，各以其所有。合下巡狩殷國觀之，設之牧而制其職貢者，王也。將巡狩殷國戒四方各修職守者，職方氏也。有職貢不修者，大司馬九伐隨之，以職方殿司馬，見其任之重也。王將巡狩，則戒于四方曰：各修平乃守，考乃職事，無敢不敬戒，國有大刑。及王之所行，先道，帥其屬而巡戒令。王殷國，亦如之。

　　土方氏掌土圭之灋，以致日景，以土地相宅，而建邦國都鄙，以辨土宜土化之灋，而授任地者。測土深正日景，而東西南北之寒暑風雨多寡了然胸中。天氣與地氣相通，因之而知土宜土化之法，不偶然也。王巡守，則樹王舍。

　　懷方氏掌來遠方之民，致方貢，致遠物而送迎之，達之以節，治其委積、館舍、飲食。周之盛時，越裳獻雉，有重譯而至者，觀下文治其委積、館舍、飲食，則貢使居多，而商旅次之。自土方氏至形方氏，其官皆以方名，蓋自王畿以至蕃國皆掌之，而懷遠之意居多。

　　合方氏掌達天下之道路，通其財利，同其數器，壹其度量，除其怨惡，同其好善。與懷方氏聯事，而通惠商旅，其專職。

　　訓方氏掌道四方之政事，與其上下之志，誦四方之傳道。正歲，則布而訓四方，而觀新物。政事及上下之志，皆顯然有徵者，傳道則事未可知而得之傳聞，皆爲王誦之，以廣見聞。正歲以象魏所縣者，布而訓四方，而觀新物。物猶事也。此又爲民布告之，以新其耳目，定其心志。

　　形方氏掌制邦國之地域，而正其封疆，無有華離之地，使小國事大國，大國比小國。

　　山師掌山林之名，辨其物與其利害，而頒之于邦國，使致其珍異之物。蓋備四海九州之美味，以供祭祀者歟？與不實遠物之意，並行而不悖者也。山師、川師俱以師名，亦世其官，而習熟其國故者，重在周知其地之美惡，而頒之，俾爲上者爲民興其利而除其害，皆所以柔遠也。

　　川師掌川澤之名，辨其物與其利害而頒之于邦國，使致其珍異之物。

　　邍師掌四方之地名，辨其丘陵、墳衍、邍隰之名物之可以封邑者。

　　匡人掌達灋則，匡邦國，而觀其慝，使無敢反側，以聽王命。

　　撢人掌誦王志道國之政事，以巡天下之邦國而語之，使萬民和說而正王面。

匡人之職修,而邦國無非心。撢人之職修,而邦國有徯志。合觀司馬諸職所以維持封建于不敝者,可謂曲盡。後儒猶訾議封建非聖人意,過矣。

都司馬,掌都之士、庶子及其衆庶車馬、兵甲之戒令,以國灋掌其政學,以聽國司馬。家司馬,亦如之。

石谿讀周官第五

秋官司寇第五

惟王建國,辨方正位,體國經野,設官分職,以爲民極。乃立秋官司寇,使帥其屬而掌邦禁,以佐王刑邦國。

刑官之屬:大司寇,卿一人。小司寇,中大夫二人。士師,下大夫四人。鄉士,上士八人、中士十有六人。旅,下士三十有二人、府六人、史十有二人、胥十有二人、徒百有二十人。

遂士,中士十有二人、府六人、史十有二人、胥十有二人、徒百有二十人。

縣士,中士三十有二人、府八人、史十有六人、胥十有六人、徒百有六十人。

方士,中士十有六人、府八人、史十有六人、胥十有六人、徒百有六十人。自鄉士至方士,按地設刑官,以緯之,使民知附于刑,即歸于士,然後有地治之官,其令易行,其教易入也。○曰鄉、曰遂、曰縣、曰方,自近而遠,國野次序最分明。當合地官對勘,條理愈犁然。

訝士,中士八人、府四人、史八人、胥八人、徒八十人。

朝士,中士六人、府三人、史六人、胥六人、徒六十人。

司民,中士六人、府三人、史六人、胥三人、徒三十人。

司刑,中士二人、府一人、史二人、胥二人、徒二十人。

司刺,下士二人、府一人、史二人、徒四人。

司約,下士二人、府一人、史二人、徒四人。

司盟,下士二人、府一人、史二人、徒四人。

職金,上士二人、下士四人、府二人、史四人、胥八人、徒八十人。

司厲,下士二人、史一人、徒十有二人。

犬人,下士二人、府一人、史二人、賈四人、徒十六人。

司圜，中士六人、下士十有二人、府三人、史六人、胥十有六人、徒百有六十人。

掌囚，下士十有二人、府六人、史十有二人、徒百有二十人。

掌戮，下士二人、史一人、徒十有二人。

司隸，中士二人、下士十有二人、府五人、史十人、胥二十人、徒二百人。次司隸于掌戮，死者既伏其辜矣，其緣坐相連者，尚冀其湔除舊汙，列于齊民，設官司之，所以防範而安全之，仁之至，義之盡也。所掌者罪隸，而蠻夷之俘獲者屬焉。亦望其慕化更新，如漢金日磾，以匈奴沒入掖庭養馬卒，能自奮爲國名臣，豈可以其爲俘而棄之？

罪隸，百有二十人。

蠻隸，百有二十人。

閩隸，百有二十人。

夷隸，百有二十人。

貉隸，百有二十人。

布憲，中士二人、下士四人、府二人、史四人、胥四人、徒四十人。

禁殺戮，下士二人、史一人、徒十有二人。

禁暴氏，下士六人、史三人、胥六人、徒六十人。

野廬氏，下士六人、胥十有二人、徒百有二十人。

蜡氏，下士四人、徒四十人。

雍氏，下士二人、徒八人。

萍氏，下士二人、徒八人。

司寤氏，下士二人、徒八人。

司烜氏，下士六人、徒十有二人。司爟主變國火，屬夏官。司烜掌明水，屬秋官。因其兼取明火，以司烜名之，陰不先陽之義歟？

條狼氏，下士六人、胥六人、徒六十人。

修閭氏，下士二人、史一人、徒十有二人。

冥氏，下士二人、徒八人。

庶氏，下士一人、徒四人。

穴氏，下士一人、徒四人。

翨氏，下士二人、徒八人。

柞氏，下士八人、徒二十人。

薙氏，下士二人、徒二十人。

硩蔟氏，下士一人、徒二人。

翦氏，下士一人、徒二人。

赤犮氏，下士一人、徒二人。

蟈氏，下士一人、徒二人。

壺涿氏，下士一人、徒二人。

庭氏，下士一人、徒二人。自冥氏至庭氏，爲民除蠱袪毒，纖悉畢周。然所設之官，不過一二人，易氏以爲主防毖王身，潔清聞見，其義得之，而設官皆宿其業者，傳授有自。俾民請求已驗之方而去其滋蔓之害，惠甚溥也。

銜枚氏，下士二人、徒八人。

伊耆氏，下士一人、徒二人。

大行人，中大夫二人。

小行人，下大夫四人。

司儀，上士八人、中士十有六人。

行夫，下士三十有二人、府四人、史八人、胥八人、徒八十人。

環人，中士四人、史四人、胥四人、徒四十人。

象胥，每翟上士一人、中士二人、下士八人、徒二十人。

掌客，上士二人、下士四人、府一人、史二人、胥二人、徒二十人。

掌訝，中士八人、府二人、史四人、胥四人、徒四十人。

掌交，中士八人、府二人、史四人、徒三十有二人。

掌察，四方中士八人、史四人、徒十有六人。

掌貨賄，下士十有六人、史四人、徒三十有二人。

朝大夫，每國上士二人、下士四人、府一人、史二人、庶子八人、徒二十人。

都則，中士一人、下士二人、府一人、史二人、庶子四人、徒八十人。

都士，中士二人、下士四人、府二人、史四人、胥四人、徒四十人。

家士，亦如之。

大司寇之職，掌建邦之三典，以佐王刑邦國，詰四方。既云刑邦國矣，又曰詰四方者，合東西南北之邦國計之，其民情俗尚不同，而新國、平國、亂國之等出矣，此典之所以有三也。一曰，刑新國用輕典，二曰刑平國用中典，三曰刑亂國用重典。刑貴適中，或輕或重，隨地而異其用，所謂權也。好生之仁，明允之智，缺一不可。大司寇所以建邦立極者，莫先於此。以五刑糾萬民：一曰野刑，上功糾力。二曰軍刑，上命糾守。三曰鄉刑，上德糾孝。四曰官刑，上能糾職。五曰國刑，上愿糾暴。自國而鄉而野，經之例也。所謂國刑，指國中言之無疑。上愿糾暴，暴如字解。輦轂首善之區，總以愿謹為先。循法守令而強暴不率化者去之，無使敗常亂俗，《尚書·君陳》之篇詳矣。觀西漢趙、尹、韓、張之治京兆稱賢吏，猶有《周官》遺意。刑法藏在國憲者，一獄吏能辨之，所難在得法中之意耳。三典示用刑者所當用，五刑示用刑者所當上權乎天理人情之至，非聖人不能。以圜土聚教罷民，凡害人者，實之圜土而施職事焉，以明刑恥之，其能改者，反于國中，不齒三年。合衆罷民而束之于尋丈之地，勞相勉，恥相戒，幸而更新，則圜土猶庠序也。謂之聚教，誰曰不宜？其不能改而出圜土者，殺。入圜土者，其害人比坐嘉石者為烈，特以其無心，故拘禁之，冀其改也。若私逃出是有意為惡，必不能改，故以其所犯之重罪，而實之重典。以兩造禁民訟，入束矢於朝，然後聽之。以兩劑禁民獄，入鈞金。三日，乃致于朝，然後聽之。以嘉石平罷民，凡萬民之有罪過而未麗於灋而害於州里者，桎梏而坐諸嘉石，役諸司空。重罪，旬有三日坐，朞役。其次，九日坐，九月役。其次，七日坐，七月役。其次，五日坐，五月役。其下罪，三日坐，三月役，使州里任之，則宥而舍之。以肺石達窮民，凡遠近惸獨老幼之欲有復於上，而其長弗達者，立於肺石三日，士聽其辭，以告於上，而罪其長。非是則不敢立于肺石，而士亦不為聽矣。窮而無告者必達，而訐訟者亦無由藉以長奸，皆運用天理而曲盡其精微者也。長，官之長也。惸、獨、老、幼，最容易閟抑者也。正月之吉，始和，布刑于邦國、都鄙，乃縣刑象之灋于象魏，使萬民觀刑象。挾日，而歛之。凡邦之大盟約，涖其盟書，而登之于天府。大史、內史、司會及六官，皆受其貳而藏之。觀此乃知《春秋》書盟之故，蓋盟為邦國大典，而諸侯僭之為非禮，非但譏其信不由中，瀆于鬼神而已也。凡諸侯之獄訟，以邦典定之。凡卿大夫之獄訟，以邦灋斷之。凡庶民之獄訟，以邦成弊之。大祭祀，奉犬牲。若禋祀五帝，則戒之日，涖誓百官，戒于百族。及納亨，前王祭之日亦如之，奉其明水火。凡朝覲、會同、前王、大喪，亦如之。大軍旅，涖戮于社。古人謂大刑甲兵而涖戮者，必司寇，法定于一也。凡邦之大事，使其屬躋。

小司寇之職，掌外朝之政，以致萬民而詢焉。一曰詢國危，二曰詢國遷，三曰詢立君。其位，王南鄉，三公及州長、百姓北面，群臣西面，群吏東面，小司寇擯，以敘進而問焉，以衆輔志而弊謀。所詢者大事，當冢宰、司徒主之。而屬之小司寇者，冢宰與司徒已列在群臣中矣，即大司寇亦列在群臣中矣，朝士屬司寇，外朝其所專掌，而以刑官之貳臨萬民，罔敢不肅也。以五刑聽萬民之獄訟，附于刑，用情訊之。至于旬，乃弊之，讀書，則用灋。凡命夫命婦不躬坐獄訟，凡王之同族有罪不即市。此即鄉遂縣方諸士所上之獄訟，而司寇聽之者也。于小司寇見之，大司寇可知，文有詳略耳。所讀之書，即士師所授之中也。以五聲聽獄訟，求民情：一曰辭聽，二曰色聽，三曰氣聽，四曰耳聽，五曰目聽。聽其聲，而觀其色，聆其氣，察其耳目，皆俄頃事。非詞，則無由得其情，故曰五聲，于小司寇見之通上下。以八辟麗邦灋附刑罰：八辟序次輕重，如秤稱而出。一曰議親之辟，二曰議故之辟，三曰議賢之辟，四曰議能之辟，五曰議功之辟，六曰議貴之辟，七曰議勤之辟，八曰議賓之辟。勤非必有功，其鞠躬盡瘁，亦可矜憫。以三刺斷庶民獄訟之中：一曰訊群臣，二曰訊群吏，三曰訊萬民。聽民之所刺宥，以施上服下服之刑。及大比，登民數，自生齒以上，登于天府，內史、司會、冢宰貳之，以制國用。小祭祀，奉犬牲。凡禋祀五帝，實鑊水。納亨，亦如之。祀五帝，大司寇奉明水火，小司寇因之實鑊水，士師因之涖鑊水，皆取秋氣潔清之義。亦如之，亦實鑊水以烹牲也。上實鑊水以滌牲。大賓客，前王而辟。后、世子之喪，亦如之。小師，涖戮。凡國之大事，使其屬躋。孟冬，祀司民，獻民數於王，王拜受之，以圖國用而進退之。歲終，則令群士計獄弊訟，登中于天府。正歲，帥其屬而觀刑象，令以木鐸曰：不用灋者，國有常刑。令群士，乃宣布于四方，憲刑禁，乃命其屬入會，乃致事。

士師之職，掌國之五禁之灋，以左右刑罰，一曰宮禁，二曰官禁，三曰國禁，四曰野禁，五曰軍禁，皆以木鐸徇之于朝，書而縣于門閭。此與大司寇五刑相左右。刑者，刑于已發。禁者，禁于未然。鄉不言禁者，八刑已申于司徒矣。有宮禁，無宮刑者，已專掌于小宰矣。以五戒先後刑罰，毋使罪麗于民：一曰誓，用之于軍旅。二曰誥，用之于會同。三曰禁，用諸田役。四曰糾，用諸國中。五曰憲，用諸都鄙。掌鄉合州黨族閭比之聯，與其民人之什伍，使之相安相受，以比追胥之事，以施刑罰慶賞。掌官中之政令，察獄訟之辭，以詔司寇斷獄弊訟，致邦令。自鄉遂以至縣方獄訟成，皆士師受中，協日刑殺，要其終而言也。此察訟獄之辭，以詔司寇，原其初而言也。司寇斷獄弊訟于朝，士師已詔之于先，果無疑誤，然後以其協于中者授之士師，不如是，士師不遽受也。掌士之八成：一曰邦汋，二曰邦賊，三曰邦諜，四曰犯邦令，五曰撟邦令，六曰爲邦盜，七曰爲邦朋，八曰爲邦誣。五禁左右，五戒先後，皆不欲民之麗于法也。至于一成而不可變，皆罪在不赦者，《書》曰憨不畏死，罔弗憝，次于禁戒之後，非得已也。若邦凶荒，則以荒辯之灋治之，令移民通財，糾守緩刑。凡以財獄訟者，正之以傅別約劑。若祭勝國之社稷，則爲之尸。王燕出入，則前驅而辟。祀五帝，則沃尸及王盥，洎鑊水。凡刉珥，則奉犬牲。諸侯爲賓，則帥其屬而蹕于王宮。大喪，亦如之。大師，帥其屬而禁逆軍旅者，與犯師禁者而戮之。司寇、大師、小師，涖戮于社即士師所戮之逆令犯禁者也。官尊，故涖之用此。知戮于社者，乃軍中之刑。若師還，則戮之于市矣。歲終，則令正要會。正歲，帥其屬而憲禁令于國及郊野。

　　鄉士掌國中，各掌其鄉之民數而糾戒之，聽其獄訟，察其辭，辨其獄訟，異其死刑之罪而要之。旬而職聽于朝，司寇聽之，斷其獄，弊其訟于朝，群士司刑皆在，各麗其灋，以議獄訟，獄訟成，士師受中，協日刑殺，肆之三日。若欲免之，則王會其期。糾戒之庶獄訟寡不獲已而有之，乃察其辭，辭者，聲聽也。已得其實，故謂之辨，辨別也，若黑白分也，乃異其爰書，或附于大辟，或附于墨、劓、刖、宮。在後世決獄之官將奏，當行法矣，而古之士官未敢以爲當也，需之十日果罪，人無反覆，然後以所職之要，聽于外朝，大司寇則其長也。聽之五聲，聽之也。聽而後弊之，群士司刑，則其僚也。各以所附已刑者，出衆見以議之。司寇言弊，群士司刑言議，以位之尊卑言，實則合衆見而歸一是。如此而獄訟乃一成不可變，重言之者言成之不易也。在鄉士辨之謂之要，在司寇、群士、司刑斷之議之謂之成,在士師受之謂之中。中者,中也。然後擇日而蔽厥辜焉,慎之又慎。讀此而不生惻怛之心者,非人也。遂士、縣士、方士辭繁不殺,此與《立政》篇終呼太史而思蘇公,聲出復吞,真仁人之言哉！○此所謂期職聽于朝之旬也。王舉大詢之禮,與三公、六卿、萬民兼聽之,不但司寇、群士、司刑而已,格外之典,如八議、三刺,必衷乎人心之同,王者不以己與也。若者,不常有之詞。大祭祀、大喪紀、大軍旅、大賓客,則各掌其鄉之禁令,帥其屬夾道而躒。三公若有邦事,則爲之前驅而辟。其喪,亦如之。以下文六卿、大夫將事之遠近別之,所以優尊也。凡國有大事,則戮其犯命者。

遂士掌四郊,各掌其遂之民數而糾其戒令。鄉士官治在國中,遂士掌六遂,官治則設于四郊鄉之地。入于郊而遂自郊始,則鄉必無餘地可爲公邑矣。聽其獄訟,察其辭,辨其獄訟,異其死刑之罪而要之。二旬而職聽于朝。鄉一旬而職聽者,恐囚虛承或有反覆也,遂縣宜皆同。其旬以漸而增加,則論地遠近而包旬而職聽之義于其中,不疏不數,在官無愆期,在民無易慮,在上無繁勝之患,在下少凌獵之憂,政之善物也。司寇聽之,斷其獄,弊其訟于朝,群士司刑皆在,各麗其灋,以議獄訟。獄訟成,士師受中,協日就郊而刑殺,各於其遂肆之三日。若欲免之,則王令三公會其期。此所謂期二旬職聽之期也,餘倣此。王非厚于近而薄于遠也。獄事繁,欲身親之,勢有不能,惟于國中躬涖之,外此命諸臣代理,以官之尊卑,別地之遠近,其矜慎之心則同。若邦有大事聚衆庶,則各掌其遂之禁令,帥其屬而躒。六卿若有邦事,則爲之前驅而辟。其喪,亦如之。舉六卿以包三公,猶縣士舉大夫以該公卿。凡郊有大事,則戮其犯命者。

縣士掌野,各掌其縣之民數,糾其戒令,郊外爲野,六遂,野也。自遂而稍縣、都皆野也。承遂士掌四郊,則其官治設于郊外之野,又可知矣。自遂而稍縣都、公邑之獄訟,各掌之,猶縣師掌四等之公邑也。注謂官治自二百里至四百里,以漸而遠,所以使民要之,皆野也。疏謂遂有公邑。是已謂遂之公邑獄訟,遂士掌之。與經例不合。縣士掌野,與遂之公邑密邇。今治獄訟遍治其公邑之遠者,而合其公邑之近者,于義何取乎？○以公邑任甸地,掌之者當曰甸士,然如此則兼掌都家公邑之義不明。曰縣士掌野,則甸在其中矣。而聽其獄訟,察其辭,辨其獄訟,異其死刑之罪而要之。三旬而職聽于朝,司寇聽之,斷其獄,弊其訟于朝,群士司刑皆在,各麗其灋,以議獄訟。獄訟成,士師受中,協日刑殺,各就其縣肆之三日。若欲免之,則王命六卿會其期。若邦有大役聚衆庶,則各掌其縣之禁令。若大夫有邦事,則爲之前驅而辟。其喪,亦如之。凡野有大事,則戮其犯命者。

方士掌都家,聽其獄訟之辭,辨其死刑之罪而要之。三月而上獄訟于國,司寇聽其成于朝,群士、司刑皆在,各麗其灋,以議獄訟。獄訟成,士師受中,書其刑殺之成,與其聽獄訟者。或以死刑爲大辟,經變異言辨,則若死若刑,不可强同,辨之正所以異之也。注說不可易外諸侯獄訟上于朝,期以一年,則內諸侯獄訟期以一時,治體應爾。凡都家之大事聚衆庶,則各掌其方之禁令,以時修其縣灋。若歲終,則省之而誅賞焉。縣師掌公邑,疑與都家之法不同,而辨夫家人民、田萊及六畜車輦之數,則自鄉遂以至都鄙一也,豈獨公邑哉?專舉縣法,以其地之連毗公邑言之,而都家之公邑,縣士兼掌之,又其明證矣。凡都家之士所上治,則主之。

訝士掌四方之獄訟,諭罪刑于邦國。凡四方之有治於士者造焉,四方有亂獄,則往而成之。罪刑謂有罪而當用刑者,邦國讞決未當,故特命訝士宣道意指,亦不常有之事,不然,以九州之廣,邦國之多,豈訝士八人所能遍及哉?諭罪刑,則邦國無枉撓之獄訟。有治必達于士,則邦國無疑滯之獄訟。亂獄往成,則邦國無畔理逆倫之獄訟。四方雖大,訝士掌其要領,皆在範圍之內矣。邦有賓客,則與行人送逆之。入於國,則爲之前驅而辟。野亦如之。居館,則帥其屬而爲之躍,誅戮暴客者。客出入則道之。有治,則贊之。凡邦之大事聚衆庶,則讀其誓禁。

朝士掌建邦外朝之灋。左九棘、孤、卿、大夫位焉,群士任其後。右九棘,公侯、伯、子、男位焉,群吏在其後。面三槐,三公位焉,州長衆庶在其後。左嘉石,平罷民焉。右肺石,達窮民焉。帥其屬而以鞭呼趨且辟。禁慢朝、錯立、族談者。凡國中鄉遂及野都家之獄訟,皆聯聽于外朝,大故詢衆庶及三刺,亦皆于外朝。朝士之職修而德立刑行,政成事時,邦非是則無以建也。凡得獲貨賄人民六畜者,委于朝,告于士。旬而舉之,大者公之,小者庶民私之。外朝萬目共瞻之地。以所拾者歸於朝士,不但便于領取,且無所用其私也。凡士之治有期日,國中一旬,郊二旬,野三旬,都三月,邦國期,期內之治聽,期外不聽。士指諸士。期,猶王會其期之期。朝士掌外朝之政,必諸士職聽遲速有定期,乃可會集官正宜屬而定其議。或王欲親涖之,又必合三公、九卿、萬民而大詢焉。假如期日參差,不但無以肅政體,且日不暇給矣!故曰期內之治

245

聽,期外不聽。凡有責者,有判書以治,則聽。聽之謂朝士聽其真偽也。朝士掌外朝與萬民時相訊,亦兼掌聽斷之事,自此以下數條意同。凡民同貨財者,令以國灋行之。犯令者,刑罰之。凡屬責者,以其地傅而聽其辭。凡盜賊軍鄉邑及家人,殺之無罪。凡報仇讎者,書於士,殺之無罪。若邦凶荒、札喪、寇戎之故,則令邦國、都家、縣鄙慮刑貶。此節恐錯簡,按士師職,若邦凶荒,則以荒辨之法治之,令移民通財紓守緩刑與此意同,應移在大司寇職末。

　　司民掌登萬民之數。自生齒以上,皆書于版。辨其國中,與其都鄙,及其郊野,異其男女,歲登下其死生。及三年,大比,以萬民之數詔司寇。司寇及孟冬祀司民之日,獻其數于王,王拜受之,登于天府。內史、司會、冢宰貳之,以贊王治。歲登言每歲必以生齒實數,獻于小司寇,小司寇乃據以獻之王,此不言者,文互見耳。自鄉士至縣士,皆云掌其民數。方士脩縣法,亦掌民數也。次司民於朝士之後,民數欲其多不欲其寡,好生之德,協于民心矣。

　　司刑掌五刑之灋,以麗萬民之罪。墨罪五百,劓罪五百,宮罪五百,刖罪五百,殺罪五百。若司寇斷獄弊訟,則以五刑之灋詔刑罰,而以辨罪之輕重。鄉士、遂士等職,群士、司刑皆在各麗其法以議獄訟,指此比掌于司刑者,其常也。

　　司刺掌三刺、三宥、三赦之灋,以贊司寇聽獄訟。壹刺曰訊群臣,再刺曰訊群吏,三刺曰訊萬民。壹宥曰不識,再宥曰過失,三宥曰遺忘。壹赦曰幼弱,再赦曰老旄,三赦曰惷愚。朝士職公、孤、卿、大夫、州長、群士,所謂群臣也。公、侯、伯、子、男雖出封,亦群臣也。群吏在諸侯之後,眾庶在三公、州長之後,眾庶即萬民也。王欲免之,會其期,則合群臣、群吏、萬民而次第以訊焉。眾以爲當刺則刺之,當宥、當赦則宥之、赦之。必以萬民爲主,此掌于司刑者,其變也。以此三灋者,求民情,斷民中,而施上服下服之罪,然後刑殺。觀此則必可宥可赦者,然後免于刑殺。王欲免之,原未有成心也。中即受中之中,未斷民中,士師將何以受之?

　　司約掌邦國及萬民之約劑。治神之約爲上,治民之約次之,治地之約次之,治功之約次之,治器之約次之,治摯之約次之。司寇以兩劑禁民獄,即司約萬民之約劑也。既有約劑,而猶相控,必民也,故繫諸獄。或有不得已而控,當判其曲直,故既敢入金,則司寇亦以聲聽之法聽之,不可憚煩也。然既有約劑,則犯約而控于司寇,亦僅矣。止獄訟于先，使狡焉者，各慮其後，此王者設盟約之司之深意也。以邦國及萬民，則邦國之約劑尤重，故下文約劑分大小。凡大約劑書於宗彝，小約劑書於丹圖。若有訟者，則珥而辟藏，其不信者服墨刑。若大亂，則六官辟藏，其不信者殺。

　　司盟掌盟載之灋。凡邦國有疑，會同，則掌其盟約之載，及其禮儀。北面詔明神，既盟，則貳之。掌盟載而兼言約，何也？蓋有約而不盟者矣，未有盟而不約者也。司約可不言盟，司盟不可不兼言約。盟萬民之犯命者，詛其不信者，亦如之。凡民之有約劑者，其貳在司盟。有獄訟者，則使之盟詛。亦如詔明神貳載書之儀法也。盟之本意，欲其久而弗渝，一變而盟犯，命司之掌惡臣以示戒。又一變而出三物詛祝之以示畏，此相因而起者，故別言之。已上邦國，已下萬民，曰約劑，曰盟詛，亦相因而起。凡盟詛，各以其地域之衆庶，共其牲而致焉。既盟，則爲司盟共祈酒脯。

　　職金掌凡金玉、錫石、丹青之戒令，受其入征者，辨其物之媺惡，與其數量，楬而璽之。入其金錫于爲兵器之府，入其玉石、丹青于守藏之府，入其要。掌受士之金罰、貨罰，入于司兵。旅于上帝，則共其金版。饗諸侯，亦如之。凡國有大故，而用金石，則掌其令。

　　司厲掌盜賊之任器貨賄，辨其物，皆有數量。賈而楬之，入于司兵。其奴，男子入于罪隸，女子入于舂稾。凡有爵者，與七十者，與未亂者，皆不爲奴。

　　犬人掌犬牲，凡祭祀共犬牲，用牷物。伏瘞，亦如之。凡幾珥沈辜，用駹可也。凡相犬牽犬者屬焉，掌其政治。

　　司圜掌收教罷民。凡害人者，弗使冠飾，而加明刑焉。任之以事而收教之，能改者，上罪三年而舍，中罪二年而舍，下罪一年而舍。其不能改而出圜土者殺，雖出，三年不齒。凡圜土之刑人也，不虧體，其罰人也，不虧財。

　　掌囚掌守盜賊。凡囚者，上罪梏拲而桎，中罪桎梏，下罪梏。王之同族拲，有爵者桎，以待弊罪。及刑殺，告刑于王。包有爵、同族者在內，司寇行戮，王爲之不舉，有爵、同族者，加痛愍焉。注：爲王欲有所赦，義之偏者耳。奉而適朝士加明梏，以適市而刑殺之。凡有爵者，與王之同族，奉而適甸師氏，以待刑殺。

　　掌戮掌斬殺賊諜而搏之。凡殺其親者，焚之。殺王之親者，辜之。凡殺人者，踣諸市，肆之三日，刑盜于市。凡罪之麗於灋者，亦如之。唯王之同族與有爵者，殺之于甸師氏。凡軍旅、田役，斬殺刑戮，亦如之。恐人疑軍旅、田役乃司馬之事，故特言之。大、小司寇涖戮，士師戮犯禁逆命，行刑者皆掌戮也。墨者使守門，劓者使守關，宮者使守內，刖者使守囿，髡者使守積。內傳衛莊公髡某氏之妻以爲呂姜髢，至于大故，是人之所甚忿者，先王謂可以生羞惡之心，故以髡次于墨、劓之下，使守積，視守內、守囿者，又有間矣。

　　司隸掌五隸之灋，辨其物而掌其政令。帥其民而搏盜賊，役國中之辱事，爲百官積任器，凡囚執人之事。上云掌五隸，此云帥其民，所以別于四翟，明其爲罪隸之民也。邦有祭祀、賓客、喪紀之事，則役其煩辱之事。掌帥四翟之隸，使之皆服其邦之服，執其邦之兵，守王宮與野舍之厲禁。與帥其民對舉，民以搏執盜賊，翟以守王宮、野舍，同一徒隸而使之各得其宜。服其邦之服，執其邦之兵，所謂辨其物也。

　　罪隸掌役百官府與凡有守者，掌使令之小事。凡封國若家，牛助爲牽傍，其守工宮與其厲禁者，如蠻隸之事。即司隸役辱事，爲百官積任器也。

　　蠻隸掌役校人養馬。其在王宮者，執其國之兵，以守王宮。在野外，則守厲禁。

　　閩隸掌役畜養鳥而阜蕃教擾之，掌子則取隸焉。

　　夷隸掌役牧人養牛馬，與鳥言。其守王宮者，與其守厲禁者，如蠻隸之事。

　　貉隸掌役服不氏而養獸而教擾之，掌與獸言。其守王宮者，與其守厲禁者，如蠻隸之事。自蠻隸至貉隸，各有所役，亦用其一長，與役百官府者又不同。

　　布憲掌憲邦之刑禁。正月之吉，執旌節以宣布于四方。而憲邦之刑禁，以詰四方邦國，及其都鄙，達于四海。凡邦之大事合衆庶，則以刑禁號令。

　　禁殺戮掌司斬殺戮者。凡傷人見血而不以告者，攘獄者，遏訟者，以告而誅之。以字總上各項告與司對，司，伺也。雖盛明之世，亦有生於窮荒遐壤相戕虐，而抑于強禦無伸者，故設是識以禁之。司寇禁民訟而遏訟者亦禁之，禁民獄而攘獄者亦禁之，王道所以不蔽于一偏也。攘如攘臂之攘，力争喧喝，不使得前也。

　　禁暴氏掌禁庶民之亂暴力正者。撟誣犯禁者，作言語而不信者，以告而誅之。非能正其不正也，以強力正之耳。奸民之權，幾與縣官等。凡國聚衆庶，則戮其犯禁者以徇。凡奚隸聚而出入者，則司牧之，戮其犯禁者。

野廬氏掌達國道路,至于四畿。比國郊及野之道路、宿息、井樹。若有賓客,則令守涂地之人聚槁之,有相翔者,誅之。凡道路之舟車擊互者,敘而行之。不敘則擊互者不得前。舟車銜尾而至,擁擠彌多,又不但擊互而已,稽滯時日,釀釁生争,非久客于外山行水宿,不知敘而行之之法,良意美也。凡有節者及有爵者至,則爲之辟。禁野之横行,徑踰者。凡國之大事,比脩除道路者,掌凡道禁。邦之大師,則令埽道路,且以幾禁行作不時者、不物者。

蜡氏掌除骴。凡國之大祭祀,令州里除不蠲,禁刑者任人及凶服者,以及郊野。大師、大賓客,亦如之。若有死於道路者,則令埋而置楬焉,書其日月焉,縣其衣服、任器于有地之官,以待其人。掌凡國之骴禁。

雍氏掌溝、瀆、澮、池之禁,凡害於國稼者。春令爲阱擭溝瀆之利於民者,秋令塞阱杜擭。禁山之爲苑,澤之沈者。沈如陸沈之沈,澤中有藪,剗去之,一望皆水,以爲池沼之樂,與爲苑者,皆棄貨于地,故禁之。

萍氏掌國之水禁。幾酒,謹酒,禁川游者。

司寤氏掌夜時。以星分夜,以詔夜士夜禁,禦晨行者,禁宵行者,夜游者。晨行言禦,非有害於人,慮其罹于害耳。宵行夜游,則作奸可虞,故禁之。

司烜氏掌以夫遂取明火於日,以鑒取明水於月,以共祭祀之明齍、明燭,共明水。明齍水火彝,故先言之。凡邦之大事,共墳燭、庭燎。中春,以木鐸修火禁于國中。司爟兼禁焚萊于野,此惟禁于國中。軍旅,修火禁。邦若屋誅,則爲明竁焉。

條狼氏掌執鞭以趨辟。王出入則八人夾道,公則六人,侯、伯則四人,子、男則二人。凡誓,執鞭以趨於前,且命之。誓僕右曰殺,誓馭曰車轘。誓大夫曰敢不關,鞭五百。誓師曰三百,誓邦之大史曰殺,誓小史曰墨。

修閭氏掌比國中宿互槖者,與其國粥,而比其追胥者而賞罰之。禁徑踰者,與以兵革趨行者,與馳騁於國中者。邦有故,則令守其閭互,唯執節者不幾。

冥氏掌設弧張。爲阱擭以攻猛獸,以靈鼓敺之,若得其獸,則獻其皮革齒須備。敺之遠去,毋爲民物害,蓋弧張阱擭所不能除者,未嘗必與之角以傷人也,注義似窄。

庶氏掌除毒蠱,以攻説禬之,嘉草攻之。凡敺蠱,則令之,比之。上除蠱官自涂之也。至于民間敺蠱,則令之以攻除之法,又比校使相助去毒,不遺餘力也。

249

穴氏掌攻蟄獸,各以其物火之,以時獻其珍異皮革。獸之蟄也以冬,故可及時獻之。

翨氏掌攻猛鳥,各以其物爲媒而掎之,以時獻其羽翮。羽翮殆爲飾矢用歟? 鷹隼之化也以時,故亦及時獻之。經文無一字虛設。

柞氏掌攻草木及林麓。夏日至,令刊陽木而火之。冬日至,令剝陰木而水之。若欲其化也,則春秋變其水火。凡攻木者,掌其政令。毓草木有政令,攻草木亦有政令,物既盛而當殺,故屬之秋官。

薙氏掌殺草。春始生而萌之,夏日至而夷之,秋繩而芟之,冬日至而耜之。若欲其化也,則以水火變之。掌凡殺草之政令。攻草木,或以通道路,或以去莽蔽,不皆爲滋穀土以茂黍稷也。倘遇沃衍之區,則又教民以化之之法。聖人所以盡地利,兼盡物性也。

硩蔟氏掌覆夭鳥之巢。以方書十日之號,十有二辰之號,十有二月之號,十有二歲之號,二十有八星之號,縣其巢上,則去之。

翦氏掌除蠹物,以攻禜攻之,以莽草熏之,凡庶蠱之事。亦兼爲民去耗蠹。

赤犮氏掌除牆屋。以蜃炭攻之,以灰洒毒之。凡隙屋,除其貍蟲。蜃炭燼蜃,以炭薰而去之也,是未成灰者。灰則和水遍洒之,蟲遇灰必死,故曰毒。

蟈氏掌去䵷黽。焚牡蘜,以灰洒之,則死。以其煙被之,則凡水蟲無聲。

壺涿氏掌除水蟲,以炮土之鼓敺之,以焚石投之。若欲殺其神,則以牡橭午貫象齒而沈之,則其神死,淵爲陵。

庭氏掌射國中之夭鳥。若不見其鳥獸,則以救日之弓與救月之矢夜射之。若神也,則以大陰之弓與枉矢射之。夭鳥不皆有巢可摘,又設爲驅除之法,明于天地之性,陰陽之理,非誕也。

銜枚氏掌司囂。國之大祭祀,令禁無囂。軍旅、田役令銜枚。禁嘂呼歎鳴於國中者,行歌哭於國中之道者。

伊耆氏掌國中之大祭祀,共其杖咸。軍旅授有爵[者]杖。共王之齒杖。

大行人掌大賓之禮,及大客之儀,以親諸侯。春朝諸侯而圖天下之事,秋覲以比邦國之功,夏宗以陳天下之謨,冬遇以協諸侯之慮。時會以發四方之禁,殷同以施天下之政，時聘以結諸侯之好，殷覜以除邦國之慝。六典以治邦國，天子、諸侯共之。因設爲賓客禮儀，以昭君臣之分，以通遠邇之情，曰事、曰功、曰謨、曰慮、曰禁、曰政、曰好、曰慝，皆六典之散見者。講去其非而歸于一，明通公溥顯，其比而無私親之至也。間問以諭諸侯之志，歸脤以交諸侯之福，賀慶以贊諸侯之喜，致禬以補諸侯之災。四者，天子、使臣下交諸侯之禮，朝覲至聘頫，是諸侯與其臣上交天子之禮。上下交相親，固結維繫，《蓼蕭》《湛露》之詩所爲作也。自大行人之職不修，其流弊至于紀綱不振，下陵上替，而王迹息矣，《春秋》所爲作也。以九儀辨諸侯之命，等諸臣之爵，以同邦國之禮，而待其賓客。禮先樂後，別而後能交，辨之等之而後能同。親之者，仁也。等之辨之者，義也。上公之禮，執桓圭九寸，繅藉九寸，冕服九章，建常九斿，樊纓九就，貳車九乘，介九人，禮九牢。其朝位，賓主之間九十步，立當車軹，擯者五人，廟中將幣三享，王禮再祼而酢。饗禮九獻，食禮九舉，出入五積，三問三勞。朝位一項，擯相一項，將幣祼酢一項，以辨等差。非相承立文，自注疏看作一串，遂費許多牴牾，信乎離經不可不細也。朝覲之禮，所以明君臣也。明君臣故無迎送之禮，而侯氏奠圭于廟，享幣亦于廟，《覲禮》所載明白無疑。然則賈氏非不習儀者，而謂受贄瑞于朝，朝後行三享之禮于廟，何也？善乎慄也程氏之言曰：賈氏見此經備載迎法，而《覲禮》又無迎賓之文，故分朝禮于治朝，謂無迎法。惟受玉畢，既正南面之尊，然後講賓主之禮，迎入廟而行享，則于經本文皆合。不知禮者，序也。忽而分階揖讓，忽而負斧扆南面，可謂序乎！然則受玉、受享俱于廟，如《覲禮》所云確矣。而經載朝位、迎送、遠近，何也？曰吾固言之矣，是離經之誤也！夫迎送之禮，享食燕之禮，非朝覲之禮也。《湛露》之詩曰：不醉無歸。以燕禮、公食禮衷之，其有朝位遠近也固宜。蓋朝覲以明君臣則尊卑之義重，故不獨覲禮正北面曰朝，曰宗、遇，皆正北面也。受玉、受享同也。饗食以正交接，則慈惠之恩隆。故不獨燕禮備揖讓，曰食、曰享，皆備揖讓也。大賓、大客同也。然則當宁而立，東西面曰朝，非歟！曰是記者言之耳，按之諸經無是也。諸侯之禮，執信圭七寸，繅藉七寸，冕服七章，建常七斿，樊纓七就，貳車七乘，介七人，禮七牢。朝位，賓主之間七十步，立當前疾，擯者四人。廟中將幣三享，王禮壹祼而酢，饗禮七獻，食禮七舉，出入四積，再問再勞。諸伯執躬圭，其他皆如諸侯之禮。諸子執穀璧，五寸，繅藉五寸，冕服五章，建常五斿，樊纓五就，貳車五乘，介五人，禮五牢。朝位，賓主之間五十步，立當車衡，擯者三人。廟中將幣三享，王禮壹祼不酢，饗禮五獻，食禮五舉，出入三積，壹問壹勞。諸男執蒲璧,其他皆如諸子之禮。凡大國之孤,執皮帛以繼小國之君,出入三積,不問,壹勞。朝位,當車前,不交擯,廟中無相,以酒禮之,其他皆眂小國之君。凡諸侯之卿,其禮各下其君二等。以下及其大夫、士,皆如之。邦畿方千里,其外方五百里,謂之侯服,歲壹見,其貢祀物。又其外方五百里,謂之甸服,二歲壹見,其貢嬪物。又其外方五百里,謂之男服,三歲壹見,其貢器物。又其外方五百里,謂之采服,四歲壹見,其貢服物。又其外方五百里,謂之衛服,五歲壹見,其貢材物。又其外方五百里,謂之要服,六歲壹見,其貢貨物。九州之外,謂之蕃國,世壹見,各以其所貴寶爲摰。其禮各下其君二等。慄也程氏以此決諸侯之卿時聘王亦行饗食燕之禮,是固然矣。竊疑賓席當仍牖前歟,王之席仍在阼歟,當入思議。王之所以撫邦國諸侯者,歲徧存,三歲徧頫,五歲徧省;七歲屬象胥,諭言語,協辭命;九歲屬瞽史,諭書名,聽聲音;十有一歲,達瑞節,同度量,成牢禮,同數器,修灋則;司馬九畿九服以禀正朔,通聲教言之也。行人僅數六服,以巡狩述職之所及言之也。六服分六歲,朝畢去天子巡狩殷國之期尚遠,故自七歲屬象胥,以至于十有一歲,禮樂、綱紀、文章,行人之官稽察加密焉,糾慝加嚴焉。《虞書》修五禮同律度于時巡肆覲之際,觀于《周官》乃知已先期釐正,此王靈所以丕振,天威所以如臨也。○言語,尋常應對詞命,言語之成章者也。書,字學。名,音學。十有二歲,王巡守殷國。職方王將巡守,則戒于四方。殷國,亦如之。殷國因不巡守,王當施政于天下,乃舉行之,所謂殷同也。時會殷同,皆大也。尋常發禁施政,不統四方天下言之,則謂之小,經例本明。若王巡守,而考制度于方岳,如《虞書》肆覲東后亦可謂之殷國,掌客王巡守殷國,國君膳以牲犢是也。又《覲禮》附見合諸侯爲壇之禮,則發禁施政,亦不時行之,經屢言大會同與大朝覲並舉是也。此節言王撫萬邦,自方一歲至十二歲以漸而加密,自應兼巡守與不巡守言之。注不可易。○自邦畿至此,皆言諸侯之修職貢、天子之撫友邦,而掌其政令者大行人,蓋與春官宗伯相左右者也。凡諸侯之王事,辨其位,正其等,協其禮,賓而見之。若有大喪,則詔相諸侯之禮。若有四方之大事,則受其幣,聽其辭。凡諸侯之邦交,歲相問也,殷相聘也,世相朝也。兼言邦交之禮,諸侯各有行人掌之,而實稟大行人之命以行之。

小行人掌邦國賓客之禮籍,以待四方之使者。令諸侯春入貢,秋獻功,王親受之,各以其國之籍禮之。入貢舉春,餘三時可知也。秋獻功則春圖事,亦互見法。以其籍禮之。諸公執桓圭九寸已下九儀之等也。小行人掌禮籍，佐大行人，其詳已見上，茲特撮其略耳。凡諸侯入王，則逆勞于畿，及郊勞、眂館、將幣，爲承而擯。凡四方之使者，大客則擯，小客則受其幣，而聽其辭。使適四方，協九儀賓客之禮：朝、覲、宗、遇、會、同，君之禮也；存、頫、省、聘、問，臣之禮也。達天下之六節：已下至末，皆小行人專職。山國用虎節，土國用人節，澤國用龍節，皆以金爲之。道路用旌節，門關用符節，都鄙用管節，皆以竹爲之。成六瑞：王用瑱圭，公用桓圭，侯用信圭，伯用躬圭，子用穀璧，男用蒲璧。合六幣：圭以馬，璋以皮，璧以帛，琮以錦，琥以繡，璜以黼。此六物者，以和諸侯之好故。若國札喪，則令賵補之。若國凶荒，則令賙委之。若國師役，則令稿禬之。若國有福事，則令慶賀之。若國有禍烖，則令哀弔之。凡此五物者，治其事故，若者不必有之詞，果有之，則以王令令之，宗伯掌其綱，而有行人，而宗伯之凶禮乃不虛設。及其萬民之利害爲一書，其禮俗政事教治刑禁之逆順爲一書，其悖逆暴亂作慝猶犯令者爲一書，其札喪凶荒厄貧爲一書，其康樂和親安平爲一書。凡此五物者，每國辨異之，以反命于王，以周知天下之故。所及者甚多，約而爲五，天下之故，皆在其中矣。非每國皆備此五者，辨而異之，無其事不敢以告，皇華以五物報政，與大司馬九法、九伐，實相表裏。

司儀掌九儀之賓客、擯相之禮，以詔儀容、辭令、揖讓之節。將合諸侯，則令爲壇三成，宮旁一門，朝覲、宗遇不詳其儀，獨詳大會同，舉其盛也。合諸侯于壇不于廟，非但地不足以容，兼有祀方明之禮，或舉盟載涖牲之典，必于國外，乃合也。以壇爲宮，宮有門，旌門也。門內有壇，壇以爲堂，宮以爲牆。壇廣輪十二，尋階三等，足以行執玉、獻幣、賜祼之禮。宮方三百步，壇外餘地尚寬，車馬之多，庭實之盛，介紹僕御之衆，足以有容矣。注謂分四時，春東方六服盡來，夏、秋、冬如之。夫以十二尋之壇，三等之階，六服諸侯盡來，將于何處徧行拜跪、揖讓之禮？此以經文按之，而知其必不然者，無怪後儒之訾讓也。觀《春秋》會盟所書諸侯，最多不過十餘人，雖王霸不同，其規制事實約略可推，時會發禁，原不必群后畢集，若殷同分時來覲，或牧、或伯，皆可報政順命。觀《虞書》之咨十二牧，詢四岳，亦不必一方盡來也。詔王儀，南鄉見諸侯。土揖庶姓，時揖異姓，天揖同姓。當王升壇時，諸侯已先就其旅而立矣。王乃降揖諸侯，禮之也。王南鄉，則諸侯北面，以西爲上。惟同面，故正上中下其揖，而南鄉如故。後鄭以明堂位當之，顯與經悖。及其擯之，各以其禮：公于上等，侯伯于中等，子男于下等。其將幣，亦如之。其禮，亦如之。擯之、延之、使升也。以覲禮約之，侯氏先奠玉于其等，擯者曰王將受之。侯氏坐取圭升壇致命，王受之玉。侯氏降于其等，北面再拜，稽首，擯者延之曰升，升成，拜，乃降，將幣及禮如之，如其降拜，升成，拜也。徧擯公，乃擯侯伯。徧擯侯伯，乃擯子男。徧擯子男畢，然後施政，大略如此。王燕，則諸侯毛。祼分三等，享食亦分三等。皆以爵序，惟行燕禮，則尚齒。觀此享食在庭，燕在寢彰然矣！此更端之詞，非一時事。凡諸公相爲賓，主國五積三問，皆三辭拜受，皆旅擯，再勞，三辭，三揖，登，拜受，拜送。主君郊勞，交擯，三辭，車逆，拜辱，三揖，三辭，拜受，車送，三還，再拜。致館亦如之。致飧如致積之禮，及將幣，交擯三辭，車逆拜辱，賓車進，答拜，車進上加一賓字，明車逆拜辱者之爲王人也。三揖，三讓，每門止一相。及門必揖。相，相揖也。及廟，唯上相入，賓三揖三讓，登，再拜授幣，賓拜送幣，每事如初。賓亦如之，及出車送，三請，三進，再拜，賓三還三辭，告辟。致饗餼，還圭。饗食，致贈。郊送，皆如將幣之儀。賓之拜禮，拜饗餼，拜饗食，賓繼主君，皆如主國之禮。諸侯、諸伯、諸子、諸男之相爲賓也，各以其禮相待也，如諸公之儀。禮謂儀容辭令揖讓之節。諸公之臣相爲國客，則三積，《儀禮》聘于鄰國無積，出入同。皆三辭拜受。及大夫郊勞，旅擯三辭，拜辱，三讓，登聽命，下拜，登受，賓使者，如初之儀。及退，拜送。致館，如初之儀。及將幣，旅擯三辭，拜逆，客辟，三揖，每門止一相。及廟，唯君相入，三讓，客登，拜，客三辟授幣，下出，每事如初之儀。及禮，私面，私獻，皆再拜稽首，君答拜。出及中門之外，問君，客再拜對，君拜，客辟而對。君問大夫，客對，君勞客，客再拜稽首，君答拜，客趨辟。致饗餼，如勞之禮。饗食，還圭，如將幣之儀。《儀禮》使卿還圭，與將幣之儀不同。《儀禮》所紀者侯伯禮，非諸公禮也。君館客，客辟，介受命，遂送，客從，拜辱于朝。明日，客拜禮賜，遂行，如入之積。凡侯、伯、子、男之臣，以其國之爵相爲客而相禮，其儀亦如之。凡四方之賓客，禮儀、辭命、餼牢、賜獻以二等，從其爵而上下之。詞命亦從其爵上下之，見古人修詞之工，爲命之慎。凡賓客，送逆同禮。凡諸侯之交，各稱其邦而爲之幣，以其幣爲之禮。凡行人之儀，不朝不夕，不正其主面，亦不背客。擯相之容，盡于數語。內傳云：禮成而將之以敏。《論語》曰：左右手，衣前後，襜如也。

行夫掌邦國傳遽之小事嬔惡而無禮者。凡其使也,必以旌節,雖道有難,而不時必達。雖傳遽小事,必以旌節行之,主于必達也。因小行人達六節嫌于行夫,可以不備,故特言之。居於其國,則掌行人之勞辱事焉,使則介之。

環人掌送逆邦國之通賓客,《聘禮》使者所過之邦,致幣請帥,即邦國之通賓客而送迎之也。故王令環人主其事。以路節達諸四方。舍則授館,令聚橐,有任器,則令環之。注曰:令,令野廬氏。觀此,則附行人于秋官,亦取其相聯事歟?凡門關無幾,送逆及疆。

象胥掌蠻、夷、閩、貉、戎、狄之國使,掌傳王之言而諭說焉,以和親之。若以時入賓,則協其禮與其辭言傳之。凡其出入、送逆之禮節、幣帛、辭令而賓相之。凡國之大喪,詔相國客之禮儀而正其位。凡軍旅、會同,受國客幣而賓禮之。凡作事,王之大事諸侯,次事卿,次事大夫,次事上士,下事庶子。此節必有錯簡。黃氏度謂:合上二節,皆小行人職。未知是否?

掌客掌四方賓客之牢禮、餼獻、飲食之等數,與其政治。王合諸侯而饗禮,則具十有二牢,庶具百物備,諸侯長十有再獻。皆諸侯也,于其長者,行十有再獻之禮,其餘以漸而降,或九、或七、或五。如《儀禮》飲酒,先獻賓,次獻介,次獻衆。賓各以其列,不患曰力之不給也。或以十二獻統之,如燕禮,徧獻卿、徧獻大夫之禮,亦可行。司儀言王合諸侯,奠圭,將幣及裸禮而止,此乃遙接上經,而及饗禮以終之,與尋常賓客享禮又不同。其食禮與尋常食禮亦必有異,但不可考矣。王巡守殷國,則國君膳以牲犢,令百官、百姓皆具。侯國必有行人之官,然牢禮、膳獻、飲食之等出令者,乃天子之掌,客莫敢爲主也。王饗諸侯,庶具百物備,諸侯獻天子,令百官百姓皆具,上下交相愛敬之義也。禮盛物充,而無縟禮,無異物,所以可久。從者,三公眡上公之禮,卿眡侯伯之禮,大夫眡子男之禮,士眡諸侯之卿禮,庶子壹眡其大夫之禮。凡諸侯之禮:已下所紀牢禮膳獻各件,第舉其數,至陳設次第、方位,不及《聘禮》犂然。蓋《周官》志其要,《儀禮》志其儀,詳略不同也。上公五積,皆眡飧牽,三問皆脩,群介、行人、宰史皆有牢。飧五牢,食四十,飧取其速飽以致味爲主,故以庶羞珍美之食爲先,與饗之盛禮先太牢者不同。簠十,豆四十,鉶四十有二,壺四十,鼎簋十有二,牲三十有六,皆陳。饗餼九牢,其死牢如飧之陳,牽四牢,米百有二十筥,醯醢百有二十甕,車皆陳車,米眡生牢，牢十車，車秉有五籔，車禾眡死牢，牢十車，車三秅，芻薪倍禾，皆陳。乘禽，日九十雙，殷膳大牢，以及歸，三饗三食、三燕，若弗酌，則以幣致之。凡介行人宰史皆有飧饔餼，以其爵等爲之牢禮之陳數，唯上介有禽獻。夫人致禮，八壺、八豆、八籩，膳大牢，致饗大牢，食大牢。卿皆見以羔。膳大牢，侯伯四積，皆眡飧牽，再問，皆脩。飧四牢，食三十有二，簠八，豆三十有二，鉶二十有八，壺三十有二，鼎簋十有二，腥二十有七，皆陳。饔餼七牢，其死牢如飧之陳。牽三牢，米百筥，醯醢百甕，皆陳。米三十車，禾四十車，芻薪倍禾，皆陳。乘禽日七十雙，殷膳大牢，三饗，再食，再燕。凡介行人宰史皆有飧饔餼，以其爵等爲之禮，唯上介有禽獻。夫人致禮，八壺、八豆、八籩，膳大牢，致饗大牢，卿皆見以羔，膳特牛。子男三積，皆眡飧牽，壹問，以脩，飧三牢，食二十有四，簠六，豆二十有四，鉶十有八，壺二十有四，鼎簋十有二，牲十有八，皆陳。饔餼五牢，其死牢如飧之陳。牽二牢，米八十筥，醯醢八十甕，皆陳。米二十車，禾三十車，芻薪倍禾，皆陳。乘禽日五十雙，壹饗，壹食，壹燕。凡介行人宰史皆有飧饔餼，以其爵等爲之禮，唯上介有禽獻。夫人致禮，六壺、六豆、六籩，膳眡致饗。親見卿皆膳特牛。凡諸侯之卿、大夫、士爲國客，則如其介之禮以待之。凡禮賓客，國新殺禮，凶荒殺禮，札喪殺禮，禍烖殺禮，在野在外殺禮。在野先儒謂行禮在郊，蓋遠郊，遂縣之地歟？然則會同合諸侯行盛禮在近郊，可知矣。凡賓客死，致禮以喪用。賓客有喪，惟芻稍之受。遭主之喪，不受饗食，受牲禮。注謂受正不受加，有群介在，不受饗餼，將何以供之？

　　掌訝掌邦國之等籍以待賓客。若將有國賓客至，則戒官脩委積，與士逆賓于疆，爲前驅而入。及宿，則令聚橾。及委，則致積。至于國，賓入館，次于舍門外，待事于客。及將幣，爲前驅，至于朝，詔其位，入復。及退，亦如之。凡賓客之治，令訝訝治之。凡從者出，則使人道之。及歸，送亦如之。凡賓客，諸侯有卿訝，卿有大夫訝，大夫有士訝，士皆有訝。凡訝者，賓客至而往，詔相其事而掌其治令。

　　掌交掌以節與幣巡邦國之諸侯，及其萬民之所聚者，道王之德意志慮，使咸知王之好惡辟行之。使和諸侯之好，達萬民之説。掌邦國之通事而結其交好，以諭九稅之利，九禮之親，九牧之維，九禁之難，九戎之威。九稅，冢宰司徒兼之。九禮，宗伯之事也。九牧、九禁、九戎，司馬之事也。以行人掌賓客通諸侯，故設掌交之官。交者，事相通也。聯六官如一體，合天下爲一家，深哉！

掌察闕。序官云察四方所察者，疑即小行人所書禮俗、政事、教治、刑禁、逆順之類，蓋佐行人諮諏諮詢而後書之，以告于王。

掌貨賄闕。序官下士十六人而無府，何也？蓋貨賄掌于大府，特設此官，與掌客相聯，凡幣帛、饔飧、膳獻之物，掌客書之，其以文書關于大府而出入之者，則是官也。

朝大夫掌都家之國治。日朝以聽國專故，以告其君長。國有政令，則令其朝大夫。凡都家之治於國者，必因其朝大夫然後聽之，唯大事弗因。凡都家之治有不及者，則誅其朝大夫。在軍旅，則誅其有司。誅，責也，戮也。都家之治，刑罰也。都家之士主之，而稟令于朝大夫，刑罰不中則朝大夫不得逃其罪，兵乃刑之。大者而有都家司馬在，則朝大夫可以辭其責。然則秋官持設朝大夫主都家之治，而五官無之，重刑法也。

都則闕。

都士闕。

家士闕。

石谿讀周官第六

冬官考工記第六

　　國有六職，百工與居一焉。或坐而論道，或作而行之，或審曲面埶，以飭五材，以辨民器，或通四方之珍異以資之，或飭力以長地財，或治絲麻以成之。坐而論道，謂之王公。作而行之，謂之士大夫。審曲面埶，以飭五材，以辨民器，謂之百工。通四方之珍異以資之，謂之商旅。飭力以長地財，謂之農夫。治絲麻以成之，謂之婦功。九職首三農，重本業也。此記六職以百工次王公、士大夫，重利用也。通珍異以資之，資百工也。飭力以長地財，亦以助百工也。百工所攻之材木，皆山農、澤農所封植者，至於金玉皮革等物，皆商賈阜通，以資百工，爲器皿之需。而嬪婦所成之絲麻，即畫繢所藉以施五采者，且嬪婦之化治絲枲，亦百工之一也。其必先以論道之王公作而行之之士大夫者，百工之事，皆聖人所作，技巧業精，乃通於道。而大道之行，乃無敢作淫巧以蕩人心。司市僞飾之禁在工者十有二，先王防範之精意存焉。作記者非知道之君子，不能爲此言也。○先鄭詳審曲面埶爲審察五材曲直方面形埶之宜以治之。細看面字與審字對，句義謂審其曲面其埶也。如以木材論，其曲處便爲直作埶。先審其形之曲，次乃面其文理，自然之埶，順而導之，非審曲無以面埶，而面埶正所以妙審曲之用，分看爲是。粵無鎛，燕無函，秦無廬，胡無弓車。粵之無鎛也，非無鎛也，夫人而能爲鎛也。燕之無函也，非無函也，夫人而能爲函也。秦之無廬也，非無廬也，夫人而能爲廬也。胡之無弓車也，非無弓車也，夫人而能爲弓車也。知者創物，巧者述之，守之世謂之工。守之世斯熟極巧生，而神智行乎其間。粵鎛、燕函、秦廬、胡弓車，家有良工，惟世守之，非一朝一夕所能也。百工之事，皆聖人之作也。爍金以爲刃，凝土以爲器，作車以行陸，作舟以行水，此皆聖人之所作也。申智者創物之義。天有時，地有氣，材有美，工有巧。工雖未可以語夫作者之聖，必窮述者之巧而有之。合此四者，然後可以爲良。材美工巧，然而不良，則不時，不得地氣也。上言工巧，必合天時、地氣、材美三者而成

258

之。此又言工巧矣、材美矣,而不得天時、地氣,仍不良,四者之中,又以得天時、地氣爲要。橘踰淮而北爲枳,鸜鵒不踰濟,貉踰汶則死,此地氣然也。鄭之刀,宋之斤,魯之削,吳粵之劍,遷乎其地而弗能爲良,地氣然也。燕之角,荆之幹,妢胡之笴,吳粵之金錫,此材之美者也。天有時以生,有時以殺。草木有時以生,有時以死,石有時以泐,水有時以凝,有時以澤,此天時也。以天時終四者之中,又以得天時爲要。凡攻木之工七,攻金之工六,攻皮之工五,設色之工五,刮摩之工五,搏埴之工二。攻木之工:輪、輿、弓、廬、匠、車、梓。攻金之工:築、冶、鳧、㮚、段、桃。攻皮之工:函、鮑、韗、韋、裘。設色之工:畫、繢、鍾、筐、㡛。刮摩之工:玉、楖、雕、矢、磬。搏埴之工:陶、瓬。《王制》:天子六工,一曰草工,又樂器中笙管琴瑟之類,記皆闕如。三十工亦大概言之,非謂百工之事,皆盡於是也。以攻木始,以搏埴終,而下文叙次先後間有不同,其爲錯簡明甚。竊按本文之叙,訂正之如左。有虞氏上陶,夏后氏上匠,殷人上梓,周人上輿。故一器而工聚焉者,車爲多。三十工以輪輿爲先,以周人尚輿,制度大備,如輈人在三十工之外,亦附於輿人,輪輿者,工之所聚也。車有六等之數:車軫四尺,謂之一等。戈柲六尺有六寸,既建而迤,崇於軫四尺,謂之二等。人長八尺,崇於戈四尺,謂之三等。殳長尋有四尺,崇於人四尺,謂之四等。車戟常崇於殳四尺,謂之五等。酋矛常有四尺,崇於戟四尺,謂之六等。車謂之六等之數。獨詳兵車,古人就田出賦,建國莫先於丘乘也。又軫四尺,人長八尺,則乘車之制已包於其内。故下云乘車之輪六尺有六寸。凡察車之道,必自載於地者始也。是故察車自輪始。輪人序於輿人之先者,以此。凡察車之道,欲其樸屬而微至,樸屬,厚重也。微至,輕圓也。二者少一不可。不樸屬,無以爲完久也;不微至,無以爲戚速也。輪已崇,則人不能登也。輪已庳,則於馬終古登阤也。故兵車之輪六尺有六寸,田車之輪六尺有三寸,乘車之輪六尺有六寸。六尺有六寸之輪,軹崇三尺有三寸也。加軫與轐焉,四尺也。人長八尺,登下以爲節。惟人身長八尺,故輪大。崇則不能登,前後義相備。兵車能超乘者爲勇士。然使輪太高,雖欲超乘,其道無由也。

　　輪人爲輪,斬三材必以其時。三材既具,巧者和之。三材既具,材美也。巧者和之,工巧也。斬材必以其時,天時也。斬材或於山陽山陰,地氣在其中矣。轂也者,以爲利轉也。輻也者,以爲直指也。牙也者,以爲固抱也。輪敝,三材不失職,謂之完。輻指牙,牙抱輻。輻指直,則輻之力不讓牙;牙抱固,則牙之力不讓輻。而交併其力於轂,材有三,渾成爲一矣。輪何以敝,木質勞久必漸蝕,若其利轉,直指固抱之,職雖敝猶渾成爲一,故曰完。望而眠其輪,欲其幎爾而下迆也。迆,斜也。凡圜者,其形必下隤。幎爾,下迆之貌。進而眠之,欲其微至也。無所取之,取諸圜也。望其輻,欲其掣爾而纖也。進而眠之,欲其肉稱也。無所取之,取諸易直也。凡纖小者,患不能肉稱,兼而有之,所以爲難。直而易,言其滑治也。望其轂,欲其眼也。進而眠之,欲其幬之廉也。眼,突出貌。廉,摯歛貌。亦相反以相成。轂之眼,木爲之也。其廉則幔革使然,故加一幬字。無所取之,取諸急也。眠其綆,欲其蚤之正也。察其蚤蚤不齵,則輪雖敝不匡。上牙輪,指輻轂分言之。此復眠其綆,合言之也。綆,注謂輪箄。箄者,圓物之中隆而四周下者也,乃漢人語。輪箄,牙之埶向外,則偏重於外,而行地不掉矣。然輪勢既箄,則輻爪之入牙中者,難使之正。爪不正,則與輻菑參差不相值,而齵之患生矣。今眠其綆輪,雖箄而爪牙仍然中正與菑相值,無一毫偍戾,所謂三材具而巧者和之之明驗也。此其故頗難解,惟程慄也先生言之甚詳而確。○程氏曰:輪箄牙向外,而蚤仍正者,牙之鑿未嘗偏,但輻入牙之柄不用正而用偏,缺邊向内,如紗帽形。則牙自偏外而輪箄矣。匡,正也。古人語有相反而轉詁之例,去污而曰污,治亂曰亂,正匡曰匡。凡斬轂之道,必矩其陰陽。陽也者,稹理而堅。陰也者,疏理而柔。是故以火養其陰,而齊諸其陽,則轂雖敝不蔵。轂小而長則柞,大而短則摯。程氏曰:今時車皆用短轂,一取其利,一免塗巷轂擊也。然而車不免於桎杌,正摯之驗。是故六分其輪崇,以其一爲之牙圍,參分其牙圍,而漆其二。椁其漆内而中詘之,以爲之轂長,以其長爲之圍,以其圍之阞捎其藪。程氏曰:今轂與古異,古用一木空其中,今合版而以鐵圍之,較古爲簡易。古轂既長,鑿壼中,内弘外殺,疑其甚難。意如今人用刀鏃車空之法,不用鑿也。捎字只當訓除,不必訓鑿。阞三分其圍而得一,注謂藪徑三寸九分寸之五,是也。藪謂轂空壼中,注本明白,後鄭言壼中當輻菑,謂其外當輻菑耳。蓋空壼中近賢處大,近軹處小,當輻菑之處得中。因下文言去二、去三,故指其中處言之,其實通壼中皆可謂之藪,後言量其藪以黍是也。林氏希逸不得其解,因衆輻所趨一語,輒以三十輻之孔爲藪。夫轂上三十孔,其廣必當半寸以上,方可容菑而堅牢。如只三分有奇,則菑甚弱,安能勝任?且輻與牙上之孔,記謂之鑿,不謂之藪也。五分其轂之長,去一以爲賢,去三以爲軹。此言轂兩頭之空,承上文轂中之空而及之。注謂去一當作去二，則大穿實六寸五分寸之二，小穿實四寸十五分寸之四，除大小穿，皆以金冒之，厚一寸。大穿實徑四寸五分寸之二，小穿實徑二寸十五分寸之四，壺中空實徑三寸九分寸之五。自賢而藪而軹，其穿之受軸處，由寬以漸而窒。所以詳言之者，轂以無有爲用，其運軸利轉，全在轂穿廣狹適宜也。轂之善有二：一在長短合度，不柞不檠。一在空中廣狹適宜。故先言轂長取之輪崇，繼言轂穿取之轂圍，而轂之形容尚未明，故下言陳篆、施膠、施筋與幬以終之。容轂必直，陳篆必正，施膠必厚，施筋必數，幬必負幹。篆正膠厚筋數，轂容之所以能直也。終以負幹之幬，則木理之堅柔適中爲之裏，而皮革約束廉急爲之表，與上取諸急相應立文。○注以篆爲轂約，以幬負幹，謂革轂相應，似約轂之革，即覆轂之革。然約與覆異義，約以皮條，覆則用全皮以幔之，自不可渾爲一義。或依記文逆數之，幬必負幹，先以革幔轂木，然後施筋閑之，施膠傅之。閑之密，傅之厚，則革之幔者緊着轂上矣。復以革條作數節縛之，於革條上施丹繪之，如篆文然，故曰陳篆。如此轂容直挺如矢，不謂急而何哉？前輩於此節，議論棼如，聊以意度之，未敢以爲然也。既摩，革色青白，謂之轂之善。注謂凡漆之乾，而以石摩平，似添出。記明言筋膠並不及漆，施膠厚，無所用漆也。幔革而摩之，其色青白，指革之色，不指漆也。青白者，革之善，即轂之善。參分其轂長，二在外，一在內，以置其輻。程氏曰：輻內轂九寸半，所以然者，以七寸之空處容輿，旁作兵闌，而轂入於輿下者，僅二寸半，其內地即當置伏兒銜軸，以承輿，轂更不可長，故置輻宜如此。○按轂之長，一在內，而二在外，所謂暢轂也。凡輻，量其鑿深以爲輻廣。輻廣而鑿淺，則是以大扤，雖有良工，莫之能固。鑿深而輻小，則是固有餘，而强不足也。故並其輻廣，以爲之弱，則雖有重任，轂不折。弱，菑也。度其輻廣，則輻不小矣。以其廣爲之弱，則其入轂也必深。固與强兼而有之，故可以任重不折毀也。參分其輻之長而殺其一，則雖有深泥，亦弗之瀸也。參分其股圍去一以爲骹圍，上言鑿言弱，指入轂者，此言骹圍，指近牙者。揉輻必齊，平沈必均，直以指牙，牙得，則無槷而固。不得，則有牙必足見也。程氏曰：鄭注得謂倨句相應，賈疏謂輻直爲倨牙，曲爲句，非也。輻之入牙者，作倨句之形，即余所謂邊榫如紗帽者是也。鄭注之精微，賈氏猶不能盡通，況後人乎？六尺有六寸之輪，綆參分寸之二，謂之輪之固。程氏曰：綆只是邊榫向內，牙向外之意，非別有一物，必先言輪六尺有六寸者，所以別於大車之輪九尺，其綆一寸，田車之輪六尺三寸，其綆又不足三分寸之二也。固即不掉也，非堅固之固。凡爲輪，行澤者欲杼，行山者欲侔。輪兼樸屬微至，然有行

261

澤、行山之不同,則又有杼與侔之分。杼者,微至之意多。侔者,樸屬之意多。杼以行澤,則是刀以割塗也,是故塗不附。侔以行山,則是搏以行石也,是故輪雖敝不甑於鑿。凡揉牙,外不廉而內不挫,旁不腫,謂之用火之善。是故規之以眡其圜也,萬之以眡其匡也。或以萬爲車弓,是與規以眡圜一例矣。從舊說,似與匡字合。凡圜者,其四隅必中矩,圜能包方,方之至正,圜之至也。縣之以眡其輻之直也,水之以眡其平沈之均也,量其藪以黍,以眡其同也,權之以眡其輕重之侔也。又合兩輪兩壺而試之,智無不周,於此可見。故可規、可萬、可水、可縣、可量、可權也,謂之國工。

輪人爲蓋,達常圍三寸,桯圍倍之六寸。信其桯圍以爲部廣,部廣六寸。部長二尺,桯長倍之,四尺者一。十分寸之一,謂之枚,部圍視轂圍,窄之又窄,其鑿孔以分計,不以寸計,故先提此句爲綱。部尊一枚,弓鑿廣四枚,鑿下四枚,鑿深二寸有半,下直二枚,鑿端一枚。注謂部厚一寸,記不言,而先言部頂之高一枚,蓋下臚列弓鑿之廣四枚,其鑿孔之上留二枚,孔之下留四枚,不鑿。總計之,適合一寸之數,則部頂之高一枚,在一寸外,可知矣。一寸之部,其厚無多,言鑿廣四枚足矣。并上二枚、下四枚不鑿,亦言之者,明乎必如是,庶無迸裂之患也。又下之餘地多於上者,部之致力在下爲多也。既云鑿孔深二寸有半,又云下直二枚者,蓋鑿深之孔,即上鑿廣之孔,若併四枚之上下左右而深之,其餘地無幾,仍懼其不牢固也。今鑿孔下正者僅二枚,而上低二枚,自外觀之,鑿廣四枚也。自內計之,其深二寸有半者,僅二枚,不患其不牢固矣!其弓又平剡其下二分,而內之,其內之端又削之,使狹止一枚。狹止一枚,則其端之入也深;平剡其下二分,則與鑿深下直二枚者適相得。至二寸有半以上,爲鑿孔之口,廣而與弓之圍四枚一律矣,所謂葘也。鑿深直二枚在下,而不在上者,先儒謂稍仰其鑿孔,使弓向外作軒起勢,庶弓末不至低,抑所謂上欲尊,而宇欲卑也。記言弓鑿,注家補出弓平剡其下二分,而內之,意義乃可通,細疏密櫛,以是嘆康成之功大也。弓長六尺謂之庇軹,五尺謂之庇輪,四尺謂之庇軫,參分弓長而撓其一,撓其一者,近部者也。近部二尺,撓之,使並向下四尺,持之,爲宇曲,則其勢順而傾,可以吐水,又不患蔽目矣。賈疏併補出鑿弓孔時,外畔弓上二枚,弓下四枚,內畔上下俱四枚,故弓頭仰,仰故近部宜撓之使平。經義益犁然矣。下四枚不鑿,易知也。合上四枚言之者,上二枚不鑿,鑿內下直二枚,其上低二枚者,仍與不鑿同,故曰上下俱四枚。參分其股圍,去一以爲蚤圍。參分弓長,以其一爲之尊。上欲尊而宇欲卑,上尊而宇卑，則吐水疾而雷遠。蓋已崇，則難爲門也。蓋已卑，是蔽目也。是故蓋崇十尺，釋達常二尺，捏長四尺者，二之故。良蓋弗冒弗紘，殷畝而馳不隊，謂之國工。部斗僅一寸厚，以二十八弓菑之，其深僅二寸有半，而鑿之深者，又僅二枚，其勢難乎堅牢，而牢不可拔，堅不可撓，能因難以見巧，故嘆美之也。冒與紘，則弓有所維繫，故弗冒、弗紘而弗隊爲尤難。○輪有轂，蓋有部，輪有輻。蓋有弓，輻有股，有骸。弓有股，有蚤。輪之難在輻之入轂，蓋之難在弓之入部而蓋之部斗脆薄，弓鑿不深則不固，鑿深稍廣則易裂，視輻之入轂爲尤難。然輪亦有難於蓋者，輪輻不惟入轂，兼入牙，既欲其蚤之正，又欲其輪之箄，其巧在入牙之爪，作倨句形，以化其傝庡，猶蓋之巧在弓，鑿之深止二枚，留二枚放低，亦作倨句形，以化其脆薄。此皆神明於法，而不爲法所拘者，其巧同，其圜規之體勢亦同，故善爲輪者，必善爲蓋，而皆以國工讚美之也。

　　輿人爲車，輪崇、車廣、衡長，參如一，謂之參稱。參分車廣，去一以爲隧。參分其隧，一在前，二在後，以揉其式。程氏曰：式有通指其地者，參分其隧，一在前，二在後，以揉其式。注謂兵車，式深尺四寸三分寸之二是也。有切指其木者，參分軫圍，去一以爲式圍是也。因前有憑式之木，故通車前三分隧之一，皆可謂之式。其實式木不正橫在車前，其曲而至兩旁，左人可憑左手，右人可憑右手者，皆通謂之式也。揉者，何也？蓋揉兩曲木自兩旁合於前。所以用曲木者，不欲令折處有稜角，觸礙人手，如今人作椅仔扶手，亦揉曲木是也。扶手竪置而式則並置也。式崇三尺三寸，并式深處言之，此式之真形然。前人但知式車前橫木，不悟車前三分之一處，通名爲式，而可憑之木，又有在兩旁者，是以不得其狀，而鄭注較兩輢上出式云云，遂意其在橫木之上，而車制背謬孔多矣。以其廣之半爲之式崇，以其隧之半爲之較崇。程氏曰：鄭注較兩輢上出式者，輢者，車之兩旁三分隧之二者。輢亦是式，言其可倚也。其内軾。施其高出式，謂之較。較有左右，人立即可憑也。鄭注明白，而解者不得式之形狀，遂謂較以一木橫於式上，以縮爲橫，以兩較爲一較，謬甚。□上有□□占□□之，較亦如之，縮而非橫。○按賈疏謂較之兩頭皆置於輢上，故据兩輢出式言之，式已崇三尺三寸，更增隧之半二尺二寸，故爲五尺五寸。据此則輢與較相承，似植木而非版也，更當詳考。六分其廣，以一爲之軫圍。其廣承車廣來，從軫圍説起，輿爲車箱，軫乃車箱後橫木，并全車之底，皆謂之軫，所謂收也。參分軫圍，去一以爲式圍。參分式圍，去一以爲較圍。參分較圍，去一以爲軹圍。參分軹圍，去一以爲轛圍。較在輢上，軹則植者，與橫者午貫，而上承較，植者之上端爲柄，貫入較中，以爲固。其數，則植者三,衡者二歟? 一箱如此,左右同。○式橫於當面而兩相揉深入隧三之一,下以軹承之,其數則植者十二,衡者三歟? 二植於兩隅近式揉曲處,四植於兩箱,六植於當面,勻布如欘轐者,取對人爲名,兼以偶數爲對也。○按較圍小於式圍,軹圍又大於轐圍,乃以軹承較,以轐承式者,何以故? 圜者中規,方者中矩,立者中縣,衡者中水,直者如生焉,繼者如附焉。衡中水,言平也。直者如生,繼者如附,程氏謂:軹轐植於任正木上,牢不可拔,若木之生地上,故曰如生。版之相連,與軹轐橫直相交,若枝之附幹,不可拆開,故曰如附。按此通上數節而結之,與輪人視圍、視匡一例,言輿之精緻也。凡居材,大與小無幷,大倚小則摧,引之則絕,程氏曰:大謂木之大者,小謂季材,此言析木爲車軫,與版及較、式、軹、轐所用之材,宜大者則均大,宜稺者則均稺,不可大併於小,堅侻不一致,有摧絕之患也。按上節言制作之精,此言選材之慎,即工巧材美之意,程氏説比注優。棧車欲弇,飾車欲侈。

輈人爲輈,輈有三度,軸有三理。國馬之輈,深四尺有七寸,田馬之輈深四尺,駑馬之輈深三尺有三寸。軸有三理:一者,以爲嬂也。二者,以爲久也。三者,以爲利也。軹前十尺,而策半之。凡任木、任正者,十分其輈之長,以其一謂之圍。衡任者,五分其長,以其一爲之圍。小於度,謂之無任。軫與任正相連,軫取之車廣,其圍尺有一寸,任正取之輈長,其圍尺有四寸五分寸之二。蓋軫管車後一面,而任正所持者車之兩箱,與前軹三面,凡輈、軹、轐、式、較,俱樹於其上,車之所恃以取正者,皆在於此,故其材質當視軫圍爲較壯。軹前十尺,車衡鈎於輈,末車與馬相接,全賴衡以任之,故亦謂之衡任。衡下持軛,駕車上當轉頸,量着力之所衡,任即衡,非兩物,注義自明。或以頸爲馬頸,恐誤。而其圍尺有三寸五分寸之一,工人入山擇木選材,於二者尤致意焉。故以凡任木領起。旂,以象大火也。言旂以至旌兼言乘車明甚,以兵車始,以兼言乘車終,凡言輪、言輿,皆兵車、乘車兼之矣。(以下原缺)鳥旟七斿,以象鶉火也。熊旗六斿,以象伐也。龜蛇四斿,以象營室也。弧旌枉矢,以象弧也。附車制名目。○夾車兩旁而圓轉者,謂之輪。輪之外輮而行地者曰牙,牙之中直指湊轂者曰輻,輻之所湊而貫軸利轉者曰轂,轂向內之大穿曰賢,轂末之小穿曰軹。轂中空壺處曰藪,兩端貫轂之大,穿中空而出於小,穿橫於輿下者曰軸,軸末以鐵止輪之外軑者曰軎,轂大小穿冒以鐵而輻於轂端者曰軝,幔轂革曰幬,輻近轂而稍粗處曰股,近牙而稍細處曰骹。輻準之入轂鑿者曰菑,亦曰弱。輻準之下,大牙者曰蚤,轂與牙之受菑蚤者曰鑿,鑿之中有楔以固之曰槷。輪牙稍偏於外,而輻股向內隆起者曰綆,漢時人曰輪箄。已上輪人。車身受載者曰輿,輿之深曰隧。輿後橫木當人登降之處曰軫。全輿之底通曰軫，亦謂之收。車之兩旁植版曰輢，輢之植者、橫者曰軹。與轂末同名。兩輢上出人立可用一手憑之曰較。自較以前揉曲以周於當面，人可俛憑之以爲敬者曰式。式低較高，如兩層較然，曰重較。橫植於兩箱，并當面對人者曰軓。與下三面材，前軾并兩旁軌。與軫連，軹、軓樹於其上曰任正。先以版嵌入軫之棲山爲輿底而軫之兩端，亦可嵌入任正之木，駕車時任正之大連囗載於囗上，而曰正木内，邊皆鑿，使低如槽然，全輿囗入其中，是以謂之收，而後軫則裁於轅之尾，軫端則嵌於兩旁任正木之尾，是以與囗安同而不搖也。已上輿人。任正乃輈人爲之，以其近輿先叙也。車轅曰輈，輈之前持衡者曰頸，輈前胡曲中曰疢，輈之後承軫者曰踵，輈之當伏兔者曰當兔。連於輿伏於軝上，以皮輿軫以便駕說者曰伏兔，亦曰鞪、曰輹。輈之前頸所持而下屬兩軛以駕服馬者曰衡，又謂之衡任。已上輈人。

車人之事，半矩謂之宣，一宣有半謂之欘，一欘有半謂之柯，一柯有半謂之磬折。自宣而欘、而柯，起車之度，柯又半之，謂磬折。起耒之度，下文先言車人爲耒，而後言爲車者，以此磬折者人立而俛之，長人，長八尺，磬折而帶下四尺又五寸矣。注解宣爲人頭，蓋以磬折帶下推之，然欘與柯謂之斧柄明甚，則以宣爲器物者，其說長。磬折，取象於磬，其爲器物，一也。

車人爲耒，庛長尺有一寸，中直者三尺有三寸，上句者二尺有二寸。自其庛，緣其外，以至於首，以弦其内六尺有六寸，與步相中也。堅地欲直庛，柔地欲句庛。直庛則利推，句庛則利發。倨句磬折，謂之中地。上臚列下庛，及中直與首句凡六尺六寸，此又云弦其内六尺有六寸，與步相中，明六寸乃句折之零數，若以弦計之，與步相中只六尺整數耳。既形容耒之形，作擺折執，兼可以耒代步量地也。代步量地之意，輕重在倨句磬折，直以利推，而不過於直，句以利發，而不過於句。其磬折也，僅倨句然，如此乃與柔地、剛地相中也。《易》言揉木爲耒，斲木爲耜。斲易而揉難，故言耒而不及耜，非略也。

車人爲車，柯長三尺，博三寸，厚一寸有半，五分其長，以其一爲之首。爲耒重在磬折，爲車之度重在柯，復從柯說起，恐人不知柯當合刃通計，故及之。轂長半柯，其圍一柯有半。輻長一柯有半，其博三寸，厚三之一。渠三柯者三。行澤者欲短轂，行山者欲長轂。短轂則利，長轂則安。行澤者反輮，行山者仄輮。反輮則易，仄輮則完。大車行平地，兼行澤。柏車專行山，其轂有長短之異，其輮有反仄之不同，通言之而後及柏車之制。六分其輪崇，以其一爲之牙圍。柏車轂長一柯，其圍二柯，其輻一柯，其渠二柯者三。五分其輪崇，以其一爲之牙圍。大車崇三柯，綆寸,牝服二柯有三分柯之二。牡能施而牝能受。服則服牛之服,其爲載物之車箱可知。二柯有二,分柯之二,其長視兵車之隧倍之,更崇載物孔多,所謂大車以載也。不言較崇者,以兵車輪崇六尺六寸,其車箱之崇自較而下,凡五尺五寸推之,大車輪崇三柯,凡九尺,自較以下,不止五尺五寸可知矣。不言兩箱相距之度,程氏謂以後言鬲長六尺可推也。疏解牝服謂較,又謂之平鬲,皆有孔,納軝子於其中。軝即轛,轛即軹,注謂轛之植者、橫者曰軹是也。因大車牝服,又可悟兵車之較有孔,内軹於中。軹有植者,又有橫者,午交以爲固而轛之,木版排植於軹間,較不但有孔,并當有溝,下嵌薄版以爲固。以轛謂軹固不可,兩軹與轛相聯續,雖二而實一。注謂轛之植者、橫者曰軹,其解自不可易。注疏前後互見,非因此無以識彼,乃嘆鄭氏、賈氏之心苦矣！羊車二柯有三分柯之一。柏車二柯。柏車輪崇六尺,較之長亦六尺。大車輪崇九尺,較之長八尺。羊車較長七尺,其輪崇從可推矣。凡爲轅,三其輪崇,參分其長,二在前,一在後,以鑿其鉤。長,兩轅之長也。鑿其鉤,鑿於兩轅下,當軸之處,以嵌軸,不用伏兔。凡牝服之爲較爲軝,皆樹於兩轅上,亦更不用任正也。轅兩木并排,其力足以負重輿,而鉤心鉗軸,不患其脆弱,比兵車之用輈止一木,其制較省。然輈穹隆宜於馬背之高,轅直無撓宜於牛項之低,各因其自然而施之。今時乘車與古牛車兩轅之制彷彿,轅入箱下各鑿二孔,下鐵鋌以鉗軸,謂之鉤心。亦更不用伏兔與任正木,而車壓馬背,其行次且,以之任重致遠,欲馬之無傷也得乎！徹廣六尺,程氏曰：輪必出於箱外,其間又須有空處容輪轉,徹廣安能與鬲同尺數,此當疑而前人未致疑者。望溪先生正之極是。經文數目字之誤,如職方氏之伯掌客之公鍼,校人之麗師趣馬輪之賢,皆必須改正者,此徹廣亦猶是。○馬車輿廣而不深,欲其容人而便馳騁也。牛車牝服,長而不廣,欲其任載而便山澤也。馬性驟,故轂欲長而安。牛性緩,故轂可短,欲其利,而惟山車轂長也。服牛乘馬,制度各有所宜如此。馬以四而制,有多少,牛以一當轅,而任重,或加旁牽,皆無關於車制,故記不言焉。鬲長六尺。

梓人爲筍虡。天下之大獸五：脂者、膏者、臝者、羽者、鱗者。宗廟之事,脂者、膏者以爲牲,臝者、羽者、鱗者以爲筍虡。外骨、内骨,卻行、仄行、連行、紆行,以脰鳴者、以注鳴者、以旁鳴者、以翼鳴者、以股鳴者、以胸鳴者,謂之小蟲之屬,以爲雕琢。厚脣弇口,出目短耳,大胸燿後,大體短脰,若是者謂之臝屬。恒有力而不能走,其聲大而宏。有力而不能走,則於任重宜。大聲而宏,則於鍾宜。若是者以爲鍾虡,是故擊其所縣,而由其虡鳴。銳喙決吻,數目顧脰,小體骞腹,若是者謂之羽屬。恒無力而輕,其聲清揚而遠聞。無力而輕,則於任輕宜。其聲清揚而遠聞,於磬宜。若是者以爲磬虡,故擊其所縣而由其虡鳴。小首而長,搏身而鴻,若是者謂之鱗屬,以爲筍。凡攫閷援簭之類,必深其爪,出其目,作其鱗之而。此承任重之獸而言獸之可畏者,一在爪,二在目,三在鱗之而。鱗者,獸之近爪處有甲如鱗然,而與髥同。之,語辭,獸之鬣鬚也。獸怒則縮其爪,瞋其目,張其鱗鬣,而梓人能深之、出之、作之,言刻鏤之肖也。舉獸臝屬,而羽屬、鱗屬可推而知。深其爪,出其目,作其鱗之而,則於是必撥爾而怒。苟撥爾而怒,則於任重宜,且其匪色必似鳴矣。爪不深,目不出,鱗之而不作,則必頯爾如委矣。苟頯爾如委,則加任焉,則必如將廢措,其匪色必似不鳴矣。文勢一正一反,同是猛鷙之獸,不善雕鏤,則頯委廢頓,雖有彩色,亦似不鳴,欲叩之而若鳴之出於簨,能乎?疏以此節説脂膏之獸不可爲簨之義,恐誤。

梓人爲飲器,勺一升,爵一升,觚三升。獻以爵而酬以觚。一獻而三酬,則一豆矣。食一豆肉,飲一豆酒,中人之食也。觚依注作觶,觶三升與《儀禮》合。酬未有三者,故知一獻謂以一升獻,三酬謂以三升酬也。四升合爲豆,不必作斗字解爲是。○《戴記》觴酒豆肉,未聞有斗肉見於經史者。凡試梓飲器,鄉衡而實不盡,梓師罪之。

梓人爲侯,廣與崇方。參分其廣,而鵠居一焉。上兩个,與其身三。下兩个,半之。上綱與下綱出舌尋,緇寸焉。張皮侯而棲鵠,則春以功。大射用皮,《儀禮》大侯之崇見鵠於犴,犴不及地武,以大侯之崇計之,去地二丈二尺五寸少半寸,其植難乎深固不搖,故以屬之梓人。又梓人與工人士畫物,是亦聯事之一証也。張五采之侯,則遠國屬。張獸侯,則王以息燕。祭侯之禮,以酒脯醢,其辭曰:"惟若寧侯,毋或若女不寧侯,不屬于王所。故抗而射女,强飲强食,詒女曾孫諸侯百福。"

弓人爲弓,取六材必以其時。六材既聚,巧者和之。幹也者,以爲遠也。角也者,以爲疾也。筋也者,以爲深也。膠也者,以爲和也。絲也者,以爲固也。漆也者,以爲受霜露也。凡取幹之道七:柘爲上,檍次之,檿桑次之,橘次之,木瓜次之,荆次之,竹爲下。凡相幹,欲赤黑而陽聲,赤黑則鄉心,陽聲則遠根。程氏曰:凡木一年長一量,惟心最久而堅,自有赤黑之色,近外則色白矣。赤黑者,赤而兼黑也。注謂木近根者,奴甚好嘗,親驗之,梨木近根者多朽蠹,而枝上愈良,聞桐木亦如此,其幹取向心遠根，欲其堅勁也。凡析幹，射遠者用埶，射深者用直。先取幹而後相視，非所取者則不眠之矣。先眠幹而後剖析，非所眠者則不析之矣。三節相承，幹以爲遠，此兼深言之，對下立文。居幹之道，菑栗不迆，則弓不發。凡相角，秋䏝者厚，春䏝者薄，稺牛之角直而澤，老牛之角紾而昔。疢疾險中，瘠牛之角無澤。角者，血氣之餘，疢疾之病在裏，角之傷亦在裏。瘠牛無病角之裏未必有傷也，然角之形於外者無潤澤，則亦不可以用矣。先舉稺老病瘠之牛角不可用，則其所用者必牛之壯盛而非病瘠者也。故繼之曰角欲青白而豐末。角欲青白而豐末。夫角之本，蟄於剞而休於氣，是故柔。柔故欲其埶也。白也者，埶之徵也。夫角之中，恒當弓之畏，以角之中當弓之畏，則角之本恒當弓之䩦，角之末恒當弓之簫，可推而知。獨於弓之畏言之者，弓之着力在限，以角之中堅者當之，則䩦與簫容易爲力矣。畏也者必橈。橈，故欲其堅也。青也者，堅之徵也。夫角之末，遠於剞而不休於氣，是故脆。脆故欲其柔也。角末之柔，與角本之柔，其用不同。角自本而中而末，因其形之曲而反之以取埶。欲其埶，非欲其柔也。角末則無埶可取，取其柔與弓末相適而已，立文相應。豐末也者，柔之徵也。角長二尺有五寸，三色不失理，謂之牛戴牛。二尺有五寸之角，僅矣。下士弓長六尺，除挺臂五寸，角必二尺五寸，乃自本而限，以及於簫，其不及是數者，但取其堅白豐末，與弓相當，比次接續而爲之，詳見下文居角。凡相膠，欲朱色而昔。昔也者，深瑕而澤，紾而摶廉。鹿膠青白，馬膠赤白，牛膠火赤，鼠膠黑，魚膠餌，犀膠黃。凡昵之類不能方。柔昵之物類孔多，惟鹿馬已下六者中弓之用，非凡物類之昵者所能比也。此如取幹取角，必慎擇而後用之。凡相筋，欲小簡而長，大結而澤。小簡而長，大結而澤，則其爲獸必剽。然則相筋亦必擇獸而取之，獸之剽悍者多，故不復列其名。以爲弓，則豈異於其獸。筋欲敝之敝，漆欲測，絲欲沈，得此六材之全，然後可以爲良。凡爲弓，冬析幹，而春液角，夏治筋，秋合三材，寒奠體，冰析灂。冬析幹則易，春液角則合，夏治筋則不煩，秋合三材則合，寒奠體則張不流，冰析灂則審環。三材當從望溪先生指幹、角、筋而言，其所以合之者則膠、絲、漆也。注所以知寒奠體謂納之檠中定往來體者，以張不流証之也。其張也，不移其本體，其弛而體定，不言可知矣。冰析灂則審環，頗難解。程氏曰：環者，漆之圻鄂也。冬寒有冰時施漆，漆乾而灂，文有定也。後言合灂若背手文，合灂對析灂而言，疑析灂者，分析弓之表裏而漆之，其裏文則環，表文則蕡與斥蠖也。按寒不必有冰,冰則寒之至也。施漆乾而灂文有定,當俟漆工細問之。春被弦則一年之事。析幹必倫,析角無邪,斲目必荼。斲目不荼,則及其大脩也,筋代之受病。夫目也者必强,强者在内而摩其筋,夫筋之所由幨,恒由此作,故角三液而幹再液。厚其帤,則木堅。薄其帤,則需,是故厚其液而節其帤,約之不皆約,疏數必侔,斲摯必中,膠之必均。斲摯不中,膠之不均,則及其大脩也,角代之受病。夫懷膠於内而摩其角,夫角之所由挫,恒由此作。膠非能摩角,患在斲幹不均,施膠大厚,幹在裏角在表,而懷膠於内以摩其角,摩角者,幹也。賈疏補:出幹不均極細。凡居角,長者以次需,程氏曰:需字與上同義,謂角之柔耎者也。角長者,施於淵中,長不能達簫,則以他角之近末而柔者續之。此句爲下張本。下恒角而短,是當長而短也。恒角而達,是當短反長,而當需處反堅也。恒角而短,程氏曰:角需先以長者置於淵中,令中堅當隈,弓乃有力而放矢疾。今竟角而短,則末之柔者當隈,而弓弱矣。是謂逆橈,引之則縱,釋之則不挍。恒角而達,程氏曰:弓不能以角達末,須以短續長,令角末之柔者,當弓之末。今接續之角過長,而近末處猶當其堅,則弓亦不利,如常縛於韣中,甚言其放矢之不疾也。注乃謂送矢太疾,與繼之喻正相反矣。○按合三節觀之,正申明弓長而角苦短,全在巧者比次得宜,而角長二尺有五寸,與弓之堅需恰合者,所以可貴也。辟如終繼,非弓之利也。今夫茭解中有變焉,故挍。於挺臂中有柎焉,故剽。恒角而達,引如終繼,非弓之利。橋幹欲孰於火而無嬴,橋角欲孰於火而無燂,引筋欲盡而無傷其力,鬻膠欲孰而水火相得,然則居旱亦不動,居濕亦不動。苟有賤工,必因角幹之濕以爲之柔,注解濕爲生,生則不孰,是病在不及也。然孰又不宜太過,如幹之孰於火而嬴,角之孰於火而爛,引筋盡而傷其力,鬻膠孰而水火不相得,皆孰而過者也。居旱而動,太孰而剛勝;居濕而動,太生而柔勝。善者在外,動者在内。雖善於外,必動於内,雖善亦弗可以爲良矣。凡爲弓,方其峻而高其柎,長其畏而薄其敝,宛之無已應。下柎之弓,末應將興,爲柎而發,必動於䡇,弓而羽䡇,末應將發。弓有六材焉,維幹强之,張如流水。維體防之,引之中參。程氏曰:參者,三相等,算家所謂籌邊三角形也。弓彀時矢三尺半,弦三尺,弓隈虛量亦三尺,是中參如弓制。畏者半,弦加長,而矢亦加長,皆中參。爲圖以見之。如疏所說,張之弦一尺者,惟唐大耳。昔王弧張之尺有五寸,夾庾張之五寸,相差甚多,安能引之?皆中參,按下文引之如環,釋之無失,體亦如環。如環者,弓兩邊皆形三角,則如環然矣。程說比疏優。程氏又以下柎之弓至如環,皆作韵語讀,亦可以尋其條理。弓有六材,不可缺一,而强之則維幹也。弓之張如流水,自柎至簫,其力均散而防之則維體也。體謂往來之體,皆在於此。防如水之有隄防也,引之則矢與半弧、半弦中參,所以中參者,角爲之掌距也。如彈弓不用角,則弧短而不中參矣。維角䇲之,欲宛而無負弦,引之如環,釋之無失體如環。材美工巧,爲之時,謂之參均。角不勝幹,幹不勝筋,謂之參均。量其力,有三均,幹、角、筋不相勝,其力如一也。力如一,幹所以爲遠,角所以爲疾,筋所以爲深也。量其力者,以物試其力也。繩繫兩簫,加物一石,張一尺;二石,張二尺;三石,張三尺,量之之法也。因是而知幹之力勝一石,角之力勝一石,筋之力亦勝一石也。注疏本明白,以辭害意,則失之矣。均者三,謂之九和。九和之弓,角與幹權,筋三侔,膠三鋝,絲三邸,漆三斛。上工以有餘,下工以不足。角、幹、筋三相等,言其力相等也。復及膠、絲、漆三者,言其用費亦大概相等也。上工之用物,所以有餘者,銖兩不差也,下工則不能矣。篇中屢言居材因其用若干,可知其居積當若干也。爲天子之弓,合九而成規。爲諸侯之弓,合七而成規。大夫之弓,合五而成規。士之弓,合三而成規。弓長六尺有六寸,謂之上制,上士服之。弓長六尺有三寸,謂之中制,中士服之。弓長六尺,謂之下制,下士服之。凡爲弓,各因其君之躬,志慮血氣,上文言弓之形與制有一定,此言其用之也又當因其人之性質而變通之,舉君而大夫、士可知,或曰專言君以優尊也。躬與血氣以質言,志慮血氣以性情言。射之爲道,必内志正、外體直而後持弓審固,可以命中。因其形質而爲之弓,則外體之直者可幾矣。因其志慮而爲之弓,則内志之正者可幾矣。豐肉而短,寬緩以荼,若是者爲之危弓,危弓爲之安矢。骨直以立,忿埶以奔,若是者爲之安弓,安弓爲之危矢。豐肉而短,骨直以立,以形與氣言也。寬緩以荼,忿勢以奔,以志慮言也。因弓而及矢,所以調劑而變化之者,無所不至也。程氏曰:危欲剽而疾也,安謂柔而緩也。疏乃以强者爲安,弱者爲危,何耶? 觀下文弓安、矢安而莫能速中且不深,是弓力弱,明甚矣。其人安,其弓安,其矢安,則莫能以速中,且不深。其人危,其弓危,其矢危,則莫能以愿中。三疾不患其不中,但其中非出於自然。愿者,意之所適也。往體多,來體寡,謂之夾臾之屬,利射侯與弋。往體寡,來體多,謂之王弓之屬,利射革與質。往體來體若一,謂之唐弓之屬,利射深。篇首言射遠者用埶,射深者用直。疏謂弓弱宜射遠,若夾臾之類。弓直宜射深,若王弧之類。舉王弧可該唐大。此乃晰而言之，與篇首相應，又以申明合九成規以下云云也。夾庾射遠力弱，所謂安也。王兼弧唐兼大，射堅射深。力強所謂危也，皆弓制之一定者也。程氏曰：此猶大射侯道，有九十弓、七十弓、五十弓，以辨尊卑。至射時，臣各射其侯，而君則三侯皆可射，以優尊也。大和無灂，其次筋角皆有灂而深，其次有灂而疏，其次角無灂。合灂若背手文。角環灂，牛筋賁灂，麋筋斥蠖灂。和弓軟摩，覆之而角至，謂之句弓。覆之而幹至，謂之侯弓。覆之而筋至，謂之深弓。記恐人以夾庾亦敝弓之類，故申言之，惟角至爲句弓，不可用若夾庾，則不惟角至，且幹至，可以射侯及遠。若唐大，不惟角至幹至，且筋至，可以射侯及遠且射深，又其良者也。不言王弧者，王弧利射革與質，上有明文，不待言也。因此而弓之等分焉矣。其等之上者，驗其體則合九焉，謂之天子之弓，因其上而上之也。等之次者，驗其體則合七焉，謂之諸侯之弓，因其次而次之也。等又次者，驗其體則合五焉，謂之大夫之弓，因其又次而次之者也。其實上可以兼下，天子不惟用王弧，兼用唐大。不惟其唐大，兼用夾庾，故曰爲弓各因其君之躬，志慮血氣而因之。有危弓，安弓。危矣，安矣之？云言不可泥定也，若泥定則是強王以射甲革楷質，而九重之尊，必秉萬夫之強也，有是理乎？至弓之所以分等次者，由於角、幹、筋三者，有兼至偏至之故，故和三材之所以貴於巧也，章法首尾照應甚明白。

　　廬人爲廬器，戈柲六尺有六寸，殳長尋有四尺，車戟常，酋矛常有四尺，夷矛三尋。凡兵無過三其身，過三其身，弗能用也，而無已，又以害人。故攻國之兵欲短，守國之兵欲長。攻國之人衆，行地遠，食飲饑，且涉山林之阻，是故兵欲短。守國之人寡，食飲飽，行地不遠，且不涉山林之阻，是故兵欲長。凡兵，句兵欲無彈，刺兵欲無蜎。是故句兵椑，刺兵搏。程氏曰：彈者，滑而脫握之不固也。蜎者，愞而撓棓之不勁也。柄爲隋圜形，則握之固。與舉圜欲細相足。握處正圜，則棓之勁矣。與舉圜欲粗相足。轂兵同強，舉圜欲細，細則校。刺兵同強，舉圜欲重，重欲傅人，傅人則密，是故侵之。凡爲殳，五分其長，以其一爲之被，而圍之。參分其圍，去一以爲晉圍。五分其晉圍，去一以爲首圍。凡爲酋矛，參分其長，二在前，一在後，而圍之。五分其圍，去一以爲晉圍。參分其晉圍，去一以爲刺圍。於轂兵曰舉圜欲細，於刺兵曰舉圜欲重，重者，粗之驗也，不言柲圍之尺寸者，以刃推之也。凡柲之長短，并刃言之，戈刃廣二寸，則其柲之粗可知。戟常刃廣寸，則其柲之細可知。凡試廬事，置而搖之，以眠其蜎也。炙諸牆，以眠其橈之均也。橫而搖之，以眠其勁也。蜎

271

者,柲上半柔也。均者,全身强弱平也。終歸於勁,然後句兵能擊之疾,刺兵能入之深也。六建既備,車不反覆,謂之國工。不曰柲不反覆而歸之車者,六等自短而長,自輕而重,插於車上,短長輕重匀稱,皆廬人爲器之時合全車之力而斟酌之。與輿人、輪人相聯事,篇首臚列五兵之尺寸,有以也。

匠人建國,水地以縣,置槷以縣,建國先辨方正位。水地以縣,先以水平平其地,然後可立柱,而用繩可正柱也。兩言以縣,恐人誤解水地謂將以建宮室城郭,猶云其水地也,將以縣耳,於何縣之?置八尺之臬,以縣之也。眡以景,地平槷正,然後景端可眡。爲規,識日出之景與日入之景,晝參諸日中之景,夜考之極星,以正朝夕。規圓體,日出景西,日入景東,東西正矣。東西卯酉則南北子午,一定不移,合之成規,故爲規以識之。今人用星盤定日晷,即其遺法也。以正朝夕應在日入之景下,日中之景,景北也。極星、天樞亦北也,參之考之,以正南北也。置槷眡景,正東西而南北之正已包其內,更參考之者,欲以致其詳耳。形家最重立向,古人造其端,而未嘗不盡誠慎也如此。

匠人營國,方九里,旁三門。國中九經九緯,經涂九軌,言經涂九軌,不及緯涂者,可知也。亦以朝位南北爲主,起下文。左祖先舉祖廟,而後及世室,重屋明堂,明其制與祖廟異也。注以世室爲宗廟,前人指其誤,是也。右社,面朝後市,市朝一夫。夏后氏世室,堂修二七,廣四修一,五室,三四步,四三尺,九階,四旁兩夾窗,白盛,門堂三之二,室三之一。殷人重屋,堂修七尋,堂崇三尺,四阿重屋。周人明堂,殷人重屋,言堂不及室。周人堂室兼言,而不及階與門,明其制與世室同也。記人歷叙三代而不主於周,則非《周官》舊文,亦可見矣。度九室之筵,東西九筵,南北七筵,堂崇一筵,五室,凡室二筵。室中度以几,堂上度以筵,宫中度以尋,野度以步,涂度以軌,五度起於律,工人以之制物,仍以物之度爲度,以其便於位置也。野度以步,而溝涂不至參差。涂度以軌,而車轂不患擊互。廟門容大扃七个,闈門容小扃參个,路門不容乘車之五个,不容,猶不足也。不足於乘車之五个,必餘於四个可知,鄭注恐失記文本意。應門二徹參个。內有九室,九嬪居之。外有九室,九卿朝焉。路寢有堂,居中,王出則有九卿泣國事,入則有九嬪泣宮事。修齊治平,交修並理,王必無爲以守至正,可想見矣。九分其國,以爲九分,九卿治之。王宫門阿之制五雉,宫隅之制七雉,城隅之制九雉。經涂九軌,環涂七軌,野涂五軌。門阿之制,以爲都城之制。宫隅之制,以爲諸侯之城制。注知都城隅高五丈，宮隅門阿皆三丈，諸侯城隅高七丈，宮隅門阿皆五丈者，奇數。自三而五，而七而九，以其等過爲升降知之也。環涂以爲諸侯經涂，野涂以爲都經涂。經涂至三軌而止，無以復降也。解見《王制》。此已上匠人建國之制也。自營國至市朝一夫爲一段。自夏后氏世室，至周人明堂爲一段。自室中度以几至環涂以爲諸侯經涂爲一段。已下詳爲溝洫，以木工而兼水土之工爲一段。

匠人爲溝洫，遂人掌之，匠人爲之。耜廣五寸，二耜爲耦，五溝起於遂，實始於耜，自五寸而積之，爲尺、爲尋，至於一里、十里、百里，井然不紊，溝洫信非匠人莫能爲矣。一耦之伐，廣尺深尺，謂之畎。田首倍之，廣二尺，深二尺，謂之遂。九夫爲井，井間廣四尺，深四尺，謂之溝。方十里爲成，成間廣八尺，深八尺，謂之洫。方百里爲同，同間廣二尋，深二仞，謂之澮。專達於川，各載其名。百里之水合而爲川，因其源委，載其名以別之，此井田所以順水之埶，非鑿也。凡天下之地埶，兩山之間，必有川焉。大川之上，必有涂焉。即不行井田之法，川與涂，大地必有之，特川有大小耳。《禹貢》所決之川，皆大川也。因大川而明於天下之地埶，所以濬諸小川，以距大川，復濬畎澮，以距小川也。凡溝逆地阞，謂之不行。水屬不理孫，謂之不行。逆地之脉理其水，不行易知也。順水屬之而稍不順，脉理仍不行，惟匠人熟於水平之法，不差累黍，微乎微乎。梢溝三十里，而廣倍。梢，末也。自溝之末，泝溝之始，水行三十里，其末之廣必倍其始，然後能容以下流諸小水入焉，故也。凡云溝，通五溝而言之。凡行奠水，磬折以參伍。奠水，平地之水，杜子美詩"江平不肯流"是也。磬折則句三弦五，曲以取勢，而奠者行，緩者馳矣。欲爲淵，則句於矩。水奠欲其行，水行或欲其潆以蓄水，則句中矩不但如磬之折而已。蓋水性直而曲之，必深注迴漩，一面擁起浮沙，一面淳爲清潭，而淵成矣。凡溝必因水埶，防必因地埶。善溝者，水漱之。善防者，水淫之。凡爲防，廣與崇方，其閷參分去一，大防外閷。因溝而及防，防以束水，基厚則固，閷其上，以游水而寬其埶也。防大則水力愈大，三分之外，又閷焉，以游衍之。凡溝防，必一日先深之以爲式，里爲式，然後可以傅衆力。凡任索約，大汲其版，謂之無任。葺屋參分，瓦屋四分，自此至崇三尺，皆且仍注解，亦未詳是否。囷、窌、倉、城，逆牆六分，堂涂十有二分。竇，其崇三尺，牆厚三尺，崇三之。右攻木之工。

攻金之工，築氏執下齊，冶氏執上齊，鳧氏爲聲，㮚氏爲量，段氏爲鎛器，桃氏爲刃。金有六齊：六分其金而錫居一，謂之鍾鼎之齊。五分其金而錫居一，謂之斧斤之齊。四分其金而錫居一，謂之戈戟之齊。參分其金而錫居一，謂之大刃之齊。五分其金而錫居二，謂之削殺矢之齊。金錫半，謂之鑒燧之齊。此與篇末凡鑄金之狀相首尾，百工之用自木而外金居多，金必與錫同齊，而後可鑄爲諸器，故總言之，而後分列攻金之工於後。猶木器合衆工而成，車先總言之，而後分列攻車之工於後也。金有三品，第言金錫之齊，竟不目其品，何也？曰：赤金也。何以知其爲赤金也？於篇末鑄金之狀徵之，若黄金、白金精粹之至，何以有黑濁之氣乎？用是而知白金、黄金爲飾器之用，鐵爲黑金，供錢鎛之用，不言可知矣。赤金質濁，錫質黑，云黑濁則合赤金黑錫而煎之，至於不耗。不耗言其質，清白言其狀也。錫之黑者，一名鉛。古人鍊銅之精如此，制造諸器皆堅緻光潤，久而不壞，如周秦故都地中掘出者，寶色班駁陸離，數千年如一日，可驗也。

　　築氏爲削，長尺博寸，合六而成規。注云形若弓反張，曲而不甚曲，所以便於削也。欲新而無窮，敝盡而無惡。

　　冶氏爲殺矢，刃長寸圍寸，必言圍寸者，矢刃旁廣，而鋭其末，與直體之刃異也。鋌十之，重三垸。合下戈重三鋝，戟亦重三鋝，文法一例。鄭疑冶氏爲殺矢，文有脱誤，過矣。戈廣二寸，内倍之，胡三之，援四之，已倨則不入，已句則不決。長内則折前，短内則不疾，是故倨句外博，重三鋝。戟廣寸有半寸，内三之，胡四之，援五之，倨句中矩，與刺重三鋝。

　　桃氏爲劍，臘廣二寸有半寸，兩從半之。兩邊有鋒，中起脊，與刃在一邊者不同。以其臘廣爲之莖圍，長倍之，中其莖，設其後。參分其臘廣，去一以爲首廣，而圍之。身長五其莖長，重九鋝，爲之上制，上士服之。身長四其莖長，重七鋝，謂之中制，中士服之。身長三其莖長，重五鋝，謂之下制，下士服之。

　　鳧氏爲鍾，兩欒謂之銑，銑間謂之于，于上謂之鼓，鼓上謂之鉦，鉦上謂之舞，舞上謂之甬，甬上謂之衡。鍾縣謂之旋，旋蟲謂之幹，鍾帶謂之篆，篆間謂之枚，枚謂之景，于上之攠謂之隧。十分其銑，去二以爲鉦。以其鉦爲之銑間，去二分以爲之鼓間。以其鼓間爲之舞脩，去二分以爲舞廣。以其鉦之長爲之甬長，以其甬長爲之圍。參分其圍，去一以爲衡圍。參分其甬長，二在上，一在下，以設其旋。薄厚之所震動，清濁之所由出，侈弇之所由興，清濁之聲，薄厚致然，加以形之侈弇，清濁之聲又不同。有説。鍾已厚則石，已薄則播，侈則柞，弇則鬱，長甬則震。長甬即甬長。是故大鍾十分其鼓間，以其一爲之厚。小鍾十分其鉦間，以其一爲之厚。大鍾疑指鍾鏞，小鍾疑指編鍾歟？鍾大而短，則其聲疾而短聞。鍾小而長，則其聲舒而遠聞。聲之清濁，由薄厚使然。其舒疾短遠，則由大小短長使然。上文先言銑、鉦、鼓、舞，以至甬衡，合大小短長，而求其稱，則無此病矣。鍾爲金奏，鼓節之，故其立文同。爲遂，六分其厚，以其一爲之深，而圜之。

桌氏爲量，改煎金錫則不耗，不耗然後權之，權之然後準之，準，度也。疑即下文黄白、青白、青氣，準度數次，然後入模，如注解云云金錫厚薄長短參差，何以能按之如水之平歟？○懍也程氏曰：準故書作水，近見前輩書有水準之法，甚善。大概先以方器貯水，令滿，定其重，乃入金錫於水，水溢取出金錫，再權其水，視所減之斤兩與分寸，以知金錫大小之比例，可謂巧矣。按此可知，注解齊其金之大小，擊令平正之法，不可行也。録之備一解。準之然後量之。量之以爲鬴，深尺，内方尺而圜其外，其實一鬴，其臀一寸，其實一豆。其耳三寸，其實一升，重一鈞。其聲中黄鍾之宫，概而不税。其銘曰："時文思索，允臻其極。嘉量既成，以觀四國。永啓厥後，兹器維則。"凡鑄金之狀，金與錫，黑濁之氣竭，黄白次之。黄白之氣竭，青白次之。青白之氣竭，青氣次之，然後可鑄也。

段氏闕。在攻金之工。

函人爲甲，犀甲七屬，兕甲六屬，合甲五屬。犀甲壽百年，兕甲壽二百年，合甲壽三百年。凡爲甲，必先爲容，然後制革。權其上旅與其下旅，而重若一，權其輕重，以均其長短，與輿人一例。以其長爲之圍。凡甲，鍛不摯則不堅，已敝則橈。摯，熟之至也。然過於熟，則革蔽而易敗，鍛則是函人第一義。凡察革之道，眂其鑽空，欲其惌也。革熟，則針易人，故孔小，孔小則不患易裂，故下云其革堅，完其初也。眂其裏，欲其易也。眂其朕，欲其直也。櫜之，欲其約也。舉而眂之，欲其豐也。衣之，欲其無齘也。杜子美云"細意熨貼平"，可作無齘正解。眂其鑽空而惌，則革堅也。眂其裏而易，則材更也。眂其朕而直，則制善也。櫜之而約，則周也。舉之而豐，則明也。衣之無齘，則變也。

鮑人之事，望而眂之，欲其荼白也。進而握之，欲其柔而滑也。卷而摶之，欲其無迆也。眡其著,欲其淺也。察其線,欲其藏也。革欲其荼白而疾,澣之則堅,欲其柔滑而腥,脂之則需,澣宜疾不可遲,遲則水漸漬而色滯汙,欲其荼白不可得也。脂宜渥不可速,速則脂不膏而質乾躁,欲其柔滑不可得也。引而信之,欲其直也。引而信之,以劑其緩急,卷而搏之,以序其厚薄。非舒則無以爲卷,故補引而信之於卷,而搏之前,治革之道備矣,已下乃言其效。信之而直,則取材正也。信之而枉,則是一方緩一方急也。若苟一方緩一方急,則及其用之也,必自其急者先裂。若苟自急者先裂,則是以博爲帴也。卷而搏之而不迆,則厚薄序也。眡其著而淺,則革信也。察其線而藏,則雖敝不甐。

韗人爲皋陶,長六尺有六寸,左右端廣六寸,中尺,厚三寸,穹者三之一,上三正。鼓長八尺,鼓四尺,中圍加三之一,謂之鼖鼓。爲皋鼓,長尋有四尺,鼓四尺,倨句磬折。合三鼓觀之,晉鼓、鼖鼓三折而背平,鼛鼓兩折而背俯。兩折而倨句磬折之形見矣。要之總以穹其中,而稍窄其面,使聲蘊於中,而後出之,故宏大而舒遲也。鼓無當於五聲,故不言清濁,與鍾異。然鳧氏爲鍾,亦言其大,凡而已,必如典同之言,十二聲乃盡其變,此以知《考工》記人之疏,與周官之細纖相去遠矣。凡冒鼓:必以啓蟄之日,良鼓瑕如積環。瑕猶深瑕之瑕,漆之液也。環猶角環潘之環,漆液融洽,紋理有圈累累,言其勻也。鼓大而短,則其聲疾而短聞。鼓小而長,則其聲舒而遠聞。

韋氏闕。

裘氏闕。皮可以爲冠者韋氏司之,可以爲衣者裘氏司之。上古未有麻絲,人衣羽皮,後世漸加飾治之功,而皮之用愈廣,惜乎二官之亡,良法遂以不傳也。右攻皮之工。

畫繢之事,雜五色。下文對方爲繢,次比方爲繡,次而繢合於一衣,繡合於一裳,則五色燦爛交錯,故曰雜,總繢次、繡次而言之也。繪與畫皆以設色言,其先必畫其方位界限以爲本,今畫家謂之粉本,故畫在繢之先。衣裳其大者,其餘或五采,或三采,皆以類相配,故云畫繢之事,所包者廣也。東方謂之青,南方謂之赤,西方謂之白,北方謂之黑,天謂之玄,地謂之黃。青與白相次也,赤與黑相次也,玄與黃相次也。青與赤謂之文,赤與白謂之章,白與黑謂之黼,黑與青謂之黻。五采備謂之繡。土以黃,其象方天時變。如畫春夏秋冬景物,其雲色各象其時,即朝暮亦然。火以圜,山以章,諸家所解俱穿鑿,或恐草字之誤。水以龍,鳥獸蛇。雜四時五色之位以章之,謂之巧。應篇首雜五色而章之，至於巧不可階，四時五色，或對或比，其位也。所以章之者，即山龍藻火及鳥獸蛇等物也。凡畫繢之事後素功。

鍾氏染羽，以朱湛丹秫，三月而熾之，淳而漬之。先以朱砂和水漸染，赤粟質既丹矣。至三月之久，乃熟炊之，使丹液赤汁滴瀝爲湯，然後以盤若鬲盛羽，取湯沃之。不云沃，而云淳，猶《儀禮》淳沃之淳，言不驟也。既沃則湯與羽以漸而入，故謂之漬，亦不驟也。三入爲纁，五入爲緅，七入爲緇。漬之取出是一入也。又再漬爲再入，三漬爲三入。疏云纁入赤汁爲朱，緅入黑汁爲玄，是以他色旋加之矣。

筐人闕。

㡛人涷絲，以涚水漚其絲七日，去地尺暴之。去地尺必有物藉之矣。晝暴諸日，夜宿諸井。七日七夜，是謂水涷。雖漚之以涚水，及其暴之也，亦必用清水淋之，故謂之水練。涷帛，以欄爲灰，沃淳其帛，渥，即漚也。淳，即渥也。以灰水漚其帛，復以清水渥之。實諸澤器，淫之以蜃，要其終而言之。清其灰而盝之，而揮之，而沃之，而盝之，而塗之，而宿之。明日，沃而盝之，上文淫之以蜃，注云用薄粉令帛白，固然矣。兹又云於灰澄而出之，晞而揮去其蜃，非也。此清其灰，乃接上文涷帛，蓋所漚之欄灰，非蜃粉也。欄灰濁必澄清，而晞之日，猶恐澄之不盡，故晞之既乾，旋揮去其餘滓，而後以清水渥之，而又晞之，即今人之漂也。漂乾復以欄灰塗之，而宿諸井，明日又清其灰，而盝之，而揮之。如今人漂絲帛必數次，第言沃而盝者，省文也。此乃申言淳渥之義，未詳是否。晝暴諸日，夜宿諸井，七日七夜，是謂水涷。右畫繢之工。

玉人之事，玉人職記文失序甚多，竊訂其先後如左。鎮圭尺有二寸，天子守之。命圭九寸，謂之桓圭，公守之。命圭七寸，謂之信圭，侯守之。命圭七寸，謂之躬圭，伯守之。天子執冒四寸，以朝諸侯。大圭長三尺，杼上終葵首，天子服之。四圭尺有二寸，以祀天。兩圭五寸有邸，以祀地，以旅四望。圭璧五寸，以祀日月星辰。璋邸射素功，以祀山川，以致稍餼。祼圭尺有二寸，以祀廟。瑴圭七寸，天子以聘女。大璋，亦如之，諸侯以聘女。大璋、中璋九寸。邊璋七寸，射四寸，厚寸，黃金勺，青金外，朱中，鼻寸，衡四寸，有繅，天子以巡守，宗祝以前馬。牙璋中璋七寸，射四寸，厚寸，以起軍旅，以治兵守。琬圭九寸，而繅以象德以結好。琰圭九寸，判規博也。程氏曰：賈疏謂琰圭自半以上，琰至首，非也。其規與琬圭

277

同,判其規爲兩岐耳。以除慝,以易行。土圭尺有五寸,以致日,以土地,璧羨度尺,好三寸,以爲度。駔琮七寸,鼻寸有半寸,天子以爲權。大琮十有二寸,射四寸,厚寸,是謂內鎮,宗后守之。駔琮五寸,宗后以爲權。案十有二寸,棗栗十有二列,諸侯純九,大夫純五,夫人以勞諸侯。瑑琮八寸,諸侯以享夫人。瑑圭璋八寸,璧琮八寸,以頫聘。天子圭中必天子用全上,公用龍,侯用瓚,伯用將,繼子男執皮帛。繼子男執皮帛,此可疑爲命圭節闕文。

栁人闕。

雕人闕。

磬氏爲磬,倨句一矩有半,其博爲一,股爲二,鼓爲三。参分其股博,去一以爲鼓博。参分其鼓博,以其一爲之厚。已上,則摩其旁。已下,則摩其耑。聲之清濁由於薄厚,而薄厚又因短長而異,可謂微乎微矣。一云摩其旁見薄,薄者磬之肉,非旁也。旁以廣狹言,不當以厚薄言矣,宜人思議。

矢人爲矢,鍭矢参分,茀矢参分,一在前,二在後。兵矢、田矢五分,二在前,三在後。殺矢七分,三在前,四在後。参分其長,而殺其一。五分其長,而羽其一。以其笴厚爲之羽深。水之,以辨其陰陽,夾其陰陽,以設其比。夾其比,以設其羽。参分其羽,以設其刃,則雖有疾風,亦弗之能憚矣。刃長寸圍寸,鋌十之,重三垸,前弱則俛,後弱則翔,中弱則紆,中強則揚。羽豐則遲,羽殺則趮。是故夾而搖之,以眡其豐殺之節也。古人執矢,皆以兩指夾之,見《儀禮》。一握之,而指能知其豐殺之節,由操之熟也。橈之,以眡其鴻殺之稱也。凡相笴,欲生而搏,同搏,欲重。同重,節欲疏。同疏,欲槀。右刮摩之工。

陶人爲甗,實二鬴,厚半寸,脣寸。盆實二鬴,厚半寸,脣寸。甑實二鬴,厚半寸,脣寸,七穿。鬲實五觳,厚半寸,脣寸。庾實二觳,厚半寸,脣寸。

旊人爲簋,實一觳,崇尺,厚半寸,脣寸。豆實三而成觳,觀此則豆與簠簋大小可知矣。簠簋以實黍稷,豆以實庶羞,惟其稱也。崇尺。凡陶旊之事,髺墾薜暴不入市。考工皆官造陶器,民間容自爲之,故工之沽者,禁不入市。器中膊,豆中縣,膊崇四尺,方四寸。右摶埴之工。

附錄

傳

　　石豾公諱瓚,字瑜卿,號依園。官章獻瑤,乃二十一世伯輝公之長子也,配黃氏。生于康熙癸未年十月二十五日巳時,卒于乾隆壬寅年八月十八日辰時。墓與宜人黃氏同葬在梨樹山,坐乙向辛兼辰戌。

　　公生而穎悟,匠心篤學,經史便腹。成童即游庠序,廿六歲己酉科選拔貢,入成均。丙辰恩科入北闈,登直隸賢書。己未科登進士第,授翰林院編修,陞詹事府洗馬。甲子年勅命浙江大主考,試竣旋膺簡畀提督廣西學政之任。丁卯年,復使陝西、甘肅學政。日以學問、文章、經濟、氣節勵勉諸多士,魁傑者固宜極爲明體達用之學,淳謹者亦不失爲懷文抱質之侶。課諸生曰:學者通經博古,理義之心油然生,而涵泳優游,忽不自知其入於聖賢之域,其得力豈僅語言、文字之間而已哉? 德行爲文藝之本,内外交修,斯善士也。夫言者,心之聲。文者,行之表。言善矣,其心從可窺也。文美矣,其行從可覘也。若區區致飾於外而已,是正揚子雲所謂土其礬帨子,朱子所謂能言如鸚鵡,究何益耶? 使者忝有風化之責,但望爾多士爲君子,不敢待多士以不肖。雖然,《詩》不云乎:"鼓鐘于宮,聲聞于外。"多士而果闇修于家與,不患人之不知。若憂患長老,荼毒鄉閭,又不能禁人之不知也。使者但心識之,品行果端,文雖平,亦擢居上等。品行既忒,文雖佳,亦抑置下乘。粵西士習視中州號爲醇樸,即有一二集類之鴞,聞使者言,一變而爲棲梧之鳳,是則私心之所深企也。聞公斯言,知公以正己者正人,其品概昭然,可爲後世者法。纍絲又難,竟其行事。至乾隆庚午春,奉旨祭江,卸事,陝西撫軍請留學政之任。公以太宜人廖氏素有肺疾,請假歸,以奉甘旨。觀公斯時蓋移孝以作忠者也。幸而天假有年，銘心於敬宗收族。平日以忠、信、孝、悌勉諸族人，并記於譜内，所立鄉規家約，悉遵文貞公、葛山公所爲釐訂，而折衷於是。至今鄰社皆取爲觀型，況於族人，能不黽勉乎？

公所著書立説，乃由周、程、張、朱之道，統溯而上之孔、孟、由孔、孟而上之堯、舜、禹、湯、文、武、周公，心相契，若合符節，此求道作聖之正鵠也。道光甲午年，地方官以公之品端學粹、志潔行清，將公所手著書説文集，進呈皇上，希蒙聖鑑。知公以道德發爲文章，可傳於後世，奉旨特祀崇祠鄉賢。公之□□□□，天下後學竟稱道靡已，知公之德澤千古不湮也。子二，見世次圖。

附錄　石谿先生行述

聞之誥封先大夫伯輝公于康熙四十一年癸未十月念四日就寢，夢見輿馬驪從呼擁入室，覺異之。翼日，而先生生。七歲入里塾，端凝若成人。伯輝公自傷家貧親老，不得壹志於學，嚴課之。暮歸飯畢，命偶坐，誦日所授書。訖，爲講小學，無燭，燃松明，盡一大束乃止。稍長，復口授六經，旁及秦漢、唐宋八家文。年十四，携以從師温陵。謂先生曰："時過後學，勤苦難成，勉之。"春暮，伯輝公歸舍。夏五月而疾作，以弗逮終事父母見子成立爲憾。耐園公撫之曰："兒無憂，吾爲若成之。"一日挾先生擔筌，行數十里，痔發，少休於道。天驟晦，雷電交作，大雨雹，溪水暴漲，衣盡濕，祖孫相對泣。已而曰："吾以成而父志也。"先生遇益苦學益勵。

十六歲游于庠，督學通江李公賞識弗置，提誨殷殷，不啻家人。因知爲廉吏之孫，賞以金購書籍。先生由是篤志正學，不屑屑於時。雍正乙巳三月，耐園公卒。先生哀毀如禮，家雖貧，其周身、周棺必誠。己酉，上蔡程公以先生貢入成均，曰："有學有識有養之士，端人也。"庚戌廷試，漳浦梁郏蔡文勤公官少宗伯，奉詔閲卷，得先生文，咨嗟歎賞不絶。榜發禮先焉，先生修後進禮請謁，公亟引手見曰："吾觀子文援宋五子書，子習之乎？"先生曰："未也。"避席起請業。因公以識同邑穆亭李公，公故相國文貞公孫也。相國以理學大儒尊顯于朝，其載道之文，言微義奧。穆亭公朝夕左右相國之側，實禀承焉。一見先生，恨相識晚，不自知其爲先進也。傾悃倒忱，禮聘先生，教其令嗣，即今故少宗伯郁齋李公是也。先生在邸，得讀相國撰著，深信而嗜好之，故自壯至老，繙繹不倦。桐城望溪方公以經學、古文詞倡。先生往受業，及門皆知名士，獨先生與寧化翠庭雷公，沈潛深造，爲所推重，相國高安朱文端公愛敬先生尤篤，嘗謂"吾道倚賴微斯人莫屬"。先生虛懷若谷，事賢友仁，學醇品粹，海内崇尚正學之碩彦公輔莫不心焉契之。

　　天子初元，選用遺老，江陰楊文定公自滇南詔還京，以大宗伯攝祭酒，疏薦士七人，先生與焉。上曰："以而所知者爲而屬。"先生抵國門，文定公已病。初未識面，得李君遜齋通介紹，往拜於床下，命先生坐曰："士敝於功利久矣。今欲正人心，必先崇正學。崇正學，必自成均始。君等勉佐余。"先生見公懇，語不能續，逡巡反側，而公諄諄然，惟恐先生之辭去也。及疾革趨視，已不能言，屢以目注先生。是歲捷京兆，偕同薦士引見便殿，帝命助教國子如前旨。先生甫入學，上現在應行事宜者六條：一曰嚴考課，一曰精采訪，一曰添設房宇器皿，一曰戒閒游，一曰專委任，一曰通上下。或以爲迂。先生曰："職分也。"先生以身爲教，言笑不苟，接見諸生，開誠引導，不吝齒牙，誘之立品砥行。同時助教錢塘王文山、南靖莊復齋諸公，志合道孚，相與考德問業，都人士有三先生、五君子之號。嗚呼，盛矣！先生雋京兆，房師爲山左忝齋黃先生，名宿也。己未捷南宫，復出其門，謂先生曰："吾不喜子第，喜人不以不肖疑子於吾也。"是科殿試，上親策問，詔直言無隱，先生對稱第一，故大學士望山尹公逢人輒歎賞不已。旋以二甲第二名進士，改庶常，充三禮館纂修。先生分修地、秋二官，用心最劬，功最勤，而報成亦最早。庚申，請假起居太宜人，卜葬，贈父裕堂府君，憂思孺慕迫切，鄉人哀之。立鄉規四則，以教族姓。其十五世祖潛峰府君，祀田在鄰社，幾爲豪家所得。先生白諸邑父母，得贖歸如舊，歲時祭享，賴以不廢。便道拜謁郡守，適涵亭潘君以細故獲罪，守甚怒。先生敦誠愷惻，述太孺人孀居之苦，守遂愀然意解。厥後，宦途中遇有盛怒，其屬勸之，卒不以告人。

辛酉年冬，仲弟秀卿公車北上，先生同入都。壬戌，散館授職編修，所進講均得旨，兩次御試皆一等。上記名御史，未及補而主浙江甲子科鄉試之命下。先生以瀕海末儒，驟膺鑑衡重任，夙夜兢惶自勵，偕蓀服王公，率同考細心披閱，搜尋無遺，得士凡百有四。時訖，翕然慶得人。逮復命，天子嘉悦，詢及封疆大吏政體，先生奏對，上深是之。旋膺簡畀提督廣西學政之任。先生欽承聖訓，鼓舞人才，俾勉爲正士，不徒閲文爲事。又請于相國阿公、鄂公、來公、學士留公，及館中前輩，咸有贈言。先生一一端書于策，時時覽觀，擇其尤切至者録置座隅。下車首頒學規，風厲多士，先經學，次理學，次古學，又次時文，又次品行，蓋欲士通經明理，以蘄至於古，先器識而後文藝，故特以品行終焉。通行各學，月課四書文外，試以《經解》、《性理》、《通鑑》、古文，擇卷之佳者，按季彙繳，親爲評隲，隨到隨發。學政有獎黜之例，先生不敢視爲具文，嚴諭教職，留心察訪，文武一體，據實具報，不得以無優無劣了事。曰："所以使士子争自濯磨，不至敗行檢者，此也。且亦可以覘教職課士勤惰，實心與否。"及按臨各棚尤嚴，覆試至再至三，遇好教官及生童之秀者，如獲珙璧。語以師之所以教，弟子之所以學，懇懇懃懃，不問日之蚤莫。所過書院義學，必親履其地，撫軍託公留心正學，揭"求放心"三字于獨秀書院堂額，先生作《求放心説》，託公每至書院，取其説爲諸生講晰，俾知學聖之要。又因雩祭詢問其禮，先生復爲詳述禮意，託公紀之講堂，且下諸郡縣學中，明聖人制禮之精，皇上敬天勤民之至，非直儀文已也。邊嶠少書籍，請於撫軍刷印《四經性理精義》、《近思録》等書，頒發各屬。于是士咸知自奮，文風蒸蒸日上。至於各棚杜絶弊竇，尤無罅可乘。地方官餽遺土物，一概謝卻。薪蔬之供，自學院而下至吏胥跟役，皆一應取之養廉，家人自給工食。凡地方陋規，不許收受。有以通情愫、循規例請者，先生毅然動色曰："吾以不貪爲寶，自入粤來，矢志有一事不可告吾君者，不敢爲也。"考棚器用，竣試必令檢齊付縣令家丁領回乃去，衙署破壞，割俸爲完葺。數十年稿案文書皆編排齊整，給頂欠考，緣事患病，逐一清查各棚内何處傳遞得人，何人夤緣爲奸。録一小册，以告新學政。諸生前列貧乏不能自存者，撫卹之，雖吏胥亦然。

文武生□劣,行報部存案,或緣事有可疑,先生屢辨正而矜全之,蓋其居心行事,無絲毫苟且,而一發於中誠,故在粵,人謳之。既去,人思之。

丁卯年秋試竣,復奉使陝西、甘肅。陝撫軍爲榕門陳文恭公,制府即望山尹公也,喜得毗輔所不逮。初入關,值歲旱,憂形於色,禱得雨,爲善後計,馳書於文恭公曰:"久旱得雨,痛定思痛。若於農隙,勸民相地之宜,濕地有伏泉,以浚井;山地有流泉,則開渠;原地無泉,擇旁高中坎之處,倣南人陂塘之法,多蓄潦水以爲旱備,不無少補。"積欺乏資,多方籌畫,復關中天府之舊,在此時矣。其校士之誠心,與鼓厲學官,多方誘掖,清剔利弊,潔己卹下,大約與使粵同。陝地遼闊,西鳳同乾而外皆歲科并試。先生以敷教日淺,復鎸望溪先生《讀經》、《讀史》二册,并陳文恭公所刷印《近思錄》、《小學纂注》各若干部,携以分布,望諸生爲第一等人。識今都憲惺園王公于諸生,以爲大器,因屬之陳文恭公。公西席安陸屠公,楚碩學也,先生令王公師之。歲辛巳,果登鼎甲。先生在陝搜求歷代名臣名儒之裔,皆不能得,惟得橫渠二十餘代孫,屬其邑學博教之,而不能有所就,以是闕然。關隴多名將,武生童人才技藝色色超群,所拔得其尤雋,鄉榜皆所取士,當道服先生之衡文絲黍不失,而尤歎先生之料武,悉皆韜鈐之彥也。

試竣,復命奉旨祭江。庚午卸事,撫軍將拜疏請留陝甘學政。先生以太宜人春秋高,素有肺病,粵西烟瘴之鄉,水土不宜。關中去鄉國益遠,難於迎養,烏私念切,力辭乃止。官吏差役送至山右交界道,士依依涕零,不忍去。辛未正月抵都復命。是冬恭逢慈寧太后七十大慶,先生以受恩深重,分宜慶祝,復留京,隨班舞蹈。旋即請假省覲,入辭,立軒阿公時公位參議,愕然曰:吾方疏薦子入□□□□□□□留公以所著補遺。先生曰:"賢且南轅,後晤未稔何日,睹物其如見也。"河間仲退王先生手持宮扇一握,曰:"公歸兩袖翛然,願以壽大宜人。"一時都中賢士大夫及及門士聞先生歸,悵然若有失。先生出京,書箱巾篋,一子一僕相隨而已。過吳門,泊京口,見舟楫擠擁,曰:"豈徒行旅坐困,萬一不戒于火,其患滋大。"急郵書撫軍滋圃莊公,經畫區處,井井有條。總先生前後所上書,與銜任使浙過淮徐,寄復齋先生預備捕蝗一摺觀之,而後知先生有真學問經濟也。

家居三十一載,門以內雍然肅然。性至孝,傷年少失怙,至老不許稱觴祝揆。其自奉淡薄,有寒士所難堪者。侍養太宜人,則調旨甘滑瀡髓,晨羞夕膳,必躬必親。太宜人欲有分賜,怡然如命。閩故山海之區,先生所居鄉尤在崇山峻嶺之中,土地寒冷,太宜人善病,肺疾發時,先生目不交睫,食飲俱廢,疾間乃如初。其遭喪也,年已六十餘,禮稱不毀,先生自屬纊而殯而葬,以至服禫,擗踊哭泣盡哀。不飲酒,不食肉,宿于外。歲時享祀其先祖,前期帥子弟灑掃室堂及庭,陳設几案,翼晨黎明即起,奉主即位,洞屬以祭,諱日則衣素茹蔬不樂,昏旦爇香燭,朔望具茗菓以獻。自仁率親等而上之,率以爲常。家世儉約,所稱先人敝廬,惟于軒先生終武强縣任,手二百金,授耐園公搆數椽以待風雨。先生至是謀築室,不就。越十年,始克成。合并其同父之弟、姪以居,食指數百,有無甘苦,拮据將荼。先生嘗自譬在陸之魚,相濡以濕,相沟以沫。其仲秀卿出嗣季父師先,先克自樹,以壬戌明通司教平和,課士有方,漳人愛而敬之。先生在粵署中,嘗手録先儒格言,砥礪修己,爲學之要。後調鳳山卒,先生聞訃,哭之慟,命僕挈其孤調元之陝,撫愛如己子。明年,元復夭,日夜號泣,悲不自勝。病瀕危者,屢囑親友,不遠數千里,舁柩以歸。季弟夏卿亦先卒,先生祈寒暑雨,步歷山陵,營窀穸,後先以窆。晚年白首相對,惟叔弟一人,友愛尤至。祖緦以上,有貧不能娶,爲措置受室之資,以娶之;不能葬,爲指畫藏幽之地,以葬之。其族姓星羅棋列,不下數千人,諄諭以守分勤業,咸帖服。先生之教,有外户不閉,盗竊不作之遺風焉。大小宗祠坍落,先生鳩工庀材,務必完整鞏固。初世祀禮多簡略,費用亦有未備,先生更充拓祭田、治祭器,詳考禮經,恪遵朝制,舉行春秋二祀。于是廟貌、典禮煥然一新矣。餘建行館于泉郡之花氏城西隅,族姓應試者便之。復設立義租,周親族中之零丁、孤苦、疾病、死喪無資者。歲旱行禱于山川,甫入門而大雨傾注。年荒則請貸社倉之粟,合宗祠祀租平價計口授粟,鄉人賴以不匱。先生嘗衣布著履,出入不跟僕,而道貌温然粹然,人不問而知爲先生,先生亦往往向問各處年歲之豐歉、米價之低昂,以爲憂喜。蓋其性然也。先生荷恩假歸，侍養太宜人，作亭山，石上額曰"依園"，題其柱曰"戀闈"。常依北斗寧親壽長南山。蓋有取杜陵，每依北斗之義也。

丁丑年春，上南巡，欲恭迎于浙途，次得旨以在籍大小臣工，家有老親者，不必遠來接駕，先生乃歸，而益感戴皇仁錫類推恩。夜則燃燈高縣廳事前簷，以表小臣頂祝之私。嘗作詩以見志，云："惟有主恩長在念，香燈夜夜禮瑤樞。"每歲元旦暨八月十五日皇上萬壽，十一月廿五日聖母萬壽，必置香案北望行三跪九叩頭之禮至恭。逢聖母八十大慶，皇上六十、七十大慶，尤加誠敬，結綵亭於家廟中，焚炬演樂，各家門首，燈煌輝映，以祝萬壽無疆。近鄉紳士多取以爲法，亦足以見先生戀主之一班矣。郡邑終三十一載，惟陳文恭公行部過泉一至焉，莊令尹議修《安溪縣志》一至焉。最後爲陳太守新建泉清源書院，致學使王公命敦懇先生堂教者，僅一年，五邑生童爭先快覩，以及門爲榮，內外肄業五百餘人。先生鍵戶嚴立，課程因材而誨。太守樂先生之教，越數日輒至，至則移時不能去，郡人咸嘖嘖，謂自有書院，未有雨化如今日者也。清源諸生至今猶惓惓教澤不置。湖間文貞相國之居，距先生鄉七十里而遥。先生不數數至，惟時時與李遜齋、仰軒二先生書問贈答，相勗爲反身切己之學，毋負初志而已。後仰軒、遜齋相繼歿，惟先生有道之身，巋然一老，剖析精言，闡發義蘊，矻矻丹鉛不休。所著書有《讀易偶記》三本、《尚書偶記》二本、《讀詩偶記》二本、《春秋傳習錄》四本、《讀周官》六本、《儀禮》（未定稿）二本、《儀禮喪服私抄》一本、《孝經刊誤》一本、《文集》一十六卷、《別集》若干、詩二本、時文二本，皆未刻，藏於家。晚復湛精地理，著有《地理書》四本。其族譜六本則起於舊歲七月，迄今歲七月，殫心竭慮以成之者也。

先是庚申之歲，先生在□□□□□□□□家世，自入閩源委，議建大宗祠于會城，祀參軍遷祖，後湛巖没家中落，先生一清如洗，恒悒悒于祠之弗及建也。丁酉湛巖子朱紱克承父志，肩獨建祠于塔巷，今號文興里，街內祖祠坐南向北，門首有上官氏匾額。己亥告成，會宗人請主入祀，先生喜甚，亟通書于其家枝亭太史，備祭席，命二子學禮、學詩從諸宗人後，齋沐執事，復與枝亭議捐置祭田以垂後，未及舉行。是秋學詩同朱紋之子崇捷鄉闈。越年，枝亭子廷桂亦捷。又越年，學詩復登第。先生修族譜，掇上官氏科第于後，以見祖德相承，耿耿不諼，將繕副以質之枝亭，而脾病作，知不起，尚命輿周視山麓，爲于軒先生卜扦地，歸囑其孤曰："吾每登岡阜而悲，悲于軒府君之清白傳家，民有遺愛，而公不安其魄。茲丘實陰有相之者，若無忘乃父之志。"疾篤，問疾之人趾相錯。先生方寸不亂，于牀前置筆硯，檢閱族譜，且删節舊所作穆亭公傳曰："宜録好以貽其後，見當年道誼相獎之誠。"有告以中堂菖山蔡公請假歸至浦城者，先生曰："吁，是曾約會晤温陵者也，今不能。"欷歔者久。八月十八日辰時卒，鄉之父老子弟入哭皆失聲，甚至販夫賈豎僕衆乞人一聞凶問，皆徬徨不前。遺命毋以蟒袍殮，曰："傷吾父之弗見也。"檢遺衣服無完善者，嗚呼！可以見先生矣！清奇受知最早，亦最深。日親懿範，時聆典訓，故稔先生之爲人，大而敦倫飭紀，小而處事時人，無一不從實理誠心一滚流出，不第講經論文之真切精粹也。距生之歲，享壽八十。

乾隆四十七年壬寅八月年，眷世姪許清奇撰。

廿三世

選拔進士學禮公諱字長敬，號温亭，乃石谿公之長子也。配鄭氏，側室傅氏、林氏。公賦性靈敏，天姿穎悟，學規庭訓，經義奪匡衡之席。始而遊庠，繼則選拔進士，候選直隸州州判。時石谿公奉命督學廣、陝、甘各省，公宜在内理鄉邦、措家務，無暇出身加民，佐國匡君，特貽材以大振家業，恤孤濟急，使里黨悉慶和平之休，實公之德致之。乾隆乙酉科拔貢，壽七十二。生于雍正甲寅年三月初八日丑時，卒于嘉慶丙寅年正月初四日丑時。公與鄭合葬在富爵山，坐辛向乙兼酉卯；傅墓在月曲山，坐壬向丙兼亥巳；林墓在鳳儀山，坐乙向辛兼卯酉。子八，見世次圖。

賜進士出身學詩公諱字長志，號敏亭，乃石谿公之次子也。配郭氏。公聰明穎悟，業遵庭訓，甫成童，更追隨潘穆亭先生苦志攻書。壯年入泮，至乾隆丁酉科選拔貢入成均。己亥科中式舉人，辛丑科聯登進士，授雲南峨峨縣知縣。歷任雲南師宗縣知縣、雲南鄉試調任同考試官、署理昭通分府。公凜庭訓，更負笈從師，經營舉業，一篇文研幾數日夜，奧義未出，不輟紬繹。尤是而學富車書，迨出身筮仕，正色匡君。居官以正己爲先，行政以安民爲本。時猶雨膏郇黍，日蔽召棠，百姓推心相與，顯示以白日青天。視民如子，民之視公如父母。公傳六子，或遊庠，或廩膳，或登賢書，足見公之德政未艾也。生于乾隆辛酉年三月十三日寅時，卒于乾隆甲寅年九月十五日酉時。墓在南番觀音山，坐戌向辰兼辛乙。子六，見世次圖，六有紀。

勅　　命

奉天承運皇帝制曰：委贄策名，資敬有作忠之義；推恩逮下，貤榮溥錫類之施。爾官伯輝，乃國子監學政官獻瑤之父，善足開先，謀能裕後。衍弓裘之世業，令緒相承；表勤儉之家風，義方夙著。茲以覃恩，貤贈爾爲脩職郎、國子監學政。錫之勅命。於戲！殊恩特沛，用弘孝治于班聯；慶典新膺，式表幽光於泉壤。

制曰：百職凜在公之義，懋著臣勞；九重弘教孝之風，式彰母教。爾國子監學政官獻瑤之母廖氏，相夫以順，育子維勤。丙夜鳴機，克著中闈之範；北堂畫荻，用成喆嗣之名。茲以覃恩，貤贈爾爲八品孺人。於戲！賁寵錫於黝衡，新承渥典；沛恩綸於彤管，益播芳聲。

勅命
乾隆二年三月初六日。
之寶

誥　　命

奉天承運皇帝制曰：沛酬庸之慶典，茂對皇麻；疏錫類之殊榮，曲成臣孝。

爾官式玟,乃詹事府司經局洗馬,兼翰林院脩撰加一級紀錄二次官獻瑤之祖。箕裘緒遠,詩禮聲宏。貽厥孫謀,樹芳規於珂里;繩其祖武,奏茂績於彤庭。茲以覃恩,貤贈爾爲奉政大夫、詹事府司經局洗馬兼翰林院脩撰加一級紀錄二次,錫之誥命。於戲! 開堂構以恢基,德鍾家慶;沛絲綸而錫命,澤渥泉臺。

制曰:德門衍慶,淵源早裕。夫孫謀盛世推恩,綸綍載揚夫母範。爾詹事府司經局洗馬兼翰林院脩撰加一級紀錄二次官獻瑤之祖母陳氏,高門毓德,華閫傳芳。有穀貽孫,賴同心於內助;自天申命,表異數於中閫。茲以覃恩,貤贈爾爲宜人。於戲! 光生褕翟,常昭彤管之輝;德媲珩璜,永著徽章之色。

誥命
乾隆十六年十一月二十五日。
之寶

奉天承運皇帝制曰:誼篤靖共,入官必資於敬;功歸訓迪,能仕而教之忠。用沛國恩,特揚庭訓。爾官伯輝,乃詹事府司經局洗馬兼翰林院脩撰加一級紀錄二次官獻瑤之父,躬修士行,代啓儒風。抱璞自珍,克毓珪璋之秀;析薪能荷,彌彰杞梓之良。茲以覃恩,贈爾爲奉政大夫、詹事府司經局洗馬兼翰林院脩撰加一級紀錄二次,錫之誥命。於戲! 貽令聞於經籯,義方久著;佩徽章於册府,禮秩加優。茂典丕承,湛恩永荷。

制曰:移孝作忠,懋簡勞臣之績;推恩錫類,式揚賢母之名。載賁榮綸,用宣懿範。爾詹事府司經局洗馬兼翰林院脩撰加一級紀錄二次官獻瑤之母廖氏,早嫻典則,夙著規型。敬以從夫,宜室聿徵其順德;勤於訓子,備官一本於慈祥。茲以覃恩,封爾爲宜人。於戲! 荷彩翟之天章,徽音益暢;披彤毫之仙藻,惠問常流。祗服寵光,彌昭壼教。

誥命
乾隆十六年十一月二十五日。
之寶

勅　書

　　皇帝勅提督廣西學政、翰林院編修官獻瑤：自古帝王治天下，率以興賢育才爲首務，稽察前制，學政用詞臣督率之，任至重也。近來士習未變，文事未彰，良由督學各官不能仰體朕意。今特命爾前往廣西提督各府州縣學政。爾尚端軌儀，崇經術，勤勸課，嚴坊刻，振維新之典，革積衰之弊，毋炫華而遺實，毋避怨而市恩，俾士有真才，國收實用。粵西人文興起，尤宜加意作新，多方鼓舞，以稱朝廷培植人材至意。所屬道府州縣提調各官，凡關係學政者，聽爾據實考核。其禮部題准申飭事宜，當著實舉行。向有傳諭嚴禁考試情弊，爾當恪奉遵依。至於本處督撫，各有攸司，不得互相干預。如遇公事交接暨文移往來，俱照平行。其布、按二司接見禮儀、往來文書，有干係學政者，俱照學院衙門例行。爾受兹委任，務嚴絶情面，一秉虛公，振拔孤寒，澄汰污賤，教士有情，取文有法，俾士風丕變，時惟爾功。如或蹈常襲故，違命曠職，亦惟爾罰。爾其慎之，故勅。

　　勅命

　　乾隆十年三月初六日。

　　之寶

　　皇帝勅提督陝西學政、詹事府右春坊右中允，兼翰林院編修官獻瑤：自古帝王治天下，率以興賢育才爲首務。稽察前制，學政用詞臣，督率之任至重也。近來士習未變，文事未彰，良由督學各官不能仰體朕意。今特命爾前往陝西提督各府州縣學政。爾尚端軌儀，崇經術，勤勸課，嚴坊刻，振維新之典，革積衰之弊，毋炫華而遺實，毋避怨而市恩，俾士有真才，國收實用。關右人物名區，尤宜加意作新，多方鼓舞，以稱朝廷培植人材至意。所屬道府州縣提調各官，凡關係學政者，聽爾據實考核。其禮部題准申飭事宜，當著實舉行。向有傳諭嚴禁考試情弊，爾當恪奉遵依。至於本處督撫，各有攸司，不得互相干預。如遇公事交接暨文移往來，俱照平行。其布、按二司接見禮儀、往來文書，有干係學政者，俱照學院衙門例行。爾受兹委任,務嚴絶情面,一秉虛公,振拔孤寒,澄汰污賤,教士有程,取文有法,俾士風丕變,時惟爾功。如或蹈常襲故,違命曠職,亦惟爾罰。爾其慎之,故勑。

勑命

乾隆十二年十二月初三日。

之寶

（以上録自《宮氏家譜》卷十）

校 點 後 記

《石谿集》,清官獻瑶著。

官獻瑶(一七〇三——七八二),字瑜卿,一字石谿,號依園,福建安溪還二里福春社(今長坑鄉福春村)人。清乾隆四年(一七三九)進士,選庶吉士,充三禮館纂修。散館,授翰林院修撰,記名御史。歷官廣西、陝西學政,遷詹事府司經局洗馬,掌局事。居官廉慎,關心民生,主張治經以治身,以禮修身齊家治國。《清史列傳》、《清史稿》有傳。

乾隆中葉,官獻瑶陝西學政任滿,辭職回鄉,侍奉母親。居家二十餘年,考證《禮經》,主編《漳州府志》,潛心著作,所著尚有《讀易偶記》三卷、《尚書偶記》二卷、《尚書講稿思問錄》二卷、《讀詩偶記》三卷、《讀周官》六卷、《儀禮》(未定稿)三卷、《喪服私鈔並雜説》一卷、《春秋傳習録》五卷、文集十六卷、詩集二卷等。著作甚富,生前卻未梓行。

道光年間,官獻瑶後裔及社會有識之士深恐其著作歷久遺失,陸續為之付梓行世。今所見存者有福建省圖書館館藏長馨石印本《石谿詩集》二卷、道光庚子(二十年,一八四〇)刊《石谿文集》三卷、道光乙巳(二十五年)新刻《石谿讀周官》六卷,共三種十一卷。

這次整理出版的《石谿集》,即集合上述三種著作,以及官獻瑶生平傳記、家族譜系與其他相關資料。

《石谿文集》,據嘉慶七年(一八〇二)進士、翰林院編修閩縣林春溥為其所作之序云,道光十六年,官獻瑶"之孫壽相司鐸調嘉義,攜公文稿數十篇與俱,暇以呈之觀察姚石甫(即分巡臺厦道按察僉事姚瑩,桐城人)先生。先生心儀焉,以爲此先正之軌範,不可不傳也。於是釐爲三卷,付之梓人",是爲原文集十六卷之一斑。林春溥盛稱"其書讀之可以知師友淵源所自，平日致力所由。論心性，則剖析精微；闡經義，則折衷至當。其行文沖和深厚，經淘汰醖釀，而成韓子所稱'仁義之人，其言藹如者亦可想見其爲人矣！'"。

《石谿讀周官》，嘉慶十九年進士、四川總督同安蘇廷玉除備貲屬同年詳校付刻外，並爲作《新刻讀周官序》。序稱官獻瑶著述宏富，而於《三禮》尤精。其"《讀周官》一部，精深考覈，發前人未發之秘，別具苦心"。

編　者
二〇二二年四月

秋聲詩自序

目　　録

秋聲詩自序 …………………………………………………… 297

校點後記………………………………………………………… 299

秋聲詩自序

　　徹呆子當正秋之日，杜門簡出，氈有針，壁有衷甲，苦無可排解者。然每聽謠諑之來，則濡墨吮筆而爲詩，詩成，以秋聲名篇。適有數客至，不問何人，留共醉，酒酣，令客各舉似何聲最佳。一客曰："機聲、兒子讀書聲佳耳。"予曰："何言之莊也？"又一客曰："堂下呵駒聲，堂後笙歌聲何如？"予曰："何言之華也？"又一客曰："姑婦楸枰聲最佳。"曰："何言之元也？"一客獨嘿嘿，乃取大杯滿酌而前曰："先生喜聞人所未聞，僕請數言爲先生撫掌可乎？"

　　京中有善口技者。會賓客大宴，於廳事之東北角，施八尺屏障，口技人坐屏障中，一桌、一椅、一扇、一撫尺而已。衆賓團坐。少頃，但聞屏障中撫尺一下，滿坐寂然，無敢嘩者。

　　遥聞深巷中犬吠，便有婦人驚覺欠伸，搖其夫，語猥褻事。夫囈語，初不甚應，婦搖之不止，則二人語漸間雜，床又從中戛戛。既而兒醒，大啼。夫亦醒。夫令婦撫兒乳，兒含乳啼，婦拍而嗚之。又一大兒醒，絮絮不止。當是時，婦手拍兒聲，口中嗚聲，兒含乳啼聲，大兒初醒聲，夫叱大兒聲，一時齊發，衆妙畢備。滿坐賓客無不伸頸，側目，微笑，默嘆，以爲妙絶。

　　未幾，夫齁聲起，婦拍兒亦漸拍漸止。微聞有鼠作作索索，盆器傾側，婦夢中咳嗽。賓客意少舒，稍稍正坐。

　　忽一人大呼"火起"，夫起大呼，婦亦起大呼。兩兒齊哭。俄而百千人大呼，百千兒哭，百千犬吠。中間力拉崩倒之聲，火爆聲，呼呼風聲，百千齊作；又夾百千求救聲，曳屋許許聲，搶奪聲，潑水聲。凡所應有，無所不有。雖人有百手，手有百指，不能指其一端；人有百口，口有百舌，不能名其一處也。於是賓客無不變色離席，奮袖出臂，兩股戰戰，幾欲先走。

忽然撫尺一下，群響畢絶。撤屏視之，一人、一桌、一椅、一扇、一撫尺而已。

嘻！若而人者，可謂善畫聲矣。遂録其語，以爲《秋聲》序。

校 點 後 記

《秋聲詩自序》,林嗣環著。

林嗣環,號起八,字鐵崖,明末清初人。明萬曆三十年(一六〇二),生於安溪縣官橋鎮赤嶺後畲(現駟嶺村),後徙居府城。從小聰穎過人,七歲即能屬文,及長赴試,因文章峭奇卓絕,考官疑他人代筆,未予錄取。林嗣環遇挫折不氣餒,倍加發憤攻讀。於明崇禎十五年(一六四二)中舉人,繼而於清順治六年(一六四九)登進士第。累官廣東海南副使,駐瓊州,"備兵海南時,恩威兼濟,兵民愛之";"性耿介,多惠政,如禁錮婢,禁投充,禁株連,禁民借營債,粵人嘖嘖頌之"。爲減輕民衆役賦,抵制奢侈無度、濫設工役、私創苛稅的耿仲明、尚可喜,上《屯田疏》。順治十三年,被二藩誣告落職。被捕之時,民衆悲聲載道。順治十七年,林嗣環下刑部獄,清世祖念其三任勤勞,暫放杭州治下。康熙初政,平冤獲釋,詔升廣西左參政。林嗣環經歷磨難,無意仕途,遂客寓杭州,放舟西湖,寄情山水,一時名流爭相推重。後因貧以死,妻子晨夕不繼,柩暴未葬。幸其同年唐夢賚葬於昭慶寺西沙泉石,並搜其著作四册存之。歷四十年,族侄林標光始訪得之,改葬於御屏山麓(今安溪縣虎邱金榜村玉斗牛眠山)。

林嗣環博學善文,著有《鐵崖文集》、《海漁編》、《嶺南紀略》、《荔枝話》、《湖舫集》、《過渡詩集》、《回雁草》等。他爲文有礧砢鬱積不平之氣,直欲排山裂石,作霹靂聲。

《秋聲詩自序》被清安徽張潮編選的筆記故事集《虞初新志》收錄。張潮的評價是:"絕世奇技,復得此奇文以傳之。"後被選入當代中學課本,改篇名爲《口技》。作者曾説:"嘻!若而人者,可謂善畫聲矣。遂録其語,以爲《秋聲》序。"原意是藉口技藝人的"善畫聲",説明《秋聲詩》也是"善畫聲"(善於繪聲繪色地描寫生活)的詩作。《秋聲詩自序》一文惟妙惟肖地描寫一場精彩的口技表演,通過對口技表演中各種聲音的生動逼真的描摹,贊揚了一個口技藝人的高超技藝,反映了我國古代口技藝人的智慧和才能。全文故事情節完整曲折,行文波瀾起伏,跌宕多姿,是古代散文中的精品。

編　者
二〇二二年三月

荔　枝　話

目　　錄

荔枝話 …………………………………………………………… 305

校點後記 ………………………………………………………… 308

荔　枝　話

　　閩南植荔枝龍眼家，多不自採。吳越賈人，春即入貲評樹下，吳越人曰斷，閩人曰朕。有朕花者、朕孕者、朕青者，樹主與朕客，倩慣估鄉老爲互人。互人遶樹指示曰，某樹得乾幾許，某少差，某較勝。雖以見時多寡爲言。而後日之風雨之肥瘠，互人皆意而得之，他日摘焙，與所估不甚遠。估時兩家賄互人，樹家囑多，朕家囑少。

　　泉郡佳荔類多，其知名者曰火山；曰蚤紅，熟最先。曰桂林，一名野種，又名椰鍾，系出粵東，頎身而聳肩，又氣韻微減。曰進貢子，其瓤不溼，出阪田傅會元家。曰狀元紅，推錦田爲上，楓亭次之。若筆香蔴餅，則山荔之總名也，熟最後，貌頗寢，噉時已與龍眼同薦冰盤矣，余各贈以詩：

火山初過鬧兒童，繞市連闉詫早紅。最喜他無矜岸氣，冲然散朗謝家風。
　　　　其　　二
桂林移到粵山鄩，法白藍紅久已無。食罷莫嫌渣滓累，也堪懸作大秦珠。
　　　　其　　三
紅襦半解味慇懃，白晳單衣夢亦芬。漿裏紙筒渾不溼，祇令人憶傅稽勳。
　　　　其　　四
狀元吾見亦如常，只此甘和壓衆香。舊賜緋袍今黯淡，楓亭驛裏枉誇嘗。
　　　　其　　五
松柏蕾粗熟較遲，入秋風味小稱奇。衣冠樸古言談澀，年少叢中恐未宜。

　　可惜漢和帝、唐貴妃口中未曾喫一好荔也。善喫荔者就彼園林，摘其朝露，所云酌天漿是矣。若十里一置、五里一候，束縛馳驅，何異函韓王、田橫之首，遠致雒陽乎。白樂天荔枝圖，可稱肖似。然妃子生於成都之灌縣，白傅官于重慶之忠州，一生耳目但知巴峽有荔，謂之未見荔可也。荔枝名産，雖廣東不載，況西川哉！

三山荔，名勝畫者佳。漳郡荔，名黑葉者佳。又丁香、蜜丸二種，小而無核，即吾閩亦不多遇。大約如周昉美人，豐肉微骨，佳麗處，都在溫柔鄉也。

桃花膜淺寫真難，舊譜燒除莫令看。牆外度錢風欲咽，樹頭攜筥露初乾。僧繇下筆金徽軟，李彥炊烟玉液寒。狂語總輸前代想，已經人比絳中單。

荔熟時，賃慣手登採，恐其恣啖，與之約曰歌勿輟，輟則弗給值。樹葉扶疎，人坐綠陰中，高低斷續，喁喁弗已。遠聽之，頗足娛耳，土人謂之唱荔枝。

荔樹有百年者，四五百年者，圍不圓滿，類作雞骨形。雖閩乏雪霜，皮輒作鐵石色。或間歲一實，即實亦只半生；或分四方，歲一方實，土人謂之歇枝。

小車推滿麗長衢，覓得園林火齊無。膏養匝年機有待，道禁全盛理非殊。含風白拊雞頭實，出水紅虧鵠卵珠。奇術頗思殷七七，藥施根斸話仙姝。

有名陳家紫者，疑即蔡譜中所云小陳紫乎？泉郡七縣有之不一二邑，邑不一二家，家不一二株。買者類趁虛趕集，闐喧牆外，以弔桶度錢，桔槔下上。每日只卯辰二刻爲期，稍後便如大府朝參畢，轅鼓不可擊矣。

物有超群者，風傳宋後丹。蜀山輸照耀，閩海盛波瀾。獨樹千枝讓，丰容四座看。不因留碩果，天予性甘寒。

其　　二

夙昔安平近，金錢無處通。焰仍噓海上，挑豈到城中。是物關時運，於人譬德充。陳家名藉甚，珍重筍橋東。

閩困關以上無荔，延建人有終身未啖荔者。汀亦止永定有一二株，漸向南則漸多。即地同，南樹較茂；樹同，南枝亦較茂，南不歇實亦倍他枝。若粵荔，氣色香味皆遜閩南，涪州又遜粵州，余舊屬重慶太曾言之。

我生乳爲荔，多可千百做。服食皆天漿，沉湮吞常醉。多謝絳囊子，資我父母利。杜詩寫未工，蔡譜收難備。食多亦覺煩，法用鹽蜜治。一勻隨中消，本無渣滓累。嗟彼殊方人，懸想空夢寐。或以葡萄方，又將楊梅譬。二物信足珍，君言何易視。

荔葉經冬不落，有蟲如荔核，冬伏葉下，荔始挺花，蟲亦生子。一生十二粒，數應一歲，閏則增其一。土人名曰石背，言背堅如石也。荔之蟊賊，刺如菊虎。荔香時，石背輒溺，溺則全枝脫蒂，除禳無術，雨多則尤盛。臬司堂前荔半熟，將延客，命酒囑吏謹伺之，勿飽鼠雀，吏顰蹙曰："今歲石背多。"臬公曰："十倍多，正堪游目。"吏愈答愈不明，至搖頭灑泣，滿堂匿笑。臬公詢旁人，始得其解，相與一噱。

校 點 後 記

《荔枝話》，清林嗣環著。收入清康熙三十四年（一六九五）歙縣張氏霞舉堂刊本《檀几叢書》卷五十。

《荔枝話》記載明末清初閩南荔枝的品種、生產和供銷情況。用擬人手法，如"紅襦半解"、"衣冠樸古"、"豐肉微骨"、"白晳單衣"、"傴身而聳肩"、"舊賜緋袍"等，形象地寫出荔枝的色、香、味。用白描手法，描寫荔枝的經商活動，如寫采摘荔枝時，樹主恐雇工們在樹上吃荔枝，要他們邊采邊唱歌，歌一停就不付工錢，入木三分。《荔枝話》是一篇記述閩南荔枝的科技小品文章，體裁新穎，材料豐富，行文嚴謹有序，亦詩亦文，極有田園風味，有一定的藝術價值和史料價值。

編　者

二〇二二年三月

西海紀遊草

目　　録

題記四則…………………………………………… 313
　……………………………………… 左　存 313
　……………………………………… 英　存 313
　……………………………………… 徐　存 313
　……………………………………… 萬　鵬 313

序五首……………………………………………… 314
　……………………………………… 英　桂 314
　……………………………………… 周立瀛 315
　……………………………………… 周揆源 315
　……………………………………… 王廣業 316
　……………………………………… 王道徵 317

西海紀遊自序……………………………………… 318

西海紀遊詩………………………………… 林　鍼 322

附錄………………………………………………… 323
　救回被誘潮人記 ………………………………… 323
　記先祖妣節孝事略 ………………………… 林　鍼 325

題詩二十首………………………………………… 326
　……………………………………… 林樹梅 326
　……………………………………… 李蟬仙 326
　……………………………………… 王丹書 326
　……………………………………… 鄧廷枏 326

311

………………………………吴大廷 327
………………………………曾憲德 327
………………………………葉宗元 327
………………………………鄭守孟 327
………………………………劉南荃 327
………………………………萬　鵬 328
………………………………陳淮泰 328
………………………………黄樹芬 328
………………………………陳承鈞 329
跋五首……………………………330
………………………………周見三 330
………………………………歐夢蕉 330
………………………………林樹梅 331
………………………………李　煐 331
………………………………梁開楨 331

校點後記……………………………332

題　記　四　則

　　同治四年閏五月初九日，欽命督辦軍務、太子少保、兵部尚書、閩浙總督部堂、一等恪靖伯左存閱。

　　同治四年閏五月二十四日，欽命鎮閩將軍兼管閩海關印務英存閱。

　　鷺島十二峰之外，
　　鵬程九萬里而遙。

　　同治四年閏五月二十四日，欽命兵部侍郎、福建巡撫部院徐存閱並題。

　　有客遨游西海西，奇觀鑿鑿一編攜。
　　往還九萬鵬程歷，笑視人間舞甕鷄。
搏九寫並句。

　　林君景周，湖海士也。嘗作外海游，歷九萬重洋，謀菽水，拯患難，非其孝義醇篤，能屢涉峻險，置身命於度外耶？迨履險如夷，歸慰閭望，又非其誠之所格，得致俠女援，天必欲全其孝義耶？成敗幾希，嗟乎危矣！余既服其果敢有爲，繼復羨其始終天眷，景周以爲然乎？前囑題句，已草草報。茲復索畫，乃作乘風破浪圖，補吟一絕，並志以序。
　　南昌萬鵬拜草於鷺江官舍。

序　五　首

　　余閱留軒林君《西洋紀遊草》，知其由閩掛帆九萬餘里，行抵絶域，得以詳究其風土人情、天時物理，使閱者了然於目。蓋西遊者，溯自漢紀，及唐元以來，歷有其人，然以遊之遠而且壯者，莫留軒若也。留軒素習番語，能譯文，尤不失其誠信，是以爲各國推重，即奉委通商事務。

　　余適奉鎮閩南，得展其紀，既壯其游，復嘉其孝義爲心，誠足以感人者。何也？留軒遠在異域時，猶不忘祖母之訓，尤述祖母苦節，表揚當世，孝足稱也。更遇粤民爲奸商誘陷，乃爲營救，二十六人遂得生還，義足取也。則其孝義之誠、忠信之篤，孔子曰："雖蠻貊之邦行也。"以故履險如夷，吉人天眷。一旦掛帆從九萬里歸來，慶團圓，親色笑，雖留軒之智略足以馭之，亦留軒之孝義有以致之乎？爰志數言，以表其孝義云爾。

　　歲同治丙寅五年夏日，鎮閩將軍督理海關英桂撰。

　　自古遊歷之廣，如《淮南子》云："禹使大章步東極至於西極二億三萬三千五百七十里，自北極至南極亦然。"尚已！特詞近荒渺，猶難徵信。其後史冊所載，或遠蹈絶域，而未有爲海外之行者。迨我朝聲教遐訖，即琉球東南海邦，使臣奉册命往封，每數十年一至其地，然舟行風利，計程四五日可達，大約去中華尚在萬里內也。獨留軒林君，負奇氣，以家貧謀奉旨甘，遂乘風破浪，涉溟洋九萬餘里，行百四十日而抵花旗，視球洋又遠增十數倍。噫！何其壯歟！

　　今林君自鷺門晉省，接晤之餘，出所著《西海紀遊草》見示，且囑爲弁言簡端。余覽其於異域風土人情、天時物産，足擴新聞而舒偉報。顧其所最難者，邂逅羈旅中，輒能救被誘潮民二十六人，俾得生還故里，雖遭誣引禍，毫不介懷，終亦爲俠女子所援，而安然返櫂。或謂全人乃以自全，或謂其於海外猶篤念大母，節孝所感，姑不具論。第即此仁心義行，吾固喜其斯游重也。使更推一事之善，以廣其利濟之心，則他日惠及於人，當不僅是是，則予之所爲林君期者，彼徒夸歌舞歡娛，詫爲奇遇，證諸林君之守禮不亂，豈其所樂取哉！林君能諳外國語言，素習通商事務，予前守福州時，曾與一晤，兹欣幸重來，於其歸也，爰書此以爲之贈。

同治丙寅孟秋月上浣，安福周立瀛序。

漢代自張騫尋河源、汜斗牛，始達西域。唐玄奘、元耶律楚材銜命西遊，後此鮮有繼者。然張騫未睹崑崙，玄奘、耶律楚材僅至西番。唯我朝徐霞客以書生遍遊宇内名山大川，出玉門關數千里，至崑崙山，窮星宿海，去中夏三萬四千三百里，可謂遊之遠者。今林君景周由閩掛帆九萬餘里，行抵絶域，詳悉各國風土人情，瞭如指掌。是霞客而後，遊之遠而且壯者，莫景周若也。

壬戌秋，晤於榕垣。詢及素習番語譯文，爲各國所推重，奉委經理通商事務。秋試報罷來廈，袖《西海遊草》見示，獲悉顛末。雖事與霞客足迹所至遍歷海内者不同，即崑崙亦未能達，而景周行抵北亞墨利加花旗國，視霞客遊歷之程僅三萬餘里者，則有其過之。霞客每歲三時出遊，秋冬覲省，人稱其孝。景周亦爲甘旨之奉，遠涉重洋，殆有同者。唯於異域營救潮州二十六人出之患難，卒得俠女子引手援出，獲返故里，則其天性之篤、忠信之孚，可以感人心而荷天眷可知也。

余讀《霞客遊記》數十卷，所見奇怪萬狀，駭人聽聞，而如景周之救人異地，出險入夷，鮮有其事。至事親之孝，兩人遥遥相符，倘入輶軒之採，即與霞客合傳可也。

同治癸亥二年秋日，福建督糧道署興泉永兵備道沔陽周揆源序。

吾閱林君景周《西海紀遊草》，竊喟然嘆曰："嗚呼！此即《大易・中孚》之旨乎？夫風澤無知也，豚魚無知而有知也，聖人不以物之無知而棄之，而以我之有知通物之知，即通天地之知，險者且夷，蠢者且格，況生人血氣之屬哉！"

景周家貧親老，上有祖母，無以爲養。乘風破浪爲海外之行，抵絶域。適粵中有二十六人爲奸商誘陷，景周百計救之得生還。而景周即以此遭誣，幾罹不測。救火焚身，所謂无妄之災，往往如是乎！乃彼地官役，以及居停之女子，咸知其枉，爲之婉轉營脱，得以囂然遊覽南北，詳究風土民情、天時物理，掛帆九萬里而歸。噫！景周之救人，景周之誠有以格之也。人之救景周，亦景周之誠有以格之也。

夫人踽踽於一室之中，老死於户牖之下，幾不知天地之大，九州之外更有何物。一二儒生矯其失，則又搜奇弔異，張皇幽渺，詫爲耳目之殊觀，不知天玄地黄，一誠之積也。誠之所至，異類可通，況在含形負氣之倫有異性哉？聖人知其然也，矢一念之誠，可以格於家，可以格於天下，可以格於窮髮赤裸燋齒梟睭之域。矧大川利涉，身親其地，啓其衷，發其家，誘以民彝物，則有不帖然感者乎？

今觀景周之遊西海，一出於誠，益恍然於《大易·中孚》之旨焉。孔子曰："言忠信，行篤敬，雖蠻貊之邦行矣。"中孚之謂也。景周以中孚行於絶域如此，景周之所志其可量乎？景周之所造其有窮乎？吾於景周有厚望焉！

辛亥秋月，子勤王廣業敬識。

吾鄉林君景周，翩翩佳公子也，僑寓鷺門。丁未二月，由粵東起程往花旗，至六月達其國，越己酉二月，仍返泉州。足迹所經，一一紀述，並託之長句，名曰《西海紀遊草》，以寫其天時人事之變遷，風俗山川之離合，令閲者惝恍迷離，恍如置身絶域，壯哉斯游乎！

顧余聞景周性惇篤而家甚貧，白髮在堂，無以爲養。其乘風破浪，孤劍長征，將以博菽水資而爲二老歡也。其游不久即歸，非得已者。不知者乃以此相誇詫，過矣！

集中所記尊大母節孝事略，語極真摯。而營救潮州二十六人，身蹈不測，幸得閨秀雷即聲以三百金力爲排解，其事尤可傳。夫以景周負權奇俶儻之姿，何施不可？而必爲海外之行，以蓄其甘旨。義憤所發，至於從井救人，向非俠女子引手一援，其欲生入玉門關也，難矣！乃景周俱有所不顧，一意孤行，自求其是。卒之吉人天相，履險如夷，抽身從九萬里歸，家慶團圓，重承色笑，雖景周之智略足以馭之，亦景周之孝思有以致之乎？

余於景周素未謀面，近其師林伊洛先生以所著大集見示，並屬題識。時余方株守窮廬，毫無善狀足以仰慰先靈。受而卒業，深羨其逮事二親，能得天倫之至樂也！於是乎書。

庚戌仲春，三山王道徵撰。

西海紀遊自序

　　歲維丁未，月屆仲春；爰借東風，遠游西極。蕭蕭長夜，碧海青天；黯黯離愁，臨形吊影。駒蟒過刻，廿四年之去日匆匆；傀儡登場，九萬里之奔波碌碌。感時撫景，慘淡吟詩；往事聊陳，焉能情已。
　　於是譜海市蜃樓，表新奇之佳話；借鏡花水月，發壯麗之大觀。嚅蔘集茶，苦中之苦；披星帶月，天外重天。父母倚閭而望，星霜即父母之星霜；家人籌數悠期，冷暖殆家人之冷暖。腹如懸磬，晨夕不計饔飧；身似簸箕，日夜飄流風雨。千金一飯，王孫容易豪雄；百結愁腸，絕域難堪腥臭。燈如求璧，水甚淘金。年來之心迹迷茫，有誰知己；此日之關山迢遞，即景生愁。鬼氣蛙聲，頻增旅恨；蓬頭垢首，強啜糟醨。水手跳梁，呼余伙計；番人呼粵人爲伙計。梢工督令，宛爾將軍。洋俗出海多權。伍子吹簫，英雄氣短；周郎顧曲，兒女情長。夢裏還家，歡然故里；醒仍作客，觸目紅毛。番人多紅毛藍目。四旬航海，驚殊寒暑三更；僅得四十日之洋，而三遷寒暑，因南北廛度之分故也。兩閱人生，虛度韶光什二。回憶牛衣對泣，遊人知有室之乖；予初婚未久，即辭家外出。舉頭斗柄頻更，蕩子抱無家之痛。東西華夏，球地相懸；南北輿圖，身家背面。大地旋轉不息，中國晝即西洋之夜。痛思及此，涕出潸然；逝者如斯，情深今古矣！
　　時而寂寞光陰，空仍是色；繼暫逍遥雲漢，醉不關痴。睹環海之連天，天仍連海；念雙親之思子，子更思親。桴海遠游，謾笑囊無長物；圖書左右，竟忘地不容錐。水綠山青，遽喜舍舟登彼岸；花明柳暗，來隨飛絮去飄萍。屈指桃放春芳，不覺蓮香夏至。予自二月由廣東起程，至六月方達其國。
　　百丈之樓臺重疊，鐵石參差；以石爲瓦，各家兼竪鐵支，自地至屋頂，以防電患。萬家之亭樹嵯峨，桅檣錯雜。學校行店以及舟車，浩瀚而齊整。艫舳出洋入口，引水掀輪；

西海紀遊自序

貨物出口無餉，而入稅甚重。以火煙舟引水，時行百里。**街衢運貨行裝，拖車馭馬**。無肩挑背負之役。**渾渾則老少安懷，嬉嬉而男女混雜**。男女出入，攜手同行。**田園爲重，農夫樂歲興歌；山海之珍，商賈應墟載市**。每七日爲安息期，則官民罷業。**博古院明燈幻影，彩煥雲霄**；有一院集天下珍奇，任人遊玩，樓上懸燈，運用機括，變幻可觀。**巧驛傳密事急郵，支聯脈絡。暗用廿六文字，隔省俄通**；每百步豎兩木，木上橫架鐵綫，以膽礬、磁石、水銀等物，兼用活軌，將廿六字母爲暗號，首尾各有人以任其職。如首一動，尾即知之，不論政務，頃刻可通萬里。予知其法之詳。**沿開百里河源，四民資益**。地名紐約克，爲花旗之大馬頭，番人畢集。初患無水，故沿開至百里外，用大鐵管爲水筒，藏於地中，以承河溜。兼築石室以蓄水，高與樓齊，且積水可供四億人民四月之需。各家樓臺暗藏銅管於壁上，以承放清濁之水，極工盡巧。而平地噴水高出數丈，如天花亂墜。

　　酋長與諸民並集，貴賤難分；白番與黑面私通，生成雜種。土番面赤身昂，性直而愚。三百年前，英人深入其地，久而家焉。屢奪亞非利加黑面，賣其地爲奴，而禁白黑相配。間有私通者，遂生黃面虬毛之類。**天堂地獄，奉教兢兢；贖罪捐軀，超生一一**。西洋諸國多奉耶穌、天主二教。**艤海艦舸列陣，子母砲連城**；即大砲也。**坤靈日月旋乾，渾天儀秉鑒**。其人善測天地度數，雖航海週年不睹山嵐，亦無毫釐之差。如西儒利馬竇之天地形説，亦不及其詳。**郡邑有司，置刑不用**；其法：准原被告各攜狀師，並廿四耆老當堂證駁，負者金作贖刑，檻作罪刑。**城鄉要害，寓兵於農。刻字爲碑，瞽盲摩讀**；盲瞽院華麗非常，刻板爲書，使盲人摸讀。**捐金置舍，孤寡栽培**。設院以濟孤寡鰥獨。**車舂水織，功稱鬼斧叢奇；鐵鑄書鎸，技奪天工靈活**。集板印書，以及舟、車、舂、織、錘、鑄等工，均用火煙輪，運以機器，神速而不費力。余獨有志於舟車之學，可以濟公利私。惟獨力不支，苟吾人有志共成，不期年可以奏效也。**或風或雨，暴狂示兆於懸針；乍暑乍寒，冷暖旋龜於畫指**。以玻璃管裝水銀，爲風雨暑寒針。**山川人物，鏡中指日留形**；有神鏡，煉藥能借日光以照花鳥人物，頃刻留模，余詳其法。**術數經綸，學校男師女傅**。有閨秀雷即聲，其同學女友，見余恭敬無嫌疑，現爲女傅。其書院中有子女自六七歲至十六七歲者四百餘人，男女師長四人，均任其職。每日課定巳、午、未，每禮拜期放學二日，率此成例。**一團和氣，境無流丐僧尼；四毒衝天，人有姦淫邪盜**。斯亦不免。**應心得手，創一技便可成名**；其俗不尚虛文，凡人能首創一藝，足以利世，特加獎賞。**遠國他邦，道不同目爲愚蠢**。目崇信鬼神、奉祀土木偶者爲賤鄙罪人。

319

四海工商畢集，阜爾經營；卅省民庶叢生，年增倍蓰。醫精剖割，驗傷特地停棺；每省有一醫館，傳方濟世。凡貧民入其中就醫，雖免謝金，或病致死，即剖屍驗病，有不從者，即停棺細驗。事刊傳聞，虧行難藏漏屋。大政細務，以及四海新文，日印於紙，傳揚四方，故官民無私受授之弊。南圃南農遍地，棉麥秋收；北工北賈居奇，工人價重。黑面生充下陳，畢世相承；英人以黑面賣於其地，遂世為賤役。主人貧，輒轉賣之。土官僉選賢良，多簽獲薦。凡大小官吏，命士民保舉，多人薦拔者得售。暴強所擾，八載勞師；其地原屬英吉利管轄，因征稅繁擾，故華盛頓出而拒之，遂自為國，爭霸西洋。統領為尊，四年更代。僉見華盛頓有功於國，遂立彼為統領，四年復留一任，今率成例。四時土產，物等價昂；半據荒洲，地寬人少。其地雖居天下四分之一，而人民不及中國二省之多。工人少而土物貴，理所必然。

去日之觀天坐井，語判齊東；年來只測海窺蠡，氣吞泰岱。眼界森臨萬象，彩筆難描；耳聞奇怪多端，事珠誰記？潺潺流水，桃源漁子重來；燭燭其華，《周》、《召》家人遺愛。男女自婚配，宜其有室家之樂矣。瓜田納履，世復何疑；李下整冠，人無旁論。歸舟之出海，主事者每抱客婦在懷，醜態難狀，恬不為怪。春風入座，一言聯靜好之機；宋玉東墻，百禮防範圍之制。予恒與洋女並肩把臂於月下花前，未嘗及亂。嬌藏錦繡，遍地氍毹；貌襯玻璃，映窗梅雪。桃花上馬，蠻姨領露蝤蠐；油壁香車，游女鞭含夕照。依依楊柳，到處垂青；蕩蕩桃花，西秦薄命。予有句云："好花一入行人手，不插金樽痛客心。"秋月春芳，難窮幽韻；龜年延壽，莫繪傾城。詩酒琴棋，堂飛舊燕；綺羅書畫，醉寫春風。書畫琴棋，玉人各精其妙。敢嘖卿卿，言真呫呫。蠻腰舞掌，輕鴻遠渡重淵；女友隨凌氏，玉腰纖小，窈窕可人，恐小蠻見者，應羞婢對夫人。鶯囀歌檀，玉佩聲來月下。番女雖工諸藝，予獨取其風琴，手彈足按，音韻鏗鏘，神致飄然。

時臨乞巧，巧遇潮人；景為玉成，成資俠女。時有潮州澄海人二十六輩，被英商誘去，舟飄其地，值余哀訴舟中鞭樸以及離別之苦。余為營救，竟得附舟歸里。余之獲交女友雷即聲，亦根於此，遂主於其家者兩月。噫！予之救火及身，更感其情多方垂顧。不意平生知己，竟出於海外之女郎，而余結草啣環，又在何日？興懷及此，未嘗不清然欲涕也。被誘之事，餘詳卷後。廿六人之隨風飄蕩，苦海無涯；兩百日之忍氣吞聲，捐生一旦。僉為救歸賈禍，遭驅象而送向蛇吞；吾悲同調相憐，計釣鯉而驅由獺祭。相逢萍水，難辭萍寄他方；無縫天衣，幸獲天緣湊巧。番官會審，臨提難畫葫蘆；鮑管分金，即日乘機航葦。於八月廿六日，衆得返棹。天從人願，何妨平地興波；我本情鍾，竊幸他山友玉。東人高義，保非罪之拘囚；因救潮人而賈禍，蒙女友之父以三百金保余出禁。彼美多情，喜驚鱗之脫網。百八度之星娥繫念，指約酬情；自厦到其處，恰一百八十度，余感其情，贈以金指約一枚。兩閱月之紅拂垂青，玉容表敬。答以小照。翩翩春夢，鏡笑招花；淅淅秋天，爐灰畫字。恒與圍爐夜話。雖使君有婦，痛抱人天；慣小姑無郎，心堅金石。嘗語余以不嫁。底事華番異致，黎倩牽心；天然胡婦多情，子卿誰是？夜繞橫塘夢草，孤燈淚漬衾裯；時維睹畫呼真，一紙心懸枕蓆。

刻刻關心雙鯉，雲山萬疊潛踪；年年作客秦川，面目故吾黧瘦。客樓危坐，樹頭空盼盡寒鴉；溝水長流，葉上只一通錦字。余在南方九月，只得友人一書而已。陰晴渺渺，一殘編昏曉流年；雨雪霏霏，九閱月婆娑牙軸。蠹魚飽蛀，咀嚼華英；每譯英書以解悶。禿管餘堆，抹塗鴉字。時即凄風苦雨，冒凍尋芳；居恒矮屋炎天，汗蒸流背。深感蘭香割股，饋奉高堂；減壽祈天，孝慈守節。在彼追念先祖妣節孝，因作一記，詳卷後。音容如在，痛繞膝之無從；桑梓雖遥，幸歸帆之迅發。

山海奇觀，書真難罄；椿萱並茂，貧亦何憂。生逢盛世，豈甘異域之久居；略叙游踪，思補職方之外紀。情有未盡，復綴以詩。

西海紀遊詩

足迹半天下，聞觀景頗奇。因貧思遠客，覓侶往花旗。初發閩南櫂，長教徼外馳。星霜帆作帳，凍餒餅充飢。遊子思親際，原親憶子時。思親虞老邁，憶子患凄其。妻對牛衣泣，夫從斗柄移。輿圖看背向，道路悵多歧。鱗甲爭飛舞，風濤奏鼓吹。蜃臺藏霧社，蛟窟起雲螭。謾噴船牢久，須憐絶域羈。岸由山數轉，春出夏來茲。宮闕嵯峨現，桅檣錯雜隨。激波掀火舶，載貨運牲騎。巧驛傳千里，公私刻共知。泉橋承遠溜，利用濟居夷。戰艦連城礮，渾天測海蠡。女男分貴賤，白黑辨尊卑。俗奉耶穌教，人遵禮拜規。聯邦情既洽，統領法猶垂。國以勤農富，官從薦舉宜。窮招孤寡院，瞽讀揣摩碑。斷獄除刑具，屯軍肅令儀。暑寒針示兆，機織火先施。土廣民仍少，售昂物只斯。南方寬沃壤，北省善謀貲。少蓄遨遊志，今開夙昔疑。玉堂鋪錦綉，瓊宇襯玻璃。秋月彈湘怨，蒼松繪雪姿。才追謝道蘊，慧媲蔡文姬。走筆籠鵝帖，迎鋒探虎棋。樓頭燈變幻，鏡裏影迷離。算貫毫釐末，談忘辯駁疲。嫦娥辭碧落，大士渡銀湄。爲釋潮澄禍，俄興楚卞悲。雷陳交繾綣，縞紵結相思。被捏曾穿牖，爰提至有司。亥初遭禁繫，午末脱拘縻。紅袖援雙手，良朋助一夔。黎明傷祖餞，甜黑繞塘池。睹畫卿頻喚，回書望素絲。簞衾餘涙暈，面目瘦爝鶩。纂譯聊巢襲，耕鋤藉硯畬。殘篇魚蠹蝕，牙軸禿囊錐。九月栖鴻鵾，週年傍柏籬。龍門登印度，猪涸鎖麟兒。磨煉曾如許，頭顱嘆殆而。歸程歡迅速，家慶樂酣嬉。萍梗何爲者，芻蕘或採之。不才無所用，即事偶成詩。

道光二十九年又四月，閩縣留軒氏林鍼景周初稿。

附録

救回被誘潮人記

　　余未離家三月之前,已聞英商在廣省買一漢船,並招潮州人,意欲歸國借奇以獲利。迨丁未六月,余甫達花旗,即見其船泊於港口候驗。至數日,余即與同行者下船探衆,詢及始末,方知被英人所誘,前曾僞立合約,云欲往爪鴉貿易,以八月爲限,限滿聽去留。而後船經其地而不入,衆方知苦,然而悔已晚矣。訴及長洋數受鞭笞之慘,求死不能;今而後,苟舟他往,衆等雖死此地,亦不與俱矣。因船值逆風,不得往英,而寄泊於此,幸得遇君,願垂救之。同行云:"此處有魯姓,爲花旗法家第一,苟得其片言隻字,何患不完璧歸趙?"余是以不辭勞苦,代衆勤訪兩月,因其避暑相左,恐舟他往,未免患生魚肉。於是八月中旬,衆即向英人求歸。而英人見衆心力齊一,亦恐有變。況土人聞漢船至,爭欲觀之,人與英人銀錢半枚,始得上船遍覽,日得銀錢數千,豈肯放歸?因架誣衆欲謀亂,遂押七人於牢中。

　　其日,滿城之人,紛紛傳揚。是夜,潮人之首蟻相者,來余寓中泣訴,益慘切。余以未遇魯姓,末如之何。比曉,遂到檻中相探,有額破足跛、血染征衣者,不堪卒視。幸而醫人周顧,余頗心安,姑作善言寬慰之。至第四日,其官會審,而魯姓適歸,於是並集臺前。首座一官,即按詞訊問:"爾等何故謀殺船主?從實招來,法不容詐!"時余坐於旁列,遂向前代譯始末情由,並於十九人中擇一爲證,即將文憑當堂譯明。而魯姓亦坐於堂右,指駁英人,井井有條。只見英人戰兢汗下,莫措一詞。而土官究知其弊,遂當堂釋放七人,觀者欣聲雷動。

　　明日,余與魯姓之名,傳聞遠邇。遂命衆等將舟中行李移入雷即聲家中。

323

其人爲各國水手之會主，頗有血性，待衆如同手足，不問月費。而余之獲識其女，亦由此也。既而托魯姓代衆伸冤，轉告英人。呈入，船封。察院不日判云："拐帶漢人，船無執照，而衆有文憑，其僞可知。況鞭撻平民，罪不容逭。姑念衆等貧無依倚，罰英人以金作贖刑，即日配船，送衆歸國，使遊子無凍綏之悲，室家無懸望之苦。雖一切工資，亦不許白吞。毋違！特示。"至是一一如判，衆得於八月二十六日附舶返櫂。

　　噫！英人以余破其姦而不余願，知余初學神鏡法，即囑其友照鏡師誣余以所買之物爲盜。私與協文醫生串通，値余外出，私開箱篋，迫余以所買之物還之，不然，即欲送官。余先有成見，豈肯墜其鬼術？正欲其到官剖雪。且潮州人等見余救火焚身，求余一並同歸。余以事未明白，不從。余雖遭誣陷，中懷全無芥蒂，是日送衆百里之外。衆雖含辛泣別，余獨以救人爲快事焉。至二十九夜，夷官遣役來拘。明早，余同役早飯於雷家，雷即聲之女懇其父兄，代余鼎力。至午，官亦知其詳，准其父以三百金保余在外候訊。而後，初同行者自西省而歸，並魯姓至官廳代余剖譯曲直，其事始明。余之得於十月遊覽南方者，多蒙諸友人愛屋及烏之力也。

　　潮州被誘之人，於是冬安抵廣省，勒碑於潮。余至己酉二月，方得旋厦。爰記此事，爲後人之勸云爾。

記先祖妣節孝事略

　　先祖妣，侯官人氏，議叙貴州貴陽府定番州知州用周公諱時權之女，小字嬉官。幼讀書，識大體。年十五，母病，延醫無效，先祖妣日夜悲痛，焚香告天，割股和藥以進，願減己壽延親年，母病獲痊。時曾祖考歲進士候選州諱瓊苑公聞其賢孝，遂聘爲次子婦。入門數年，克臻婦道。生三子：長端言公，次慎言公，季即吾父清言公也。不幸先祖考中年去世，遺下諸孤皆幼弱，所有產業盡被族人侵佔。先祖妣事女紅，日不再食。有窺其貧，欲勸之改節者，見其誓志不移，卒敬畏之。然而貧甚，迨先伯父稍長，寄食廈門，遂僑寓焉。鍼少時頗不好學，先祖妣恒以"蕩子回頭金不換"之語諄諄訓戒。嗚呼！今而後，慈訓不可得聞已，足可痛也！先祖妣既逝，鍼即蕩迹天涯，因自署爲天蕩子，以志不肖，不敢忘先祖妣之德意云耳。先祖妣生於乾隆庚辰年，終於道光乙巳年，享壽八十有六，葬廈門之紫巖。子孫貧寒，不能仰邀旌表。雖即一抔之土，尚難返葬故鄉。抱痛終天，曷其有極！抑天之所以成就節孝者，如此而已耶？時在海外，追思往昔，謹和淚濡毫，略陳梗概。

　　不肖孫林鍼百拜謹記。

題 詩 二 十 首

　　西極舟航古未通,壯游似子有誰同？足心相對一球地,海面長乘萬里風。留意所收皆藥石,搜奇多識到魚蟲。此行不負平生學,歷盡波濤悟化工。
　　浯嶼　樹梅瘦雲。

　　蠻貊能將語意通,可知忠信此心同。針程九萬夸遊迹,筆紀千言備采風。救客免爲啣石鳥,思鄉不羡寄居蟲。歸來又得詩盈篋,袖裏烟雲畫更工。
　　閩湖女史李蟬仙。

　　平生守窮廬,聰明何由辟？羨君騁奇縱,天涯好浪迹。輕身掛片帆,遠道通重譯。苦海賴慈航,濟人施厚澤。忽自入明夷,心事幾難白。尤幸艱危地,相逢知越石。合浦方還珠,連城復完璧。鄉關指舊都,門閭慰今夕。對此發孤吟,從頭叙行役。羈棲無多時,景物盡搜索。一一語能詳,有言皆倫脊。爲問同游者,誰是和歌客？
　　南安王丹書晴波。

　　汗漫之游,周九萬里；性情所至,合三百篇。
　　留軒司馬以所著《西海紀遊》一卷見示,閱之駴心豁目,事奇而文亦奇也。觀其所歷之境,所遇之人,風土雖殊,處之各得其當,非具有大胸襟者,未易語此,筆墨猶其餘事也。漆園氏云："六合之外,聖人存而不論。"此卷豈不擴六合之見聞耶？口占二語,無當揄揚,即希粲政。
　　歲同治四年秋七月,雙坡弟鄧廷枏書並識。

書生心膽炯清秋,九萬重洋快壯遊。載得物宜風土記,煙濤從此艷瀛洲。
其　二
行踪直到海西頭,壯彩奇情一覽收。始信中孚占利涉,茫洋萬里一歸舟。
時同治丁卯暮春月,臺陽督學提刑兵備使者沅陵吳大廷題。

乘風萬里,結契海外。以小因緣,解大危難。豈不諒哉！豈不壯哉！
景周仁棣大人屬,丙寅冬日峻軒曾憲德題。

奮棹海西頭,煙濤愜壯遊。行踪九萬里,詩思一孤舟。漢室乘槎客,宗家破浪儔。更留東渡迹,殘夢落瀛洲。
景周司馬以《西海紀遊草》惠讀,率題奉教。宜黃葉宗元。

西來匹馬枉行空,弱水何人一葦通？翻喚青蓮疑海客,瀛洲只在大溟東。
其　二
風流任俠更多才,滿樹珊瑚筆應開。浣罷雲淵徑歸省,入門一唤歲星回。
景周大兄大人出示《西海紀遊草》囑題。鄉愚弟鄭守孟。

人到海西頭,蒼茫紀舊遊。提攜憐故國,信義動蠻陬。設帳三秋易,高堂萬里愁。歸心因嚙指,遲汝肯淹留？
南斗劉南荃。

湖海元龍不可羈,汪洋九萬入蠻夷。笑他河漢乘槎客,彼載支機我載詩。
其　二
但憑方寸一誠通,化外何曾性不同。從井救人還出井,由來俠女識英雄。
其　三
只爲高堂菽水虞,乘風破浪意忘軀。壯游直入鮫人國,探得驪龍項上珠。

其　　四

海外青山山外天，鞭絲帽影遍流連。問君歸棹裝何物？只有奚囊詩百篇。
同治甲子清龢望日，如弟萬鵬拜稿。

烟波浩渺路悠悠，九萬行程一葉浮。琴劍孤征隨孝感，清風滿載送歸舟。

其　　二

生平氣骨本魁宏，遠渡溟洋寄別情。海外奇觀充見識，史遷軌轍慢揚聲。

其　　三

空囊足迹遍花旗，不負男兒少壯時。義氣衝霄無顧避，包天赤膽震華夷。

歷觀世俗好爲外域之遊，多無內顧之憂，甚至託妻寄子，帶水拖泥。壬子夏，拜讀景周先生《西海紀遊草》，拍案驚奇曰：摯哉情乎！夫永念高堂，是其孝也；不忘胞輿，是其仁也；舍己救人，是其義也；坐懷不亂，是其禮也；臨難不苟，是其知也；一諾千金，是其信也。推此直以行蠻貊，喻中孚，豈徒詳風土、察民情、工筆墨、精奇技斯須而已哉！披讀之下，齒頰俱香，爰賦三章，並識數語，以寫我心耳。

愚弟陳淮泰謹題並跋。

半謀蒩水半搜奇，孤劍扁舟遠客時。寄志署名天蕩子，知心投契俠蠻姨。燈寒曾繞三春夢，囊潤猶餘數卷詩。堪羨拯危甘冒險，長留高義勒潮碑。

景周林君，與余先後受業於灼莍夫子之門，曩固聞名，而未謀面也。今歲就館鷺江，客窗過訪，一見神傾，快接蘭言，頓開茅塞。復以《西海遊草》見示。乃知其生平爲俠客、爲名士、爲孝子，大有徐元直之風。至於馳騁奇觀，遨遊絕域，見所未見，聞所未聞，尤非株守蓬廬者所得擬其萬一。因不揣固陋，爰答以詩，並序數言，以志相見恨晚之意云。

甲子孟秋，愚弟黃樹芬書於鷺門旅次。

留軒豪氣薄雲霄，曾遊溟渤輕風潮。死生以外獨消遙，塵世無人可久要。

異邦相識董妖嬈,眼珠獨注霍嫖姚。客中翡翠戲蘭苕,歸來尺幅珍瓊瑤。千軍萬馬寒蕭蕭,寶刀在手藐全貂。珠玉咳唾傾天瓢,翛然長嘯破清寥。千金一刻買春宵,等閑十萬羞纏腰。更耽岑寂侶漁樵,湘君山鬼不敢驕。英雄本色多無聊,胸中磊塊奚庸澆,文人結習終難消。鵬搏九萬矜扶搖,不如松柏同後凋。他年車笠路相邀,記取螺江陳子韶。

此壬戌之秋醉中題贈也。時留軒棣臺榕垣需次,花天酒地,昕夕盤桓。此後遠隔風濤,六更寒暑。癸亥冬鷺門小聚,匆匆未罄離悰。茲留軒因公來省,復迫促不可久留,出示西海吟篇,拙作已鎸簡末。覺當日酒酣耳熱,拍案狂歌,即作爲此篇題詞,終未得其要旨;然艷情豪興,仍屬少年也。重錄舊章,不勝今昔之感。

丁卯三月,鐵珊漁隱陳承鈞識。

跋　五　首

　　男子志在四方，足迹不出里巷者，其人必無以廣見聞而增膽識。景周表弟居於泉之廈島，癸卯歲負笈抵省，不以余學淺，執弟子禮甚恭，是不遠數百里之遊也。其爲人倜儻不群，胸次爽朗，余深喜之。歸家後二年，受外國花旗聘，舌耕海外，是不遠萬里而遊也。余聞之益喜，知此行乘風破浪，必有以長其學問，擴其胸懷矣。春間浮海，旋即以所著《西海紀遊草》郵寄於余。披閱之下，其中往來之跋涉，遭際之奇異，以及人情土俗、物産天時，無不一一詳記，使人了然於目，了然於心。窺見一斑，其文思不大有進哉！至於不避艱險，營救潮人，實出於血性，尤爲不負斯行矣。表弟孝於親，奔走海外，常以不能承歡膝下爲悲，且述其祖妣生平苦節，以志不忘，其天性之肫摯，不可想見哉？

　　己酉十月望後，愚表兄周見三謹跋。

　　庚戌歲，伊洛林先生以其門弟子林君景周《西海紀遊草》見示。其中以駢體摹寫九萬里人情土俗、物産天時，無不詳記，使人披閱之下，宛然在目。至於義救潮人，禮維閨秀，末復述祖妣苦節，表揚當世，此皆至性至情，出於自然，竟成希有僅事。惜予頻年落魄，良晤無緣，竊幸誦君之詩，而喜爲天下道也。謹書數語，以志鄙懷云爾。

　　烏麓歐夢蕉謹識。

　　景周勇於遊，嘗附賈舶遠涉九萬里，至北亞墨利加之花旗國。今春歸來，出所著《自序》一篇，風土夷情，探訪翻譯，既詳且確；復爲韻語五百言，托寄深矣。時有潮州民船被夷商誘去，殘害死者甚夥。適其船遭風失道至花旗，景周乃爲營救,二十六人,得脱斯難,聞者義之。筆墨之妙,猶餘事也。

己酉清和,嘯雲弟樹梅識於寄舫。

凡人能以孝義爲心,無不逢危而安、遇險而夷者,此定理也。景周林君以謀菽水之奉,遠涉花旗國,孝足稱也;又以傾蓋之遭,不避嫌怨,拯救潮州二十六人生命,義足取也。是以雖被誣陷,卒得剖白而還,非其心之善而獲報之速乎？讀其書,亦可想見其人矣。爰志數言,以爲世勸。

咸豐元年夏五月,皖江李生煐穎光氏書於鷺門節署。

去歲由都航海回閩,出天津,買舟而南,卸帆於廈門之鷺島,計程七千餘里,不見山影者四十二日。西窮日本,東望琉球,方自詫洋洋大觀,足以夸示吾輩。乃讀景周林君《西海紀遊草》,不禁爽然自失。夫具縱橫四海之才,而僅於花旗拯潮州二十六人生命,此固英雄度内之事,未足爲林君重,即林君亦未必以此自多。吾讀而羨其以少年破浪乘風,歷九萬里,遍覽乎他邦人物,且得夷女爲之歌舞,以佐其茶邊酒後之歡。快哉斯游,竟可爲吾輩生色矣！海客荒唐,吾當訪林君一談瀛洲之勝。

辛酉八月,長樂愚弟梁開楨拜序。

校 點 後 記

　　《西海紀遊草》，清林鍼著。

　　林鍼，字景周，號留軒，原籍福建省閩縣，遷居廈門鼓浪嶼。具體生卒時間不詳。道光二十三年（一八四三），廈門被辟爲"五口通商"口岸之一，道光二十七年二月，林鍼在美國教習中文，直到二十九年才返回廈門。同年四月，撰寫了一部《西海紀遊草》，記錄他在美國的所見所聞。同治六年（一八六七）刻本印行，當時左宗棠、徐繼畬等關心洋務的人物都曾取閱參考過此書。它被後世譽爲第一部關於美國的遊記，林鍼也被稱作近代中國"測海窺蠡"的先行者。

　　《西海紀遊草》由《西海紀遊自序》和《西海紀遊詩》組成，附錄《救回被誘潮人記》等二篇，首尾有序、跋和題詩三十篇（首）。序和詩記述城市風貌、高樓大厦、街道、水陸交通工具以及避雷針、自來水等甚詳。

　　林鍼對科技的發明與運用更是表現了極大的興趣，美國人一八三七年發明了電報通訊技術，五年後才架設第一條電報線。剛從廈門到此的林鍼卻很快識其原理，他在書中敘述道："……巧驛傳密事急郵，支聯脈絡。暗用廿六文字，隔省俄通；每百步豎兩木，木上橫架鐵綫，以膽礬、磁石、水銀等物，兼用活軌，將廿六字母爲暗號，首尾各有人以任其職。如首一動，尾即知之，不論政務，頃刻可通萬里。予知其法之詳。沿開百里河源，四民資益。"他對蒸汽機的普遍使用非常神往，看到美國"集板印書，以及舟車、舂、織、錘、鑄等工，均用火煙輪，運以機器，神速而不費力"，認爲它"可以濟公利私"，值得仿效。他不但學會使用"神鏡"（按，即銀版照相機），而且還購買一架帶回祖國。在此期間，他還考察了醫院、養老院、盲人院和報紙，一一留下記載。

　　這本書中有不少篇幅涉及美國的歷史、政治和社會風情。他敏銳地注意到美國南北方經濟發展的不平衡和殘酷的蓄奴現象。對美國那種"四毒衝天,人有奸淫邪盜"的社會風氣,采取了批判的態度。旅美期間,林鍼還和美國朋友一起利用法律營救了二十六名被英國奴隸販子拐賣的潮汕同胞。凡此種種,本書都有記錄。

一九八〇年,廈門大學楊國楨教授首次以《我國早期的一篇美國遊歷記》爲題在《文物》雜志介紹林鍼的這部著作(《文物》一九八〇年十一月)。一九八五年,鍾叔河主編的《走向世界叢書》遂將《西海紀遊草》列爲叢書第一輯的第一種出版(岳麓書社,一九八五年)。

據悉,楊國楨教授係從廈門李熙泰先生處獲見林鍼後人所保存的《西海紀遊草》刻本。從現存的書影看,其封面左側有楊廷球隸書所題書名,右有作者之子以行書兩行題"家父西海紀遊草,林古愚珍奉"。其版本半葉九行,行二十一字,雙框,單魚尾,係坊間私刻本。該書當日刊印數量不多,李熙泰去世後,這部珍本已不知去處。因據《走向世界叢書》的版本爲底本重新點校。

編　者
二〇二二年十二月

圖書在版編目（CIP）數據

石谿集：外三種／（清）官獻瑶等著；黄明珍等點校. — 北京：商務印書館，2023
（泉州文庫）
ISBN 978-7-100-22429-1

Ⅰ. ①石… Ⅱ. ①官… ②黄… Ⅲ. ①古籍－匯編－中國－清代 Ⅳ. ①Z424.9

中國國家版本館 CIP 數據核字（2023）第 076699 號

權利保留，侵權必究。

責任編輯　閻海文
特約審讀　李夢生

石谿集（外三種）
（清）官獻瑶等　著

商務印書館出版
（北京王府井大街36號　郵政編碼100710）
商務印書館發行
山東韻傑文化科技有限公司印刷
ISBN 978-7-100-22429-1

2023 年 6 月第 1 版　　開本 705×960　1/16
2023 年 6 月第 1 次印刷　印張 21.5　插頁 2
定價：132.00 元